KB071607

Advertising & Public Relations

디지털 융합시대
광고와 PR의 이론과 실제

김병희 · 서상열 · 김동성 · 김형석 · 김민철 · 김지윤 · 신경아 · 허정무 · 최문석 · 이진우 · 조재형 · 손영곤 · 주대홍 · 오창일
석중건 · 정해원 · 유인하 · 박인성 · 김유나 · 변혜민 · 고재영 · 이윤재 · 김상준 · 정차숙 · 지원배 · 유현중 · 김운한 · 김현정
공저

학지사

광고와 PR의 새로운 지평을 찾아서

"우물을 깊게 파려면 우선 넓게 파라."

가야금의 명인 고(故) 황병기 선생님께서 어느 언론과의 인터뷰에서 들려준 우리 옛말이다. 마찬가지로 융합을 잘하려면 우물을 깊이 파기보다 우선 넓게 파야 한다. 서로 다른 요소나 이론들이 한데 모여 새로운 단위로 거듭나는 과정을 융합이라고 한다면, 디지털 융합시대에는 광고와 PR이 더 자주 함께 넘나들어야(jumping together) 비로소 융합의 결실을 얻을 수 있으리라. 돌이켜 생각해 보면 광고학이나 PR학처럼 범학문적으로 접근하면서 융합을 시도해 온 분야도 일찍이 없었다. 광고학이나 PR학은 필요하다 싶으면 그 어떤 분야와도 손잡고 소통을 시도해 왔다.

세상은 변하지만 변화의 속도가 이처럼 빠르게 느껴졌던 적도 일찍이 없었다. 휴대폰이 처음 등장하던 시절, 걸어 다니며 통화하는 것만으로도 눈길을 끌었던 때가 고작 20여 년 전인데, 우리는 이제 AI 스피커와 영어로 대화하고 알아서 움직이는 자율주행차에 앉아 책을 읽으면서 이동하는 시대를 살아가고 있다. 가히 모든 영역에서 디지털 변환(digital transformation)이 일어나고 있다.

스마트폰이 대중화되면서 지금 우리 곁의 디지털 미디어 환경은 폭발적으로 변화하고 있다. 변화의 폭이 넓은 만큼 광고와 PR 업계에도 디지털 미디어 환경을 중심으로 기존에 없던 커뮤니케이션 방식이 '생기다 사라지다'를 반복하며 계속 진화하고 있는 중이다. 미디어 플랫폼과 콘텐츠의 생산과 유통 방식의 변화로 인해, 광고업계와 PR업계에서는 경계 없는 경쟁 속에서 진통을 겪고 있다. 현 시점의 광고와 PR 산업의 위상과 정체성은 과거와 달라졌으며, 커뮤니케이션의 운영 방식도 다른 양상으로 시시각각 변화하고 있다.

이러한 상황에서 저자들은 광고와 PR의 이론과 실제를 고려하는 동시에, 디지털 융합시대에 적합한 통합적 관점의 저술을 집필하는 데 의견을 모았다. 지금까지 광고 개론서와 PR 개론서가 다수 발간되었지만, 광고와 PR 영역을 동시에 고려한 개론서는 거의 찾아보기 어려웠다. 우리 28명의 저자들은 디지털 융합시대의 광고와 PR 변화에 선제적으로 응답하고자, 이 책을 집필하는 데 힘을 모았다. 저자들은 광고 PR학계와 실무계 모두에서 다양한 경력과 역량을 발휘해 온 전문가들이다. 최신 자료와 최근의 주요 연구 성과를 두루 반영하면서 융합시대에 맞는 광고 PR 개론서를 저술하기 위해 많은 노력을 기울였다.

광고와 PR을 따로따로 구분해서 출간한 기존의 광고 개론서나 PR 개론서와는 달리, 이 책에서는 광고와 PR을 별도로 구분하지 않고 융합의 관점에서 하나로 꿰어 담았다. 따라서 이 책은 광고와 PR에 관심이 많은 학생들과 광고 PR에 관한 학문적 이론을 현장에 적용하고자 하는 실무자들을 위해 기획한 광고학과 PR학의 융합적 개론서이다. 모두 14개의 장으로 구성된 이 책의 내용을 간략히 소개하면 다음과 같다.

제1장 '광고의 개념과 역사'에서는 다양한 관점에서 논의된 광고에 대한 정의를 두루 살펴보고, 한국 광고의 역사를 시대적 흐름에 따라 체계적으로 설명하고 있다. 또한 디지털 시대에 접어들어 광고의 새로운 정의를 정립해야 한다는 문제를 제기하면서, 보다 포괄적인 층위에서 광고의 새로운 현상을 두루 고려하여 광고의 개념을 이해해야 한다고 강조하고 있다.

제2장 'PR의 개념과 역사'에서는 PR의 기본적 특징, 기존의 다양한 정의들, 기능과 목적, 영역과 분야, 유사 개념과의 차이, 그리고 PR의 기원과 역사 등 종합적 관점을 바탕으로 PR이란 무엇인가에 대해 명확히 이해할 수 있도록 체계적이고 구체적으로

설명하고 있다. 나아가 현대 PR의 주요 영역과 분야를 정리함으로써 PR의 다양성과 확장성을 모색하고 있다.

제3장 '광고 이론'에서는 광고 영역에서 자주 활용되는 이론들을 두루 소개한다. 여러 광고 이론을 단순히 열거하기보다 광고학에서 중요한 개념들 위주로 관련 이론들을 구분하고 있다. 보다 구체적으로 인지, 태도, 학습, 소비자, 심리, 미디어로 나눈 다음 각각에 해당되는 핵심 내용을 정리하고, 각 이론들의 주요 개념과 구체적인 활용 사례를 세세하게 설명하고 있다.

제4장 'PR 이론'에서는 주요 순수 PR 이론들을 소개한다. 조직의 영향에 관련되는 공중 상황 이론, 상황 이론의 수정 이론인 문제해결 상황 이론, 조직 경영의 효율성에 기여할 수 있는 우수 이론, 조직−공중 관계성 이론, 그리고 우연성 이론을 소개한다. 또한 조직의 예측하지 못한 사건이나 사고에 효과적으로 대응할 수 있는 위기 관리 커뮤니케이션 이론에 대해 안내하고 있다.

제5장 '광고 기획'에서는 광고 기획의 전반적인 개념 정의와 과정을 체계적으로 설명한다. 전통적인 광고 전략 모델을 제시하는 동시에 디지털 시대에 필요한 뉴 미디어 광고 기획에 관한 내용을 덧붙이고 있다. 또한 한국과 일본의 광고 전략 모델과 변화의 사례를 비교하고, 시대의 흐름에 따라 달라져야 할 광고 기획의 변화와 미래에 대해서도 구체적으로 조망하고 있다.

제6장 'PR 기획'에서는 급변하는 디지털 미디어 환경 변화에 대응할 수 있도록 공중과의 호혜적인 관계성 정립이라는 관점에서 효과적인 PR 기획 방안을 설명하고 있다. 공중과 확실한 관계성이 정립되지 않으면 PR의 기대 효과가 미약할 수 있다. 이런 맥락에 주목하면서 PR업계의 현황을 소개하는 동시에 PR 기획에 필요한 기본 과정과 구체적인 사례를 제시하고 있다.

제7장 '광고와 PR 조사 방법론'에서는 복잡하고 다원화된 시장에서 소비자와 공중의 특성을 어떻게 인식하고 분석해야 하는지 다양한 조사 방법을 소개한다. 사회과학의 이론적 접근 방법, 과학적 연구 방법, 사회과학 연구 과정 및 연구 설계, 자료 수집 방법, 측정, 타당도와 신뢰도, 표본 추출 방법, 자료의 분석 및 해석 등 과학적인 조사 방

법에 대해 깊이 있게 알려 주고 있다.

제8장 '광고 크리에이티브'에서는 크리에이티브는 제품과 서비스의 특성을 전달하는 핵심 요소로 작용한다는 사실을 강조한다. 크리에이티브의 개념과 단계, 전략 모델, 소구 방법과 특성 등 크리에이티브에 관한 내용들을 다양한 관점에서 설명하고 있다. 디지털 시대를 맞이해 디지털 테크놀로지가 광고 크리에이티브의 형태와 내용에 어떤 영향을 미치는지 깨닫게 한다.

제9장 '광고 제작'에서는 광고주와 광고회사가 광고 제작을 수행하는 데 있어서 오리엔테이션, 전략 단계, 아이디어 전개 단계, 표현 단계, 작업 단계로 이루어진다는 사실을 설명한다. 광고 제작 과정에서 단계별로 무엇을 검토해야 하고 미디어별 광고 제작 과정에서 어떠한 차이가 있는지도 검토한다. 또한 광고 제작에 앞서 알아야 할 다양한 아이디어 발상법도 함께 소개하고 있다.

제10장 '광고 캠페인'에서는 시대의 흐름과 기술 발전에 따라 마케팅 환경이 변화를 거듭하는 상황에서 광고 캠페인을 효과적으로 전개하려면 정교한 소비자 분석이 필수적이라는 사실을 강조한다. 더불어 광고 캠페인의 종류와 특성 및 마케팅 커뮤니케이션 패러다임의 진화를 체계적으로 설명하고 있다. 나아가 디지털 시대에 광고업계의 변화와 광고 산업의 내일에 대해 예측하고 있다.

제11장 '공공 커뮤니케이션 캠페인'에서는 공공의 이익이라는 공통적인 목표에 따라 공공 캠페인의 활동 범위와 영향력이 갈수록 증가하고 있음을 설명한다. 공공의 이익과 사회적 가치를 환기하는 공공 캠페인의 유형과 기능, 그리고 관련 전략을 살펴보고 있다. 나아가 새로운 환경에서 캠페인의 궁극적인 목표를 달성할 수 있는 공공 캠페인의 미래 전략을 안내하고 있다.

제12장 '광고매체와 매체 기획'에서는 같은 메시지라도 어떤 매체를 선택하느냐에 따라 전달되는 의미와 영향력이 달라진다는 사실을 설명한다. 소비자에게 광고 메시지를 효과적으로 전달하려면 과학적인 매체 기획은 필수적이다. 매체의 개념, 매체의 종류, 매체별 장단점, 매체 전략에 대해 검토하고 디지털 미디어 시대에 갈수록 중요해진 광고매체의 미래를 검토하고 있다.

제13장 '통합 마케팅 커뮤니케이션'에서는 21세기 통섭의 시대에 마케팅 커뮤니케이션 환경이 변화함에 따라 통합적 관점이 왜 중요한지 상세하게 설명하고 있다. 미디어의 변화는 소비자와의 소통 통로가 다양해졌다는 것을 의미하는 상황에서, 고객의 변화와 구매 채널의 변화로 인한 유통의 변화 양상을 짚어 보고, 성공적인 통합 마케팅을 위한 향후 과제를 논의하고 있다.

제14장 '다음 시대의 광고와 PR'에서는 매체 다변화와 매체 간 융합에 따라, 광고와 PR이 새로운 미디어를 통해 수용자와의 커뮤니케이션을 어떻게 선도해 나갈 것인지 포괄적 관점에서 살펴보고 있다. 광고와 PR의 진행형 전략은 곧 융합이라고 전제하면서, 환경 변화에 대응하는 기술과 플랫폼을 통합적 관점에서 이해하기를 권고하며 광고와 PR의 미래를 전망하고 있다.

급변하는 미디어 환경에서 경계해야 할 것은 변화를 회피하려는 마음이다. 변화는 낯설기 때문에 이상해 보이지만 새롭기 때문에 항상 기회를 동반한다. 이럴 때일수록 변화를 수용하려는 용기가 필요하다. 이 책에서는 디지털 융합시대에서 광고와 PR에 있어서 패러다임의 변화를 인지하고, 앞으로의 광고와 PR을 다양한 각도에서 조망하고 폭넓은 관점에서 소개하고자 하였다. 그렇지만 디지털 융합시대에 광고와 PR이라는 두 영역의 다채로움을 오롯이 담아내기에는 다소 미흡한 점이 있을 수 있다.

부족한 원고를 기꺼이 출판해 주신 학지사의 김진환 사장님과 최임배 부사장님, 그리고 편집부 김준범 차장님을 비롯한 여러분께 진심으로 감사드린다. 이 책의 원고를 집필해 주신 필자들께도 편집위원회의 이름으로 감사의 인사를 올린다. 우리 28명의 필자들은 모두 한양대학교 대학원 광고홍보학과에서 동문수학한 사람들이다. 학문의 동도(同道)이자 연구의 파트너들이 이 책을 더 좋은 모양새로 만들기 위해 나눴던 토론과 대화들은 힘들었지만 즐겁고 뜻깊었다. 공부하는 사람들끼리 만나 밥 먹고 술 마시는 자리도 좋지만, 이처럼 책을 쓰려고 만나는 자리는 '아름답다'고까지 할 수 있다.

광고와 PR은 과학적인 설득의 학문이자 현실에 도움이 되는 실무적인 학문이기도 하다. 필자들은 이 책에서 디지털 융합시대에 광고와 PR의 새로운 방향성을 제시하려고 다각도로 노력했다. 이는 광고와 PR의 새로운 지평을 찾으려고 떠난 기나긴 여정이나 마찬가지였다. 아무쪼록 이 책이 학생들과 실무자들에게 광고와 PR 분야에서 '우물을 넓게 파는' 도구로 쓰이기를 기대한다. 이 책을 공들여 읽다 보면 언젠가는 '우물을 깊게 파는' 광고인과 PR인이 되어 있으리라.

2018년 6월
필자들을 대신하여
김병희, 김현정, 김동성, 김지윤, 김유나

차례

광고의 개념과 역사

1. 광고의 정의에 대한 관점들

1) 광고의 어원과 의미의 변화

인간은 없고 신이 지배하던 중세 시절인 1655년에 『메르쿠리우스 폴리티쿠스(Mercurius Politicus)』라고 하는 뉴스북에 신간서의 광고로 애드버타이즈먼트(advertisement)라는 말이 등장했는데, 이때부터 광고를 부르는 말로 이 단어가 널리 쓰이게 되었다. 1710년 에디슨이 편집한 『태틀러(The Tatler)』지에서는 광고 특집을 기획해 광고에 관한 여러 편의 논문을 게재했고 광고에 대한 정의를 내렸다. 그때까지 광고라는 단어는 모든 정보를 가리키는 의미로 사용되었으나, 『태틀러』지에서는 광고를 비즈니스 알림(business announcement)이라는 의미에 한정시켜 사용해야 한다고 명시했다(김병희,

* 김병희 서원대학교 광고홍보학과 교수, 서상열 광고회사 S&D 회장

2017; Wikipedia, 2018).

광고(advertising)의 어원은 라틴어의 '아드베르테르(adverter)'인데, 이는 "돌아보게 하다" "주의를 돌리다"라는 뜻이다. 독일어의 디 레클라메(Die Reklame)와 프랑스어의 르끌람(Reclame)이라는 단어는 "부르짖다"라는 의미의 라틴어 어원 '클라모(Clamo)'에서 나왔는데, "반복해 부르짖다"는 뜻이었다. 따라서 광고의 어원을 종합하면, 광고란 "반복해 부르짖음으로써 주의를 끌게 하는 것"을 의미한다. 세계 광고사의 초창기에 광고인을 광호인(廣呼人, crier)이라고 불렀는데, 이 역시 광고의 어원을 충실히 반영한 것이었다. 우리말에서 광고의 의미도 라틴어의 어원과 비슷하다(송용섭, 리대룡, 1996, pp. 41-59). 광고의 의미를 시각적으로 정리하면 [그림 1-1]과 같다.

한편, 지난 1963년 미국마케팅학회의 광고정의위원회는 광고의 개념을 다음과 같이 정의한 바 있었다. 즉, "광고란 명시된 광고주가 유료로 아이디어와 제품 및 서비스를 비대인적으로 제시하고 촉진하는 일체의 형태이다(Advertising is any paid of nonpersonal presentation and promotion of ideas, goods, services by an identified sponsor)." 이와 같은 광고에 대한 정의는 그동안 광고학계와 광고업계에서 포괄적인

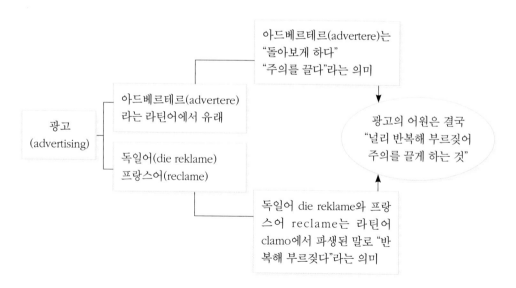

[그림 1-1] 어원으로 알아본 광고의 의미

표 1-1 **광고의 정의들**

연구자	광고의 정의
John E. Kennedy (1894)	광고란 인쇄된 판매술이다(리대룡, 1990에서 재인용).
Advertising Age (1932)	광고는 광고주의 이익을 높이기 위한 아이디어, 서비스, 제품에 관한 정보의 전달이다.
미국마케팅협회 (AMA, 1948)	광고는 명시된 광고주가 행하는 아이디어, 제품, 서비스에 관한 유료 형태의 비대인적 설명 및 판매 촉진 활동의 모든 것이다.
미국마케팅학회 (AMA, 1963)	광고란 명시된 광고주가 유료로 아이디어와 제품 및 서비스를 비대인적으로 제시하고 촉진하는 일체의 형태이다.
Tillman & Kirkpatrick(1972)	광고란 매스컴을 통해 전달하고 원하는 바를 이루기 위해 설득하는 것을 목적으로 하는 유료의 상업적 촉진 형태이다.
미국광고회사협회 (AAAA, 1976)	광고란 소비 대중에게 자사 제품의 판매나 서비스의 이용을 궁극적인 목표로 삼고, 이에 필요한 정보를 미디어를 통해 유료로 전달하는 모든 활동이다.
Wright(1977)	광고란 대중매체를 통한 통제된 명시적 정보 및 설득이다.
Dunn & Barban (1986)	광고란 광고 메시지 속에 어떤 형태로든 명시된 기업이나 비영리 조직 또는 개인이 다양한 미디어를 통해 특정 집단의 수용자에게 정보를 제공하거나 설득하고자 하는 유료의 비대인적 커뮤니케이션이다.
Bovee & Arens (1989)	광고란 확인 가능한 광고주가 대가를 지불하고 다양한 매체를 통해 제품, 서비스, 아이디어에 관한 정보를 전달하기 위한 설득적 · 비대인적 커뮤니케이션이다.
Pride & Ferrell (1989)	광고란 대중매체를 통해 표적청중에게 전달하기 위한 조직이나 제품에 관한 유료의 비대인적 커뮤니케이션의 형태이다.
Wells & Burnett (1989)	광고란 명시된 광고주가 대중매체를 이용해 청중을 설득하거나 영향력을 행사하려고 하는 유료의 비대인적 커뮤니케이션의 한 형태이다.
Russel & Lane (1990)	광고란 명시된 광고주가 대중매체를 이용해 전달하는 유료의 메시지이다.
리대룡(1990)	광고란 인증된 스폰서가 유료적이고 비대인적인 매스 커뮤니케이션 수단을 통해 제품이나 서비스를 판매하는 것이다.
Nylen(1993)	광고란 특정 제품, 서비스, 신념, 행동에 관한 정보를 제공하거나 사람들을 설득할 목적으로 대중매체에 대가를 지불하고 싣는 메시지이다.

한국광고학회 (1994)	광고란 광고주가 청중을 설득하거나 영향력을 미치기 위해 대중매체를 이용하는 유료의 비대면적 의사 전달 형태이다.
차배근(1995)	광고란 커뮤니케이션의 한 형태로서 소비자나 고객 또는 일반 대중에게 제품이나 서비스에 대한 정보를 제공해 광고주가 의도하는 방향으로 영향을 미치기 위한 커뮤니케이션이며, 광고주와 소비자 간의 커뮤니케이션의 행위이다.
Arens(1999)	광고란 확인 가능한 광고주(스폰서)가 다양한 미디어를 통해 제품이나 서비스 또는 아이디어에 관해 통상적으로 비용을 지불하고, 대개는 사실상 설득적인 정보를 제시하는 비대인적 커뮤니케이션이다.
Wells, Burnett, & Moriarty(1999)	광고란 알려진 광고주가 수용자를 설득하거나 영향을 미치고자 대중매체를 이용하는 유료 형태의 비대인적 커뮤니케이션이다.
Advertising Age (1999)	광고란 판매, 이용, 투표, 승인에 영향을 미치기 위해 광고주의 비용으로 사람, 제품, 서비스, 운동 등에 대해 인쇄하거나, 쓰거나, 말하거나, 그러서 제시하는 것이다.
김봉현, 김태용, 박현수, 신강균 (2011)	광고란 명시된 스폰서로부터 대중매체를 통해 수용자를 설득하거나 영향을 줄 목적으로 전달되는 비대인적 커뮤니케이션이다.
김병희, 한상필 (2012)	광고란 명시적·비명시적 광고 주체가 목표고객에게 브랜드 자산을 구축하기 위해 직간접 매체를 활용해 내용을 전달하는 마케팅 커뮤니케이션 활동이다.
김병희(2013)	광고란 광고 주체가 수용자를 설득하는 데 영향을 미치기 위해 매체를 활용해 아이디어와 제품 및 서비스 내용을 전달하는 단계별 커뮤니케이션 활동이다.

출처: 다음의 문헌에서 재인용 또는 재구성함(김병희, 2013a, 2013b, 2017; 김병희, 한상필, 2012; 김봉현, 김태용, 박현수, 신강균, 2011; 이두희, 2006).

동의를 얻으며, 그 개념의 유효성과 설명력을 인정받아 왔다(김병희, 2017).

〈표 1-1〉에서 알 수 있듯이, 광고 산업의 전문 분야 종사자들이 광고 활동의 어떤 측면을 강조하느냐에 따라, 광고학계의 연구자들이 마케팅과 커뮤니케이션 중 어떤 관점을 지지하느냐에 따라, 광고는 각양각색으로 정의되어 왔다. 이상에서 제시한 광고의 정의들은 광고를 '마케팅의 도구'로 보는 관점과 '커뮤니케이션의 수단'으로 보는 관점으로 양분할 수 있다.

2) 광고의 정의에 대한 마케팅적 관점

일찍이 미국마케팅학회(American Marketing Association: AMA, 1963)는 광고의 개념을 다음과 같이 정의했다. 이 정의는 마케팅 관점에서의 광고의 개념을 대표해 왔다.

> "광고란 명시된 광고주가 유료로 아이디어와 제품 및 서비스를 비대인적으로 제시하고 촉진하는 일체의 형태이다(Advertising is any paid of nonpersonal presentation and promotion of ideas, goods, services by an identified sponsor)."(AMA, 1963)

여기에서 제시된 광고의 정의는 다음과 같은 4가지 특성을 지닌다.

첫째, 광고는 유료의 형태(paid form)로 노출된다. 광고주는 돈을 내고 여러 미디어의 지면(space)이나 시간(time) 또는 사이버 공간(cyber space)에 광고 메시지를 노출한다. 이런 의미에서 광고는 돈을 지불하지 않고 제품이나 서비스에 대한 정보를 보내는 퍼블리시티(publicity)와는 다르다.

둘째, 광고는 비대인적으로 제시(nonpersonal presentation)된다. 매체별로 약간의 차이는 있지만 대부분의 광고는 다수의 소비자 혹은 대중을 대상으로 자사의 제품이나 서비스에 대한 정보를 제공한다. 따라서 광고는 소비자들과 직접 접촉하는 면대면(face-to-face)의 대인판매와는 달리 다수를 대상으로 하기 때문에 비대인적(非對人的)으로 제시된다.

셋째, 광고는 아이디어와 제품 및 서비스(ideas, goods and services)를 전달한다. 광고의 대상에는 어떤 기업의 제품만이 아니라 은행이나 항공사의 서비스도 포함된다. 기업 PR 광고나 공공광고처럼 어떤 철학이나 정책을 전달하려는 목적으로 광고를 하기 때문에 광고의 대상에는 제품, 서비스, 아이디어가 포함된다는 것이다.

넷째, 광고에는 명시적인 광고주(identified sponsor)가 존재한다. 광고는 광고주의 마케팅 목표나 광고 목표를 달성하기 위해 제품이나 서비스나 아이디어에 관한 정보를 전달한다. 따라서 거의 모든 광고물에는 광고를 하는 주체가 반드시 명시된다.

여기에서 특히 주목할 대목은 PR(Public Relations)과 선전(propaganda)이 '유료의 (paid)'와 '명시적(identified)'이라는 두 가지 측면에서 광고와 구별되는 것으로 간주되어 왔다는 점이다. 즉, PR과 선전은 광고와는 달리 유료의 비용을 지불하지 않아도 가능하며, PR과 선전을 하는 주체를 명시하지 않아도 된다는 것이다. 이 밖에도 공공광고(public service advertising)의 경우에는 매체사에 비용을 지불하지 않고 무료로 광고를 한다.

3) 광고의 정의에 대한 커뮤니케이션적 관점

마케팅 관점에서의 광고의 정의와는 달리, 커뮤니케이션 관점을 지지해 온 학자들은 광고를 판매자와 수요자 사이의 커뮤니케이션 연결(communication link)을 가능하게 해 주는 매개체로 보았다. 다음과 같은 정의는 커뮤니케이션 관점에서의 광고의 개념을 대표해 왔다.

"광고란 대중매체를 통한 통제된 명시적 정보 및 설득이다."(Wright, 1977)

"광고란 알려진 광고주가 수용자를 설득하거나 영향을 미치고자 대중매체를 이용하는 유료 형태의 비대인적 커뮤니케이션이다(Advertising is paid nonpersonal communication from an identified sponsor using mass media to persuade or influence an audience)."(Wells, Burnett, & Moriarty, 1999)

커뮤니케이션의 관점을 지지하는 학자들은 광고에 대해 정의할 때 '정보'와 '설득'이라는 두 가지 단어가 반드시 포함되어야 한다고 하면서, 미국마케팅학회에서 제시했던 광고의 정의를 비판했다(Wright, 1977). 이는 미국마케팅학회(AMA)에서 내린 광고의 정의가 마케팅 연구자들에게는 유용할지 몰라도, 광고 현장의 실무자들에게 커뮤니케이션 기술로서의 광고의 개념을 설명하기에는 미흡한 점이 많다는 점 때문이었다. 이 관점을 지지해 온 학자들은 광고의 정의에 다음과 같은 네 가지 기본 요인이 포함되어야 한다고 강조했다.

첫째, 광고는 정보(information)와 설득(persuasion)을 포함하고 있어야 한다. 광고란 명시된 광고주가 매스 미디어를 통해 불특정 다수의 소비자에게 제품 정보를 전달해 판매를 촉진하는 설득 커뮤니케이션이기 때문에, 광고란 소비자들에게 정보를 전달하거나 설득하기 위한 커뮤니케이션 활동의 특성을 가져야 한다는 뜻이다.

둘째, 광고는 통제적(controlled) 특성을 지니고 있다. 여기에서 '통제적'이라는 형용사에는 광고 메시지의 내용이나 광고의 규격이 광고주에 의해 통제되고, 경우에 따라서 광고 심의 과정을 거쳐 규제를 받는다는 의미가 담겨 있다. 이러한 '통제적'이라는 수식어 때문에, 광고는 다른 커뮤니케이션 형태인 대인판매(personal selling)나 퍼블리시티(publicity)와 구별된다.

셋째, 광고는 명시적(identifiable) 특성을 지녀야 한다. 이는 광고의 주체를 확인할 수 있거나 광고 주체가 분명해야 한다는 뜻으로, '명시적'으로 제시되어야 한다는 특성을 지니기 때문에 광고를 PR이나 선전과는 다른 개념으로 인식해야 함을 의미한다.

넷째, 광고는 대중매체(mass media)를 통해 전달된다. 광고 메시지는 반드시 대중매체를 통해 목표 고객에게 도달된다는 뜻으로 광고가 매스 커뮤니케이션의 영역에 해당된다는 특성을 지니며, 이 특성은 광고를 대인판매와 구별하는 요인으로 간주되어 왔다.

4) 광고의 정의에 대한 통합적 관점

이상에서 광고의 마케팅적 관점과 커뮤니케이션적 관점을 비교해 보았다. 이후 시간의 흐름과 미디어 환경 변화를 고려해 마케팅적 관점과 커뮤니케이션적 관점을 통합하려는 시도들이 있었다. 예컨대, 두 가지 관점을 통합해 1980년대 미국의 광고 환경을 설명하려 했던 다음과 같은 광고의 정의를 살펴보자.

　　"광고란 광고 메시지 속에 어떤 형태로든 명시된 기업이나 비영리 조직 또는 개인이 다양한 미디어를 통해 특정 집단의 수용자에게 정보를 제공하거나 설득하고자 하는 유료의 비대인적 커뮤니케이션이다."(Dunn & Barban, 1986)

　　던과 버번(Dunn & Barban, 1986)은 이윤을 추구하는 기업에서만 광고를 한다는 기존의 광고의 정의에서 벗어나, 비영리 조직인 정부나 정당이 행하는 정치 커뮤니케이션이나 교육기관이나 자선단체가 행하는 사회문화적 커뮤니케이션도 광고의 새로운 정의에 포함되어야 한다는 쪽으로 광고의 개념을 새롭게 정립하였다. 이에 따라 광고의 주체가 기업은 물론 정부기관, 대학, 교회 같은 비영리 단체나 개인에 이르기까지 확대되었으며, 정치광고나 공공광고 영역도 광고의 새로운 범위에 포함되었다.

　　이후 광고의 정의가 다시 한 번 수정되었다. 광고의 정의에 '유료'나 '설득'이라는 두 가지 단어가 반드시 포함될 필요는 없다는 주장은 광고의 개념을 다시 한번 되돌아보게 만들었다. 다음과 같은 광고의 정의에는 '유료'나 '설득'이라는 두 가지 단어가 빠져 있다.

　　"광고란 판매, 이용, 투표, 승인에 영향을 미치고자 광고주가 자기 비용으로 사람, 제품, 서비스, 운동 등에 대해 인쇄하거나, 쓰거나, 말하거나, 그려서 제시하는 것이다."(Advertising Age, 1999)

　　이상에서 살펴본 광고의 정의들을 종합해 보면, 광고의 정의에 필요한 구성 요인이 [그림 1-2]와 같은 5가지 요인에 집중되어 있음을 알 수 있다.

　　첫째, 광고주의 명시성이다. 광고에 광고주가 표시되지 않는다면 광고 주체가 누구인지 알 수 없다. 따라서 전통적인 광고의 정의에서는 거의 모든 광고에 광고주가 명시되어야 한다고 강조했다.

　　둘째, 비대인적 전달성이다. 광고주는 소비자에게 제품 메시지를 직접 전달하지 않고 대중매체를 통해 전달하기 때문에, 비대인적 전달성이란 대중매체를 통해 전달된

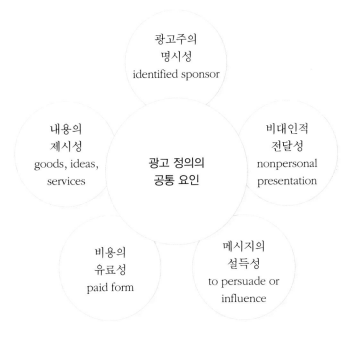

[그림 1-2] 광고의 정의에 필요한 5가지 요인

출처: 김병희(2013b), p. 36.

다는 사실과 동일한 의미를 지닌다. 따라서 전통적으로 공인된 광고의 정의에서는 어떤 광고 메시지가 비대인적으로(non-personal) 전달된다는 점을 강조해 왔다.

셋째, 메시지의 설득성이다. 광고주가 대중매체에 비용을 지불하고 광고를 하는 이유는 소비자 설득에 영향을 미치기 위해서이다. 따라서 전통적인 광고의 정의에서는 소비자를 설득하거나 영향을 미친다는 광고 목적이 들어가야 한다고 강조했다.

넷째, 비용의 유료성이다. 광고를 무료로 내 주는 미디어는 거의 없다. 물론 공익광고 같은 공공 캠페인의 경우 무료 광고가 가능하지만 이는 예외적인 사례이다. 따라서 전통적인 광고의 정의에서는 광고가 유료의 형태라는 내용이 들어가야 한다고 강조했다.

다섯째, 내용의 제시성이다. 모든 광고에서는 소비자에게 알리고자 하는 제품과 아이디어 및 서비스에 대한 내용을 어떤 메시지로 구성해 제시한다. 따라서 전통적인 광고의 정의에서는 제품과 아이디어 및 서비스의 내용이 제시된다는 점을 강조해 왔다.

5) 광고의 새로운 정의

이상에서 논의한 광고의 정의를 최근의 미디어 환경 변화나 소비자행동의 변화에 비춰 비교해 보면, 수정할 필요성이 제기된다. 이시훈(2007)은 이런 맥락에 주목해 인터넷광고, 양방향 TV광고 같은 상호작용 광고가 도입됨에 따라 광고의 개념을 재정립해야 한다는 문제를 제기했다. 그는 광고의 정의에서 광고의 기본적인 구성 요인으로 알려진 명시된 광고주, 유료의 형태, 설득과 영향, 그리고 비대인적 전달이라는 기존의 광고의 개념으로는 현재 우리나라의 광고 현상을 설명하기 어렵다고 주장했다. 한편으로 그는 광고의 특성을 콘텐츠로 봐야 한다며, 광고의 정의를 다시 내려야 한다고 강조했다. 기존의 광고 정의로 현재 우리나라의 광고 현상을 설명할 경우 어떠한 문제점이 발생하는지, 이시훈(2007)의 설명을 바탕으로 정리하면 다음과 같다.

첫째, 명시된 광고주가 여전히 광고의 구성 요인이라고 할 수 있을까? 광고주의 존재 유무는 광고 활동과 선전 활동을 나누는 기준이 되지만, 광고주들이 전략적으로 광고주의 이름을 생략하는 전략을 전개함에 따라 광고의 정의에서 광고주의 명시 여부는 광고 개념의 필수적인 구성 요인으로 보기 어렵게 되었다. 예를 들어, LG전자의 기업 PR 광고에서는 광고주 이름을 명시해야 하지만, '엑스캔버스' '휘센' '트롬' 같은 하위 브랜드의 광고에서는 각 브랜드별로 광고를 집행하기 때문에 광고주 이름을 반드시 광고에 밝힐 필요는 없다.

둘째, 광고는 여전히 비대인적으로만 제시되고 있을까? 비대인적 제시란 대중매체를 통해 광고 메시지가 전달된다는 것을 의미한다. 그렇지만 상호작용 미디어는 대중매체의 특성과 개인매체의 특성을 동시에 지니고 있다. 광고 메시지의 전달력이나 효율성 측면에서 대중매체 광고는 광고비의 낭비가 많았지만, 상호작용 미디어를 이용하면 특정인에게만 메시지를 전달하는 대인적 메시지 제시가 가능해진다. 더욱이 모바일광고나 SNS광고 기법이 날로 발전하고 있는 상황에서 광고 메시지가 대인적으로 전달될 가능성은 점점 증가하고 있다. 바야흐로 스마트 미디어 시대가 전개되면 대중 매체를 통해 비대인적으로(non-personal) 제시되는 광고는 물론, 특정 소비자에게 대인적으로(personal) 제시되는 맞춤형 광고가 공존하면서 혼재하게 될 것이다.

셋째, 광고는 반드시 유료의 형태로만 집행되고 있을까? 유료냐 무료냐의 문제는 무료라는 PR과 유료라는 광고를 구별하는 판단 준거로 알려져 있었다. 여기에서 유료라는 의미는 광고주가 매체사에게 시간이나 지면을 구매하는 대가를 지불한다는 뜻을 갖는다. 상호작용적 미디어 환경에서는 유료의 형태가 사라지기보다 다양한 지불 형태로 그 범위가 확장되고 있다. 예컨대, 많은 인터넷광고 사이트에서는 자사의 광고 슬롯(slot)의 빈 공간을 다른 사이트의 광고 지면으로 빌려주고, 상대 회사의 빈 광고 슬롯에 자사의 광고를 하는 교환 광고를 집행한다. 이 경우에는 내용적으로는 유료지만 형식적으로는 무료로 광고를 하고 있는 셈이다. 미디어 플랫폼이 발전할수록 교환 광고의 숫자나 횟수도 갈수록 늘어나게 될 것이다. 그리고 우리나라의 공익광고 역시 대표적인 무료 광고에 해당된다.

넷째, 광고는 여전히 소비자 설득에 영향을 미치는 데만 머무르고 있을까? 전통적인 광고의 목적은 제품 판매를 위한 소비자 설득이었다. 소비자에게 어떤 브랜드에 대한 태도를 형성하거나 강화시키고 태도 변화를 유도하는 것이 광고에 있어서 설득의 핵심 개념이었다. 그렇지만 포스트모던 광고는 소비자 설득이라는 광고의 목적을 숨긴 채 수용자에게 광고 메시지를 해독하라고 주문하기 때문에 이전의 광고 개념으로는 설명하기 어렵다. 또한 상호작용 미디어에 광고를 할 때는 설득의 개념도 달라진다. 예컨대, 인터넷광고에서는 마우스의 클릭으로 제품 구매를 할 수 있고, 양방향 TV 광고에서는 광고나 프로그램을 시청하는 도중에 곧바로 제품 구매를 할 수 있다. 즉, 기존의 위계적 효과(hierarchy of effect) 모델에서는 어떤 광고 메시지가 각 단계를 거쳐 최종적으로 소비자 설득에 영향을 미친다고 광고의 효과 과정에 대해 설명해 왔다. 그렇지만 양방향 광고에서는 소비자가 정보를 처리하는 각각의 단계에서 소비자행동에 영향을 미칠 가능성이 크다.

광고에 대한 세 가지 관점을 종합하면, 광고의 정의에 광고주의 명시성(identified

sponsor), 비대인적 전달성(nonpersonal communication), 메시지의 설득성(persuasive message), 비용의 유료성(usually paid), 내용의 제시성(contents presentation)이라는 5가지 요인이 반영되어야 한다.

이상에서 살펴본 광고의 정의들은 최근의 미디어 환경 변화와 소비자행동을 충분히 설명하기 어렵다. 선행연구에서도 광고에 대한 기존의 정의에는 현대의 광고 현상을 설명하는 데 한계점이 많다고 지적했다(김병희, 한상필, 2012; 이시훈, 2007). 즉, 명시된 광고주라는 내용이 들어가야 하지만 현대의 광고에서는 광고주가 명시되지 않은 광고 형태도 있고, 비대인적으로 제시된다는 내용이 들어가야 하지만 대인적으로 제시되는 광고 형태도 있고, 유료의 형태라는 내용이 들어가야 하지만 공익광고처럼 무료로 하는 광고의 형태도 있다. 또한 소비자 설득에 영향을 미친다는 목적이 들어가야 하지만 소비자 정보 탐색 과정에서 각 단계별로 영향을 미친다는 의미도 반영되어야 하며, 제품과 서비스의 내용을 표현한다는 내용이 들어가야 하지만 제품과 서비스 내용을 표현하지 않으면서 소비자와의 관계성을 지향하는 광고도 증가하고 있다. 이상을 요약하면 광고 개념의 변화를 〈표 1-2〉와 같이 정리할 수 있다.

표 1-2 **광고 개념의 변화**

	기존의 광고 개념	향후의 광고 개념
광고의 정의	광고주의 명시성	광고 주체의 (비)명시성
	비대인적 전달성	(비)대인적 전달성
	메시지의 설득성	메시지의 (단계별) 설득성
	비용의 유료성	비용의 (무)유료성
	내용의 제시성	내용의 제시성(관계성)

이상에서 살펴본 광고의 정의를 구성하는 요인들은 나름대로 의의가 있으며, 현재도 금과옥조로 받아들여지고 있다. 그렇지만 현대의 광고 현상을 완벽하게 설명하지 못한다는 한계점도 나타나기 때문에, 기존의 광고 정의에서 광고의 개념을 구성하

는 기본 요인들을 현재의 광고 환경에 견주어 보다 심층적이고 구체적으로 규명할 필요가 있었다. 이런 문제의식을 바탕으로 서베이 결과와 초점집단면접 결과를 바탕으로 광고의 새로운 개념 정립을 시도하는 연구들이 이루어지기도 했다(김병희, 2013a, 2013b; 김병희, 한상필, 2012). 일련의 연구 결과에서 도출된 광고의 새로운 정의는 다음과 같다.

> "광고란 광고 주체가 수용자를 설득하는 데 영향을 미치기 위해 매체를 활용하여 아이디어와 제품 및 서비스 내용을 전달하는 단계별 커뮤니케이션 활동이다."
>
> (김병희, 2013b, 2017)

광고의 새로운 정의에서는 '광고주'(sponsor, advertiser)를 '광고 주체(advertising subject)'로 바꿨다. '광고주'라는 단어에는 광고주가 '갑'이고 광고회사가 '을'이라는 뉘앙스가 강하지만, '광고 주체'라는 표현에는 그런 뉘앙스가 많이 희석되고 광고를 관리하고 제작하는 누구라도 광고의 주인이라는 의미가 담겨 있다. 결국, '명시된 광고주'(미국마케팅학회, 1963)라는 말에 비해 보다 포괄적인 개념인 '광고 주체'가 현대의 광고 생태계를 설명하는 타당한 표현이라고 판단했다.

광고의 새로운 정의는 나름대로의 의의가 있지만 상당한 한계점도 있음을 부인할 수 없다. 광고의 정의에 관한 선행연구를 고찰하는 과정에서 광고에 대한 다양한 관점이나 스펙트럼을 고려해야 하는데, 그렇게 하지 않았다. 광고라는 대상을 놓고 연구하는 학자들의 전공 영역만 해도 커뮤니케이션학, 경영학, 심리학, 미학, 문학, 디자인학, 미디어학, 콘텐츠 텍스트학 같은 다양한 층위를 형성한다. 전공 영역에 따라 광고에 대한 관점도 다를 수밖에 없는데, 앞으로는 스마트 미디어 시대의 광고 현상을 두루 설명할 수 있는 보다 포괄적인 층위를 두루 고려해서 광고의 개념과 정의를 이해해야 한다.

2. 한국 광고의 역사

한국의 역사학계에서는 대체로 개화가 시작된 1876년을 근대의 기점으로 본다. 한국 근대 광고의 기점 역시 1876년이며, 일제 강점기에서 벗어나 해방을 맞이한 1945년은 근대 광고의 종점이다. 광고사의 시대 구분은 광고 자체의 발달 과정에 맞추는 것이 중요하지만, 동시에 광고를 중심으로 시대 구분을 하되 각종 사회 환경이나 제도적인 측면을 고려해야 한다. 즉, 광고의 내적 요인과 광고의 활성화에 밀접하게 관련되는 매체 발달 상황과 제도적 측면을 고려하여 한국 광고사의 시대를 구분해야 한다. 이런 관점을 바탕으로 한국 광고사의 시기를 〈표 1-3〉과 같이 구분할 수 있다.

표 1-3 한국 광고사 시기 구분

근대 광고 태동기 (1876~1910)	일본 제도 도입기 (1910~1920)	근대 광고 성숙기 (1920~1940)	근대 광고 쇠퇴기 (1940~1945)
현대 광고 태동기 (1945~1968)	현대 광고 도입기 (1968~1981)	현대 광고 성장 1기 (1981~1998)	현대 광고 성장 2기 (1998~현재)

근대 광고의 태동기는 개항이 시작된 1876년으로 거슬러 올라가는데, 한국 최초의 근대 광고인 세창양행 광고가 『한성주보』 4호에 게재된 1886년 2월 22일에서부터 한일합병이 공식 조인된 1910년 8월 29일까지가 이 시기에 해당된다. 일본 제도 도입기는 일제의 식민 지배가 시작된 1910년 8월 30일부터 3 · 1운동 이후 일본의 문화 정치가 시작되고 1920년 『동아일보』와 『조선일보』가 창간되기 직전까지를 일컫는다. 근대 광고 성숙기는 일본의 문화 정치가 시작되고 『조선일보』(1920. 3. 5.)와 『동아일보』(1920. 4. 1.)가 창간된 직후부터 1940년 8월 10일 두 신문이 강제로 폐간될 때까지로 본다. 근대 광고의 쇠퇴기는 일본이 태평양전쟁을 시작한 상황에서 두 신문이 강제 폐간된 다음날부터 1945년 8월 15일 해방까지이다.

한국 광고는 1945년 해방과 더불어 현대 광고의 시기로 접어들었다. 해방 이후 『동아일보』와 『조선일보』가 복간된 1945년부터 종합광고회사가 출범하기 직전까지가 현대 광고 태동기다. 비약적인 경제 성장을 바탕으로 전파광고가 활성화되고 국제화의 물결 속에서 광고 대행업이라는 개념이 본격적으로 도입됨으로써 현대 광고 도입기가 열린다. 흑백 방송의 종료와 함께 1981년 3월 1일 텔레비전 컬러 방송과 컬러 광고가 시작된 이후, 광고 시장 개방과 국제화 과정을 거치면서 광고 산업의 성장을 이룩했던 시기는 현대 광고의 성장 1기에 해당된다. 마지막으로, 국제통화기금(IMF) 관리 체제에 따른 저성장기를 거쳐 뉴 미디어의 출현으로 인해 다시 광고 산업의 재활성화를 이룩한 이후 현재까지가 현대 광고 성장 2기다.

이상에서 구분한 한국 광고사의 흐름에 따라, 각 시기별로 우리나라 광고 문화의 변천 과정을 제시하면 다음과 같다.

1) 근대 광고 태동기(1876~1910)

『한성주보』에 '고백' 광고가 실린 이후, 신문은 물론 잡지, 전단, 간판, 전신주에 다양한 광고들이 등장했다. 광고 규제를 명시한 법규는 없었으나 1907년 7월에 공포된 「광무신문지법」 조항에는 안녕질서나 풍속에 저촉되는 경우 이를 단속할 조항이 포함되어 있다. 1896년 『독립신문』이 창간된 이후 10여 년 사이에 광고의 개념이 거의 형성되었다고 할 수 있는데, 이 시기에 근대 광고의 성립 요소인 광고주와 광고회사 및 매체 영역이 비로소 정착되었다.

이 시기의 광고물들은 '고백'에서 '광고'로의 변화 과정을 보여 준다. 1886년 2월 22일, 『한성주보(漢城周報)』 4호에 한국 최초의 신문광고인 세창양행(世昌洋行) 광고가 등장했다. "덕상세창양행고백(德商世昌洋行告白)"이라는 헤드라인에는 광고가 아닌 '고백'이라고 표기되었다. 또한 1910년 이전에 이미 현대 광고의 원형(prototype)에 해당되는 광고들이 우리 근대 광고에 나타난다. 즉, 옥외광고, 비교 광고, 의견 광고, 신년 축하 광고, 간판, 통신 판매 광고 같은 다양한 광고의 원형질이 등장하고 있음이 이채롭

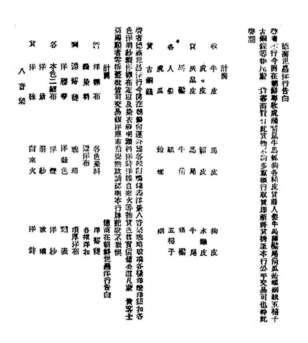

[그림 1-3] 세창양행의 고백(『한성주보』, 1886. 2. 22.)

다. 현대 광고의 원형을 간직하고 있는 광고물 사례들이 많으므로 광고사적으로도 이 시기의 광고물은 주목해 볼 필요가 있다.

무엇보다도 이 시기의 사진관 광고에서 남녀 접촉이 심히 규제되던 당시의 사회상을 엿볼 수 있다. 또한 전기 광고에서 20세기 초에 전등은 지위와 부의 상징이었음을 확인할 수 있으며, 수돗물을 마시자는 광고에서 '위생의 담론'을 발견할 수 있다. 당시의 광고 메시지에는 외래의 과학 문물을 받아들이되 민족 계몽과 자강의 필요성을 강조하는 내용이 많았다. 이러한 계몽의 담론이 이 시기 광고 메시지의 핵심적 특성이다.

2) 일본 제도 도입기(1910~1920)

일제 강점기 이후 광고 요금 및 광고 거래 관행은 모두 일본식으로 바뀌게 된다. 1910년대 중반에는 치열한 담배 판촉전이 벌어졌고, 1919년 3·1운동 이후 광고가 중요하다는 인식은 급속도로 확산되었다. 광고의 중요성이 강조된 데는 두 가지 이유가 있었다. 첫째, 제3대 총독으로 조선에 부임한 사이토 마코도(齋藤實)가 문화 정치를 표방하면서 1920년에 『조선일보』와 『동아일보』가 창간되고 1924년에는 『시대일보』가 창간되어 광고 물량이 증가되었기 때문이었으며, 둘째, 조선 총독부에서 통치의 필요성에 따라 정치적 선전과 행정 홍보에 많은 비중을 두었기 때문이었다(김병희, 신인섭, 2007).

이 시기에는 티저 광고, 미인이 등장하는 화장품 광고, 신년 축하 광고, 이벤트 활용 광고, 신문의 기획 광고가 근대 광고의 발달에 지대한 영향을 미쳤다. 더불어 이러한 근대 광고는 대중적 욕망을 중개하는 매개자 역할을 하면서 조선인의 근대성 형성에 영향을 주었다. 이 시기에는 담배, 차, 맥주 같은 기호품의 대중화가 이루어졌으며, 광고 모델의 시선 처리가 독특한 중장탕(中將湯) 광고 같은 광고물에서도 알 수 있듯이 식민지 조선에서도 '개인의 발견'이 서서히 이루어지기 시작했다.

그리고 호옴(Home), 하아로(Hallo), 고인(Gold Coin) 같은 담배 브랜드, 그리고 삿뽀로 맥쥬(맥주)와 아사히 맥쥬 같은 브랜드 기호품의 대중화가 이루어졌으며, 우유 광고를 통해 영양에 대한 관심을 환기시키기도 하였다. 우유 광고에서는 영양에 대한 관심을 강조하는 동시에 개인주의적 전망을 대량으로 제공함으로써 소비의 이상을 구체화시켰다. 이 과정에서 식민지 조선인들이 주체적으로 자각한 것이 아닌 허상으로서의 서구적 근대를 동경하는 식민지 근대성(colonial modernity)의 단면을 확인할 수 있다.

3) 근대 광고 성숙기(1920~1940)

해방 전의 1현(縣) 1지(紙) 정책의 위력은 『동아일보』와 『조선일보』의 강제 폐간으로 나타났다. 1920년대 중반 이후 우리나라는 본격적인 일본 제품의 소비 시장으로 변질되게 되면서, 일본에서 들어오는 광고가 우리나라 광고주의 광고보다 많아졌다. 한편, 『동아일보』는 1938년 5월에 '매출 증진하는 광고 쓰는 방법'을 연재하는 동시에 '쇼윈도용 광고기(廣告器)' 같은 광고 관련 기사를 게재했다. 이 과정에서 우리 광고는 욕망의 매개체가 되어 식민지 조선인에게 근대적 환상을 제공하는 통로가 되었다(신인섭,

김병희, 2007).

이 시기의 광고물에서는 '근대인 되기'의 이데올로기를 다방면에 걸쳐 전파했으며, 근대라는 명목하에 개인주의의 사회적 실천을 촉구했다. 더욱이 패션과 유행이 근대인이 되는 사회적 윤리라는 메시지도 전달했다. 양복과 구두와 모자로 치장하고 거리를 산보하는 산책자는 1920년대 근대인 되기의 실천적 행동이었다. 또한 '현대 신사의 일일' 광고에서는 근대적 시간 관념과 일상성이 나타났으며, 포르노 서적 및 각종 수양서 광고에서는 욕망의 분출과 금욕주의 사이에서 고민했을 근대인의 내면 풍경을 묘사하기도 하였다. 화장품 광고에서는 여성들에게 하얀 피부와 서구적 이목구비가 미적 표준의 환상으로 제시되었으며, 남성에게는 '하이칼라'를 광적으로 추구하도록 권고했다(신인섭, 김병희, 2007).

이 시기의 약 광고에서는 '증상-질병-치료 효과'의 구조를 바탕으로 보건 위생의 담론을 제시했다(마정미, 2004). 자동차 광고에서는 권력층과 부유층에게 드라이브를 해 보라는 제품의 수사학으로 유혹했으며, 자동차는 곧 대중화되었다. 한편, 박람회 광고와 영화 광고 및 축음기 광고에서는 식민지 조선인에게 마술적 환등과 환청의 경험을 제공했으며, 여러 간장 광고와 조미료 광고에서는 입맛의 표준화를 시도했다. 개인의 발견이 이루어진 이 시기의 광고물을 통하여 광고가 공동체를 강화하는 사회적 기제이자 근대적 이데올로기의 도구로 작용하는 과정을 확인할 수 있다.

4) 근대 광고 쇠퇴기(1940~1945)

언론과 광고의 맥락에서도 1940년대는 가장 고통스러운 시기였다. 세일 금지, 신문의 전면광고 금지, 화장품 광고 자숙, 사치품 광고 금지, 네온과 전력을 이용한 광고 금지 같은 조치가 계속 이어졌다. 광고세(廣告稅)가 부과되었으며 광고주가 돈을 내서 전쟁 승리를 기원하는 '헌납 광고'도 등장했다. 전쟁 말기에 이르러서는 신문의 크기도 타블로이드판으로 바뀌고, 하루에 한 장(2면)짜리 신문을 발행하는 데 그쳤다. 1941년 12월에 태평양전쟁이 일어난 다음부터 점점 광고량이 줄어들기 시작했다. 1945년에는 타블로이드판 신문이 겨우 2면으로 발행되었으니 8 · 15 해방의 그날까지 한국 근대 광고 역시 쇠퇴기의 종말로 치닫게 된다.

광고의 본질적 기능이 정보 제공과 소비자 설득에 있다는 점에서 볼 때, 이 시기의 헌납 광고들은 그런 본질적 기능에서 벗어나 전쟁 참여를 독려하거나 전쟁의 의의를 역설하는 정치 선전물로 전락했다(신인섭, 김병희, 2007). 헌납 광고란 일제 강점기 광고물에만 적용되는 특이한 용어인데, 전쟁 슬로건으로 구성된 이런 광고를 일본은 '헌납(獻納) 광고'라고 칭했다. 광고 내용은 전쟁 참가를 독려하거나 전쟁을 미화하는 것으로 가득 차 있었는데, 제품 메시지와는 무관한 내용임에도 불구하고 광고비는 광고주가 지불하게 했다. 전쟁을 미화한 이 시기의 헌납 광고에는 한국 근대사의 슬픈 흔적이 스며 있다.

제2차 세계대전의 전세가 일본에게 불리하게 돌아가자 1945년 들어 드문드문 나온 광고마저도 점점 크기가 작아졌다. 1945년 이후 등장한 젖 잘 나오는 약 광고나 경성경마 같은 소형 광고에서 식민지 조선의 참담한 사회 풍경을 확인할 수 있다. 한편으로 국내 정치 문제에 대한 관심을 다른 방향으로 돌리기 위해 스포츠(경마)를 허용했을 조선총독부의 기만 술책도 이 시기의 광고에서 추정할 수 있다. 1945년 들어 일본 제국주의는 연합군에게 백기를 들었으며, 우리 민족도 8 · 15 해방을 맞이했다. 한국 근대 광고 역시 해방 공간에서 사회경제적 환경 변화를 반영하면서 새로운 변화를 모색하게 된다.

5) 현대 광고 태동기(1945~1968)

이 시기에는 『한국일보』(1954)의 창간과 최초의 광고 전문 월간지인 『새 광고(廣告)』(1960. 9.)의 창간으로 인쇄광고가 크게 발전하기 시작했다. 1956년 미국인의 주도로 개국했던 HLKZ-TV가 화재로 소실되자, 1961년 12월 31일에 정부 주도로 서울텔레비전방송국이 개국하면서 우리나라 텔레비전 방송이 본격화되었다. 동아일보사는 1963년 4월 25일 동아방송(DBS) 라디오를 개국함으로써 우리나라 최초로 방송국을 겸영하는 신문사가 되었다. 1964년에는 민영방송인 TBC-TV가 개국했다. 합동통신사 광고 기획실(오리콤 전신, 1964. 7. 1.)이 신설되어 바야흐로 광고회사 활성화의 서막을 열었다. 1963년 당시 우리나라 텔레비전 수상기의 등록 대수는 34,774대로 집계되었다. 1963년 1월 1일부터 KBS-TV에서 유료의 상업 광고 방송을 시작함으로써, 신문, 잡지, 라디오, 텔레비전이라는 이른바 광고의 4대 매체 체제를 갖추기 시작했다.

이 시기의 인쇄광고 표현에서는 일본어가 아닌 '한글'이 광고 메시지를 표현하는 주요 언어가 되어 카피에서 한글이 완전히 복원되었다(김병희, 2008). 해방 직후의 주요 광고주는 일제 강점기부터 계속된 주류, 제약, 영화 업종이었지만, 1950년대 중반부터는 우리나라 기업에서 생산한 생활용품 광고가 각광받기 시작했다. 1950년대 후반기는 제약 광고의 시대였다. 한국전쟁이 끝난 후 수입 의약품 판매 광고가 시작되었고, 나중에는 국산 의약품 광고도 늘어났다. 전파매체가 등장함에 따라 1950년대 후반부터 의약품 광고 물량이 폭발적으로 증가하였는데, 1960년대 중반까지 우리나라 전체 광고비의 70% 정도를 차지할 정도였다(마정미, 2009).

1956년 5월 12일, KORCAD-TV(HLKZ)의 개국일에는 "최고의 전통, 최고의 기술을 자랑하는 유니버설의 깨지지 않는 레코오드가 나왔읍니다"라는 우리나라 최초의 텔레비전광고 방송이 시작되었다. 이 시기에는 텔레비전광고의 영상 기술에 있어서 녹음 테이프와 슬라이드라는 2가지 소재가 병용되었다. 표현 전략에 있어서는 애니메이션 기법이 보편화되었고, 소구 내용에 있어서 대부분의 광고들은 제품의 기능을 단순히 설명하는 수준에 머물러 있었다.

6) 현대 광고 도입기(1968~1981)

한국 광고사에서 1968년은 역사적인 의미가 있다. 1968년, 코카콜라 브랜드가 한국 시장에 들어와 음료 시장에 일대 파란을 일으켰지만, 광고사적 맥락에서는 우리나라 광고 표현의 수준을 비약시키는 결정적인 계기를 마련했다는 점에서 주목할 만하다. 1969년에는 MBC-TV가 개국함으로써 민영방송의 경쟁 시대가 열렸다. 이 무렵 텔레비전이 주요 매체로 자리를 잡았고, 이후 1980년의 「언론기본법」 제정으로 인한 언론 통폐합 및 민영방송의 공영화 조치가 이어졌다. 1981년부터 텔레비전의 본 방송을 컬러로 송출하고 3월 1일부터 광고를 포함한 모든 프로그램을 컬러로 송출했다. 1970년 『조선일보』가 창간 50주년 기념호(1970. 3. 5.)를 전면 컬러로 발행함으로써 신문광고도 컬러 시대로 접어들었다. 1973년 1월에는 제일기획이 창립되었는데, 이 시기에는 광고의 4대 매체(텔레비전, 신문, 라디오, 잡지) 체제가 완전하게 구축되었으며, 그중에서도 텔레비전이 선두 광고매체로 떠올랐다(김병희, 2011).

이 시기에는 코카콜라, 펩시콜라, 칼텍스 같은 다국적 광고주들이 우리나라에 진출함으로써 인쇄광고 크리에이티브에도 새로운 자극이 주어졌다. 1968년에 한국 시장에 진출한 코카콜라는 광고에 새 바람을 일으켰으며, 방송광고와 함께 진행된 인쇄광고캠페인에서 "It's the real thing"이라는 영문 슬로건은 "산뜻한 그 맛, 오직 그것뿐!"으로 번역되어 이 시기의 표현 스타일을 주도했다.

이 시기의 텔레비전광고에서는 영상 기술에 있어서 촬영 및 편집의 수준을 높이기위해 다양한 기술을 모색했는데, 제품의 물리적 특성을 알리는 단순한 정보 제공에서탈피하여 소비자의 심리적 특성을 환기하며 극적인 요소나 특수 촬영 기술을 시도했다. 표현 전략에 있어서 노래형(CM송) 스타일의 크리에이티브가 확산되었다. 대중 예술인들이 대마초 사건 때문에 방송 활동을 중지하게 되자 생활 방편으로 CM송 광고제작에 참여했지만, 광고계로서는 크리에이티브의 지평을 넓히는 결정적인 계기가 되었다. 또한 소구 내용이 효과를 발휘함에 따라 농심 라면의 '형님 먼저 아우 먼저' 편(1975) 같은 주옥같은 광고들이 제작됨으로써 광고의 사회문화적 영향력이 보다 확장되었다.

7) 현대 광고 성장 1기(1981~1998)

언론 통폐합과 한국방송광고공사(KOBACO)의 설립이 이루어진 1981년 무렵, 일간신문은 36개에서 29개로 줄었으며 지방신문도 '1도 1지제'로 바뀌었다. 1981년 3월 1일,

모든 텔레비전 방송에 컬러화가 이루어지고 낮에 하는 방송이 재개되면서, KBS-1 TV 와 KBS-2 TV에 다시 광고가 방송되기 시작했다. 1981년부터 1983년 사이에 각 재벌 그룹들이 대거 계열 광고회사(in house agency)를 창립했던 시기이다. 1984년에는 제 14차 아시아광고대회(AdAsia) 서울대회가 개최되어 성공적으로 끝났으나, 이로 인해 한국의 광고 시장을 개방하라는 압력을 받기도 하였다. 1988년의 서울올림픽은 한국 사회에 많은 변화를 가져왔고 광고 시장 개방과 광고 표현의 다원화에도 많은 영향을 미쳤다. 또한 1996년 서울에서 제35차 국제광고협회(IAA) 세계광고대회가 개최됨으로 써 한국 광고계는 광고 시장 개방 이후 국제화기로 접어들게 되었다.

이 시기에 텔레비전광고의 컬러화 영향을 받아 인쇄광고에서도 전면적인 컬러화가 진행된다. 이 무렵 쌍용의 기업 광고 '도시락' 편은 신문과 잡지에서 그 내용을 소개할 정도로 큰 반향을 얻었으며, 한국적인 소재와 아이디어의 표현 가능성을 보여 주었다. 하지만 이 시기에는 한국적 가치관을 반영한 광고보다 아이스크림, 스낵류, 패션, 화 장품, 청량음료 제품에서 서구적 가치관이 반영된 광고가 많았다(김병희, 2008).

당시는 텔레비전 방송광고의 영상 기술에 있어서 흑백 광고에서 컬러 광고로 바뀌는 시점이었다. 1981년부터 시작된 방송의 완전 컬러화를 충격으로 받아들인 광고 제작 업계는 1981년부터 4년 동안 KBS-TV와 MBC-TV의 제작 시설에 의존해 VTR-CM을 제작하면서도, 자체적인 시스템 확보를 위해 많은 노력을 기울였다. 표현 전략에 있어 서 포스트모던 스타일의 크리에이티브가 부각되었으며, 소구 내용에 있어서 전통적 가치관과 서구적 가치관이 혼재하던 때였다. 이 시기의 텔레비전광고에는 현대화 과 정에서 소홀히 취급했던 한국의 전통문화를 환기하는 표현 소재나 메시지가 두루 활 용되었다.

8) 현대 광고 성장 2기(1998~현재)

이 시기의 광고 환경은 광고 시장의 조정기(1998~2006)와 디지털 미디어 전환기 (2006~현재)로 구분할 수 있다. 광고 시장 조정기의 특징으로 광고 시장의 다변화, 인터넷의 등장, 온라인 미디어의 실험을 들 수 있다. 1998년에는 SK, KT, KTF 같은 정보통신 기업들이 10대 광고주로 부상했다. 외환 위기는 오히려 한국 광고업의 국제화를 모색하는 자극제가 되었으며, 모든 신문이 가로쓰기로 전환하게 된 1990년대 중반부터는 주요 일간지들이 발행 부수와 판매 부수를 공개함으로써 광고의 과학화를 앞당겼다. 2010년을 전후해서 온라인 광고(유선 인터넷으로서의 인터넷, 무선 인터넷으로서의 모바일)와 디지털 방송광고(지상파 데이터 방송, IPTV, 디지털 위성, DMB, 디지털 CATV)를 비롯한 스마트 미디어가 활성화됨으로써 우리나라 광고 시장은 2012년 이후 총 광고비 10조 원 이상의 시장으로 확장되었다.

인쇄매체의 광고 표현은 기존의 전형적인 광고 형식에서 탈피하여 형태 변형과 게재 변형을 시도했다. 가로나 세로로 길게 광고 면을 확장한 것이 세로나 가로의 게재 변형이라면, 지면을 U 자나 L 자로 바꾸는 것은 형태 변형이다. 또한, 파격적인 레이아웃인 돌출형, 삼각형, 액자형, 기둥형, 계단형 같은 변형 광고도 등장했다. 2000년 이후 인쇄매체 광고에는 기존의 금기를 깬 표현 소재들이 자주 활용되었으며, 신문 지면이 증가함에 따라 광고 지면도 대형화되면서 카피의 위치나 헤드라인의 서체도 자유자재로 변화했다. 2006년 들어서는 기존의 ATL매체와 BTL매체로 이원화됨에 따라 매체의 특성을 활용하여 메시지 효과를 배가시키는 미디어 크리에이티브(media creative)가 강조되었으며, 인쇄광고에는 웰빙(well-being)을 강조하는 메시지가 늘었다(김병희, 2008).

이 시기의 텔레비전광고는 영상 기술에 있어서 컴퓨터 그래픽과 디지털 기술의 활용이 보편화되었다. 표현 전략에 있어서 브랜드 스토리를 구성하는 스토리텔링 기법이 중시되어, 심지어 애드버스토리(adverstory: advertising+story)라는 신조어가 생길 정도였다. 소구 내용에 있어서 소비자와 브랜드의 관계 관리를 중시해 광고를 제품 판매의 관점에서 접근하기보다 소비자와의 관계 관리로 접근하는 텔레비전광고들이 늘었다. 특히 이 시기의 텔레비전 방송광고에는 광고 모델이 제품을 구분하거나 스타가 전달하는 기준에 따라 제품의 차이가 구별되는 사례들이 많았다.

참고문헌

김병희(2008). "인쇄매체 광고의 흐름과 특성." 정기현 외. 한국의 광고2(pp. 159-185). 경기: 나남 출판.

김병희(2011). "한국 텔레비전 방송광고50년의 흐름과 특성." 김병희, 김영희, 마동훈, 백미숙, 원용진, 윤상길, 최이숙, 한진만(2011). 한국 텔레비전 방송 50년(pp. 313-369). 서울: 커뮤니케이션북스.

김병희(2013a). "광고의 새로운 정의와 범위: 혼합연구방법의 적용." 광고학연구, 24(2), 225-254.

김병희(2013b). 광고의 새로운 정의와 범위. 서울: 한경사.

김병희(2017). "광고의 정의." 김병희, 김찬석, 김효규, 이유나, 이희복, 최세정. 100개의 키워드로 읽는 광고와 PR(pp. 16-25). 경기: 한울엠플러스.

김병희, 신인섭(2007). "미시사적 관점에서 본 근대 광고의 근대성 메시지 분석." 광고학연구, 18(3), 97-129.

김병희, 한상필(2012). "광고의 새로운 개념 재정립을 위한 시론." 광고연구, 95, 248-282.

김봉현, 김태용, 박현수, 신강균(2011). 광고학개론. 서울: 한경사.

마정미(2004). 광고로 읽는 한국 사회문화사. 서울: 개마고원.

마정미(2009). "정치적 격동기와 경제 성장기: 1945-1967." 마정미, 신인섭, 서범석, 김대환, 신기혁, 김병희, 이희복(2009). 광고라 하는 것은: 1876-2008, 신문 광고와 사회 변화(pp. 123-162). 서울: 커뮤니케이션북스.

미국마케팅학회(AMA, 1948, 1963, 2017). American Marketing Association(www.marketingpower.com)

송용섭, 리대룡(1996). 현대광고론. 서울: 무역경영사.

신인섭, 김병희(2007). 한국 근대 광고걸작선 100: 1876-1945. 서울: 커뮤니케이션북스.

이두희(2006). 광고론: 통합적 광고. 서울: 박영사.

이시훈(2007). "광고의 개념 재정립과 이론화: 상호작용 광고의 영향을 중심으로." 커뮤니케이션이론, 3(2), 153-188.

Dunn, S. W., & Arnold, M. B. (1986). *Advertising: Its Role In Modern Marketing*(6th ed.). Chicago, IL: Dryden Press.

Wells, W. D., John, B., & Sandra, E. M. (1999). *Advertising: Principles and Practice*(5th ed.). Upper Saddle River, NJ: Prentice-Hall.

Wright, J. S. (1977). *Advertising*(4th ed.). New York: McGraw-Hill.

Advertising Age(1932, 1999, 2017). adage.com

Wikipedia(2018). ko.wikipedia.org/wiki/%EA%B4%91%EA%B3%A0

PR의 개념과 역사

1) PR을 정의하기에 앞서

PR(Public Relations)에 대한 다양한 또는 상충되는 정의와 그 시도들은 PR의 종류(all kinds), 미디어(all media) 또는 공중(all publics) 등을 중심으로 이루어져 왔다(Baskin, Aronoff, & Lattimore, 1997). 일반적인 개념 정의와 다르게 PR 정의에서 특이한 점은 PR이 아닌 것은 무엇인가에 대한 정의들이 많다는 것인데, 이는 그만큼 PR의 개념에 대한 오해와 왜곡도 심각하다는 것을 의미한다. 어떤 PR에 대한 정의들은 관리의 기능을, 또 어떤 정의들은 커뮤니케이션 기능을 강조한다. PR의 실무, 목적 및 효과, 그리고 사회적 책임성 등에 의해서도 서로 다르게 정의될 수도 있다.

김동성 한양대학교 · 청운대학교 · 한라대학교 겸임교수, PRIENDS 대표, PR학 박사, 김형석 청운대학교 광고홍보학과 교수 그리고 디지털, 스마트, 소셜 등과 같은 변혁의 키워드들에 의해 모든 사회 영역에서 급격한 패러다임 변화를 겪고 있는 현재는 PR의 실제적 영역, 뉴 미디어 그리고 공중 및 시장 등의 다양하고 개혁적인 변화를 수용하는 새로운 정의를 필요로 하고 있다. 이는 PR이 다른 유사 개념들보다 시기적으로 늦게 나타났다는 점과 그 개념 자체가 지니고 있는 전문성, 복잡성, 모호성, 광범위성 그리고 확장성 등의 특징 때문이라고도 할 수 있다.

PR을 정의하기에 앞서 앞의 단어인 '공중'에 대해서 먼저 이해할 필요가 있다. 공적인 쟁점에 대해서 관심과 의견 및 행동을 표명하고 영향을 주고받는 사람들인 공중(公衆, public)이 바로 PR의 대상이다. 이는 지속적인 상호작용을 통한 소속감 인식과 가치관을 공유한 집단(group), 일시적으로 시·공간을 공유한 비이성적인 군중(crowd), 그리고 대규모이기는 하지만 정보를 송신보다는 수신하는 대중(mass)—일반적으로 광고의 대상—이라는 사람들(people) 관련 유사 개념들과 구별된다. 즉, 지속적인 상호작용과 소속감 및 가치관의 동질성을 전제하지 않으며, 분산되어 존재하고 보다 이성적이라고 할 수 있고, 대중매체에 연결된 많은 수의 사람들이자 정보 행동을 하는 비중이 높은 것이 공중이다. 그리고 이 공중은 쟁점(issue)에 의해서 형성되고 소멸되는 과정을 거치는 유기적인 존재라고 할 수 있다. PR의 대상을 얘기할 때 거론되는 또 다른 사람들의 개념이 바로 이해관계자(stakeholder)이다. 이는 정부, 이익 단체, 금융업계, 피고용인, 지역사회, 유통업자, 미디어, 일반 소비자 등 조직과 이해관계에 있는 모든 집단을 의미한다. 공중이 쟁점과 함께 형성~소멸되는 동적인 존재라면, 스테이크홀더는 쟁점이 없다고 해도 이미 존재하고 있는 구조적인 정적 존재라고 할 수 있다. PR을 스테이크홀더 관계 관리라고도 하는데, 이때의 PR은 선제적이고 예방적인 의미를 포함한다. 이처럼 PR의 대상에 대한 명확한 이해로부터 PR에 대한 개념 및 정의가 제대로 이루어질 수 있다.

2) PR에 대한 정의들

일반적으로 PR은 공중(Pubic)과 관계(Relations)의 결합으로서 공중과의 관계 구축 활동을 뜻한다. 엄밀히 하자면 커뮤니케이션을 중심으로 한 공중과의 관계 구축 및 관리 활동이 더 맞다고 할 수 있지만, PR은 관점과 시대에 따라서 매우 다양하게 정의되어 왔다.

할로우(Rex Harlow, 1976)는 PR에 관한 책, 학술지, 잡지들을 검토하고 83명의 PR 권위자들과의 인터뷰로부터 얻게 된 472개의 PR 정의들을 종합하여 다음과 같이 정의했다. 그는 PR은 조직과 공중 사이의 커뮤니케이션, 이해, 수용 그리고 협력이라는 상호 연결들을 만들고 유지하도록 돕는 독특한 관리 기능이며, 이는 문제나 이슈의 관리를 포함하며, 경영진이 여론을 지속적으로 알고 빠르게 반응하도록 돕고, 공익을 제공해야 하는 관리의 책임을 규정하고 강조하며, 경향을 예측하게 돕는 조기 경보 체계를 제공하는 것처럼 경영진이 변화에 뒤처지지 않고 효과적으로 활용하게 돕고, 주요 도구로서 조사와 건전하고 윤리적인 커뮤니케이션 기법들을 사용한다고 하였다. 이후에 그루닉과 헌트(Grunig & Hunt, 1984)는 할로우의 정의를 '하나의 조직과 공중 사이의 커뮤니케이션 관리'로 요약하였다.

윌콕스, 올트 그리고 아지(Wilcox, Ault, & Agee, 1989)는 PR의 핵심 키워드들을 몇 가지 제시하였는데, PR은 목적을 가지고 설계된, (1) 의도적인(deliberate) 노력이고, 체계적으로 (2) 계획된(planned) 조직적 활동이며, 실질적인 정책과 행동이라는 결과를 제시하는 (3) 성과(performance)에 기초하고, PR 활동의 논리적 근거인 (4) 공중의 이익(public interest)에 기여하며, 기본적으로 피드백을 포함한 (5) 쌍방향 커뮤니케이션(two-way communication)이라는 것이다. 또한 PR이 최고 경영자의 의사 결정의 한 부분이 될 때 가장 효율적이기에 (6) 경영의 기능(management function)도 지닌다고 하였다.

바스킨, 아로노프 그리고 라티모어(Baskin, Aronoff, & Lattimore, 1997)는 PR이란 조직적 목적을 성취하고, 철학을 정의하며, 그리고 조직적 변화를 가능하게 돕는 하나의 관리 기능이라고 하였다. 또한 PR 실무자들은 긍정적인 관계를 발전시키고 조직의 목표와 사회적 기대 사이의 일관성을 창출하기 위해서 모든 관련된 내·외적 공중들과 커뮤니케이션을 하며, 조직의 구성 요소들과 공중들 사이의 영향과 이해의 교환을 증진시키는 조직의 프로그램을 개발하고 실행하며 평가한다고 하였다.

미국PR협회(Public Relations Society of America: PRSA)는 1982년에 PR은 조직과 공중이 서로 적응하도록 돕는 것(Public Relations helps an organization and its publics adapt mutually to each other)이라고 정의하였다가, 30년 후인 2012년에 조직과 공중 사이에 서로 유익한 관계를 구축하는 전략적 커뮤니케이션 과정(Public Relations is a strategic communication process that builds mutually beneficial relationships between organizations and their publics)이라고 재정의하기도 하였다. 현재 협회의 홈페이지(www.prsa.org/all-about-pr)에서는, PR은 조직에 대한 공중의 인식을 형성하고 틀을 짓게 하기 위해 수많은 플랫폼들을 통해서 핵심 스테이크홀더들과의 관계에 영향을 주고 참여하게 하며 구축하는 것이라고 제시하고 있다.

영국PR협회(Institute for Public Relations: IPR, 1994)는 'PR=명성(reputation)'이라고 보고, PR을 다른 사람들의 이해와 협조를 얻고, 그들의 의견과 행동에 영향을 끼치려는 목적을 가지며, 명성과 유사한 학문의 분야라고 정의한다. 이는 PR이란 평판과 관계를 유지 및 관리하는 것이라고 한 웨이크필드(Wakefield, 2001)의 정의와도 통한다.

이 외에도 PR에 대한 수많은 정의들이 있지만, 주요 학자들 및 단체들의 정의들을 정리하면 다음과 같다.

- PR은 경향을 분석하고 그 경향의 결과를 예측하며, 조직의 지도자들을 카운슬링하고, 조직과 공중에게 이익이 되는 계획된 사업을 수행하는 기술이며 사회과학이다. ─멕시코 세계PR대회(1978)
- PR 커뮤니케이션은 조직과 다양한 측면의 환경 사이의 관계를 조사·분석하고, 영향력을 미치거나 재평가하는 다단계 커뮤니케이션 관리 기능이다. ─Crable & Vibbert(1986)
- PR 커뮤니케이션은 조직 목적을 달성하고, 조직 철학의 정의를 통하여 조직의 변

화를 원활하게 만드는 경영 기능이다. —Baskin, Arnoff, & Lattimore(1997)
- PR 커뮤니케이션은 조직과 조직의 성패를 좌우하는 공중 간에 서로 이득이 되는 관계를 세우고 유지하는 관계 기능이다. —Cutlip, Center, & Broom(2000)
- PR은 조직과 공중 간의 상호 이해를 창출하고 유지하기 위해 의도되고 계획된 지속적인 노력이다. —영국여론연구소(British Institute of Public Opinion)
- PR은 사적 조직이나 공적 조직이 접촉하는 공중의 이해, 동정, 지원을 얻기 위한 지속적이고 체계적인 관리 노력이다. —덴마크의 단스크 PR클럽

한국에서도 많은 PR 정의들이 있지만 사회적으로 합의가 되어 있지는 않은 상황이다. 이에 한국PR학회는 2015년 추계학술대회에서 학계와 업계의 PR 종사자 178명이 참여한 조사의 결과를 바탕으로 『PR핸드북』(신호창, 문빛 등, 2015)을 발제하였는데, 거기에서는 PR(공중 관계)을 조직과 공중이 상호 호혜적인 관계를 형성 및 유지하기 위하여 전략적인 커뮤니케이션을 통해 의미를 공유하는 과정이라고 정의한 바 있다.

일반적으로 학계에서는 조직과 공중 사이의 커뮤니케이션 관리로서, 실무에서는 조직과 공중 사이의 마케팅 경영을 중심으로 해석하고 있는데, 미디어 자체가 구매 기능까지도 포함하는 최근에는 마케팅 솔루션으로서의 개념이 더욱 강조되고 있다. 정치, 경제, 사회, 문화, 매체 등의 급격하고 커다란 환경 변화에 의해서 PR의 활동 범위와 수단, 그리고 효과도 변화하기 때문에 PR의 본질과 그 정의도 계속해서 바뀔 수밖에 없을 것이다.

3) PR의 기능으로 보는 PR의 개념

PR의 개념을 알기 위해서 그 기능을 확인하는 것도 한 가지 좋은 방법이다. PR은 목적 및 목표를 달성하기 위한 다양한 기능 및 효과를 갖지만, 일반적으로 〈표 2-1〉과 같은 3가지의 주요 기능으로 간단히 요약할 수 있다.

첫 번째 기능은 조직이 공중에게 전달하고자 하는 메시지를 담은 정보 및 콘텐츠를

표 2-1 **PR의 3가지 주요 기능**

	주요 PR 활동	평가 기준	주요 대상
정보 전달	퍼블리시티	프로세스 산출	일반 공중
설득	설득 캠페인 사회 캠페인	KAB 성과	전략적 공중
문제해결	갈등·위기 관리 협상	관계의 질 정책·제도	활동 공중

전달하는 홍보/확산으로, 대표적인 PR 활동은 대중매체에 기사나 콘텐츠를 제공하는 퍼블리시티(publicity)가 있다. 이는 되도록 많은 일반 공중(general public)을 대상으로 하며 얼마나 많이 노출시켰는가라는 산출 결과(outputs)로 평가된다. 대개 사람들은 이를 PR의 가장 근본적이자 유일한 기능으로 인식하고 있지만, 이것이 PR의 전부가 아님을 주의해야 한다.

두 번째 기능은 PR 캠페인에서 주로 적용되는 설득이다. 설득은 원하는 태도를 형성/유지·강화/변화시키는 것인데, 이러한 설득의 어려움과 효율성을 고려하여 전략적 공중(strategic public)을 그 대상으로 하며, 평가는 공중들이 얼마나 많이 인지(knowledge)하고 조직이 원하는 태도(attitude) 및 행동(behavior)의 변화를 보였는가라는 성과(outcomes)로서 확인할 수 있다.

그리고 세 번째 기능은 조직과 공중과의 문제를 해결하는 것이다. 이는 주로 갈등 및 문제에 대해 인식하고 행동하는 활동 공중(active public)을 대상으로 갈등·위기 관리와 협상 등의 활동을 통하여 관계의 질을 향상시키거나, 솔루션으로서의 정책 또는 제도를 도출하는 것을 말한다.

이처럼 홍보, 설득, 문제해결이라는 PR의 목적이자 기능은 다른 유사 개념들과의 차별성을 보여 준다. 이를테면 광고는 홍보 또는 정보 전달이 핵심 기능이지만 PR처럼 문제해결, 그것도 공적 문제해결을 핵심 기능으로 하지는 않는다. 이 밖에도 PR은 조직 내부의 소통과 결속 그리고 성과에도 도움을 주고, 사회 및 공중의 이익과 발전에 기여하기도 한다.

4) PR 커뮤니케이션의 영역 및 분야

사람들이, 심지어 광고PR(홍보) 전공자들조차도 PR을 제대로 알지 못하는 주된 이유 중 하나는 PR의 영역 및 분야가 어떤 것들이 있고 얼마나 다양한지를 모르기 때문일 것이다. 허튼(Hutton, 1996)은 복잡하고 광범위한 PR의 영역을 마케팅, 마케팅 커뮤니케이션 그리고 광고 등과 비교하여 제시하였다. 그가 제시한 다음 그림을 살펴보면 ([그림 2-1] 참조) PR이 마케팅 및 마케팅 커뮤니케이션 내부에만 존재하는 영역이 아니고, 광고와 공유되는 부분도 있다는 것을 알 수 있다. 하지만 여기서도 PR의 영역 및 분야를 완벽하게 설명하고 있다고는 볼 수 없는데, 이는 산업 및 미디어 환경과 시대성 등 다양한 요인들 때문이다. 참고로 국내의 경우는 최근까지 광고가 관련 산업을 주도해 왔기 때문에 광고의 영역 및 역할이 더 크고, PR이 보조적인 위치 및 위상을 차

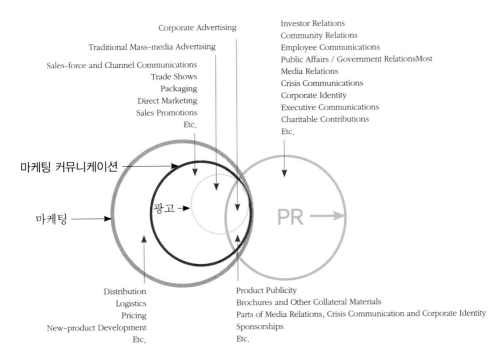

[그림 2-1] 마케팅, 마케팅 커뮤니케이션, 광고 그리고 PR의 영역

출처: 허튼(Hutton, 1996)의 그림 재도식화.

지해 왔다고 할 수 있다. 하지만 현재는 모든 마케팅 커뮤니케이션 영역이 협의적 · 독립적이지 않고 그 경계선이 모호하고 융 · 복합되는 흐름으로 가고 있다.

이후에 허튼(Hutton, 1999)은 6가지 PR 실무 분야들을 분류한 3차원 체계를 제시하였는데, 이는 PR 회사의 고객인 클라이언트와 공중 중 어느 쪽의 이익을 위한 것이냐는 이해(Interest: client or public), 사전 추구냐 아니면 사후 반응이냐는 주도성(Initiative: proactive or reactive), 그리고 인지와 실제 중 어느 중심이냐는 이미지(Image: perception or reality) 등 3가지로 구성되어 있다. 이를 기준으로 설득(persuasion), 옹호(advocacy), 공공정보(public information), 공익 연계 PR, 이미지/명성 관리(image/reputation management), 그리고 관계 관리(relationship management)라는 6개의 PR 분야를 분류했지만, 광범위한 그리고 시대에 따라 더 확장되는 PR 커뮤니케이션 영역을 설명하는 데 한계를 지니는 것으로 평가된다.

표 2-2 허튼의 3I 모델에 따른 6가지 PR 실무

PR 실무 분야	이해	주도성	이미지
설득	고객(조직)	사전 추구	인지 중심
옹호	고객(조직)	사후 반응	인지 & 실제
공공정보	공중 & 고객	사후 반응	실제 중심
공익 연계 PR	공중	사전 추구	인지 & 실제
이미지/명성 관리	고객(조직)	사전 추구	인지 중심
관계 관리	공중 & 고객	사전 추구	실제 중심

PR 분야 전부를 망라하기도 어렵고 명확하게 변별하기도 쉽지 않지만, PR 개념에 대한 이해를 돕기 위해서 현재 업계와 학계에서 주요하게 다루고 있는 분야들을 정리하여 제시하자면 〈표 2-3〉과 같다.

우선 PR의 주체인 조직에 따라서 일반 기업, 금융 조직, 병 · 의원, IT 조직, 스포츠 관련 조직 등 영리를 목적으로 하는 조직 및 단체의 PR과 정부 · 지자체 및 공공조직,

국내·외 시민단체, 문화예술단체, 군대 등과 같은 비영리 조직의 PR이 있다.

공중 관계를 중심으로 보면 내부 조직원(employee relations)이나 투자자(investor relations)를 대상으로 하는 내부 스테이크홀더 관계 관리와 일반 공중이나 활동 공중(active public relations), 지역사회(community relations), 언론·매체(press·media relations), 소비자(consumer relations), 정부(government relations) 등을 대상으로 하는 외부 스테이크홀더 관계 관리가 있다.

PR의 3가지 기본 기능 중 주로 일방적인 정보 전달의 경우는 VI(Visual Identity), BI(Behavior Identity), MI(Mind Identity)를 의미하는 기업의 정체성에 대한 CIP(Corporate Identity Program), 언론·매체에 기사나 콘텐츠를 제공하는 퍼블리시티, 기업 이미지 PR, 브랜딩, PR을 위한 광고, 그리고 홍보 대사나 인플루언서(influencer) 활동 등이 있다. 설득을 목적으로 하는 PR로는 선전·선동(propaganda·agitation), 정치 및 선거 PR, 공공·공익 캠페인, 헬스 커뮤니케이션, 기금 조성 PR, 그리고 공익과 연계한 대의명분 마케팅(cause-related marketing) 등이 있다. 조직과 공중과의 문제를 해결하는 PR로는 쟁점 관리(issue management), 위기 관리(crisis management), 평판 또는 명성 관리(reputation management), 그리고 카운슬링(counseling) 등의 PR 커뮤니케이션 분야들이 존재한다.

미디어를 중심으로 보면 전통적인 올드 미디어 PR과 새롭게 커뮤니케이션 영향력이 커지고 있는 뉴 미디어 PR로 나눌 수 있는데, 요즘은 디지털 PR, 소셜 미디어나 SNS PR 등이 대세를 이루고 있다.

표 2-3 주요 PR 영역/분야

조직(주체) 중심 PR 영역	공중(관계) 중심 PR 영역	기능(목적) 중심 PR 영역
영리 단체 PR 　기업 PR 　금융 PR 　병원 PR 　IT PR 　스포츠 PR 　…	내부 스테이크홀더 관계 관리 　내부 조직원 관계 PR 　투자자 관계 PR 　…	정보 전달 　CIP 　퍼블리시티 　기업 이미지 PR 　브랜딩 　PR 광고 　홍보 대사/인플루언서 　…
비영리 단체 PR 　정부 PR 　공공조직 PR 　지자체 PR 　시민단체 PR 　국제단체 PR 　문화예술단체 PR 　군대 PR 　…	외부 스테이크홀더 관계 관리 　(활동)공중 관계 PR 　지역사회 관계 PR 　언론 · 매체 관계 PR 　소비자 관계 PR 　정부 관계 PR 　시민단체 관계 PR 　국제 공중 관계 PR 　…	설득 　선전 · 선동 　정치 PR(정치 컨설팅) 　(공공/공익) PR 캠페인 　헬스 커뮤니케이션 　기금 조성 PR 　공익 연계 마케팅 　… 문제해결 　쟁점 관리 　위기 관리 　평판(명성) 관리 　카운슬링 　…
미디어 중심 PR 영역	지역 중심 PR 영역	기타 PR 영역
올드 미디어 PR 　TV/라디오/신문/잡지 　/옥외/기타 PR 뉴 미디어 PR 　온라인 PR 　인터넷 PR 　소셜 미디어 · SNS PR 　디지털 PR 　…	국내 PR 국제 PR 　다국적 PR 　글로벌 PR	마케팅 PR 이벤트/프로모션 스폰서십/PPL CSR PR 콘텐츠 PI 로비/퍼블릭 어페어즈 IMC …

지역 중심으로 PR 영역을 나누면 국내와 국제 PR로 나눌 수 있는데, 국제 PR은 다국적 조직의 대상 국가별 PR 전략에 대한 다국적 PR(multinational PR)과 전 세계를 하나의 시장으로 보는 초국가적 PR 전략에 대한 글로벌 PR(global PR)로 분류할 수 있다.

이 밖에 특정 기준으로 분류하기 애매모호한 주요 PR 영역들을 살펴보면, 마케팅 목적 달성을 지원하기 위한 마케팅 PR(MPR), PR을 위한 각종 이벤트 및 프로모션, 유관 조직 및 행사에 물적·금전적 지원을 하는 스폰서십(sponsorship)과 간접 홍보인 PPL(Product PLacement), 문화·환경·사회 등에 대한 기업의 사회 공헌 활동인 CSR(Corporate Social Responsibility), PR을 위한 다양한 콘텐츠 마케팅, 조직 리더의 이미지를 관리하는 PI(President Identity), 정부·언론·소비자 등을 대상으로 조직에게 유리한 공공정책 환경을 조성하는 로비(lobby)나 퍼블릭 어페어즈(public affairs), 그리고 메시지의 통일성과 커뮤니케이션 수단들의 효율적 활용을 위한 통합 마케팅 커뮤니케이션(Integrated Marketing Communication) 등이 있다.

앞에서 PR의 영역 및 분야를 분류하기는 했지만 각국의 산업 환경과 시대에 따라서 분류 기준과 그에 따른 PR 영역 및 분야는 더 다양하고 복잡할 수도 있다. 중요한 것은, PR은 우리가 생각하는 것보다 훨씬 더 광범위하고 많은 일들을 하고 있다는 것이다.

5) 주요 유사 개념들과의 차이

전술한 것처럼 PR은 다른 커뮤니케이션 개념 및 용어들과 혼동되는 경우가 많다. 특히 번역 과정을 거치게 되는 한국의 상황에서는 더욱 그 오해와 왜곡이 심하다.

(1) 홍보

원래 중국의 한문이 아니라 19세기 말에 만들어진 일본식 조어(造語)인 홍보(弘報)는 "널리 알린다"는 의미로서 '공중들과의 관계 맺기'라는 PR 본래의 의미보다 축소되고 왜곡된 용어이다(한정호, 2014). 엄밀히 말하면 정보를 널리 제공, 전달한다는 의미인 퍼블리시티로서 PR의 기초적인 하나의 수단에 불과하다. 그렇기에 중국에서 PR을 뜻하는 공관(公關, 公共矢系, 公共關係)이 오히려 PR에 대한 적절한 용어라고 할 수도 있다. 이처럼 한국에서는 PR의 개념보다 명칭에 대한 문제부터 해결해야 한다. 한국PR학회 20주년을 기념으로 출간한 『한국의 PR연구 20년』(2016)이라는 책에서 조정열은 'PR'과 '홍보' 명칭이 혼용되는 정체성의 혼란과 PR학 영역의 불확실한 경계 문제에 대해서 지적하였고, 박노일과 정지연은 1997년 출발한 '한국홍보학회'가 2009년부터 '한국PR학회'로 명칭을 변경(2008. 11. 7.)한 것은 언론 홍보를 넘어서 PR학의 근원적인 의미인 '공중 관계'학이라는 개념 정의를 올곧게 정립한 것이라고 평가하고 있다.

(2) 선전

17세기 초에 이교도들에 대항하여 교황청이 "바른 소리를 전한다"라는 프로파간다(propaganda)에서 유래한 선전(宣傳)은 제1, 2차 세계대전을 거치면서 정치적 심리전 수단으로 사용되면서 부정적인 일방향 커뮤니케이션으로 인식되고 있다. 현대사회에서 선전은 "어떤 확실하지 않은 가치나 주장을 특정한 시기나 지역에 인간의 감정적인 면에 호소해서 많은 사람들을 설득하려는 노력"으로 정의되는데(한정호, 2014), 이는 PR의 초기 부정적인 측면이라고 할 수도 있지만 결코 PR 전체를 의미할 수는 없다.

(3) 광고

PR 비전공자들이 PR과 가장 혼동하는 개념이 바로 광고(廣告, advertising)인데, 일반적으로 광고가 대중을 대상으로 한다면 PR은 공중을 대상으로 하며, 광고가 마케팅 정보/콘텐츠의 일방적 커뮤니케이션이라면 PR은 공적 이슈에 대한 정보와 의견의 쌍방향 커뮤니케이션이 중심이 된다는 큰 차별성을 갖는다. 일반적으로 PR은 그 목적을 위해서 광고라는 수단을 사용할 수 있고, 광고도 그 효과를 극대화하기 위해서 PR을 함께 활용할 수도 있다.

2. PR의 역사

1) PR의 기원

PR의 역사는 PR의 개념 및 정의에 따라서 그 출발점과 범위가 달리 적용될 수 있는데, PR에서 가장 핵심적인 요소인 공중이라는 추상적 개념과 그 실제적 영향력이 부각되는 시점을 기준으로 기원적 의미의 PR과 현대의 PR로 구분할 수 있다.

고대의 PR, 정확히 말하자면 유사 PR 활동은 국왕 또는 정권과 국민 사이의 관계에서 이루어진 정통성에 대한 명분과 리더십을 위한 정치적 활동들이라고 할 수 있다. 로마 시민에게 갈리아 전쟁에서의 승리에 대한 선전을 위해 기록하고 배포한 로마 공화정의 종신 독재관 카이사르(Gaius Julius Caesar)의 『갈리아 전기』(Gallia 戰記, BC 58~51)가 그 대표적인 예이다. 그리고 카이사르의 후계자로서 로마의 초대 황제가 되는 아우구스투스(Augustus, 본명: Gaius Julius Caesar Octavianus) 시대에 예술가들을 위한 물적·인적 지원을 통하여 로마에 문화의 시대를 열게 한 정치가 마이케나스(Gaius Cilnius Maecenas)는 문화예술에 대한 지원을 통하여 사회 공헌과 국가 경쟁력에 기여하는 활동을 의미하는 메세나(mecenat)의 유래이기도 하다. 한국에서는 『삼국유사』(1281~1283 편찬)에 나오는 고구려 주몽과 신라 박혁거세의 탄생 설화 및 건국 신화가 지도자에 대한 경외심을 통한 권력 및 통치의 정당성을 부여하는 사례라고 할 수 있다.

2) 현대 PR의 역사와 미국 PR의 역사

1807년 제퍼슨(Thomas Jefferson)이나 1882년 이튼(Dorman Eaton)이 처음 사용했다는 주장들이 있지만, 현대적 의미의 PR이라는 용어는 1897년 미국철도협회의 연례보고서에서 최초로 공식 사용되었다. 그리고 1900년에 보스턴 저널리스트들에 의해서 최초의 PR 대행사인 퍼블리시티 뷰로(Publicity Bureau)가 설립되었지만, 진정한 의미의 PR이라는 용어는 PR의 아버지라고 불리는 버네이즈(Edward L. Bernays)에 의해서 실현되었다. 그는 1921년에 자신을 PR 전문가(PR counsel)라고 자칭하고, 1923년에는 최초의 PR 전문서적인 『여론 정제(Crystallizing Public Opinion)』를 저술하고 뉴욕 대학에서 최초로 PR 과목을 개설 · 강의함으로써 PR을 용어로서, 직업으로서 그리고 학문 영역으로서 개척하였다. 하지만 많은 PR 실무자들은 버네이즈 이전에 아이비 리(Ivy Lee)를 현대적 의미의 PR 활동을 한 최초의 실무자라고 평가한다. 리는 초창기에는 주로 퍼블리시티에 역점을 두다가 이후에 위기 시 미디어 관계를 다루었는데, 좀 더 전략적인 기획과 자문 활동은 버네이즈 시대에 활용되기 시작했다(Newsom, Turk, & Krukeberg, 2004).

일반적으로 PR의 역사는 미국을 중심으로 이야기되는데, 왜냐하면 핌롯(Pimlott, 1951)의 주장처럼 PR이 그 어느 나라보다도 미국에서 빠른 속도로 발전해 왔기 때문이다. 이는 언론 및 미디어의 영향력뿐만 아니라 정치, 사회, 문화 그리고 경제 요인 등의 영향력, 특히 왕정이 아닌 최초의 민주국가로서 수평적 커뮤니케이션이 가능한 사회 구조와 마케팅 커뮤니케이션이 활발하게 이루어질 수 있는 경제적 여건이 미국 PR의 성장 동인이라고 할 수 있다.

그루닉과 헌트(Grunig & Hunt, 1984)는 미국 PR 4 모형을 정리하여 제시하였다. 이는 PR의 성장 과정이자 또한 PR의 유형이라고 할 수 있다.

(1) 언론 대행/퍼블리시티 모형(Press agentry/Publicity model)

현대적 의미의 PR이 시작된 19세기 중 · 후반에 주류를 이루던 PR 모델로서, 그 목적이 조직을 옹호하기 위해서 사실이 아닌 것도 일방적으로 선전하는 것이기에 PR이 부정적인 개념으로 인식되는 계기가 되었다. 당시의 공중은 비이성적 · 비합리적인 대중이기에 이들을 이용하고 기만하고 우롱하는 것이 용납된다는 생각이 지배적이었다.

대표적인 인물은 PR의 역사에서 최초로 언급되는 바넘(P. T. Barnum)이다. 그는 PR을 공중 관계가 아닌 상업적인 쇼를 선전 · 선동하는 단순 홍보 수단으로 활용했다. 심지어 161세 인조인간 할머니 헤스(Joice Heth), 피지 인어 화석, 난쟁이 썸(Tom Thumb), 거대 코끼리 점보 등 거짓과 과장의 정보를 통해 흥행을 거두었다. 그중에서 이송 중 단순 사고로 기차에 치여 죽은 점보를 새끼 코끼리를 구하려고 자기 몸을 희생했다는 스토리로 미화 · 조작하여 눈물 연기를 훈련시킨 가짜 짝인 암코끼리와 함께 그 박제를 순회 전시하며 큰 흥행을 이어 나갔다는 전설적인 실화가 있다. "지금 이 순간에도 속기 위해 태어나는 사람들이 있다"나 "사람들은 기만당하기를 좋아한다"는 그의 말은 바넘의 성공 가치관과 현명하지 못했던 그 시대의 사람들을 얘기한다고 할 수 있다.

[그림 2-2] 바넘의 점보 코끼리 박제 전시 홍보

[그림 2-3] 최초의 보도 자료

(2) 공공정보 모형(Public information model)

　20세기 초 미국에서, 이익만 되면 자본가든 노동자든 정보원으로서 활용하는 언론 사들의 폭로 저널리즘(yellow journalism)의 영향으로 정보의 통제가 어려워지자 PR 대행사들은 진실의 제공이 더 유리하다는 것을 인지하게 된다. 이 시대의 PR은 사실적 정보를 조직이 공중에게 최대한 유포 · 확산하는 것이다.

　PR의 진실성을 강조하며 적극적 PR 시대를 연 아이비 리가 대표적 인물인데, PR의 선구자로 불리는 리를 주목해야 하는 이유는 바로 그가 최초로 PR 윤리의 기준이 되는 '원칙 선언(Declaration of Principles, 1906)'을 했기 때문이다. 이 선언은 공중에게 중요한 이슈에 대한 뉴스 및 정보를 정확하고 상세하게 그리고 신속하게 공개한다는 것으로 요약할 수 있는데, 그는 이 원칙을 신문사들에게 배포해 신뢰를 얻게 되었고 이는 미국 PR 역사의 큰 변화를 가져오는 계기가 되었다. 그리고 그해 10월 28일 뉴저지주에서 50명이 사망한 펜실베이니아 철도 회사(Pennsylvania Railroad)의 추락 사고에 대해서 루머들이 생기기 전에 보도 자료(press release)를 발표하자고 철도 회사를 설득하여 『뉴욕타임스』에 보도 자료가 그대로 게재되었는데(10월 30일), 바로 이것이 최초의 보도 자료였다. 미국의 석유왕 록펠러 1세(John D. Rockefeller)의 이미지 개선도 리의 유명한 성공 사례 중 하나이다. 1914년 미국 최대 석탄 회사(Colorado Fuel & Iron)에서 광부들과의 극심한 갈등 과정에서 민병대의 무력 진압 끝에 부녀자와 어린이들을 포함하여 20여 명이 사망하는 사고, 일명 루드로 학살(Ludlow Massacre)이 발생한다. 언론과 여론 그리고 사회적으로 큰 어려움에 처한 록펠러 가문이 고용한 리는 피해자들 및 주민들과의 대화를 통해서 부정적인 여론을 감지하고 잘못의 시인과 노동 환경 개선을 위한 여러 대안들을 제시·시행하게 하여 위기를 극복했다. 이 밖에도 10센트 동전을 만나는 걸인들마다 나눠 주거나 어린이들과 함께 사진을 찍는 장면 등을 연출하여 록펠러가 최악의 사업가에서 친절하고 존경받는 자선가로 이미지 변신을 할 수 있도록 만들어 주었다.

(3) 쌍방향 불균형 모형(Two-way asymmetric model)

PR의 정보원과 정보가 과잉되는 경쟁 상황이 심화되자 효율성을 위해서 PR 전략의 수립과 집행을 위한 여론조사가 실시되었다. 즉, 과학적 설득을 위해서 조사하고 피드백을 반영하는 공중과의 소통이 필요하게 된 것이다. 그렇지만 이 단계는 양방향 커뮤니케이션이기는 하지만 공중보다는 더 큰 힘을 가진 조직이 더 큰 효과를 얻게 되는 불균형적 구조이다.

이 시대를 대표하는 버네이즈의 PR 수행 과정은 공중의 관심을 확인하여 원인을 찾

[그림 2-4]　'자유의 횃불' 캠페인　　　　[그림 2-5]　코카콜라 '어느 빈 병의 사랑 이야기'

고, 그 관심을 하나로 결집해서 공중 행동을 유도시키는 것이다. 그는 PR을 사람들의 동의를 이끌어 내는 과학적인 설득(scientific persuasion)이라고 정의하고, 큰 사고(big think)와 전략적인 PR 캠페인을 강조했다. 다음 두 가지는 그의 대표적인 PR 성공 사례이다. 1920년대 중반, 거대 베이컨 제조 회사(Beechnut Packing)는 당시 인기였던 간단한 유럽식 아침 식사(과일 주스, 토스트, 커피 등) 대신 고칼로리의 든든한 아침 식사를 권장하는 전문가들의 의견을 내세워 미국인의 아침 식사 문화를 정착시켰다. 하지만 설문 대상인 의사들은 단지 영양 결핍이 우려되어 영양이 풍부한 아침 식사를 권한 것이었다. 그리고 1929년에 아메리칸 타바코(American Tobacco)는 인구의 절반인 여성을 소비자로 만들기 위해 여성 해방과 결부시킨 '자유의 횃불' 행진을 조직하고 전국적인 센세이션을 일으켰다. 럭키 스트라이크 담배의 '자유의 횃불' 캠페인에서 "오래된 편견 하나가 제거되었다(An Ancient Prejudice Has Been Removed)"라는 광고 헤드라인은 매우 인상적이었다. 그래서 여론을 만드는 사람, 버네이즈는 홍보가 아니라 조작의 아버지(the father of spin)라 불리기도 한다.

(4) 쌍방향 균형 모형(Two-way symmetric model)
　버네이즈의 모형은 쌍방향 구조를 갖추고는 있지만 조직과 공중이 상호 이해를 통한 커뮤니케이션의 균형적 효과를 전제하지 않는다는 비판에서, 두 PR 주체가 이해와 협력을 통하여 상호 이익(win-win)을 얻어야 한다는 주장이 1980년대 즈음의 PR 학자들에 의해 제기되었다. 너무 비현실적이고 이상적인 모형이기는 하지만, PR인들이 추구해야 할 궁극적인 모형이라고 할 수 있다. 대표적인 학자들로는 커틀립(Scott Cutlip), 그루닉(James Grunig) 그리고 브룸(Gren Broom) 등이 있다.

완벽한 쌍방향 균형 모형에 적합한 사례를 찾기는 쉽지 않지만, 최근 사례로서 코카콜라의 '어느 빈 병의 사랑 이야기(A Bottle Love Story)'를 주목할 만하다. 코카콜라는 여

표 2-4 Grunig & Hunt(1984)의 PR 4 모형 재정리

모형 / 구분	일방향 모형		쌍방향 모형	
	언론 대행/퍼블리시티	공공정보	쌍방향 불균형	쌍방향 균형
사실성	비사실성		사실성(진실성)	
균형성	(일방향 불균형)		조직 > 공중	조직 = 공중
시기	19C 중·후반 대중사회 시대 사회 계급화	20C 초 부의 계급화 폭로 저널리즘 적극적 PR 시대	20C 중반	20C 후반 ~ 최근
목적	선전	정보의 확산(유포)	과학적 설득	상호 이해/이익
조직적 기여	옹호	옹호/정보 유포	옹호	중재
커뮤니케이션 특성	비사실성도 포함된 일방향 커뮤니케이션 (완벽한 진실이 필수는 아님)	사실적 정보의 일방향 커뮤니케이션 (진실은 중요함) 설득 의도가 필수는 아님	설득이 포함된 쌍방향 커뮤니케이션 균형 잃은 효과 (조직 > 공중)	서로 간의 이해를 위한 쌍방향 커뮤니케이션 균형 잡힌 효과
커뮤니케이션 모델	S(Sender) → R(Receiver)		强S ↔ 弱R (Feedback)	S ↔ R
연구 활동	少. 인원 수	少. 가독성, 독자 수	多. 태도 평가	多. 이해 평가
실시 분야	스포츠, 극장, 제품 프로모션	정부, 비영리 기관, 기업	경쟁적인 기업	정부의 규제를 받는 기업
미국 내 비중	15%	50%	20%	15%

론 수렴을 통해서 유럽에서 빈 용기 보증금 회수 제도에 반대해 오던 기존의 입장을 바꿔 이를 지지하고, 다른 조직들과의 제휴를 통해서도 소비자와 함께하는 환경 캠페인을 지원하는 등 기업, 소비자, 사회, 시민 단체 모두에게 이익이 되는 PR 활동을 펼쳤다.

그루닉과 헌트는 당시 4가지 모형을 시행하는 미국의 조직체 비중을 각각 15%, 50%, 20%, 15%로 제시했지만, 현재는 언론 대행/퍼블리시티 모형의 비중은 감소하고 쌍방향 커뮤니케이션의 비중은 증가했다고 할 수 있다. 특히 최근 소셜 미디어의 영향으로 쌍방향 균형 모형이 단지 이상향이 아니라 실제로 적용되는 비중이 증가하고 있음을 체감하고 있다. 물론 미국 외의 상황은 다를 수 있다.

물론 PR 4모델이 이론 전 단계인 모델 차원이라는 점과 라히티와 스프링스턴(Leighty & Springston, 1993)이 비판한 것처럼 균형성 차원에 대한 실증적 검증 부재와 모든 PR 활동들을 포함하느냐 하는 포괄성 문제 등의 한계는 지니지만, PR의 유형을 역사적 경향 변화로서 간단하게 잘 설명했다는 독자적인 기준으로서의 가치를 갖는다고 할 수 있다.

또 다른 관점으로 바스킨, 아로노프, 라티모어(Baskin, Aronoff, & Lattimore, 1997)는 미국 PR 성장을 다음과 같이 3단계로 보기도 한다.

- 1단계: 조작(manipulation)
  조작의 단계에서 PR은 조직이 원하는(desired) 공중 의견과 행동을 얻기 위해서 가능한 모든 수단들을 사용했는데, 이때 PR 실무자를 언론 대행자(press agents)라고 한다.
- 2단계: 정보(information)
  두 번째 단계에서의 PR은 조직으로부터 공중에게로 흐르는 정보의 전달자로서의 역할을 수행하여 공중이 조직을 이해하고 지지하며, 그리고 애용하게 하는 것이었다. PR 실무자들은 퍼블리시티 대행자(publicity agents)였다.
- 3단계: 상호 영향과 이해(mutual influence and understanding)
  최근의 이 단계에서는 공중의 의견을 고려하여 정책을 수립하고 행동하게 하는 것인데, 실무자들은 PR 카운셀러(PR counselors)라 한다.

1980년대 이후는 글로벌 커뮤니케이션 시대로서 전문직으로서의 PR이 강조되었고, 21세기 이후에는 미국뿐만 아니라 전 세계가 인터넷, 모바일, 소셜 미디어 등 뉴 미디어에 의한 새로운 PR 패러다임 속에서 급격하게 많은 변화를 겪고 있다.

참고로 커뮤니케이션 모델은 선형(linear), 상호작용형(interactional), 그리고 교류형(transactional) 이렇게 3가지 유형으로 분류할 수 있다. 송신자(sender)가 메시지를 채널을 통해서 일방적으로 수신자(receiver)에게 전달하는 선형 모델과, 송신자가 메시지를 수신자에게 보내고 다시 그 피드백을 송신자가 받는 상호작용형 모델, 그리고 송신자와 수신자가 순서의 구분이 없이 메시지를 주고받는 교류형 커뮤니케이션 모델이 그것이다. 각각은 1940년대, 1950년대 그리고 1970년대를 기원으로 하지만, 실질적으로 시대의 커뮤니케이션 패러다임으로 작동한 것은 인터넷과 소셜 미디어가 분기점이 되었다고 할 수 있다. 즉, 뉴 미디어가 커뮤니케이션 모델의 진화를 이끌고, 또한 지원해 왔다고 할 수 있다. 이를 PR의 진화와 연결해서 본다면 선형은 일방형 모형 시대에, 상호작용형은 쌍방향 불균형 모형 시대에, 그리고 교류형은 쌍방향 균형 시대에 적용할 수 있다.

3) 한국의 PR 역사

한국에서 현대적 PR이 시작된 것은 1945년 8·15 해방 이후로 볼 수 있다. 남한에 설립된 미 군정의 민간 공보처는 이후에 국무총리(1948년)와 대통령(1955년) 직속의 공보실로 개편되었다. 한국전쟁과 이승만–박정희–전두환의 독재 정권 때는 주로 일방향적인 정부 주도의 정치적 홍보가 주를 이루었고, PR과 민주주의·표현의 자유는 뗄 수 없는 정비례 관계에 있기에 그 시기의 언론 통제는 PR 산업의 통제와 위축으로 이어졌다.

조직 체계 내에서의 낮은 위상과 접대 형식, 언론 관계 관리 중심의 국내 PR은 88올림픽 때 세계적인 스포츠 기업들의 홍보 활동과 일간신문의 급증, 그리고 1일 발행 면수의 제한이 풀린 것을 계기로 큰 인식 전환을 맞이하고 PR의 성장기에 접어들었다.

그리고 신문·잡지 발행의 자율화와 광고·PR 시장의 개방이 이루어진 1990년대부터 PR업이 본격화되었는데, 1994년 상용화 서비스를 시작한 인터넷의 등장도 한몫을 했다. 하지만 1997년 말 IMF 외환 위기 직후 홍보 대행사를 낀 벤처기업의 한탕주의에 편승하다 공멸한 뼈저린 좌절을 경험하기도 했다(한정진, 2004).

21세기를 맞이하여 진보와 보수 성향의 정권을 각각 10년씩 거치는 동안 스마트폰과 소셜 미디어를 비롯한 혁신적인 뉴 미디어들의 등장과 마케팅 및 커뮤니케이션 패러다임의 변화 속에서 PR은 계속해서 진화하고 있는 중이다. 특히 2017년 있었던 촛불혁명과 「김영란법」 이슈 등은 PR의 패러다임을 본질적인 차원에서 다시 한번 변화시키는 계기가 될 것이라고 생각한다. 참고로 실무적 PR 영역의 확장, PR 본래의 의미를 찾자는 취지, 그리고 영역 확장을 통한 PR계 위상의 고취 등의 영향으로 2000년대 후반부터는 기업의 부서, 대학교의 학과 그리고 관련 단체들의 명칭에서도 '홍보'에서 'PR'로 변화의 흐름이 이어지고 있다.

표 2-5   주요 PR 역사 연대표

연대	내용
1897	미국철도협회가 처음으로 'Public Relations'라는 용어 사용
1900	최초의 PR 회사인 퍼블리시티 뷰로(Publicity Bureau) 설립(보스턴)
1906	정확·진실한 정보의 공개 제공을 핵심으로 하는 원칙선언문 발표(Lee, I.)
1921	'PR 자문(Public Relations counsel)'이란 용어 사용(Bernays, E.)
1923	최초의 PR책 『여론 정제(Crystallizing Public Opinion)』 출판(Bernays, E.)
1923	뉴욕대학교에서 최초의 PR 강좌 개설(Bernays, E.)
1945	『PR저널(Public Relations Journal)』 창간
1947	미국PR협회(Public Relations Society of America: PRSA) 창립
1955	세계PR협회(International Public Relations Association: IPRA) 설립(런던)
1971	한국 최초의 PR 회사(Lee's PR) 설립
1989	한국PR협회 설립
1997	한국홍보학회(한국PR학회로 2008년 변경) 설립

고문헌

박노일, 정지연(2016). "연구주제와 연구방법으로 살펴 본 PR연구 20년(2009~2016년)." 김병희, 김찬석, 김효규, 이유나, 이희복, 최세정. 한국의 PR연구 20년(pp. 34-56). 서울: 커뮤니케이션북스.

신인섭, 이명천, 김찬석(2010). 한국 PR의 역사, 1392~2010. 서울: 커뮤니케이션북스.

신호창, 문빛, 신인섭, 김석, 김경해, 김장열, 김수연, 유선욱, 정지연, 한미정(2015). PR핸드북: 용어 정의(pp. 181-183). 한국PR학회 학술대회(11/27/2015).

전형준(2014). "PR의 기원과 역사." 한정호 외. PR학 원론(pp. 47-69). 서울: 커뮤니케이션북스.

조정열(2016). "한국 PR연구의 자화상: 첫 10년의 특징 10가지." 김병희, 김찬석, 김효규, 이유나, 이희복, 최세정. 한국의 PR연구 20년(pp. 3-33). 서울: 커뮤니케이션북스.

한정호(2014). "PR의 정의와 유형." 한정호, 김병희 외. PR학 원론(pp. 3-20). 서울: 커뮤니케이션북스.

Baskin, O., Aronoff, C., & Lattimore, D. (1997). *Public relations: The profession and the practice*(4th ed). Medison, WI: Brown and Benchmark Publishers.

Beard, M. (2003). PR조직과 운영: 강한 홍보팀 만들기.(신호창, 김장열 역). 서울: 커뮤니케이션북스.(원서출판 2001).

Grunig, J., & Hunt, T. (1984). *Managing Public Relations*. New York: Holt, Rinehart and Winston.

Grunig, J., & Hunt, T. (2006). PR의 역사와 개념: PR이란 무엇인가?.(박기순, 박정수, 최윤희 역). 서울: 커뮤니케이션북스.(원서출판 1984).

Harlow, R. (1976). Building a Public Relations Definition. *Public Relations Review, 2*(4), 34-42.

Hutton, J. (1996). Integrated Marketing Communication and the Evolution of Marketing Thought. *Journal of Business Research, 37*(3), 155-162.

Hutton, J. (1999). The Definition, Dimensions, and Domain of Public Relations. *Public Relations Review, 25*(2), 204-208.

Newsom, D., Turk, J., & Kruckeberg, D. (2007). PR공중합의 형성 과정과 전략.(박현순 역). 서울:

커뮤니케이션북스. (원서출판 2003).

Wilcox, D., Ault, P., & Agee, W. (1989). *Public Relations: Strategies and Tactics*(2nd ed). New York: Harper & Row, Publishers.

https://2012books.lardbucket.org/books/an-introduction-to-organizational-communication/s06-02-rethinking-communication.html

https://en.wikipedia.org/wiki/Public_relations

http://news.naver.com/main/read.nhn?mode=LSD&mid=sec&sid1=114&oid=006&aid=0000008193

https://www.prsa.org/all-about-pr/

https://www.the-pr.co.kr/news/articleView.html?idxno=13506

https://www.the-pr.co.kr/news/articleView.html?idxno=15340

http://www.the-pr.co.kr/news/articleView.html?idxno=24518

https://zh.wikipedia.org/wiki/公共关系

광고 이론

　광고라는 용어는 남녀노소를 불문하고 일상 속에서 누구나 잘 알고 자주 접하고 있으며 익숙한 개념이다. 그렇다면 광고가 어떠한 과학적 논리와 이론에 근거하여 만들어지고 집행되는지 생각해 본 사람은 얼마나 될까?

　광고 이론은 우리가 광고에서 나타나는 모든 현상을 이해하는 데 도움을 준다. 다양한 광고 이론에 대한 충분한 이해를 통해서 우리는 광고와 소비자행동에 대한 해석을 개발하고 구별할 수 있다. 이에 따라 광고가 어떤 것인가에 대한 학술적인 접근도 보다 쉽고 잘 이해하게 될 것이다.

김민철 글로리아교육재단. 영업총괄팀 팀장, 김지윤 한양대학교 광고홍보학과 박사 과정 수료

1. 광고 이론이란?

이론이란 무엇인가? 사전적인 정의를 살펴보면, "과학의 원리나 이치를 밝히기 위해 논리에 따라 짠 틀 또는 그 틀에 맞추어 정리한 생각"이라고 정의되기도 하고, "사물의 이치나 지식 따위를 해명하기 위해 논리적으로 정연하게 일반화한 명제의 체계"라고 정의되기도 한다. 이론에 대한 정의들에서 공통적으로 등장하는 표현만을 요약하면 바로 '논리적인 틀과 체계'로 설명할 수 있다. 학술적인 관점에서 '이론'의 위상은 가장 궁극적인 도달점이라고도 할 수 있다. 학문에서의 인정 범위나 수준이 높은 순서대로 나열하면, 이론(theory), 모델(model), 모형(modeling), 가설(hypothesis)로 표현하는 것이 보편적이다.

사회과학 측면에서 이러한 이론들은 사회학, 정치학, 경제학, 심리학, 경영학, 커뮤니케이션학 등 대부분의 학문 분야에서 독자적으로 다루면서 해당 학과의 전공 학생들이 그 이론을 습득하는 경우가 많다. 그렇다면, 이들 간에 중복되는 이론은 없을까? 광고 전공자들이 배우는 광고 이론은 과연 어떤 것일까? 우리가 광고 이론으로 알고 있는 이론은 순수한 광고 이론, 즉 광고 연구자들이 광고학을 위해 연구하여 만든 이론이라고 볼 수 있을까? 결론부터 이야기하면 "NO."라고 답하고 싶다. 그 이유는 광고학은 순수 학문이 아니라 응용 학문이자, 실용 학문이기 때문이다.

광고 이론이라고 불리는 이론의 역사를 살펴보면 주로 광고와 연결성이 높은 심리학이나 커뮤니케이션학 분야에서 적용시킨 이론들이 대부분이며, 최근에는 경제학 이론까지 접목되고 있는 실정이다. 이러한 흐름 속에서 국내에서 광고에 대한 연구를 본격적으로 시작하게 된 시점은 1976년 김영선이 쓴 『광고문헌해제』가 첫 시도로 볼 수 있다. 광고 연구와 관련하여 석 · 박사 논문의 수와 내용의 범위를 보면, 1960년대의 광고 연구는 태동기로 볼 수 있으며, 1970년은 발전기, 그리고 1980년대 이후가 성숙기로 볼 수 있다. 현재 광고에 대한 연구는, 학계에서는 매년 다양한 광고 연구의 논문이 출판되고 있고, 학술대회 및 연구 세미나가 개최되고 있으며, 광고업계에서는 대행사를 중심으로 활발하게 새로운 현상에 대해 이를 설명하기 위해 활동하고 있다. 1970년대부터 시작된 광고 연구는 현재까지 활발하게 진행되고 있으며, 광고와 관련된 연구 논문 및 세미나 그리고 출판물의 수와 내용으로 봐도 앞으로 국내의 광고에 대한 연구는 활발하게 진행될 것으로 예측한다(이명천, 김요한, 2006에서 재인용).

　　과연 연구자가 처음 제안하고 연구하여 정립된 이론을 광고 이론이라고 정의한다면, 사실상 광고 이론이라고 자신 있게 말할 수 있는 이론은 무엇일까? 엄격한 기준에서 말하자면, 이는 학술적으로 접근하여 광고 이론을 정리하기가 쉽지 않다는 것이다. 그렇다면 광고 이론은 어떻게 정의할 수 있을까? 이는 광고 기획에서부터 광고 효과 측정까지 일련의 과정, 즉 광고 캠페인을 기획하고 광고를 제작할 때, 광고매체 집행 시, 광고 효과를 측정할 때 활용 가능한 다양한 이론들을 광고 이론이라 정의하고 싶다. 간혹, "이론은 이론일 뿐이다" "교과서에서 존재하는 비현실적인 것이다"라며 치부하는 경우도 있지만, 사회심리학자인 르윈(Kurt Lewin)이 "이론만큼 실무적인 것은 없다"라고 한 것처럼, 사실 이론이란 과학적인 연구의 최종적인 결과물이기 때문에 이를 간과해서는 안 될 것이다. 이론은 현실을 반영하는 데 있어서 설명하고, 이해하고, 예측하는 원리로 작용할 수 있다.

　　광고와 관련된 실무적인 함의에 있어서 혹자는 이론보다는 실무적 경험과 감각이 중요하다고 본다. 하지만 광고 이론을 숙지하고 실무에 적용했을 때 가장 큰 장점은, 시행착오를 최소화할 수 있다는 것과 시작부터 정교하게 전략적으로 접근할 수 있다는 점이다.

　　본 장에서는 단순히 광고 이론을 열거하기보다 광고에서 관심을 갖고 연구하는 다양한 개념을 중심으로 관련 이론들을 구분하였다. '인지' '태도' '학습' '소비자' '심리' '미디어'로 구분하여 각각에 해당하는 광고 이론을 정리하고, 각 이론들에 대한 주요 개념과 활용 사례를 중점적으로 설명하겠다.

2. 인지적 관점에서의 광고 이론

1) 정교화 가능성 모델

정교화 가능성 모델(Elaboration likelihood model)은 1986년 페티와 카시오포(Petty & Cacioppo)에 의해 처음 제안되어 현재까지 수많은 후속 연구가 진행되고 있으며, 광고 및 마케팅 분야에서 현재까지 빈번하게 활용되고 있는 유명한 모델 중 하나이다. 정교화 가능성 모델은 광고 커뮤니케이션 과정에서 소비자의 관여도가 높고 낮음에 따라 설득의 방법을 두 가지로 구분해야 된다고 제안하고 있다. 여기서 '정교화'란 수용자의 메시지 내용의 주목도와 관심의 주의를 기울이는 정도를 말하는데, 메시지의 정보를 처리하려는 동기와 능력 그리고 주변 환경들이 정교화 수준의 높낮음을 결정하는 것이다.

(1) 정교화 수준

정교화 수준이 높은 경우, 제품과 서비스에 대한 소비자의 관여도가 높아지고, 광고 메시지가 전달하려는 핵심 내용에 집중하게 되며, 그 과정에서 설득이 발생한다. 이를 중심단서(central cues)에 주의를 기울여 설득되는 과정이라 하여 '중심경로에 의한 설득'이라고 표현한다. 반면, 소비자의 정보 처리 동기나 능력 등이 낮아서 정교화 수준이 낮게 형성되면 제품에 대한 관여도가 낮아지기 때문에, 이러한 경우 광고에서 제시하는 핵심적인 내용에는 특별한 관심이 없고, 부가적인 요소인 광고 음악, 광고 모델 등에 주의를 기울이게 된다. 이러한 부가적인 요소들을 주변단서(peripheral cues)라 하며, 이로 인해 설득되는 과정을 '주변경로를 통한 설득'이라 한다.

이러한 개념에 의해 정교화 가능성 모델을 정리하면, 사람이 설득당하는 경로는 두 가지 종류가 있는데, 하나는 광고에서 제시하는 핵심 내용, 즉 중심경로를 통한 설득이고, 다른 하나는 광고에서 제시하는 핵심 메시지 이외 배경 음악이나 모델 등의 다른 요소들, 즉 주변경로를 통한 설득이다. 이 두 가지 종류의 경로 중 중심경로를 통해 형성된 태도는 상대적으로 강하고 지속력이 있는 반면, 주변경로를 통한 설득은 그렇지 못한 경향이 있다. 주변경로를 통한 설득의 경우, 소비자가 핵심 메시지에 대해 분석적이고 적극적으로 판단하기보다 부가적인 몇 가지 단서만으로 태도를 결정하기 때문에, 다른 단서가 더 부각되는 경우 또는 기존 단서가 제품과 관련성이 떨어지는 경우에 설득이나 태도 형성에 대한 효과가 떨어지게 된다는 특징이 있다.

(2) ELM 적용

정교화 가능성 모델을 광고와 마케팅에 어떻게 적용할 수 있을까? 정교화 가능성 모델을 적용하면, 광고 제작 시 소비자의 정교화 수준이 높다고 예상되어 고관여(high involvement)로 판단되고, 마케팅 상황에서 정보 중심의 중요한 설득 메시지를 더욱 부각시키면 소비자에게 긍정적인 효과가 발생한다. 반면, 소비자의 정교화 수준이 낮아 저관여(low involvement)로 판단되면 광고 이미지, 광고 음악, 광고 모델 등 부가적 요소로 설득에 초점을 맞추면 된다.

(3) ELM 한계점

정교화 가능성 모델을 소개하는 다양한 논문이나 교재에서는 정교화 가능성 모델을 바탕으로 광고를 제작할 경우, 소비자들의 정교화 수준이 높으면 브랜드나 기업의 입장에서 원하는 메시지 전달에 초점을 두고, 소비자의 정교화 수준이 낮을 때 주변적 단서의 활용에 초점을 두라고 제안한다. 하지만 현실적인 관점에서 정교화 가능성 모델의 활용에 대해 다시 한번 생각해 볼 필요가 있다. 현실적인 문제점 및 한계점을 두 가지 논의하고자 한다.

첫째, 모든 광고에는 핵심적인 메시지, 즉 중심단서와 부가적인 요소들인 주변단서가 포함되어 있다. 광고 제작 시 이 모든 요소들을 최상으로 만들고자 할 때, 저관여 제품이거나 소비자의 정교화 수준이 낮다고 해서 핵심적인 메시지를 의도적으로 부족하게 만드는 광고는 없을 것이다. 바꿔 말하면, 고관여 제품이고 소비자의 정교화 수준이 높다고 판단된다 할지라도 광고의 부가적인 요소, 즉 광고 모델, 광고 음악 등을 의도적으로 낮은 수준으로 만들지는 않을 것이다. 이러한 관점에서 이 모델은 이론적으로 매우 타당하고 의미가 있어 보이지만, 실무적인 관점에서 이를 어떻게 적용할 수 있을지 고민해 봐야 할 것이다.

둘째, 소비자의 정교화 수준을 예측하기 쉽지 않다는 점이 있다. 똑같은 광고에 노출되더라도 소비자에 따라 정교화 수준이 높은 사람이 있을 것이고 낮은 사람이 있을 수 있다. 이러한 측면을 고려해 보면 광고 제작 시 정교화 가능성 모델에서 제시하는 방향으로 기대하기가 어렵게 된다. 실무적인 차원에서 정교화 가능성 모델을 적용해 보면, 소비자의 정교화 수준이 높을 경우에 많은 예산을 들여 굳이 유명한 모델을 쓰지 않더라도 강력한 핵심 메시지 노출을 통해 충분한 광고 효과를 얻을 수 있다. 반대로 소비자의 정교화 수준이 낮은 경우, 비용을 더 들어서라도 광고 모델이나 광고 음악 등에 더욱 신경을 쓰는 것이 필요하다고 할 수 있다. 그러나 중심단서나 주변단서 하나를 완전히 포기하는 것은 현실적으로 불가능하고, 주변단서의 중요성에 따라 광고 제작비를 얼마나 쓸지에 대한 판단 기준 차원에서 정교화 가능성 모델이 광고 제작 실무에 기여할 수 있는 한계는 인정하는 것이 타당해 보인다.

이러한 한계점을 지니더라도 정교화 가능성 모델은 기존 선행연구들이 제시했던 다양한 커뮤니케이션 요소들이 어떠한 상황이나 맥락에 따라 상대적으로 더 영향력을 발휘되는지 설명할 수 있는 이론으로서, 학술적인 관점뿐만 아니라 실무적인 관점에서도 활용 가치가 높고 주목받아 온 이론임에는 틀림없다.

2) 인지 부조화 이론

인지 부조화 이론을 잘 표현하는 이야기로 『이솝우화』의 「여우와 포도나무」가 대표적이다. 이는 여우가 나무에 매달린 포도를 따 먹기 위해 몇 번의 시도를 하다가 결국 포도를 얻지 못하자, "저 포도는 아직 덜 익어서 실 거야."라고 말하며 도전에 대한 포기를 자기 합리화한다는 이야기를 말하는데, 이때 여우의 행동은 인지 부조화를 겪는 소비자의 모습과 닮아 있다.

다양한 인지 일관성 이론에서 인지 부조화 이론은 가장 중요한 이론 중 하나로 손꼽힌다. 이 이론은 1957년 레온 페스팅거(Leon Festinger)에 의해 제안되었는데, "인식의 두 요소에서 한 요소가 다른 요소로부터 도출되면 부조화가 발생된다"는 주장이다. 다른 인지 일관성 이론과 마찬가지로 인지 부조화 이론 역시, 인간은 심리적 불편함을 느끼는 것을 원하지 않기 때문에 부조화를 줄이거나 조화를 이루는 방향으로 행동한다는 내적 일관성에 전제를 두고 있다. 인지 부조화가 발생하는 원인으로 인간의 태도, 지각, 신념, 행동 등과 같은 다양한 인지적 요소가 언급되는데, 이러한 요소들은 각각의 독립적인 요소가 아니라 서로 밀접하게 관련성을 이루고 있다. 그렇기 때문에 이러한 요소들이 복합적으로 작용하여 인지가 조화되거나 부조화되는 상황이 발생하게 된다. 예를 들면, '담배는 나쁘다'라는 믿음하에 담배를 피우지 않게 되면 인지적 조화가 발생되지만, 담배를 피우게 되면 인지 부조화 상황으로 설명할 수 있다. 하지만 담배를 피우며 인지 부조화 상황에 처한 사람은, '담배를 피움으로써 스트레스를 해소할 수 있다'라고 자기를 합리화하는 방향으로 담배에 대한 태도를 바꾸게 된다.

(1) 인지 부조화 기본 전제

인지 부조화를 이해하기 위해서는 인지 부조화 이론의 기본 전제를 알아야 한다. 첫 번째, 인간이 느끼는 긴장과 스트레스를 형성하는 부조화는 변화를 창출하게 된다. 두 번째, 인간이 부조화를 느끼거나 발생하는 경우, 이를 감소시키거나 부조화가 발생하는 환경을 피하고 싶어 한다. 인지 부조화가 클수록 부조화를 줄이거나 감소시키려는 인간의 욕구는 높아질 수 있다. 예를 들면, 다이어트를 대한 생각과 달리 음식 섭취에 대한 욕구를 조절하지 못하는 경우, 부조화를 감소시키기 위해 무언가를 해야 한다는 압박에 직면할 수 있다.

이러한 경우 인지 부조화를 줄이는 방법으로, 첫 번째, 인지적 요소인 태도와 행동을 바꾸는 것이다. 다이어트를 하는 상황이라면, '운동을 더 열심히 하거나, 다이어트 식단 중심—육식을 줄이고, 채식 위주로—식사를 하면 된다'라고 생각을 바꾸면 된다. 두 번째, 인지적 긴장 상태에서 새로운 요소를 추가하는 방법이다. 예를 들면, 저녁 6시 이후에는 음식 섭취를 최소화하는 방법을 제시할 수 있다. 세 번째, 인지 부조화를 이전보다 적게 생각하는 것이다. 예를 들면, 다이어트를 하는 환경에서 어떤 것을 먹더라도 큰 영향을 미치지 않을 것이라고 생각한다. 네 번째, 자신의 행동과 조화를 이룰 수 있는 구체적인 정보를 찾는 것도 중요하다. 예를 들면, 다이어트를 하는 상황과 환경일지라도 1주일에 한 번씩 먹고 싶은 음식을 마음껏 섭취하고, 다이어트에 있어서 음식 섭취의 중요성에 대해 살펴보는 것이 중요하다. 이렇게 되면 다이어트 상황에서 적절한 운동과 식사는 중요하다고 심리적 안정감을 취할 수 있다. 위에서 제시한 어떤 것이든 적용하게 되면 인지 부조화 상태가 감소될 수 있으며, 인간의 태도와 신념 그리고 행동 등에서 편안함을 느끼게 된다.

(2) 인지 부조화 적용

일반적으로 소비자들은 광고를 통해 제품과 서비스를 알게 된다. 광고에서 노출된 제품과 서비스는 단순 반복 노출 효과를 통해 세 번 이상 노출되면 제품과 브랜드에 익숙해지고 좋아하게 된다. 어떠한 제품이나 서비스를 구매하겠다는 미결정 상황에서 소비자들은 다양한 제품의 특성을 충분히 검토한 후 브랜드를 결정하고, 이후 구매 과정을 거치게 된다. 이때 광고에 노출되는 메시지가 특정한 브랜드에 대해서 확신을 주는 역할을 하게 된다. 하지만 소비자는 어떠한 제품이나 서비스를 선택하고 구매한 후 같은 제품군의 다른 브랜드 광고에 노출되면 부정적인 영향을 끼칠 수 있다. 광고에 노출됨으로써 심리적인 불편함과 긴장감이 발생할 수 있다는 것이다. 예를 들면, "과연, 내가 구매한 것이 좋은 제품일까?" "내가 구매한 제품의 가격이 합리적일까?" "내가 구매한 제품의 브랜드는 괜찮은 것일까?" 등의 질문들을 겪다 보면 인지와 태도 사이에 부조화가 발생할 수 있다. 이때 발생하는 부조화를 줄이기 위해서는 먼저 구매한 제품을 반품하거나, 최근에 알게 된 다른 브랜드를 사거나, 아니면 이미 구매한 브랜드의 긍정적인 측면을 찾거나, 아니면 최근 브랜드의 부정적인 측면을 생각하면서 인지 부조화를 줄일 수 있다(김정현, 2015). 소비자가 인지 부조화 상태일 때, 광고는 기업이나 판매자들이 소비자들에게 제공하는 제품에 대한 긍정적인 측면만 강조하기 때문에 소비자의 결정을 강화시킬 만한 정보를 주고자 한다. 따라서 기업은 자사의 브랜드를 구매한 소비자들의 구매 후 인지 부조화를 줄이기 위해서 자사 브랜드의 장점을 강조하는 광고를 지속적으로 노출시킬 필요가 있다(김재휘 외, 2009).

3. 태도 관점에서의 광고 이론

1) 계획된 행동 이론

기대가치 이론은 현재까지 유용하다고 인정받는 이론 중 하나이지만, 그 이론적 수식이 비현실적이라는 비판 또한 있었다. 이후 이러한 단점들을 수정하여 발전된 이론들이 등장하는데, 대표적인 이론들은 합리적 행동 이론(Theory of reasoned action)과 계획된 행동 이론(Theory of planned behavior)이다. 계획된 행동 이론을 설명하기에 앞서 합리적 행동 이론을 정리하면, 이는 1975년 피시바인과 아이젠(Fishbein & Ajzen)이 제안한 이론으로 행동의 예측과 태도의 예측을 연계하여 행동 의도와 예측을 도출하기 위한 모델이다. 즉, 합리적 행동 이론은 태도와 주관적 규범(subjective norms)의 두 변수가 행동 의도에 영향을 미치고, 이러한 행동 의도는 결국 인간의 행동에 영향을 미친다고 주장한다.

[그림 3-1] 합리적 행동 이론 모델

(1) 주관적 규범과 행동 통제감

계획된 행동 이론은 합리적 행동 이론에서 발전된 이론으로서 기존 합리적 행동 이론에서 태도 및 주관적 규범과 함께 지각된 행동 통제감(perceived behavior control) 변수가 추가된 점이 가장 큰 특징이다. 즉, 인간은 어떠한 행동이 자신의 통제력 밖에 있다고 인지하게 되면 그 행동을 하지 않을 가능성이 높아진다는 것이다. 여기서 등장하는 개념들을 보다 자세히 살펴보면, 우선 '태도'는 제품이나 브랜드에 대한 긍정적 혹은 부정적 평가나 일반적인 느낌의 정도를 의미한다. 두 번째, '주관적 규범'은 소비자가 제품이나 브랜드를 선택할지에 대한 사회적 기준이나 압력을 의미한다. 예를 들면, 가족이나 친구, 연인, 가까운 지인 등 자신에게 중요하거나 영향을 주는 사람들이 그 기술을 수용해야 한다고 생각하는 정도가 행동 의도에 영향을 미친다는 것이다. 세 번째, '지각된 행동 통제감'은 어떠한 제품이나 브랜드를 선택하게 되는 자아 효능감이나 능력 등을 의미한다. 선행연구에 따르면, 인간의 행동 의도를 설명하는 데 합리적 행동 이론보다 지각된 행동 통제감을 포함한 계획된 행동 이론의 예측력이 상대적으로 높은 것으로 확인되어, 보다 진화한 이론이라는 평가를 받고 있다.

이 이론의 진화 과정을 살펴보면, 피시바인과 아이젠이 합리적 행동 이론을 제시하기 전에 태도 변수만이 행동에 영향을 미치는 것으로 간주했으나, 합리적 행동 이론이 제시된 이후에는 태도 이외의 다른 요인들도 행동에 영향을 미칠 수 있다는 의견이 보편적으로 수용되는 분위기가 형성되었다. 이후 합리적 행동 이론을 확장한 것이 계획된 행동 이론이며, 합리적 행동 이론을 수정한 기술 수용 모델이 대표적으로 의도 기반 모델(Intention-based model)이라 할 수 있다.

계획된 행동 이론에 의하면, 개인의 행위는 그 행위의 원인에 의해 직접 영향을 받기보다는 의도라는 매개 변인을 통하게 되고, 의도는 태도와 주관적 규범과 지각된 행동 통제에 의해 영향을 받는다고 설명한다. 즉, 특정 행위를 하겠다는 개인의 의지나 신념을 측정하면, 그 행위가 실제 이루어질 가능성을 예측할 수 있다는 것이다. 이러한 측면에서 계획된 행동 이론은 크게 합리적 행동 이론과 자아 효능감 개념의 결합으로 구성되었다고 볼 수 있다.

(2) 계획된 행동 이론과 광고

계획된 행동 이론은 합리적 행동 이론에 비해 목표 지향적인 행동을 예측하는 데 더 적합하다. 앞서 말한 기대가치 이론이 미디어의 이용에 관한 이론이라면, 계획된 행동 이론은 소비자의 태도, 주관적 규범, 지각된 행동 통제감을 독립 변수로 다루는 광고 메시지 차원에서의 접근이라 할 수 있다. 이 이론을 광고에 적용하면, 광고에서 전달하고자 하는 메시지가 소비자의 태도나 주관적 규범 또는 지각된 행동 통제감과 긍정적으로 상호작용할 때 소비자의 구매 행동이나 행동 의도가 형성되고, 최종 단계인 구매에 영향을 미칠 수 있다. 이를 바탕으로 광고 메시지 전략이 형성된다면 보다 효율적인 광고를 집행할 수 있을 것으로 보인다.

4. 학습 차원에서의 광고 이론

학습은 마케팅 측면에서 볼 때, 소비자들이 새로운 정보를 이해하기 위해 신념을 변화시켜 정보를 받아들이는 과정이다. 광의적인 측면에서 행동 반응뿐만 아니라 태도와 인지 요소들의 학습까지 포함할 수 있다. 마케팅에서의 학습 개념과 관련된 이론으로는 고전적 조건화(classical conditioning) 이론과, 이를 발전시킨 조작적 조건화(operant conditioning) 이론이 있다. 이 두 가지의 이론을 중심으로 광고와 마케팅 차원으로 접근하고자 한다.

1) 고전적 조건화 이론

일반적으로 심리학에서 '고전적 조건화'라는 용어를 들으면 첫 번째로 떠올리는 키워드가 '파블로브(Pavlov)' '개' '개 실험' 정도로 축약될 것이다. 파블로브 실험은 고기를 줄 때마다 개에게 종소리를 들려주는 과정을 수차례 반복한 후, 일정 시간이 지났을 때 고기를 주지 않고 종만 쳤을 때도 개는 침을 흘린다는 것을 밝혀낸 실험을 말한다.

(1) 고전적 조건화 이론과 자극

‘고기’는 무조건 자극(unconditioned stimulus)이고, ‘고기에 침을 흘리는 것’은 무조건 반응(unconditioned response)에 해당되며, 종을 치는 행위는 중성 자극(neutral stimulus)이라고 정의를 내릴 수 있다. 중성 자극만으로는 아무런 반응을 유도할 수 없으나, 중성 자극이 무조건 자극과 결합하여 조건화 과정을 거치게 되면 중성 자극이 조건 자극으로 변환되고 조건 자극에 따라 조건 반응이 나타나게 되는데, 이를 고전적 조건화 과정이라 한다.

이러한 고전적 조건화 과정은 광고와 소비자행동에서 중요한 영향력을 발휘하게 된다. 일례로, 세계적인 기업의 한 경영자는 "파블로브는 중립적인 대상을 가지고 그것을 의미 있는 대상과 연결시킴으로써, 중립적인 대상을 무언가 의미 있는 상징으로 만들었다. 이것이 광고에서 우리가 하고자 노력하는 바로 그것이다"라고 말하기도 했다. 고전적 조건화 이론을 광고와 마케팅에 적용하면 중성 자극에는 브랜드, 제품, 기업 이미지 등이 있고, 무조건 자극에는 유명인 모델, 음악, 그림, 자막 등이 해당된다. 이

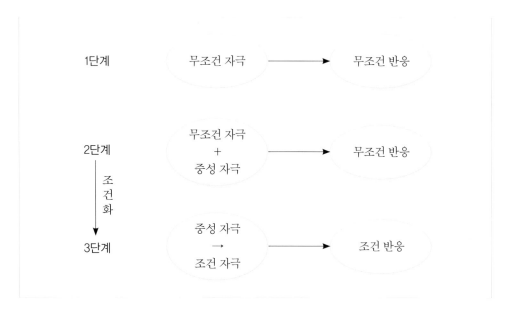

[그림 3-2] 고전적 조건과 과정

공식을 고전적 조건화 이론에 접목시켜 무조건 자극(유명인 모델과 최신 인기 가요)에 중성 자극(제품)을 접목시켜 조건화 과정을 거치면, 중성 자극(제품)은 조건 자극이 되고, 결과적으로 이 제품에 대한 긍정적인 조건 반응이 형성된다. 파블로브 이후 고전적 조건 형성이 소비자행동에 변경될 수 있다는 유명한 실험실 연구 중 하나가 곤(Gorn, 1982)의 연구이다. 곤은 학생들에게 그들이 좋아하는 음악이나 싫어하는 음악 중 하나를 들려주면서 중성 자극에 해당되는 베이지색 또는 파란색 볼펜을 제시하여 조건 형성 상황을 설명하였다. 이후 학생들에게 베이지색 또는 파란색 볼펜 중 하나를 선택하게 했을 때, 약 70%에 해당하는 학생들이 자신들이 좋아하는 음악과 함께 제시된 볼펜을 선택하게 되었다는 결론을 얻었다.

(2) 고전적 조건과 이론의 새로운 해석과 적용

최근에 고전적 조건과 이론에 대해 다른 해석이 등장하고 있다. 고전적 조건화 이론에서는 조건 반응이 매우 자동적이고 기계적이며 무의식적으로 일어난다고 보고 있으나, 이와 달리 개의 행위나 곤의 실험에서 학생들의 반응은 단순히 새로운 반응 유형을 습득하는 차원이 아니라, 여러 가지 상황과 학습을 포함한 복잡하면서도 유기적인 결과라고 보는 견해도 있다. 특히 이 이론은 오늘날 광고 이론으로 적용시킬 때 더욱 공감대가 형성되는데, 인기 유명인 모델이나 광고 음악을 통해 제품에 대한 조건 반응이 긍정적으로 형성될 수 있으나, 그 원인이 그것뿐이라고 단정 짓기는 어렵기 때문이다. 그러나 이러한 견해들은 조건화에 따른 조건 반응이 유일한 요인이 아닐 수 있다는 입장일 뿐 그것이 영향을 끼치지 않는다고 보는 것은 아니므로, 고전적 조건화 이론은 여전히 광고에서 적용할 수 있는 의미 있는 이론으로 활용할 수 있다.

2) 조작적 조건화 이론

조작적 조건화는 작동적 조건화라고도 하며, 스키너(Skinner)의 실험으로 가장 유명하다. 스키너는 상자에 동물을 넣고 동물이 실험자가 원하는 적절한 행동을 할 때마다 먹이를 주는 방식으로 실험을 진행하여, 결국 비둘기가 탁구 게임도 하고 춤을 추도록 학습을 시키는 결과를 도출해 냈다. 이 실험은 쥐나 비둘기를 넣은 상자에 불을 켰을 때 동물들이 지렛대를 누르면 자동으로 음식이 들어오는 장치를 하여, 이를 반복하게 한 것이다. 쥐가 굶주림을 느낄 때 불을 켜면 주는 먹이를 얻기 위해 지렛대를 누르게 되는데, 이와 같은 학습 과정을 조작적 조건화라고 한다. 조작적 조건화 이론은 고전적 조건화 이론에서 조금 더 발전된 형태를 지니며, 몇 가지 차이점을 가지고 있다.

(1) 고전적 조건화 이론과 차이점과 적용

첫 번째, 고전적 조건화에 비해 소비자를 능동적인 학습자로 본다. 두 번째, 고전적 조건화에서는 자극이 중심이고, 조작적 조건화에서는 소비자의 반응 이후에 주어지는 강화가 중심이 된다. 조작적 조건화에서는 소비자들이 동일한 행동을 반복할 수 있도록 강화 또는 보상이 주어져야 하는데, 이러한 강화의 방법은 '긍정적 강화' '부정적 강화' '정적 처벌' '부정적 처벌 또는 소멸' 이렇게 4가지로 구분할 수 있다. 여기서 '강화'의 개념은 행동을 더 하게 만드는 것이고, '처벌'의 개념은 더 이상 행동을 못하게 만드는 것이다.

강화의 방법 중 첫 번째, 긍정적 강화(positive reinforcement)는 특정한 반응의 가능성을 강화시키는 것으로서 가장 일반적으로 활용되는 마케팅 수단이다. 예를 들면, 마일리지 적립을 통해 재방문을 유도한다거나, 백화점 VIP 고객에게 별도의 사은품이나 생일 선물을 제공한다는 등의 경우가 여기에 해당된다. 그러나 여기에서 강화 도구에 지나친 의존을 하게 되면 문제가 발생할 수 있다. 만약 긍정적 강화가 지나치게 강하면 제품 자체에 대한 태도가 상대적으로 축소되고, 이는 추후 정적 강화물이 없어졌을 때 해당 제품에 대한 구매 행동 역시 중단될 가능성이 높다는 단점을 가진다.

두 번째, 부정적 강화(negative reinforcement)는 특정 행동을 고무시키는 불쾌하거나 부정적인 자극을 의미한다. 예를 들면, 약품 광고에서 이 약을 먹으면 그 불편함에서 벗어날 수 있다는 메시지로 약품 구매를 유도하거나, 생명보험 광고에서 가장의 갑작스런 죽음으로 남은 가족들의 슬픔과 고통을 경고하는 식의 광고가 해당된다.

세 번째, 긍정적 처벌(positive punishment)은 소비자가 판매원의 불친절을 경험하게 되면 그 매장을 안 가게 되는 경우, 또는 불법 주차 과태료를 내야 하는 상황을 직면하면 그 상황을 면하기 위해 앞으로 불법 주차를 안 하는 경우가 처벌에 해당된다고 할 수 있다.

마지막으로, 부정적 처벌(negative punishment)은 특정 자극이 제거되거나 없어짐으로써 행동 발생 빈도가 감소되는 경우에 해당되며, 예를 들면 단골 매장에 원하는 제품이 없는 현상이 자주 발생하면 더 이상 그 매장에 가지 않게 되는 현상을 말한다.

앞서 설명한 강화의 방법 이외에도 소비자의 학습에 영향을 주는 또 다른 요인이 학습의 시기 또는 일정이다. 이는 광고에서 매체 스케줄에 근거가 되는 개념이며, 이와 관련된 다양한 견해와 이론들이 존재한다. 강화를 효과적으로 하기 위해서는 고정 간격을 두고 하는 것이 좋은지, 탄력적으로 움직이는 것이 좋은지, 일정한 비율에 의해 움직이는 것이 좋은지 등에 대해 고민해 봐야 하는데, 이는 광고 목표나 제품별, 관여도별로 다르다. 이에 대해서는 3hit 이론을 접목시켜 3회 이상 노출돼야 효과가 발생한다는 가정으로 누적 효과, 감퇴 효과 등 다양한 견해가 있는 상황이다.

또한 조작적 조건화는 소비자의 상태에 영향을 미치는 선행변수의 영향을 반드시 고려해야 한다. 소비자의 충동 상태에 따라 강화 전략이 수립되어야 하는데 이를 광고에 적용하면, 늦은 저녁 출출한 시간대 주로 음식 광고가 나오고, 스포츠 중계가 나올 때 맥주나 치킨 광고가 노출되는 현상이 여기에 해당된다.

조작적 조건화 이론은 행동주의 심리학에서 나온 이론으로, 어떤 반응에 대해 선택적으로 보상함으로써 그 반응이 일어날 확률을 증가 또는 감소시키는 방법을 설명한다. 이 이론에 근거하여 광고 메시지 전략은 물론 매체 전략까지 수립 가능하며, 이러한 활용도를 생각할 때 조작적 조건화 이론은 광고 이론이라 하여도 무방하며, 광고 실무자나 학습자들은 반드시 이해해야 할 이론이라 생각된다.

5. 광고와 소비자

1) 조절 초점 이론

심리학에서 등장한 조절 초점 이론은 최근 20년 간 마케팅과 소비자 연구 분야와 결합하여 소비자의 행동에 대한 동기를 이해하고 규명하는 데 설명되는 이론으로 말할 수 있다. 조절 초점 이론은 1997년 심리학자인 토리 히긴스(Tory Higgins)에 의해 현재는 광고와 마케팅 그리고 소비자행동 등 다양한 맥락과 흐름 속에서 연구가 활발하게 진행되고 있다. 뿐만 아니라 설득, 태도 변화, 재구매 의도 등 소비자의 의사 결정 및 정보 처리의 각 단계별로 조절 초점이 소비자에게 미치는 영향이 연구되고 있다. 즉, 조절 초점은 소비자의 자기 조절 기능으로 인해 소비자의 안전, 그리고 이상과 같은 고차원의 욕구 또는 목표가 인지적 · 동기적 · 행동적 구성 요소를 포함하여 소비자행동에 중요하게 영향을 미치고 있다(Werth & Foerster, 2007).

(1) 조절 초점 유형

구체적으로 자기 조절 지향성을 크게 향상초점(promotion focus)과 예방초점(prevention focus)으로 구분하여 설명할 수 있다. 향상초점의 경우, 인간의 발전과 자아 실현 욕구를 가지고 있으며, 이익을 극대화하고 긍정적이지 않은 무이익을 최소화하는 전략을 활용한다. 그렇기 때문에 욕망, 이상, 열망, 희망과 관련된 긍정적인 결과와 존재를 중요시하는 메시지에 집중한다. 반면 예방초점의 경우, 인간의 보호, 안전에 관한 욕구를 가지고 있으며, 무손실을 최대화하고 부정적인 사건이나 손실이 발생하는 것을 최소화하며, 규범에 벗어나지 않는 것에 초점을 맞춰 전략을 활용한다. 따라서 안전, 의무, 책임을 완수하는 메시지에 집중한다.

소비자가 제품을 구매하는 상황도 조절 초점의 동기로 설명될 수 있다. 이를 구체적으로 설명해 보면 향상초점의 소비자들은 목표를 달성하는 데 주요 관심을 갖는 반면,

예방초점의 소비자들은 손실을 최소화하는 데 관심을 갖는 경향이 있다. 또한 향상초점 소비자들은 예방초점 소비자들에 비해 추상적인 수준의 정보를 폭넓게 탐색하지만, 예방초점의 소비자들은 구체적인 정보를 좁은 범위 내에서 주로 탐색한다고 한다.

(2) 적합성

조절 초점은 특정한 상황이나 사건의 적합성(fit)에 따라 영향을 끼치는데, 적합성이 높을 때 소비자는 그 사건에 대해서 긍정적인 반응을 보이게 된다. 이를 조절 적합성 효과(regulatory fit effect)라고 한다. 구체적으로 조절 적합성 효과가 발생하는 이유는 각 조절 초점의 메시지에 노출된 소비자가 자신에게 적합한 메시지를 접할 때 이와 관련된 대상에 좀 더 높은 가치를 두기 때문이다(Higgin et al., 2003). 조절 적합성 효과는 광고 태도에도 영향을 끼치는데, 향상초점의 성향을 가진 소비자는 감성적 측면의 광고 메시지에 좀 더 주목하는 경향이 있으며, 예방초점의 성향을 가진 소비자는 실질적인 내용의 광고 메시지에 좀 더 주목하는 경향이 있다(마정미, 2016).

2) 전망 이론

광고와 마케팅 전략의 수립은 소비자의 구매 행동에 대한 이해에서 시작하게 된다. 일반적으로 소비자의 구매 행동을 설명하는 이론적 접근 방법으로 정치, 사회, 심리, 문화 등 인간의 가치관과 라이프스타일을 접목하여 소비자행동 패턴을 설명하는 것이 대부분이었는데, 최근에는 경제학적인 접근 방법으로 효용적인(utility) 측면에서 소비자행동을 설명하기 시작했다.

심리학자인 다니엘 카네만(Daniel Kahneman)과 아모스 트벌스키(Amos Tversky)는 전망 이론(Prospect theory)에서 개인의 선택 행동을 설명하기 위해, 경제학적 효용 이론을 기초로 평가의 준거점이 개인의 상황에 따라 변화할 수 있다고 제안하였다. 즉, 소비자는 자신이 이득의 영역에서 안정적인 선택을 보이고, 손실의 영역에서는 모험적인 선택을 할 수 있다고 제시하였다. 이는 이익의 영역보다는 손실의 영역 크기를 더 크게 인지하기 때문에 손실을 좀 더 회피하는 성향을 가지고 있다고 본다. 전망 이론의 이러한 개념은 곧 프레이밍 효과와 연결된다. 구체적으로 준거점이 바뀌는 것은 똑같은 대상에 대한 평가에 따라 달라질 수 있다. 예를 들면, "1만 원의 후원금으로 굶주리고 있는 20명의 아이들을 살릴 수 있습니다"라고 표현했을 때와 "1만 원의 후원금이 없으면 20명의 아이들이 굶주려 죽을 수 있습니다"로 표현했을 때, 같은 내용의 질문에 대한 응답자의 선택이 달라질 수 있다. 결과적으로 소비자는 정보의 내용 못지않게 정보 제시 방식에 따라 영향을 받을 수 있다는 것이다.

초기 경제학에서 전망 이론은 준거점을 기준으로 소비자의 위험 태도가 바뀌는 부분에 초점을 맞춰 연구되었지만, 이후 광고 마케팅 연구 분야에서는 위험을 내포하지 않는 상황에서 준거 의존과 손실 회피에 따라 효과가 달라질 수 있다고 제안하는 연구가 진행 중이다. 즉, 전망 이론에서는 준거점(reference point)과 비교해서 손실인 경우 위험을 추구하고, 이익일 경우에는 위험을 회피한다. "인간의 모든 지각은 준거에 의존한다"라고 주장할 수 있는 것은 동일한 메시지에 대한 다른 프레임이 개인의 상이한 스키마를 만들어 내는 것을 의미한다(Kahneman, 2003).

결과적으로 전망 이론은 준거점을 중심으로 위험에 대한 태도가 바뀔 뿐만 아니라, 손실 영역에서도 가치가 더 가파르게 감소한다는 손실-회피 효과, 그리고 준거 기준

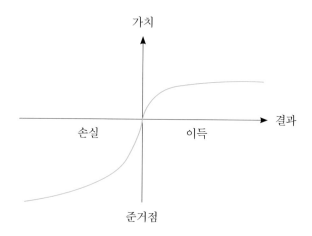

[그림 3-3] 전망 이론 기대가치 함수

자체가 상황에 따라 달라질 수 있음을 제안하고 있다. 전망 이론은 대안의 가치는 소비자의 외부에 존재하는 절대적인 가치가 아니라, 소비자의 심리적인 측면에서 상황적으로 만들어지는 주관적인 것임으로 설명한다. 구체적으로 손실−회피의 준거점의 기준으로 손실이 발생할 때 느끼는 부정적인 감정의 크기는 이익이 발생할 때 얻는 긍정적인 감정의 크기보다 더 크다는 것을 의미한다. 10만 원이 생겼을 때 느끼는 긍정적인 감정의 크기보다 10만 원을 잃었을 때 느끼는 부정적 감정의 크기가 절댓값의 측면에서 더 크다는 것을 의미한다.

이러한 현상은 광고 마케팅 환경에서 가격 책정과 관련하여 가격을 제시하는 방법에 따라 소비자의 구매 행동에 영향을 끼칠 수 있음을 시사한다. 예를 들면, 광고에서 가격 할인과 관련된 메시지를 노출할 때, 할인된 가격을 제시하는 것과 할인율을 제시하는 것 중 어떤 점을 노출하는 것이 소비자들에게 긍정적으로 영향을 끼치는지를 파악하는 것은 마케터의 주요 관심 요인이라 할 수 있다.

6. 광고와 사회심리

1) 귀인 이론

귀인 이론은 인간 행동의 원인을 추론하는 방식에 대해 설명한다. 우리는 일상생활에서 어떠한 행동을 한 후, '내가 왜 그랬을까?'라는 생각을 종종 하게 된다. 인간은 자신의 행동뿐만 아니라 타인의 행동에 대해서도 왜 그러한 행동을 했는지 생각하고 이해하는 존재이기 때문이다. 귀인 이론은 인간 행동의 원인을 찾고 이를 설명하는 이론으로 널리 활용된다. 즉, 귀인 이론은 인간 행동의 원인을 추정하는 방식과 과정을 설명하는 이론이라 할 수 있다. 결과적으로 인간은 자신의 행동 결과에 대해 그 결과가 자신이 원했던 결과이든 혹은 원하지 않았던 결과이든 그 이유를 찾고자 한다.

(1) 귀인의 원인

귀인 이론을 제안한 프리츠 하이더(Fritz Heider)는 인간이 일반적으로 만드는 원인 귀인(causal attribution)을 설명하였는데, 이는 크게 '상황의 원인'과 '개인의 원인'을 구분해 볼 수 있다. 이때, 상황의 원인은 인간은 상황이나 환경에 의해 영향을 받는다는 것이고, 개인의 원인은 인간은 개인의 성향에 따라 달라진다는 것을 의미한다. 이러한 귀인 이론은 광고와 마케팅 환경 속에서 기업의 판매 촉진 활동에 대한 소비자의 반응을 설명하는 데 유용하게 활용할 수 있다. "나는 왜 쿠폰을 활용하여 A라는 브랜드를 구입했을까?" "나는 왜 1+1 하는 브랜드의 음료수를 샀을까?" 등의 질문에 대해서 소비자들의 행동은 다음과 같은 귀인 과정으로 설명될 수 있다. "현재, 나는 쿠폰을 가지고 있기 때문에 쿠폰을 제시하면 저렴하게 제품을 구매할 수 있는데, 이 기회를 거부할 이유가 있을까?" "1+1 하는 제품을 구매할 경우, 동일한 제품군에서 같은 가격으로 한 개가 아닌 두 개를 얻을 수 있기 때문에 돈을 절약할 수 있을 거야."

이러한 귀인 과정에서 중요한 것은 소비자가 자신의 구매 행동이 외부 원인(기업의 판매 촉진 활동 때문일까?) 때문인지, 아니면 내부 원인(브랜드에 대한 나의 태도가 긍정적인 것으로 비롯된 것일까?) 때문인지를 생각하게 된다는 점이다. 예를 들면, 강한 외부적 원인에 의해 영향을 끼친다면 소비자들은 내부적 원인에 의해 영향을 끼친 구매가 아니기 때문에 소비자들의 브랜드 태도는 변하지 않고 그대로일 수 있다. 하지만 소비자의 브랜드 태도가 내부적 원인에 의해 긍정적인 상황에서 제품에 대한 할인 및 프로모션 환경에서 구매 시, 브랜드 태도는 좀 더 긍정적으로 향상될 수 있다.

결과적으로, 광고와 마케팅 환경 속에서 소비자의 행동을 유도하기 위해서는 판매 촉진과 이벤트 기법, 즉 할인이나 무료 샘플 증정과 같은 활용은 긍정적인 효과를 발생시킬 수 있다. 광고와 마케팅에 있어서 작은 할인 및 보상을 받아들인 소비자는 자신의 행동을 내부의 원인으로 해석할 가능성이 높다. 예를 들면, 제품을 할인받기 위해 쿠폰을 잘라 챙기는 것, 소비자 스스로가 프로모션 및 할인 기간에 관심을 두는 행동을 내부적 원인으로 해석할 가능성이 높다. "나는 그 제품에 호기심이 있어서 할인과 쿠폰을 챙겨 두었다"라고 하지만, 광고와 마케팅 환경 속에서 큰 보상 및 요구를 제시한다면 소비자는 구매 행동을 외부적 원인으로 판단할 것이다. 이 제품을 구매한 이유는 판매원의 적극적인 권유가 있었고, 너무나 많은 가격 할인에 의한 유혹으로 인한 것이라는 외부적 요인으로 판단할 것이다.

결과적으로, 귀인 이론은 소비자의 행동 결과의 이유를 외부에서 찾는지 내부에서 찾는지에 따라 소비자의 반응이 달라진다고 주장하는 이론이다. 특히 귀인 이론은 구매 후 행동, 즉 소비자의 구매의 원인과 이유를 설명하고 이해하는 데 중요한 이론으로 볼 수 있다.

7. 광고와 미디어–기대가치 이론과 이용과 충족 이론

1970년대 심리학자 피시바인이 제안한 기대가치 이론(Expectancy-value theory)은 인간이 직면한 상황에 대한 믿음과 가치에 대한 평가를 기초로 하여 자신의 태도를 결정하거나 수정한다고 주장한다. 이 이론이 만들어진 배경에는 1959년 미국 커뮤니케이션 학자인 카츠(Elihu Katz)에 의해 제안된 이용과 충족 이론(Use and Gratifications Theory)이 있다. 이 이론의 전제는 매스 미디어 수용자들이 개인이 경험한 특정한 욕구를 충족시키기 위해 미디어를 소비한다는 것인데, 이는 과거 매스 미디어의 수용자가 수동적이라는 관점을 부정하고, 능동적이고 목적 지향적이라고 보는 새로운 관점에서 시작한다. 카츠는 이용과 충족 이론에서, 수용자들은 각각 다른 필요와 욕망에 따라 정보를 접하기 때문에 매스 미디어를 통한 메시지는 능동적으로 관심 있어 하는 사람에게만 영향을 미친다고 주장하고 있다. 광고 또한 필요에 의해 해당 제품과 브랜드에 관련된 사람들에게만 영향을 끼칠 뿐, 광고주의 의도나 바람대로 매스 미디어에 노출된 불특정 다수의 수용자들 전체에게 광고가 영향을 미치기는 어렵다는 것이 이론에서 주장하는 바이다.

이용과 충족 이론은 매스 미디어의 사용 행태에 대한 설명을 주고 있지만, 욕구, 충족, 동기 등의 개념 정의가 명확하게 구분되지 않고 혼용되어 왔다는 비판을 받고 있

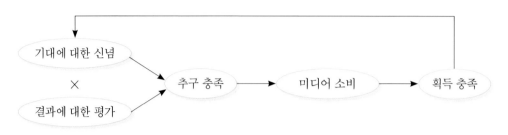

[그림 3-4] 기대가치 이론 모형

다. 특히 인간의 욕구, 동기 그리고 충족 간의 관계에 대한 개념을 모호하게 설정하여
미디어 이용의 충족이 미디어를 이용하기 전과 중간 그리고 사용 후에 따라 다를 수
있다는 것을 이론적으로 명확히 구분하지 못하고 있다. 이러한 비판에 대해 문제점을
수정하고 개선하려는 노력들이 진행되었는데, 그중 가장 대표적인 이론이 기대가치
이론이다. 사회심리학 분야에서 발전한 기대가치 이론은 이용과 충족 이론에서 사용
하던 개념을 명확하게 정의하고 있으며, 그 개념들에 대한 구체적인 측정 방법까지 제
시하고 있다. 팜그린과 레이번(Palmgreen & Rayburn)에 따르면, 기대가치 이론은 이용
자들이 '미디어 사용을 통해 얻고자 하는 것'과 '실제 이용을 통해 얻는 것'의 차이를 고
려하기 위해 추구 충족(Gratification Sought: GS)과 획득 충족(Gratification Obtained: GO)
을 각각 측정한 후, 그 차이가 향후 미디어의 이용을 예측할 수 있는 강력한 변수임을
강조하였다.

[그림 3-4]의 모형에서 설명하듯 신념과 평가에 의해 추구 충족이 형성되고, 이를
기초로 수용자들은 미디어를 선택하여 소비하게 된다. 미디어를 소비한 후 획득 충족
을 형성하며, 그 결과에 따라 미디어에 대한 신념이 형성되는 것이다. 팜그린과 레이
번은 획득 충족이 기대에 대한 신념에는 상관관계가 있지만, 결과에 대한 평가에는 의
미 있는 상관관계가 없다고 밝혔다.

기대가치 이론은 기존의 충족 개념을 추구 충족과 획득 충족으로 명확히 구분하여
개념적 혼란을 막았고, 두 충족과 미디어 노출 관련 변인 간의 관계를 확실하게 함으
로써 이용과 충족 이론의 한계를 극복하고자 하였으며, 현재에도 유용한 커뮤니케이

선 이론으로 자리매김하고 있다. 커뮤니케이션뿐만 아니라 의사 결정이나 선택의 과정을 설명하는 영역에서도 현재까지 영향력을 유지하고 있는 이론이며, 광고매체를 이해하는 데 기본적으로 익혀야 할 이론이다. 이후 언급할 더욱 진보된 이론들을 학습하기 위해서는 기대가치 이론의 도입 배경과 주요 개념들에 대한 이해가 선행되어야 할 것이다.

참고문헌

김정현(2015). 설득커뮤니케이션의 이해와 활용. 서울: 커뮤니케이션북스.

김재휘, 박은아, 손영화, 우석봉, 유승엽, 이병관(2009). 광고심리학. 서울: 커뮤니케이션북스.

마정미(2016). "소비자는 합리적인 존재인가–행동경제학의 광고학 적용을 위한 개념적 연구". 광고연구. pp. 101-131.

안광호, 김동훈, 유창조(2008). 촉진관리–통합적 마케팅 커뮤니케이션 접근. 서울: 학현사.

이명천, 김요한(2006). 광고학 개론. 서울: 커뮤니케이션북스.

오미영, 정인숙(2008). 알기 쉬운 커뮤니케이션 길라잡이 커뮤니케이션 핵심이론. 서울: 커뮤니케이션북스.

Gorn, & Gerald, J. (1982). The Effect of Music in Advertising on Choice Behavior: A Classical conditioning Approach. *Journal of Marketing, 46,* 94-101.

Kahneman, D., & Tversky, A. (1979). Prospect Theory: An analysis of decision under risk. *Journal of the Econometric Society, 47*(2), 263-292.

Kahneman, D. (2003). Mans of bounded rationality: Psychology for behavioral economics. *The American Economic Review, 93*(5), 1449-1475.

Katz. (1959). Mass communication research and the study of culture. *Studies in Public Communication, 2,* summer, 1-6.

Palmgreen, P., & Rayburn, J. D. (1979). Uses and Gratifications and Exposure To Public Television: *A Discrepancy Approach. Communication Research, 8,* 155-180.

Petty, R. E., & Cacioppo, J. T. (1981). Attitudes and Persuasion: Classic and Contemporary

Approaches. Dubuque, IA, Wm. C. Brown.

Petty, R. E., & Cacioppo, J. T. (1986). The Elaboration Likelihood Model of Persuasion. *Advances in Experimental Social Psychology*, Vol. 19, ed. L. Bickman, 123-205.

Petty, R. E., Cacioppo, J. T., & David, S. (1983). Central and Peripheral Routes to Advertising Effectiveness: The Moderating Role of Involvement. *Journal of Consumer Research*, *10*(September), 135-146.

Werth, L., & Foerster, J. (2007). How regulatory focus influences consumer behavior. *European Journal of Social Psychology, 37*(1), 33-51.

PR 이론

1. PR, 어디에서 왔는가?

PR(Public Relations)은 '공중과의 관계'라는 어원적 의미에서 볼 수 있듯이 조직과 그를 둘러싼 공중들 간의 관계를 관리하기 위한 커뮤니케이션 활동을 의미한다. 따라서 초기 PR 활동은 언론에 보도 자료를 보내고 조직의 대변인으로서 입장을 전달하는 등 언론 대행업에서 시작하여, 사회 질서의 유지와 공공의 선을 이루기 위해 사회 구성원으로 간주되는 공중들에게 의도된 반응을 일으키고자 상호 호혜적인 커뮤니케이션 활동을 실행하는 전문가적 카운셀러로서의 역할로 변화해 왔다. 실제로 PR의 선구자인 버네이즈(Edward L. Bernays)도 PR 실무를 'PR 카운셀(PR Counsel)'이라고 지칭하면서 PR 카운셀러들이 여론, 공중의 동기, PR 테크닉과 집단의 관점을 변화시키는 방법을 터득하기 위해 사회과학에서 도출된 지식을 사용해야 한다고 주장한 바 있다(박기순,

신경아 차의과대학교 헬스 커뮤니케이션연구원 전문연구원

박현순, 최윤희 공역, 2004).

PR 업무가 언론 관계 관리, 조직 관리, 사회 질서 유지 등 다양한 영역에 걸쳐서 이루어질 수 있기에 PR학은 이론적 학문이기보다는 실용적 성격이 강한 응용 학문이라 할 수 있겠다. PR학은 사회과학적 맥락에서 커뮤니케이션학, 조직학, 심리학 등 다양한 연구 분야들과 융합하면서 독자적인 학문으로 발전해 왔으며, PR 학자들은 실용 학문으로서의 PR학의 역할을 정립하고, 이를 체계화하고자 순수 PR 이론을 개발하는 데 관심을 갖고 여러 가지 이론적 틀을 마련해 나가고 있다. 따라서 본 장에서는 PR 학자들에 의해 개발된 순수 PR 이론이라 지칭할 수 있는 이론들을 살펴보고자 한다.[1]

2. PR 이론, 공중에 대한 이해로부터 시작

1) 공중 상황 이론

1966년 제임스 그루닉(James E. Grunig)이 제안한 '공중 상황 이론(Situational theory of publics)'은 PR의 핵심 대상인 '공중(publics)'에 대한 이해로부터 시작되었다. 그는 공중을 "이슈와 상황에 따라 발생하였다가 문제가 해결되면 소멸하는 목적 지향적인 집합체"라고 정의하면서(Grunig, 1997), 상황 이론을 통해 조직에 의해 영향을 받거나 조직에 영향을 미칠 수 있는 공중의 커뮤니케이션 행동을 체계적으로 정리하였다. 특히 그는 사람들이 의사 결정을 하는 데 있어 불완전한 정보나 관련된 정보가 부족한 상황에서 발생하는 위험을 줄이기 위해 좀 더 적극적으로 정보를 찾아보고자 하는 동기에 의해 정보 행동을 할 수 있음을 지적하고, 이를 커뮤니케이션 행동이라고 지칭했다. 따라서 상황 이론은 사람들이 그들이 처한 문제 상황을 어떻게 인식하는가에 따라서

---

1) 2014년 한국PR학회에서는 『홍보학 연구』 18권 1호를 통해 '5가지 소수 PR 이론에 대한 의미와 전개 과정 및 현황'을 소개한 기획 연구들을 게재한 바 있다. 본 장에서는 해당 연구들을 중심으로 PR 이론을 소개하고, 그 진화 과정에 대해서 설명하고자 한다.

각기 다른 정보 행동을 취할 수 있는데, 이때 사람들이 해당 문제와 관련해 서로 비슷한 상황에 처해 있거나 그렇다고 느끼게 되면, 그 문제를 해결하고자 노력하는 정보적 행동 또한 비슷한 패턴을 따르게 된다는 것을 전제로 한다.

그루닉의 공중 상황 이론은 문제 상황에 대한 사람들의 문제 인식, 관여도, 제약 인식의 정도에 따라 그들의 정보 탐색 행위가 적극적이거나 수동적일 수 있음을 제안한다. 이에, 마케팅 연구들에서 활용되는 타깃 세분화 방식을 적용해 특정 문제 상황과 관련된 사람들의 인식 여하에 따라 일반 대중이 공중으로 변화되는 방식을 탐색하고, 이를 세분화하고 있다.

초기 공중 상황 이론은 '문제 인식'과 '제약 인식'을 중심으로 문제 직면적 행동(problem-facing behavior), 제약된 행동(constrained behavior), 일상적 행동(routine behavior) 그리고 숙명적 행동(fatalistic behavior)의 네 가지 지각된 상황을 정의하고 있다. 문제 직면적 행동은 공중의 문제 인식이 높고 제약 인식은 낮은 상황을 말하며, 제약된 행동은 문제 인식과 제약 인식이 모두 높은 상황을 뜻한다. 또한 일상적 행동은 공중의 문제 인식과 제약 인식이 모두 낮은 상황을, 숙명적 행동은 문제 인식은 낮고 제약 인식이 높은 상황을 의미한다.

한편, 그루닉은 1997년에 이르러 개인의 이슈에 대한 관심 정도에 따라 문제 인식이 달라질 수 있음을 지적하면서 문제 인식, 제약 인식, 관여도에 따른 공중 커뮤니케이션 행동의 차이를 제안한다. 구체적으로 문제 직면적 행동 집단의 공중을 관여도에 따라 활동 공중과 인지/활동 공중으로 구분하는데, 활동 공중은 이슈에 대해 적극적으로 정보를 추구하고 행동에 나서는 반면, 인지/활동 공중은 활동 공중이 될 가능성은 가지고 있으나 적극성이 상대적으로 부족한 상태를 말한다.

제약된 행동 집단 역시 관여도 수준에 따라 인지/활동 공중과 잠재/인지 공중으로 각각 나뉘는데, 여기서의 인지/활동 공중은 쟁점에 대한 문제해결에 대한 한계를 절감하고 있기 때문에 활동적 공중이 될 가능성을 가지고 있으나 어떤 행동을 취하지 못하고 있는 상태의 공중을 말한다. 반면, 잠재적/인지적 공중은 상황에 대한 관련성을 낮게 인식하기 때문에 언제든 상황이 자신에게 영향을 준다고 인식하게 되면 활동적 공

표 4-1 공중 상황 이론에 따른 공중 분류

구분	공중 유형	
	고관여	저관여
문제 직면적 행동(PF) (고문제 인식, 저제약 인식)	활동 공중	인지/활동 공중
제약된 행동(CB) (고문제 인식, 고제약 인식)	인지/활동 공중	잠재/인지 공중
일상적 행동(RB) (저문제 인식, 저제약 인식)	활동 공중(일상적)	비공중/잠재적 공중
숙명적 행동(FB) (저문제 인식, 고제약 인식)	잠재적 공중	비공중

출처: Grunig, J. E., & Hunt, T. (1984). *Managing Public Relations*. New York: Holt, Rinehart & Winston.

중이 될 가능성을 가지고 있는 이들이다(〈표 4-1〉 참조).

한편, 일상적 행동 공중의 경우는 활동 공중과 비공중/잠재적 공중으로 각각 구분되는데, 여기서의 활동 공중은 점진적으로 활동 공중이 될 가능성이 있다. 그들은 문제 인식과 제약 인식은 낮지만 관여도가 높기 때문에 언제든 활동 공중이 될 수 있는 것이다. 반면, 관여도와 문제 인식, 제약 인식이 모두 낮은 비공중/잠재적 공중의 경우는 행동에 대한 제약을 낮게 인식하기 때문에 어느 정도 활동적으로 변모할 수 있는 가능성을 가지고 있다.

한편, 숙명적 행동 공중의 경우는 관여도의 고/저에 따라 잠재적 공중과 비공중으로 각각 구분되는데, 이들은 어떤 이슈에 관해서 좀처럼 적극적으로 커뮤니케이트하지 않는 공중으로 분류될 수 있다. 따라서 이슈에 관련성을 갖고 문제의 심각성을 인지하게 된다면 자각적 또는 활동적 공중이 될 수 있는 가능성이 있다. 그래서 잠재적 공중이라고 한다. 이와 달리, 이슈에 대한 관련성이 낮은 숙명적 공중의 경우는 특정 상황에서 공중으로서의 어떠한 역할도 수행하지 않을 것이므로 공중이 되지 않을 것이라고 하여 비공중으로 각각 구분된다.

공중 상황 이론은 PR 연구자들과 실무자들이 공중을 일반적인 사회 집단 혹은 대중과 같이 지나치게 단순화시켜 접근하는 것에 대한 문제에서 비롯해 다양한 사회적 현상을 일으키고 있는 사회 구성원들, 혹은 특정 집단들을 포착하고자 개발되었다(김정남, 박노일, 김수진, 2014). 따라서 이러한 개별 집단의 커뮤니케이션 행동을 이해하면 PR 실무자들이 특정 목표 집단에 전달하고자 하는 전략적 메시지를 개발하고 그들을 설득하는, 더욱 효과적인 방법론을 제시하는 데 활용될 수 있다.

2) 문제해결 상황 이론: 공중 상황 이론의 진화

공중 상황 이론에 대한 비판론자들을 비롯한 일부 연구들의 경우, 공중 상황 이론에서 분류하고 있는 위와 같은 공중 세분화의 유형들이 문제 인식, 제약 인식, 관여도 등에 의해 명확하게 구분되지 않을 수 있음을 지적하기도 하였다. 아울러 공중은 특정 집단으로 구분되기보다는 이슈의 변화에 따라서 다변적으로 변화하는 존재로서 접근하는 것이 옳다는 주장도 있었다. 이러한 맥락에서 김정남(2006)은 그의 박사학위 논문을 통해 그루닉의 상황 이론의 연장선이지만 수정된 이론으로서 '문제해결 상황 이론(Situational Theory Of Problem Solving: STOPS)'이라는 새로운 이론을 제안하고, 어떤 문제 상황에 직면했을 때의 공중의 활성화된 커뮤니케이션 행동을 과정적(process)으로 설명하고자 했다.

이 문제해결 상황 이론은 2011년 김정남과 그루닉에 의해 『Journal of Communication』에 소개되었는데, 그동안 공중 상황 이론과 관련된 여러 가지 비판들, 독립 변수 및 종속 변수의 개념화 문제, 활동적 공중, 즉 적극적 커뮤니케이션에 일반화한 설명 등을 극복하고자 했다. 구체적으로, 문제해결 상황 이론은 기존의 공중 상황 이론에서 공중의 유형을 분류하는 데 사용되었던 문제 인식, 제약 인식, 관여도(관여 인식), 그리고 초기 상황 이론 검증 연구에서 예측력이 부족하다고 지적되었던 준거 지침을 모두 독립 변수로 사용하면서, 문제 인식을 "문제 상황에 있어 경험적 상태와 기대 상태 간의 차이 정도"로 정의하였고, 관여 인식은 이슈나 상황에 대한 실제적 관여도가 아닌 주관적 판단에 따른 "문제 상태와 개인과의 관계에 대한 인식"으로 수정하였으며, 제약 인

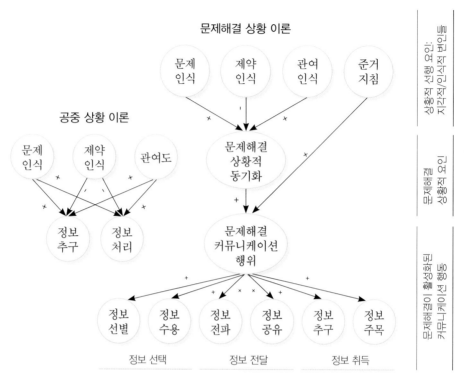

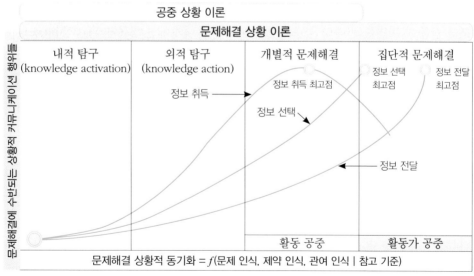

[그림 4-1] 문제해결 상황 이론

출처: 김정남, 박노일, 김수진(2014). 공중 상황 이론의 수정과 진화: 문제해결 상황 이론을 중심으로.

식은 "문제 상황에 대한 행동을 제약하는 내외부적 장애 요소에 대한 인식"으로 규정
했다. 이러한 새로운 정의는 독립 변수들이 개인의 특성에 따른 것이기보다는 상황적
맥락에 따른 것으로 인식됨으로써 그 주관성이 높음을 강조하고자 한 것이다.

한편, 기존의 정보 추구(information seeking), 정보 처리(information processing)와 같
은 기존의 종속 변수들에 대한 명확한 설명을 위해 종속 변인도 수정 및 보완하였다.
문제해결을 위한 커뮤니케이션 행위로서 세 가지의 정보 행동(정보 전달, 정보 선택, 정
보 취득)을 적극적 형태와 소극적 형태로 각각 나누어 여섯 가지의 변인으로 세분화시
킨 것이다. 이는 최근 소셜 미디어를 중심으로 한 디지털 미디어 시대에 변화하는 공
중의 커뮤니케이션 행동을 설명하는 데 있어 보다 복잡한 공중의 행동을 구체적으로
이해하는 데 도움이 될 만한 변화라 할 수 있다.

우선 정보 전달(information transmission)은 보다 계획적이고 적극적인 정보 전파
(information forwarding) 행위와 소극적인 정보 공유(information sharing)로 나누었고, 정
보 선택(information selection)은 문제해결을 위한 정보의 유용성과 가치, 관련성에 대한
판단에 의거하여 특정 정보의 취사선택에 있어서의 정보원에 대한 선택적 접근 및 거
부 정도에 따라 정보 선별(information forefending)과 정보 수용(information permitting)
으로 구분하였다. 또한 정보 취득(information acquisition)은 기존의 상황 이론에서 사
용된 변수로서, 문제를 해결하기 위해 정보를 수집하는 노력의 정도에 따라 정보 추구
(information seeking)와 정보 주목(information attending)으로 각각 나누었다([그림 4-1]
참조).

문제해결 상황 이론의 또 다른 독립 변인인 준거 지침(referent criterion)은 문제를 해
결하는 데 있어 사람들이 이미 보유하고 있는 배경지식을 의미하는데, 이는 문제 상황
에서 개인이 해당 문제에 대한 이전의 경험과 지식 등을 토대로 하여 즉각적으로 생성
되는 것이다. 문제 상황에 따른 커뮤니케이션 행동에 직접적인 영향을 미칠 수 있을
것으로 보는 것이다. 또한 공중 상황 이론과 달리 문제해결 상황 이론에서는 기존의
독립 변인들과 커뮤니케이션 행동 사이를 매개하는 요인으로서 상황적 동기화 변수가
추가되었다. 이는 특정 상황에 대해 문제를 인식하는 인지적 요인들이 적극적으로 커

뮤니케이션하고자 하는 동기가 작용할 때만 발생하는 것을 의미한다. 따라서 문제 상황에 대한 심각성을 인지하고 있다 하더라도 그에 대해 다른 사람들과 커뮤니케이션하면서 상황을 해결하고자 하는 적극적인 의지, 즉 동기가 활성화되지 않는다면 커뮤니케이션 행위가 일어나지 않을 수 있다고 이해한다. 동기의 충분성은 문제해결 상황이론에서 커뮤니케이션 행동의 중요 요인이다.

결론적으로, 문제해결 상황 이론은 공중 상황 이론에 대한 기존의 비판을 수용하고, 나아가 디지털 미디어를 중심으로 한 새로운 공중커뮤니케이션 환경에 적용할 수 있는 이론으로 파악된다. 특히 소셜 미디어 등을 통해 더욱 다양하고 강력해진 공중의 정보 행동에 대한 도구로서 공중을 세분화하고 디지털 미디어 PR 전략을 위해 활용될 수 있을 것으로 기대한다. 즉, 디지털 소통 환경 속 개인과 공중들은 자신들의 목적과 문제 인식을 소셜 미디어들을 통해 증폭시키거나 매스 미디어의 독점적 프레임을 저지시킴으로써 사회 견제자의 역할을 수행하기도 하는데, 이러한 현상들의 이면에는 상황에 대한 개인의 문제 인식, 인지적 노력과 정보 관련 커뮤니케이션 행위들이 존재한다(김정남, 박노일, 김수진, 2014).

3. PR, 조직의 경영 효율성 이끌어 내는 커뮤니케이션

1) 우수 이론

우수 이론(Excellence theory)은 조직 경영의 효율성에 기여할 수 있는 우수한 PR 활동을 실행하기 위한 다양한 조건을 경영학, 사회과학 그리고 PR 이론 등을 토대로 발전시킨 이론이다.

1985년부터 2002년까지 미국, 캐나다, 영국의 327개 조직의 최고 경영자, 중간 관리자, 홍보 실무자 등을 대상으로 우수한 PR은 어떠한 것인가에 대해 조사한 결과를 토대로 만들어졌다(유선욱, 신호창, 2014). 특히 우수 이론은 PR 4 모델과 관련된 논쟁을 발전적으로 수용하고 우수한 조직을 만들어가기 위한 PR 활동의 규범적인 모델을 제시함으로써 조직 효율성에 기여할 수 있는 PR의 역할과 그 조건들을 제시했다는 데 그 의미가 있다.

우수 이론의 핵심은 "왜, 그리고 어느 정도로 PR이 조직에 가치를 부여하는가?"와 "조직 효과성에 기여하는 PR의 특징들은 무엇인가?"로 정리된다. 전자는 우수한 PR을 실행하기 위해 조직이 갖추어야 하는 조건을 의미하며, 후자는 우수한 PR 커뮤니케이션으로부터 조직이 얻을 수 있는 경제적 가치가 무엇인가에 답하는 것이다(김영욱, 한은경, 박종민, 2004). 따라서 우수 이론에서는 우수한 PR 조직을 갖춘 우수한 조직의 조건들을, (1) 프로그램 차원, (2) 부서(기능)차원, (3) 조직 차원, (4)효과(사회가치) 차원으로 각각 구분하여 설명하고 있다.

먼저, 프로그램 차원은 효과적인 커뮤니케이션 프로그램 차원에서 어떻게 프로그램을 기획해 나갈 것인가를 살피는 것이다. 따라서 우수한 PR 활동은, ① 잠재된 문제들을 파악하고, ② 공중을 세분화한 다음, ③ 조직의 커뮤니케이션 프로그램 목적을 설정하고, ④ 프로그램을 실행하고 효과를 측정하는 등의 실행 과정을 거치는 등 전략적이고 장기적인 관점에서 조직 경영에 기여한다.

부서 차원의 경우, 어떻게 PR 부서가 조직되고 운영되어야 하는지에 대해서 설명한다. 우수 이론에 따르면, 우수한 PR이 되기 위해 조직 내에서 PR 부서는 마케팅으로부터 분리되어야 한다. 또한 PR 업무만을 전문으로 하는 단일 혹은 통합된 PR 부서가 존재해야 하며, PR 부서의 장은 최고 경영진에게 직접 보고를 할 수 있을 만큼의 위치를 가지고 있어야 한다. 조직의 의사 결정에 참여함으로써 전략적 경영 기능의 역할을 수행할 수 있어야 한다. 즉, 우수한 PR 부서일수록 PR 책임자가 전문적 지식과 능력을 갖추고 관리자로서의 역할을 수행하며, PR 4 모델에서 제시하고 있는 쌍방향 균형 모델에 입각한 우호적인 관계 구축을 목표로 하는 PR 활동을 수행하는 가운데, 남녀 동등한 기회의 부여, 소수 그룹에 대한 존중 등 부서 내 다양성 등을 존중하는 문화를 이끌어 가는 것이 중요하다.

조직 차원에서는 우수한 PR 활동이 수행될 수 있는 조직의 환경적인 요인들에 대해서 논의한다. 즉, 우수한 PR 활동이 수행될 수 있는 조직은 쌍방향 균형 모델에 입각해 커뮤니케이션하고자 하는 조직의 세계관을 갖고, PR 책임자가 기업 의사 결정자 집단에 포함되어 내·외부 공중을 대상으로 하는 기업의 커뮤니케이션을 주도해야 한다. 또한 수평적이고 자유로운 분위기의 사내 커뮤니케이션을 통한 참여적 조직 문화를 통해 조직원 상호 간의 커뮤니케이션의 양과 질을 높이고, 조직을 둘러싼 환경과의 상호 의존성을 높임으로써 시민단체 등과 같은 외부 공중들의 압력과 문제 제기에 적절히 대응할 수 있는 체계를 마련해야 한다.

마지막으로, PR 효과 차원은 어떻게 PR의 가치가 측정될 수 있는지에 대해 제시하는데, 이는 PR 프로그램이 얼마나 목적을 달성했는지, 기업과 관련한 규제, 압력, 소송 비용 감소 등과 같이 조직 경영에서의 편익을 가져왔는지, 사원들의 직업 만족도는 어떠한지 등에 대한 점검을 통해 PR 활동이 조직의 경영 활동에 얼마나 기여하였는가를 파악하는 것을 의미한다.

종합해 보면, 우수 이론은 PR 부서가 조직의 커뮤니케이션 전반을 이끄는 역할을 수행함으로써 조직 경영에 있어 지대한 역할을 수행할 수 있다고 본다. 따라서 최고 경영자들의 PR에 대한 관심과 그 역할에 대한 인식이 중요하며, 전문성 있는 PR 인력의 확보를 통해 마케팅 등 유사 업무와의 명확한 구분을 통한 독립적인 역할을 수행함으로써 조직 구성원들과의 상호 호혜적 커뮤니케이션을 통해 조직 경영 전반에 대해 영향력을 행사할 수 있을 때 PR 커뮤니케이션의 효과가 더욱 빛을 발할 수 있으며, 그것이 조직의 가치를 증대하는 데 기여할 수 있다.

2) 조직-공중 관계성

조직과 공중 간의 우호적인 관계 관리를 위한 커뮤니케이션 활동인 PR(Public Relations)의 가장 근본적인 부분인 '관계성'에 대한 논의는 1984년 퍼거슨(Furguson)에 의해 시작되었다. 그는 9년간 『Public Relations Review』에 게재된 연구를 분석해 PR 연구의 단위가 조직, 공중 혹은 커뮤니케이션 과정이 아니라 공중과 어떠한 관계성을 구축하는가 하는 '관계성'이 되어야 함을 강조했다. 한편, 그루닉과 그의 동료들은 1992년에 발표한 우수 이론을 통해 "PR은 조직이 자신의 목적을 전략적인 이해관계자들의 기대와 조화시킬 수 있게 돕는 역할을 하며, 이를 통해 조직의 효율성에 이바지한다"고 주장하며, 우수한 PR 활동을 수행하기 위해서는 공중과의 관계를 구축하고 강화, 유지하는 관계성이 중요함을 역설했다. 특히 관계성의 핵심 요소로서는 조직−공중 간 상호 호혜성(reciprocity), 신뢰(trust), 신용(credibility), 상호 정당성(mutual legitimacy), 개방성(openness), 상호 만족성(mutual satisfaction), 상호 이해(mutual understanding) 등을 제시했다.

실제로 PR 연구에서 관계성에 대한 구체적인 논의는 1990년대 후반에 이르러 확대되었고 조직−공중 간 관계성을 측정하는 지표를 개발하는 데 주목한다. 레딩엄과 브루닝(Ledingham & Brunig)은 1990년대 말부터 관계성에 대한 독자적인 연구를 시작하였으며, 1998년에 발표한 연구에서 대인 커뮤니케이션, 마케팅, 사회심리학 분야의 연구를 바탕으로 조직−공중 관계성의 차원을 규명하고자 시도했다. 그들은 조직−공중 관계를 실질적으로 측정하는 데 투자(investment), 헌신(commitment), 신뢰(trust), 열정(passion), 친밀성(intimacy) 등을 포함한 17개의 차원을 제시했다. 후앙(Huang) 역시 1997년 그의 박사학위 논문을 통해 전략적 갈등 관리 측면에서 관계성과 관련한 선행연구들에서 일관되게 제시되어 온 요소들에 주목하고, 공중 관계성의 품질 측정에 적절한 지표로서 신뢰(confidence), 통제 상호성(control mutuality), 관계 만족성(relational satisfaction), 관계 충실성(relational commitment)을 제시하였다. 혼과 그루닉(Hon & Grunig, 1999)은 신뢰성, 만족성, 통제 상호성, 상호 공존적 관계성(communal relationship), 상호 교환적 관계성(exchange relationship), 충실성 등을 핵심 요소로 제시하기도 했다. 한편, 브룸과 동료들은 2000년에 PR 커뮤니케이션 맥락에서의 관계성에 대한 정의가 필요함을 시사하고 실제로 이를 개념화했는데, 대인 커뮤니케이션, 심리치료 이론, 조직간 관계성 이론, 시스템 이론 등 인접 학문 분야에서의 관계성과 관련한 논의를 바탕으로 PR에서의 관계성을 "공중 간 상호 교환, 거래, 커뮤니케이션 및 다른 상호 연관된 행위의 속성"으로 정의하며, 특정 조직이 공중들과 관계를 맺게 되는 과정을 단계적으로 설명하고자 3단계 관계성 모형을 제시하기도 했다. 이러한 경우들은 결국 PR이 Public Relations으로서 공중 관계성이라고 정의되는 것과 무관하지 않다. 그 관계성은 조직-공중 간 신뢰, 만족, 상호 호혜 같은 개념들이 관계 활동의 중심이어야 함을 보여 준다. 즉, 무엇보다 PR은 조직-공중이 서로 이익이 되는 활동을 통해 신뢰 관계를 이어 가야 함을 증거한다.

조직-공중 관계성 연구들이 이처럼 관계성을 측정하는 척도를 개발하는 데 주목하고, 연구자들마다 특정 상황적 맥락에 따라 구별되는 지표들을 제시하면서 이를 종합적으로 살펴보고자 하는 연구가 후앙과 장(Huang & Zhang, 2012)에 의해 이루어졌다. 후앙(Huang, 1997)의 OPRA(Organization-Public Relationship Assessment) 척도를 중심으로 하는 신뢰는 조직과 공중이 상대에 대해 어느 정도 확신을 가지고 있고, 이와 관련하여 상대방에게 정보를 공개할 의도가 있는가를 의미한다(Hon & Grunig, 1999). 관계 충실성 또한 신뢰성과 함께 중요하게 다루어지는 변수이다. 이는 조직과 공중이 상호 간의 관계를 유지하고 촉진하려는 욕망을 가지고 있으며, 이를 위해 노력할 만한 가치가 있다고 믿는 것이다. 통제 상호성은 조직과 공중 간의 관계 유지에 필요한 통제력의 균형성을 의미하는 것으로, 서로에게 영향을 미칠 수 있는 정당한 힘(권리)을 누가 가질 것인가에 대해 조직체와 공중이 서로 동의하는 정도로 본다. 마지막으로, 관계 만족성은 조직과 공중이 서로에 대해 호의적으로 느끼는 정도이다.

한편, 관계성 연구는 그 시작점인 미국을 비롯하여 중국, 한국 등에서 다양한 지리적/문화적 특성을 반영하여 발전되었으며, 일반 기업뿐만 아니라 비영리 단체, 의사-환자 관계, 대학 평판 등 다양한 영역에서 다루어져 왔다. 국내에서도 조직-공중 관계성에 대한 연구들이 미국에서 개발된 척도를 한국적 맥락에서 재검증하거나, 위기 관리, 갈등 관리 등의 분야에 접목하거나, 매체 플랫폼 변화에 따른 조직-공중 관계성의 변화를 모색하는 등 다양하게 진화해 왔다. 이 중 김형석과 이현우(2008)는 기존 연구에서 많이 사용되었던 헌신, 신뢰, 상호 통제, 공동체 관여에 동양적 문화 정서로서 '애착'을 추가해 분석함으로써 '유대감' '커뮤니케이션 균형성' '공동체 관여'라는 한국적 문화의 특성을 반영한 공중 관계성 지표를 제안하기도 했다.

하지만 조직－공중 관계성과 관련된 연구가 타 이론들과 달리 측정 가능한 개념적 차원에 머물러 있는 것은 관계성의 객관적 실체가 명확히 드러나지 않았기 때문이라고 볼 수 있다. 즉, 관계성이라는 것이 시간의 흐름에 따라 끊임없이 변화하고 상황적 맥락에 따라서도 달라질 수 있는 가변성을 띠고 있기 때문에, 어떠한 모형이나 모델에 국한되어 설명될 수 없다는 한계가 있다.

3) 정황적 수용 이론(우연성 이론)

그루닉의 PR 4 모델에서 제시하고 있는 쌍방향 균형 모델을 근간으로, 우수 이론의 현실적 적용의 한계를 지적하면서 태동한 정황적 수용 이론(The contingency theory of accommodation)은 영어식 표기를 번역하는 과정에서 우연성 이론, 조화의 우연성 이론, 상황 결정 이론 등 다양하게 명명되어 왔다. 이 이론은 "조직의 PR 결정은 그 조직이 직면한 상황(정황)에 따라 달라질 수 있다"는 것을 전제로 하며, 조직이 공중과의 갈등적 상황에 직면했을 때 어떤 결정을 내리고 어떠한 요인들이 영향을 미치는지에 대해서 분석하는 데 유용한 틀로 '상황'을 제시해 왔다. 정해진 것이 아니라 상황, 즉 그때그때 상황에 따라 다르게 하는 것이 PR 활동의 정답이라는 것이다.

1990년대 말 캔슬과 동료들(Cancel, et al., 1997)은 우수 이론이 복잡한 PR 현상을 지나치게 규범적으로 다루고 있다는 것을 지적하면서, 조직의 필요와 상황에 부합하는 실제적 PR 활동으로서 갈등 상황과 같은 특정 상황적 맥락에서의 PR의 역할을 제시하고자 했다. 정황적 수용 이론은 크게 정황 독립 변인(contingent variables)과 조직의 공중에 대한 입장(stance)이라는 종속 변인으로 구분된다. 이 이론은 절대적 옹호(pure advocacy)와 절대적 수용(pure accommodation)의 양극단을 둔 연속선상에서 조직의 PR 입장을 설명하고 있는데, 옹호는 조직이 공중보다 조직에 더 우호적인 입장을 유지하는 정도를 의미하고, 조화(수용)는 조직이 공중의 주장이나 입장에 우호적인 입장을 유지하는 정도를 뜻한다.

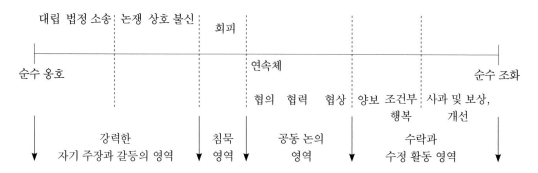

[그림 4-2] 우연성 이론의 조화와 옹호의 연속체

출처: 이종혁, 황성욱(2010). 우연성 이론에 기초한 국내 public relations의 실존적 개념 탐색.

캔슬과 동료들에 의해 제시된 초기 모델에서는 조직과 공중 간의 관계에 영향을 주는 조직 내·외적 변수들을 총 86개로 정리하고, 이들 변수들이 조직의 PR 입장의 결정과 움직임에 영향을 줄 수 있음을 주장하고 있다. 먼저 내부 변수는 조직의 특성, PR 부서의 특성, 경영층의 특성, 내적인 위협, PR 담당자의 특성, 공중과의 관계 특성 등이다. 외부 변수는 외부 위협, 산업 환경, 정치/사회적 환경 및 외부 문화, 외부 공중의 특성, 문제가 되는 쟁점 등이 포함된다. 이후 1999년 같은 연구자들에 의해 이론이 수정되었는데, 기존에 조직 내·외부적 요인에 따른 정황 변수들을 설정했던 것을 사전 성향적 변인(predisposing variable)과 상황적 변인(situational variable)으로 다시 구분했다. 사전 성향적 변인들은 조직이 공중에 대해 사전 성향을 형성하도록 돕는 변인들로 기존의 조직 내적인 변인들이 해당되며, 상황적 변인은 조직과 공중이 직면하는 역동적인 상황들로서 조직 외적 변인들이 이에 해당한다. 한편, 이들은 수정된 이론을 통해 조직 내적인 사전 성향적 변인들이 조직의 공중에 대한 최초 PR 입장을 정하는 데 영향을 미치고, 시간의 흐름에 따라 외부 상황적 변인들의 영향력이 커지게 되면 기존의 입장을 변화시킬 수 있음을 강조했다. 한편, 카메론과 그의 동료들(Cameron, Cropp, & Reber, 2001)은 조직과 공중이 갈등 관계에 놓이게 되었을 때 서로의 의견을 수용하지 못하는 수용 금지적(proscriptive) 변수들을 제시하기도 했는데, 도덕적 확신, 다수의 공중들, 행정 규제, 경영진의 압력, 부서간의 관할 쟁점, 그리고 법적 제약 등과 같은 문제들이 조직과 공중의 쌍방 균형적 커뮤니케이션을 불가능하게 할 수 있고, 그렇기 때문에 조직과 공중 관계의 우연성이 존재함을 다시 한번 강조했다.

정황적 수용 이론은 주로 갈등과 위기상황에서 조직의 입장이 내 · 외부적 요인에 의해 변화하는 양상을 설명하는 데 활용되었으며, 일련의 연구들이 해당 이론에 포함된 많은 변인들 중 어떠한 변수가 중요한지를 탐색하는 데 관심을 가져왔다. 팽(Pang)은 그의 2006년 연구를 통해 정황 변인의 영향력과 관련하여 다섯 개의 변인들이 PR 활동에 있어 중요하다고 보았는데, 최고 경영진의 관여도, PR 실무자들의 영향력과 자치권의 정도, 법무 부서의 영향력과 역할, 주요 공중과 조직에 대한 중요성, 그리고 조직의 위협에 대한 인식이 그것이다. 한편, 국내에서는 이종혁(2004)이 정황적 수용 이론과 관계성 이론을 토대로 PR 현장에서 갈등 관계를 형성할 수 있는 언론과 PR 실무자들의 관계를 연구했는데, '상호 이해' '외적 위협' '조직 환경 여건' '쟁점 특성' '언론 영향력'의 다섯 가지 외적 변인들과 'PR 실무자 자질 능력' 'PR 부서 역량' '조직 문화' '언론과 친분 관계' '부정적 평판' '학벌'의 여섯 개의 내적 변인들이 언론 관계성에 영향을 미친다는 것을 밝히기도 했다.

정황적 수용 이론은 비록 학문적 역사는 짧지만, PR의 실무를 정의하고 PR 이론을 발전시키는 데 공헌을 하였다. 즉, PR 현상의 배경과 맥락을 토대로 한 실무를 이해하고, 조직 내 PR의 역할을 탐색하며, 공중과의 관계 관리를 함에 있어 어떠한 문제가 있으며, 무엇을 관리해 나가야 하는지 등에 대한 논의를 이끌어 내는 데 유용한 것으로 보인다.

4. 커뮤니케이션으로서의 PR, 효과적 위기 관리 전략

1) 위기 관리의 단계적 접근

위기란 예측하지 못한 상태에서 발생한 사건으로, 잘못 관리하면 조직에 중대한 위협을 끼칠 수 있기 때문에 사전에 이를 파악하고 피해를 최소화시키도록 관리하는 것이 중요하다. 따라서 조직의 PR 담당자는 위기 발생 전, 위기 발생 당시, 위기 발생 이후의 모든 상황에 걸쳐 조직을 둘러싼 공중들과 위기상황과 관련하여 커뮤니케이션하고, 조직의 위상에 미치는 영향력을 최소화하기 위해 노력하는 해결사의 역할을 담당하게 된다. 이에 조직의 홍보 담당자의 커뮤니케이션 능력이 빛을 발하는 순간이 바로 위기상황이라 할 수 있겠다.

사실 위기 관리에 대한 관심은 PR학뿐만 아니라 경영학, 심리학, 사회학, 행정학 등 다양한 분야에서 이루어져 왔다. 위기 관리를 논함에 있어 가장 먼저 다루어야 할 것은 위기가 갖는 생존주기로, 이는 위기상황이 변화되어 감에 따른 단계적 접근(staged approaches)을 의미한다. 실제로 위기 전, 위기 중, 위기 후와 같이 각 단계에 따라 각기 다른 대응이 필요하며, 예측되지 않는 위기의 특성상 주어진 상황에 대해 급박하게 대처해야 하기 때문에, 이러한 단계적 접근에 대한 이해는 위기 관리를 담당하는 사람들에게 효과적인 전략을 수립하는 데 도움이 된다.

핑크(Fink, 1986)는 위기 관리 연구의 이론적 토대를 세운 사람으로, 위기로 확대될 가능성이 있는 사건이 발생하기 전에 경고 신호가 선행한다는 것을 강조하면서 위기가 '징후(경고 신호) 단계' '위기 발생(급성) 단계' '만성적 위기 단계' '해결 단계'의 4단계로 발전한다고 보았다. 즉, 위기의 경고 신호를 미리 발견하는 것이 가능하다면, 위기 관리자의 임무는 위기를 예방하는 전향적 업무까지 포함될 수 있다고 보고, 위기 예측을 위해서는 위기 충격과 위기 발생 가능성을 중심으로 구분해 위기의 심각성에 따른 대응 전략의 마련이 필요하다고 보았다. 한편, 피어슨과 미트로프(Pearson & Mitroff, 1993)는 핑크의 4단계 모델을 확장하여 위기를 '위기 신호 발견 단계' '대비와 예방 단계' '위기 피해 억제 단계' '회복 단계' '학습 단계'의 5단계로 설명하고 있다. 이는 핑크의 모델에 '대비와 예방' 단계를 추가함으로써 위기 전 단계의 중요성을 더욱 강조한 것으로 평가된다. 스터지(Sturge, 1994) 역시 핑크의 모델을 정교화하여 위기의 여러 단계에 따른 차별적 대응 방법을 제시했다. 특히 위기 생존주기의 각 단계에 따라 각기 다른 유형의 커뮤니케이션이 강조된다고 하면서, 위기 전 단계에는 공중에게 조직의 평판을 심어 줄 수 있는 내재화형 커뮤니케이션을, 위기 발생 단계에는 사실을 전달하는 정보 전달형 커뮤니케이션을 사용해야 하며, 위기의 충격이 줄어드는 단계에는 심리 조정형 커뮤니케이션을, 위기 종결 후에는 다시 내재화형 커뮤니케이션으로 대처할 것을 제안했다.

쿰즈(Coombs, 1999)는 위기 관리에 대한 지식이 통합되지 못하고 각 분야별 전문성에 맞춰 개별적으로 연구되고 있음을 지적하면서, 위기 관리에 대한 기존의 논의들을 통합해 포괄적인 위기 관리 과정을 제시하고자 했다. 그는 위기 관리 단계에 대해 논의하면서 핑크의 4단계 위기 생존주기 모델, 피어슨과 미트로프의 5단계 모델 등 선행 연구들을 참고로 하여 이들이 제시한 위기 단계들을 3단계 접근에 대입시켜 설명할 수 있다고 보았다. 이 3단계 접근법은 '사전 위기' '위기 중(위기 발생 사건)' '사후 위기' 단계로 구분하고 있다. 먼저 사전 위기 단계는 위기 대비와 관련된 모든 측면으로 위기 징후 탐색, 위기 예방, 위기 대비를 포함하고, 위기 중 단계는 위기 또는 위기를 촉발하는 사건을 다루기 위해 취하는 모든 활동으로 위기 인식, 위기 억제와 업무 회복을 포함한다. 한편, 사후 위기 단계는 위기가 종결되었거나 해결된 이후를 의미하며, 위기 평가와 학습을 포함한다.

2) 위기 관리 커뮤니케이션

(1) 이미지 회복 전략

이미지 회복 전략(Image restoration strategies)은 수사학적 관점에서 위기상황에서 어떻게 조직의 이미지나 평판 등을 관리할 것인가와 관련한 커뮤니케이션 방법을 비교적 구체적으로 제시한다. 이 이론은 크게 세 가지 학문을 기반으로 발전하였는데, 버크(Burke, 1973)의 드라마 이론(Dramatism), 웨어와 린쿠겔(Ware & Linkugel, 1973)의 수사학적인 사과 이론(Theory of apolgia), 그리고 스콧과 라이먼(Scott & Lyman, 1968)의 사회과학적 설명 이론이 그것이다. 이들 이론들은 사람들이 어떠한 잘못된 일을 하게 되거나 곤란한 상황에 처하게 되었을 때 보이는 죄의식이나 사과 행위, 그리고 상황을 대처하는 방식 등과 관련해 다루고 있으며, 베노이트(Benoit, 1995)는 이러한 세 가지 학문의 전통을 기반으로 다섯 가지 유형의 위기 커뮤니케이션 전략을 바탕으로 총 14가지의 커뮤니케이션 유형을 제시함으로써 위기 관리 커뮤니케이션 연구를 자극하는 계기를 마련했다.

베노이트는 위기상황에서 나타나는 커뮤니케이션에 대해 두 가지를 가정하는데, 커뮤니케이션 활동은 목적 지향적인 행위(goal directed activity)이며, 긍정적인 명성(reputation)의 유지는 커뮤니케이션의 주된 목적 가운데 하나라는 가정이다. 따라서 그는 위기 관리 커뮤니케이션을 조직의 체면이나 명성을 유지함으로써 긍정적인 이미지를 만들기 위한 전략이란 의미에서 그의 이론을 '이미지 회복 전략'이라 명명하였다. 이미지 회복 전략은 공격과 방어의 연속선상에서 나타나는 수사학적인 특성을 설명한다. 따라서 이미지나 명예를 훼손시키고자 하는 공격자들로부터 자신을 보호하고 대응하기 위한 차원의 방어 기제들이 이미지 회복 전략으로 제시되었다.

먼저, 첫 번째 방어 전략으로서 '부인(Denial)'은 문제 상황으로부터 무조건 벗어나고자 하는 행위로 단순 부인과 책임 전가라는 두 가지 유형으로 다시 구분되는데, 단순 부인은 위기에 대한 행위를 전면적으로 부인하는 것이며, 책임 전가는 다른 사람에게 뒤집어씌워 자신을 방어하고자 하는 것이다. 두 번째 방어 전략은 '책임 회피(Evading responsibility)'로, 이는 문제 상황으로부터 자신의 책임을 조금이라도 줄일 수 있는 사람들이 취할 수 있는 방어 전략이다. 책임 회피에는 다시 4가지 하위 유형이 존재하는데, 희생양 만들기는 다른 사람을 내세워 자신에게 처한 위기상황을 무효로 만드는 것, 불가항력(또는 능력 부족)은 위기를 막을 수 있는 능력이 부족했음을 강조하면서 회피하는 것, 사고는 위기상황에 고의성이 없었음을 강조하는 것, 좋은 의도는 사건의 결과를 좋은 의도로 만들기 위함이었다는 정당성을 부여해 변명하는 것이다.

세 번째 방어 전략은 피해를 축소하는 것으로, 위기상황에서 조직이 공중의 위기 문제에 대한 불쾌감을 줄이고자 시도하는 전략을 의미한다. 이는 다시 입지 강화, 최소화, 차별화, 초월, 공격자 공격, 보상이라는 6가지 하위 유형으로 구분되는데, 입지 강화는 위기상황이 가져다줄 긍정적인 영향을 강조함으로써 부정적 영향을 경감시키는 것이다. 반면, 최소화 전략은 위기와 관련된 공중의 부정적 감정을 최소화시키는 것으로 위기상황이 생각했던 것만큼 나쁘진 않다는 것을 강조하는 것이다. 차별화 전략은 현재의 상황보다 더 바람직하지 않은 상황 혹은 행동과 비교함으로써 당면한 문제에 대한 공중의 부정적 인식을 줄이는 것이며, 초월은 위기상황을 다른 상황 속에 놓이도록 하는 것으로 현재의 문제와 관련해 더 큰 대의명분이 있었음을 강조함으로써 사건의 부정성을 약화시키는 것이고, 공격자 공격은 조직을 비난하거나 위기로 몰아넣은

표 4-2 베노이트(Benoit, 1995)의 이미지 회복 전략

이미지 회복 전략 유형		내용
1. 부인(Denial)	단순 부인(Simple denial)	위기에 대한 행위를 부인함
	책임 전가 (Shifting the blame)	위기를 부인하는 차원에서 타인에게 위기의 책임과 비난을 전가함
2. 책임 회피 (Evading responsibility)	희생양 만들기(Provocation)	위기의 책임 자체를 타인에게 전가함
	불가항력(Defeasibility)	개인의 능력이나 상황에 있어서 위기가 불가항력적이었음을 드러냄
	사고(Accident)	단순한 사고로 위기를 묘사함
	좋은 의도(Good intention)	위기는 인정하나, 의도 자체는 좋았음을 주장함
3. 피해 축소 (Reducing offensiveness of event)	입지 강화(Bolstering)	위기가 가지는 장점을 강조하여 부정적인 인식을 제거함
	최소화(Minimization)	위기로 인해 발생한 피해를 최소화함
	차별화(Differentiation)	위기의 행동을 차별화함
	초월(Transcendence)	위기의 배경에 있어 더 큰 대의명분이 있었음을 강조함
	공격자 공격(Attack accuser)	조직의 위기를 공격하는 공격자를 오히려 공격함
	보상(Compensation)	피해에 대해 적절히 보상함
4. 개선 행위(Corrective action)		피해를 회복하기 위한 행동 개선과 이전 상태로의 수정을 제안함
5. 사과(Aplogy)		위기의 책임을 인정하고 사과함

출처: Benoit, W. L. (1995). *Account, excuse, and apologies: A theory of image restoration strategies.* Albany, NY: State University of New York Press.

사람들을 오히려 공격함으로써 비난자의 공신력을 떨어뜨려 조직을 향한 부정적인 이미지를 상쇄시키는 것이다. 마지막으로, 보상은 위기상황에 대한 공격성을 줄이는 최후의 잠재적 전략으로, 위기로부터 형성된 부정적 감정을 최소화하기 위해 위기상황으로 인해 피해를 입은 희생자들에게 물적·금전적·심리적 보상을 제공하는 것이다.

네 번째 방어 전략은 개선 행위로, 이는 위기상황에서 조직이 문제를 해결하고 잘못된 부분을 시정함으로써 문제 발생 이전의 상태로 회복하고자 하는 노력을 의미하며, 다섯 번째 방어 전략인 사과는 문제를 발생시킴에 대해 전적으로 사과하고 책임을 지는 노력을 보이는 것으로, 실추된 이미지를 빠른 시간 내에 회복할 수 있는 방법으로 꼽힌다.

사실, 이미지 회복 전략은 수사학적 관점에서 시작해 이미지 회복 사례 연구들에서 확인된 전략들을 기술적으로 목록화시켜 놓은 기술적인 분류 체계로, 엄밀한 의미에서는 현상을 설명하고 예측하거나 통제할 수 있는 이론으로서의 능력은 부족하다. 하지만 홍보 실무자의 입장에서 이미지 회복 전략은, 다양한 사례들을 기반으로 각 사례들에서 적용된 이미지 회복 전략들이 실제로 어떠한 결과들을 가져왔는지를 분석함으로써 기업이 위기에 처해 이미지를 관리해야 하는 상황에서 어떻게 메시지를 구성해야 하는가에 대한 아이디어를 제공받을 수 있다는 데 의의가 있다.

(2) 상황적 위기 커뮤니케이션 이론

상황적 위기 커뮤니케이션 이론(Situational Crisis Communication Theory: SCCT)은 위기 관리와 관련된 초기 연구의 대부분이 실제 발생한 위기 사례를 분석하고 그 결과와 시사점 등을 논의하는 정도에 그쳤기에, 학문적으로 위기 사례를 분석한 학자들의 주장과 논의에 대한 신뢰성, 타당성이 부족하다는 데서 시작된 이론이다.

상황적 위기 커뮤니케이션 이론은 귀인 이론(Attribution theory)을 근간으로 하고 있다. 귀인 이론은 어떠한 문제해결을 위해 문제의 원인에서 답을 찾는 이론이다. 위기상황에서도 위기 해결을 위해 위기의 원인을 통해 해결의 답을 찾는 것으로, 위기 원인이 되는 조직 책임을 공중이 어떻게 지각하느냐에 따라 차별적 커뮤니케이션 전략을 구사할 필요가 있다는 것이다. 이에 위기의 책임성의 높고 낮음에 따라 조직을 둘러싸고 발생할 수 있는 위기 유형을 제시하고, 이에 대한 대응 전략을 제시한다. 상황적 위기 커뮤니케이션 이론의 기틀을 마련한 쿰즈는 조직 위기가 발생했을 때 사람들은 위기의 원인을 찾고자 하며, 이는 위기 유형과 대응 전략에 영향을 미칠 수 있다는 점에서 귀인 이론이 위기 연구들을 통합할 수 있을 것이라고 보았다.

쿰즈는 귀인 이론에서 사람들이 어떤 문제의 원인을 찾는 요소로서 제시하는 3가지 요인(안전성, 통제 가능성, 원인의 소재지)이 조직의 위기 책임성을 평가하는 데도 적용될 수 있다고 보고, 위기의 원인을 평가하는 요인들로서 조직 내부/외부, 의도적/비의도적에 따른 위기 유형을 정리하여 상황적 위기 이론의 기틀을 마련하였다(이현우, 최윤형, 2014). 따라서 SCCT의 첫 번째 구성 요소인 위기 유형과 관련해 쿰즈와 할러데이(Coombs & Holladay, 1996)는 통제 가능 여부와 위기 발생 원인에 따라 위기를 사고(accident), 위반(transgression), 실수(faux pas), 테러(terrorism)의 4가지로 구분한다. 이후에 쿰즈(Coombs, 1999)는 위기 책임성의 높고 낮음에 따라 루머, 자연재해, 악의, 사고, 범죄 등으로 세분화하기도 했다.

SCCT가 위기 커뮤니케이션 이론으로서 가장 주목받는 점은 위기 유형과 대응 전략을 통합하여 체계적으로 접근하기 때문이다. 즉, SCCT는 위기로 인한 조직의 명성 손실을 최소화하기 위한 전략적 접근으로서 위기 유형에 따른 차별적 대응 전략을 매칭하는 시스템을 제안한다. 여기서 말하는 위기 대응 전략은 조직의 위기 발생 시 위기 관리를 담당하는 대변인 혹은 조직의 대표 등이 하는 말과 행동 등을 의미하는 것으로, 쿰즈와 할러데이(Coombs & Holladay, 2004)는 위기 책임성에 따라 부인(Denial), 축소(Diminish), 복구(Rebuild) 등 세 가지를 중심으로 총 11가지 커뮤니케이션 전략을 제안한 바 있다.

구체적으로 살펴보면, 부인 전략은 조직은 위기에 대한 책임이 없음을 강조하는 것으로, 공격(Attack), 부인(Denial), 희생양(Scapegoat) 전략이 이에 해당한다. 축소 전략은 위기에 대한 조직의 책임이 제한적으로 있음을 인정함으로써 위기상황에 대한 비난을 축소시키고자 하는 것으로, 변명(Excuse), 정당화(Justification) 전략이 포함된다. 한편, 복구 전략은 위기에 대한 책임성을 인정하면서 조직과 관련된 부정적인 인식

[그림 4-3] SCCT 전략

출처: Coombs, W. T., & Holladay, S. J. (2004). Reasoned action in crisis communication: An attribution theory-based approach to crisis management. NJ: Lawrence Erlbaum Associates.

을 전환시키고자 긍정적인 이미지를 구축하기 위한 전략을 취하는 것으로, 환심 사기 (Ingratiation), 강화(Bolstering), 보상(Compensation), 사과(Apology) 전략 등을 포함하고 있다.

이처럼 SCCT는 위기 책임성을 기반으로 하는 위기 유형별로 각기 다른 대응 커뮤니케이션 전략을 사용할 것을 제안하면서, 조직의 책임성이 낮은 자연재해와 같은 위기의 경우에는 위기 발생 원인 등과 관련한 정보 중심의 커뮤니케이션을, 조직의 책임이 높은 경우에는 행동 시정, 사과 등의 복구 전략을 사용할 것을 제안하고 있다(이현우, 최윤형, 2014). 하지만 조직의 위기는 대표자의 윤리 의식, 제품 생산 과정상의 문제, 조직원 및 이해관계자와의 갈등, 사회·제도적 변화 등 여러 가지 요인들에 의해 다양한 형태로 발생한다. 때문에 쉽게 예측 불가능하며, 그만큼 관리를 함에 있어서도 획일적인 기준을 적용하는 것이 쉽지 않다. 따라서 기존의 산발적인 위기 커뮤니케이션 연구들을 통합적 틀로서 체계적으로 분석하고 이를 정리해 실무자들이 사용할 수 있는 유용한 가이드라인을 만드는 일이 필요하다(이현우, 최윤형, 2014). 그러한 맥락에서 SCCT는 조직이 위기상황에서 어떻게 커뮤니케이션해야 하는가와 관련하여 다양한 상황적 맥락에서 통합적으로 접근하는 이론이다. 따라서 이 이론을 기반으로 한 실증적 위기 커뮤니케이션 효과 평가가 지속적으로 이루어짐으로써 이론으로서의 타당성을 검증하는 노력이 더 가속화되어야 할 것으로 보인다.

5. 실용 학문으로서의 PR, 가치와 역할, 그리고 효과 검증

앞서 설명했듯이, 학문으로서 PR학은 경영학, 심리학, 매스 커뮤니케이션학, 사회학 등 타 인접 학문의 영역과 교차되면서 짧은 역사를 가지고 독자적 영역을 개척하며 발전해 왔다. PR 이론들은, 1) 4모델로 대변되는 이상적인 PR 커뮤니케이션을 탐색하는 형성기, 2) 상황 이론을 통한 공중 탐색, 3) 우수 이론을 통한 조직의 PR 활동 모색과 실무자의 역할 정립을 통한 이론 함의의 확산, 4) 관계 관리로서의 PR 패러다임 제안, 그리고 5) 위기 관리 커뮤니케이션을 중심으로 한 실증적 PR 연구에 이르기까지 끊임없는 발전을 이루어 왔다. 또한 PR 커뮤니케이션은 조직을 중심으로 한 이슈 및 위기 관리, 언론 관계 관리, 투자자 관계 관리 등의 영역에서부터 정부의 정책 PR을 비롯해 건강문제와 같은 공공문제를 다루는 공공PR의 영역까지 점차 그 역할이 확대되면서 메시지 효과를 검증하는 연구, 공중의 태도와 행동 변화를 중심으로 하는 전략적 커뮤니케이션에 대한 연구, 미디어 환경의 변화에 다른 새로운 공중에 대한 논의와 이들을 중심으로 하는 커뮤니케이션 방법론에 대한 연구, 기존의 PR 이론을 확장하는 연구 등에 이르기까지 끊임없이 확대되고 있다.

실용 학문으로서 PR의 역할은 다변화하는 시대에 걸맞게 진화하고 변화해 나가고 있으며, 조직 커뮤니케이션, 위험 커뮤니케이션, 위기 커뮤니케이션, 헬스 커뮤니케이션 등 다양한 이슈와 상황적 맥락에서 그 의미를 더해가고 있다. 하지만 PR 실무가 상황이라는 변수에 의해 다양하게 변화할 수 있으며, 공중 또한 정형화된 실체이기보다는 그들이 조직된 상황적 요인에 따라서 각기 다르게 구성되고 변화하기 때문에, PR 이론 또한 여타의 과학적 이론들처럼 정형화되어 조직의 문제를 정확히 풀어내기란 어려운 일이다. 따라서 PR 이론은 다양한 주제와 상황에 적용되고 끊임없이 변화하면서 발전하며, PR 커뮤니케이션 연구의 진화를 이끌어 내야 할 것이다.

참고문헌

김정남, 박노일, 김수진(2014). 공중 상황 이론의 수정과 진화: 문제해결 상황이론을 중심으로. 홍보학연구 18(1). 330-366.

김영욱, 한은경, 박종민(2004). 기업 PR담당자의 위상과 활동 인식이 수행평가에 미치는 영향: "우수 이론" 변수를 중심으로. 홍보학연구 8(2). 92-124.

김이슬, 최윤형(2015). 한국의 위기커뮤니케이션과 심정의 영향력에 관한 연구. 홍보학연구. 홍보학연구, 19(2). 1-21.

김형석, 이현우(2008). 한국의 문화적 특성을 반영한 공중관계성 측정도구에 관한 연구. 한국광고홍보학보, 10(1). 99-139.

박기순, 박현순, 최윤희 역(2004). 현대 PR의 이론과 실제. 서울:커뮤니케이션북스.

유선욱, 신호창(2014). PR학에서의 우수이론의 전개와 우리나라에서의 연구 경향. 홍보학연구, 18(1). 403-443.

이종혁(2004). 언론관계성 영향 요인에 대한 PR실무자 인식 연구. 한국언론학보, 48(3). 248-273.

이종혁, 황성욱(2010). 우연성이론에 기초한 국내 public relations의 실존적 개념 탐색. 광고학연구, 21(2). 201-225.

이현우, 최윤형(2014). 위기관리에서 상황적 위기커뮤니케이션 이론의 전개 과정과 향후 연구를 위한 제언. 홍보학연구, 18(1). 444-475.

황성욱(2014). 정황적 수용이론: 과거, 현재, 그리고 미래에 대한 전망. 홍보학연구, 18(1). 367-402.

Benoit, W. L. (1995). *Account, excuse, and apologies: A theory of image restoration strategies*. Albany, NY: State University of New York Press.

Broom, G. M., Casey, S., & Ritchey, J. (2000). Concepts and theory of organization public relationships. In J. A. Ledingham & S. D. Bruning(Eds.), *Public relations as relationship management: A relational approach to the study and practice of public relations*(pp. 3-22). Mahwah, NJ: Lawrence Erlbaum Associates.

Cameron, G. T., Cropp, F., & Reber, B. (2001). Getting past platitudes: Scratching below the surface for factors limiting accommodation in public relations. *Journal of Communication*

Management 5(3). 242-261

Cancel, A. E., Cameron, G. T., Sallot, L. M., & Mitrook, M. A. (1997). It depends: A contingency theory of accommodation in public relations. *Journal of Public Relations Research* 9(1). 31-63.

Coombs, W. T. (1999). Ongoing crisis communication: Planning, managing, and responding. Thousand Oaks, CA: Sage. 이현우 역(2001). 위기관리커뮤니케이션. 서울: 커뮤니케이션북스.

Coombs, W. T., & Holladay, S. J. (2004). Reasoned action in crisis communication: An attribution theory-based approach to crisis management. In D. P. Miller & R. L. Heath(Ed.), Responding to crisis: *A rhetorical approach to crisis communication*. Mahwah, NJ: Lawrence Erlbaum Associates.

Fink, S. (1986). *Crisis management: Planning for the inevitable*. New York, N.Y: American Management Association.

Grunig, J. E. (1997). A situational theory of publics: Conceptual history, recent challenges and new research. In D. Moss, T. MacManus, & D. Vercic(Eds.), *Public relations research: An international perspective*(pp. 3-46). London: Thomson.

Grunig, J., & Grunig, L. (2008). Excellence theory in public relations. Past, present, and future. *Public Relations Research*. 327-347.

Hon, L. C., & Grunig, J. E. (1999). Guidelines for measuring relationship in public relations. Gainesville, FL: The Institute for Public Relations. Commission on PR Measurement and Evaluation.

Huang, Y. H., & Zhang, Y. (2012). Revisiting organization-public relations research over the past decade: Theoretical concepts, measures, methodologies and challenges. *Public Relations Review* 39(1). 85-87.

Ledingham, J. A., & Bruning, S. D. (1998). Relationship management in public relations: dimensions of an organization-public relationship. *Public Relations Review* 24(1). 55-65.

Kim, J. N. (2006). Communicant activeness, cognitive entrepreneurship, and a situational theory of problem solving. *Unpublished doctoral dissertation*. University of Maryland, College Park.

McAuley, E., Duncan, T. E., & Russell, D. W. (1992). Measuring causal attributions: The revised Causal Dimension Scale(DCII). *Personality and Social Psychology Bulletin 18*. 566-573.

Pearson, C. M., & Mitroff, I. I. (1993). From cirsis prone to crisis prepared: A framework for crisis management. *Acad Manage Perspect* 7(1). 48-59.

Weiner, B. (1985). An attribution theory of achievement motivation and emotion. *Psychology Review 92*. 548-573.

광고 기획

1. 광고 기획의 정의 및 과정

1) 기획의 개념

기획의 개념을 정확히 이해하기 위해서는 기획(planning)과 계획(plan)의 차이를 구분하는 것이 필요하다. 사전적인 정의에 따르면 기획(企劃)은 "일을 꾀하며 계획함"이라고 해석되는데, 이는 곧 아직 정해지지 않은 일을 새롭게 만들고 개발하는 것을 의미한다고 할 수 있다. 반면에 계획(計劃)은 "앞으로 할 일의 절차, 방법, 규모 따위를 미리 헤아려 작정함"이라고 그 의미가 해석되고 있는데, 이는 이미 정해진 일의 방법과 절차를 정하는 과정이라고 할 수 있다. 즉, 기획은 아직까지 없거나 어떤 새로운 일을 이루기 위해 계획을 수립하고 집행하는 과정이나 절차를 의미하는 것으로 아이디어의

허정무 스프링커뮤니케이션스 부사장, **최문석** 이엠넷 전무이사

차원이 강하다고 할 수 있으며, 계획은 미래의 일에 대한 좀 더 조직적이고 세부적이며 실천을 고려한 과정으로서 기획을 통해 산출되는 결과이기도 하다. 다시 말해 기획은 일의 방향을 결정하는 것이고, 계획은 일의 순서를 짜는 것이다(서범석, 2014).

이러한 차원에서 송기영(2014)은 "기획이란 말은 어떤 것도 준비되지 않은 상태에서 새롭게 개발하고 창조해야 하는 일을 구체적으로 그려 보는 것을 뜻한다"고 정의하기도 하였다. 즉, 기획은 새로운 일에 대한 목표를 정하고 그 목표를 달성하기 위해 창의적인 아이디어를 통한 방법을 개발하고 계획하는 것이라고 할 수 있을 것이다. 또한 기획과 계획의 개념 차이는 전략(strategies)과 전술(tactics)의 개념 차이와도 유사하다. 사전적 의미에서 전략(戰略)은 "전쟁을 전반적으로 이끌어 가는 방법이나 책략. 전술보다 상위의 개념이다"라고 해석되며, 전술(戰術)은 "전쟁 또는 전투 상황에 대처하기 위한 기술과 방법" 또는 "일정한 목적을 달성하기 위한 수단이나 방법" 등으로 해석된다. 즉, 전략이 현상에 대한 치밀한 분석 위에 기존의 고정관념에서 벗어나 창의적인 해결책을 모색하는 과정이라면, 전술은 전략의 하위 개념으로 전략을 달성하는 수단이라고 할 수 있다(서범석, 2014). 그러므로 기획(planning)이란 곧 전략(strategies)과 같은 차원의 개념으로 해석될 수 있으며, 계획(plan)이란 전술(tactics)과 같은 차원의 개념으로 해석될 수 있다. 즉, 기획을 한다는 것은 곧 전략을 짠다는 의미로 해석될 수 있는 것이다.

2) 광의의 개념으로서의 광고 기획의 정의 및 과정

광고 기획(advertising planning)이란 곧 광고 전략(advertising strategy)이라고 할 수 있다. 즉, 광고 기획을 한다는 것은 곧 광고 전략을 짠다는 것이다. 그런데 광고는 마케팅 목표를 달성하기 위한 수단이라고 할 수 있다. 1963년 미국마케팅학회에서 "광고란 명시된 광고주가 유료로 아이디어와 제품 및 서비스를 비대인적으로 제시하고 촉진하는 일체의 형태이다"라고 광고에 대한 정의를 내리고 있는 바와 같이 광고란 곧 마케팅 전략의 일부이며, 상위의 개념인 마케팅 계획 및 전략에 근거하여 마케팅 목표를 달성하는 수단으로 작용한다. 그렇기 때문에 광의의 개념으로서의 광고 기획은 마케팅 목표를 달성하기 위한 계획 및 전략에 입각하여 전체 광고 활동에 대한 전략을 짜는 것이라고 정의될 수 있다.

일반적으로 광고 업무는 기획(planning)—제작(creative)—집행(media)—평가(feedback)의 과정으로 구성된다(김현애, 2013). 그러므로 광의의 개념으로서의 광고 기획이란 이들 각 과정에 대한 전략을 계획하고 구성하는 것이라고 할 수 있다. 광의의 개념에서의 단계별 광고 기획 과정을 살펴보면 다음과 같다.

(1) 기획(Planning) 단계

기획(planning) 단계는 마케팅적 차원에서 거시적 환경 분석과 함께 미시적 환경 분석, 즉 시장, 소비자, 제품, 경쟁사의 커뮤니케이션 활동 등의 분석을 통해 현재의 해결되어야 할 문제점과 달성되어야 할 과제를 발견하고, 이를 해결하거나 달성하기 위한 전략적 프레임을 선택한 후, 커뮤니케이션 타깃과 목표를 설정하고, 이를 위한 명확한 광고 메시지(What to say)를 찾는 과정이라고 할 수 있다. 이 과정에서 찾은 명확한 광고 메시지가 바로 광고 콘셉트(AD. concept)이며, 광고를 통해 소비자에게 제품이나 브랜드에 대해 전달하고자 하는 바(What to say)이다. 기획 단계의 과정은 자료의 수집부터 메시지의 발견까지 철저하게 근거에 입각하여 논리적이고 분석적으로 이루어진다(허정무, 2015).

(2) 제작(Creative) 단계

제작(creative) 단계는 기획 단계에서 결정된 메시지를 보다 효과적으로 소비자에게 전달하기 위한 아이디어를 개발하고, 개발된 아이디어를 광고 시안으로 만드는 과정이다. 즉, 기획(planning) 단계가 광고에서 소비자에게 전달할 제품이나 브랜드의 핵심 메시지(AD. concept, What to say)를 찾는 과정이라면, 제작(creative) 단계는 기획 단계에서 찾은 핵심 메시지를 소비자에게 효과적으로 전달할 수 있는 방법(Hot to say)을 개발하는 과정이라고 할 수 있다. 제작 단계에서는 소비자의 주목도를 높이고 관심을 유발시키며 나아가 소비자의 마음을 움직일 수 있는 아이디어를 개발하는 것이 중요하기 때문에, 기획 단계의 과정과는 다르게 우뇌적인 자유로운 발상이 중요하다. 하지만 무엇보다도 중요한 것은, 제작 단계에서의 성공적인 아이디어는 그저 독특하고 튀기만 하는 아이디어가 아니라 치밀하고 철저하게 광고에서 전달하고자 하는 핵심 메시지(AD. concept, What to say)를 표현하는 것이 되어야 한다는 것이다(허정무, 2015).

(3) 집행(Media) 단계

집행(media) 단계는 미디어 전략(media planning) 단계라고도 하는데, 이는 완성된 광고 제작물이 미디어를 통해 소비자에게 전달되는 방법을 계획하는 과정이다. 미국 마케팅협회(1963)의 광고에 대한 정의에서 중요한 광고의 특징 중의 하나가, 메시지를 유료의 비대인적인 방법으로 제시한다는 것이다. 이는 비용을 지불하고 구입한 미디어를 통해 광고 메시지를 소비자에게 전달하는 것이다. 그렇기 때문에 집행 단계, 즉 미디어 전략(media planning) 단계에서는 효과(effectiveness)와 함께 효율(efficient)이 중요하게 된다. 효과는 목표성과를 달성하는 문제이고, 효율은 목표성과가 얼마나 비용 효율적으로 달성되는가의 문제이다. 미디어 전략 단계에서의 목표성과란 얼마나 많은 목표타깃들이 얼마나 많이 광고를 접하게 할 것인가의 문제인데, 전자는 도달률(reach)의 문제이고 후자는 빈도(frequency)의 문제이다.

집행 단계, 즉 미디어 전략 단계에서는 광고 목표와 예산 그리고 전체적인 전략에 따라 도달률 및 빈도에 관한 목표를 설정하고, 이를 달성하기 위한 미디어 유형 및 운영 기간과 방법 등을 계획하게 된다.

(4) 평가(Feedback) 단계

평가(feedback) 단계는 기획 및 제작 그리고 집행 단계에서 제시된 목표성과의 달성 정도를 측정하는 방법과 계획을 제시하는 단계이다. 이는 주로 직접적인 소비자 조사를 통하여 이루어지므로 이를 위한 조사 방법과 계획을 제시하게 된다. 일반적으로 기획 및 제작 단계의 목표는 전통적인 광고 효과의 위계 모델에 따라 인지(회상과 재인/

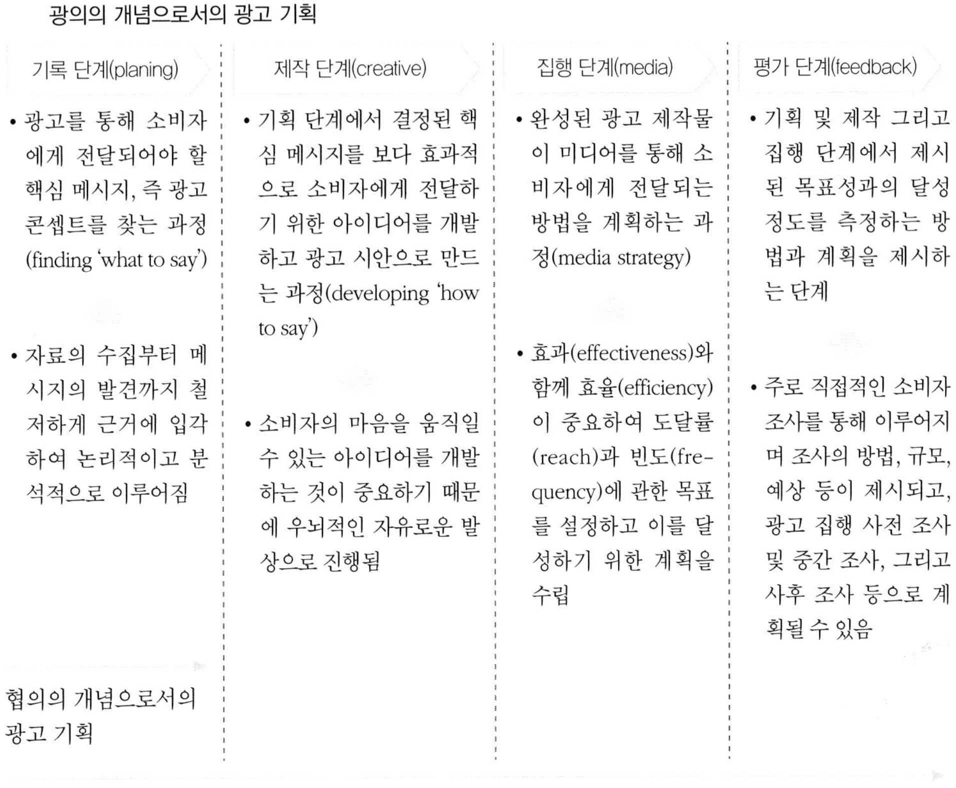

광의의 개념으로서의 광고 기획

기록 단계(planing)	제작 단계(creative)	집행 단계(media)	평가 단계(feedback)
• 광고를 통해 소비자에게 전달되어야 할 핵심 메시지, 즉 광고 콘셉트를 찾는 과정 (finding 'what to say')	• 기획 단계에서 결정된 핵심 메시지를 보다 효과적으로 소비자에게 전달하기 위한 아이디어를 개발하고 광고 시안으로 만드는 과정(developing 'how to say')	• 완성된 광고 제작물이 미디어를 통해 소비자에게 전달되는 방법을 계획하는 과정(media strategy)	• 기획 및 제작 그리고 집행 단계에서 제시된 목표성과의 달성 정도를 측정하는 방법과 계획을 제시하는 단계
• 자료의 수집부터 메시지의 발견까지 철저하게 근거에 입각하여 논리적이고 분석적으로 이루어짐	• 소비자의 마음을 움직일 수 있는 아이디어를 개발하는 것이 중요하기 때문에 우뇌적인 자유로운 발상으로 진행됨	• 효과(effectiveness)와 함께 효율(efficiency)이 중요하여 도달률(reach)과 빈도(frequency)에 관한 목표를 설정하고 이를 달성하기 위한 계획을 수립	• 주로 직접적인 소비자 조사를 통해 이루어지며 조사의 방법, 규모, 예상 등이 제시되고, 광고 집행 사전 조사 및 중간 조사, 그리고 사후 조사 등으로 계획될 수 있음

협의의 개념으로서의
광고 기획

[그림 5-1] 광고 기획의 과정

이해) 목표와 태도(선호도와 행동 의도/확신) 목표로 설정된다. 그러므로 소비자 조사를 통한 평가 차원에서는 기획된 광고 콘셉트(What to say)와 이를 표현한 크리에이티브(How to say)의 집행 결과가 목표한 대로 이루어졌는지, 소비자의 인지도의 증가나 태도 변화를 이루어 냈는지를 측정하는 방법을 계획하는 과정이다.

이를 위해서 조사의 방법, 규모, 예산 등이 제시되며, 광고 집행 사전 조사 및 중간 조사, 그리고 사후 조사 등으로 계획될 수 있다. 특히 오늘날 광고비의 규모가 계속적으로 증가하고 기업의 마케팅 활동에서 광고 캠페인 활동이 차지하는 비중이 더욱 중요해지므로, 이에 관한 경제적이고 효율적인 관리가 요구됨에 따라 광고 효과 측정에 관한 경제적이고 효율적인 관리가 요구된다(서범석, 3014).

3) 협의의 개념으로서의 광고 기획의 정의 및 과정

광의의 개념으로서의 광고 기획이 마케팅 목표를 달성하기 위한 계획 및 전략에 입각하여 기획(planning)−제작(creative)−집행(media)−평가(feedback)의 과정 등 전체 광고 활동에 대한 전략을 짜는 것이라고 정의된다면, 협의의 개념으로서의 광고 기획은 이 중 첫 단계인 기획(planning) 단계, 즉 커뮤니케이션 타깃 및 목표를 설정하고 이를 달성하기 위해 광고를 통해 소비자에게 전달되어야 하는 광고 제품이나 브랜드의 핵심 메시지(What to say)를 찾는 과정으로 정의될 수 있다.

광고 기획의 정의와 관련하여 학계에서는 광고 기획에 대한 개념 및 정의가 광의의 개념으로서 정의되기도 하고, 협의의 개념으로 정의되기도 한다. 예를 들어, 『광고용어사전』(1999)에서는 광고 전략을 "장기적·포괄적인 광고 계획을 수행하기 위한 경영적 기술, 이익 계획, 매상 계획, 마케팅 계획 중에서 어떻게 광고를 전개해 가는가의 최고 경영층의 사고방식과 수행 프로그램"이라고 정의하고 있다. 서범석(2010)도 이와 유사하게 "광고 기획은 시장, 소비자, 제품에 대한 종합적인 마케팅 커뮤니케이션 전략이라고 할 수 있다"고 정의했는데, 이는 광고 기획에 대한 개념을 광의의 개념으로 정의하고 있는 것이라고 할 수 있다.

반면에 유종숙(2007)은 "광고 기획은 토털 마케팅 기획(total marketing plan)의 일부로 마케팅 중에서 광고 부문에 관한 창의적 전략을 말하는 것이며, 소비자가 브랜드에 대하여 느껴 주기 바라는 이미지에 대해 언급하는 것이다. 즉, 광고주가 소비자에게 전달하고자 하는 바를 언급하는 것이다"라고 정의했으며, 또한 슐츠와 타넨바움(Schultz & Tannenbaum, 1988)은 "광고 전략이란 광고되는 제품이나 서비스의 문제를 해결하고 이것을 전달해 주는 광고 세일즈 메시지의 명확한 진술"이라고 정의했는데, 이는 협의의 개념으로서의 광고 기획을 보다 강조하여 정의한 것이다.

하지만 일반적으로 실무를 진행하는 업계에서는 광고 기획 또는 광고 전략이라는 개념이 제작 단계인 크리에이티브 전략 및 집행 단계인 매체 전략 등과 구분하여 기획(planning) 단계, 즉 "광고에서 무엇을 말할 것인가(What to say?)"를 찾는 과정이라는 협의의 개념으로 정의한다(허정무, 2015). 협의의 개념으로서의 광고 기획(planning), 즉 광고 전략 과정은 전술한 바와 같이 마케팅적 차원에서 자료의 수집부터 메시지의 발견까지 철저하게 근거에 입각하여 논리적이고 분석적으로 이루어지는데, 크게는 (1) 상황 분석 단계, (2) 전략적 프레임의 선택 단계, (3) 광고 타깃 및 목표의 설정 단계, (4) 메시지의 결정 단계 등으로 구성될 수 있다. 각각의 단계별 과정을 살펴보면 다음과 같다.

(1) 상황 분석 단계

상황 분석 단계는 거시적인 환경 분석과 미시적인 환경 분석을 통하여 현재의 상황을 분석하고, 이를 통해 전체적인 마케팅 목표를 달성하기 위하여 해결되어야 하는 문제와 달성되어야 하는 과제를 파악하는 과정이다.

거시적(macro) 환경 분석은 제품이나 브랜드 및 소비자의 태도와 행동에 영향을 미치는 정치, 경제, 법률, 환경, 자원, 인구 변화 등 거시적인 환경 요인에 대한 분석을 실시하는 과정이다. 일반적으로 거시적인 환경 분석은 브랜드나 제품 또는 상황적 요인에 따라 필요하기도 하지만, 경우에 따라서는 생략되기도 한다.

미시적(micro) 환경 분석은 제품이나 브랜드 및 소비자의 구매 행태와 관련한 직접적인 환경 요인들에 대한 분석으로서 시장 분석, 제품 분석, 소비자 분석, 커뮤니케이션 활동 분석 등이 이루어지는 과정이다.

시장 분석(market analysis)은 두 가지 측면에서 이루어져야 한다. 첫 번째는, 전체 시장의 성장률 정도에 따른 분석이 이루어져야 한다. 두 번째는, 시장에서 광고 제품이나 브랜드의 경쟁적 위치에 따른 분석이 이루어져야 한다. 마케팅 측면에서 시장이란 수요(demand)가 있는 소비자들의 합이라고 정의된다. 이때 수요란 소비자의 욕구가 강해져서 구매 행동을 하고자 하는 동기가 활성화된 상태이면서, 그 동기를 실행하기 위한 능력이 있는 소비자군을 의미한다. 그러므로 시장 규모가 크다는 것은 수요가 있는 소비자가 많다는 것이고, 시장이 빠르게 성장한다는 것은 수요의 양이 많아지거나 새로운 수요가 있는 소비자가 증가한다는 것이다(허정무, 2015).

이와 같은 시장의 성장 정도에 따라 광고 목표 및 타깃 그리고 전략의 선택도 다르게 결정되어야 되기 때문에 광고 제품이나 브랜드가 속한 시장의 성장 정도가 정확하게 진단되고 분석되어야 한다. 또한 시장에서 지배적 위치에 있는 제품이나 브랜드라는 것은 더 많은 수요가 있는 소비자들이 그 제품이나 브랜드를 선호하거나 구매한다는 것이며, 이와 반대로 시장에서 위치가 약하다는 것은 수요가 있는 소비자들에게서 경쟁 제품이나 브랜드보다 적게 선호되고 또 적게 구매된다는 것을 의미한다(허정무, 2015). 이와 같은 시장에서의 광고 제품이나 브랜드의 경쟁적 위치에 따라서도 광고 타깃 및 목표의 설정과 전략의 선택이 달라진다. 그렇기 때문에 시장에서의 광고 제품이나 브랜드의 경쟁적 위치에 대한 정확한 분석 또한 이루어져야 한다.

제품 분석(product analysis)은 제품의 기능적·물리적 속성 및 감성적 속성을 파악하여 경쟁 제품과 차별적으로 소비자에게 제공할 수 있는 혜택을 찾는 과정이라고 할 수 있다. 마케팅이란 본질적으로 소비자의 욕구를 충족시키는 과정을 관리하는 것이라고 정의될 수 있으며, 구매 과정은 소비자의 충족되지 않은 욕구를 충족시키는 과정이라고 할 수 있다. 그러므로 마케팅적 개념에서 제품(product)이란 소비자의 충족되지 않은 욕구를 충족시키는 수단이라고 할 수 있다. 그리고 이러한 개념에서 제품의 특성은 바로 소비자의 욕구를 충족시키는 혜택(benefits)이라고 할 수 있다. 결국, 제품 분석은 소비자들의 다양한 욕구들을 충족시킬 수 있으며, 경쟁적으로 차별화되는 제품이나 브랜드의 물리적·기능적 특성 및 감성적 특성들을 면밀한 분석을 통해 파악하는 과정이라고 할 수 있다. 제품 분석 단계에서는 이외에도 제품과 관련된 다양한 특성들을 분석하게 된다. 유통 측면의 특성이라든가 가격적인 측면 등이 그 예가 될 수 있다.

소비자 분석(consumer analysis)은 세 가지 차원에서 진행된다. 첫 번째는, 소비자의 특성에 대한 분석이다. 인구통계학적인 특성, 사회문화적인 특성, 그리고 개인적·인지적 측면에서의 소비자 특성을 분석하게 된다. 이와 같은 다양한 소비자 특성에 따라 소비자의 구매 행동과 태도가 다르게 나타나므로 소비자의 특성에 대한 분석이 우선적으로 진행되게 된다. 두 번째 차원은, 광고 제품 및 브랜드에 대한 소비자의 인지 정도 및 태도에 대한 분석이다. 시장 분석(market analysis)에서의 광고 제품이나 브랜드의 경쟁적 위치에 대한 분석이 실제적으로 시장에서의 상대적인 매출 규모 정도를 나타내는 것이라면, 소비자의 인지 정도 및 태도의 분석은 소비자 인식상에서의 광고 제품이나 브랜드의 경쟁적인 위치를 분석하는 것이다. 이는 주로 제품이나 브랜드 인지도, 선호도, 충성도, 구매 의도 등을 파악하는 것이며, 정량적인 소비자 조사 자료를 통해 분석된다. 세 번째 차원은, 소비자의 구매 동기에 대한 심층적인 분석이다. 이는 소비자가 광고 제품이나 브랜드가 속한 카테고리 제품을 구매하는 심층적인 동기를 찾아내는 과정으로서, 이를 통해 소비자가 광고 제품을 구매하는 핵심적인 이유를 찾고, 이에 따라 제품이 광고를 통해 소비자에게 제시하여야 하는 차별적인 혜택(benefits)을 파악하고 분석하는 것이다. 이를 위해서는 정량적인 조사 자료와 함께, 특히 정성적인 심층 조사 자료도 중요하게 이용된다.

커뮤니케이션 활동 분석(communication activities analysis) 과정에서는 광고 제품이나 브랜드 및 직접적인 경쟁 관계에 있는 제품이나 브랜드들의 광고 및 커뮤니케이션 활동이 분석된다. 광고 및 커뮤니케이션 활동 분석은 두 가지 차원이 있을 수 있는데, 한 가지는 광고 표현 내용에 관한 것이고, 다른 한 가지는 광고를 전달하기 위해 운영되고 있는 미디어의 유형 및 형태 그리고 광고량 등의 미디어와 관련된 내용들이다. 하지만 일반적으로 광고가 운영되는 미디어와 관련된 내용은 집행 단계, 즉 미디어 전략 단계에서 분석되게 되며, 기획 단계의 커뮤니케이션 활동 분석 단계에서는 광고 커뮤니케이션의 표현 내용 중심으로 분석된다. 즉, 각각의 핵심 메시지(AD. concept, What to say), 전략적 목표 및 타깃 그리고 표현 콘셉트 및 전략 등은 어떻게 전개되고 있는지와 소비자의 기대 반응 및 성과는 어느 정도인지 등을 분석하게 된다. 이를 통해 광고 제품이나 브랜드의 차별적인 포지셔닝 위치 및 소비자의 제품이나 브랜드에 대한 이미지를 파악할 수 있다.

(2) 전략적 프레임의 선택 단계

상황 분석을 통해 마케팅 목표를 달성하기 위한 해결되어야 할 문제와 달성되어야 할 과제가 파악되고 나면, 이를 해결하기 위한 커뮤니케이션 측면의 전략적 프레임을 결정하게 된다. 전략적 프레임은 해결 과제에 따라 다양하게 적용될 수 있는데, 가장 기본적인 접근 방법은 마케팅 측면에서 시장의 성장 정도와 경쟁적 위치에 따른 접근 방법이다. 시장의 성장 정도에 따른 접근 방법은 제품 수명주기 곡선(product life cycle) 또는 시장 진화 곡선(market evolution cycle)에 따른 전략 선택을 의미하는 것으로, 광고 제품이나 브랜드 또는 그 제품이나 브랜드가 속한 시장의 성장 정도를 도입기(introduction stage), 성장기(growth stage), 성숙기(maturity stage), 쇠퇴기(decline stage) 등으로 구분하고 각각의 성장 정도에 따라 적합한 전략을 선택하는 것이다. 그리고 시장에서의 경쟁적 위치에 따른 전략의 선택은 광고 제품이나 브랜드의 위치를 그 제품이나 브랜드가 속한 시장에서 상대적 시장 점유율에 따라 시장 선도자(market leader), 시장 도전자(market challenger), 시장 추종자(market follower), 시장 적소자(market nicher) 등의 위치로 구분하고, 각각의 위치에 따라 경쟁적이고 적합한 전략을 선택하여 적용하는 것이다.

또한 마케팅 측면에서의 전략적 프레임의 선택 이후에, 또는 마케팅 측면의 전략적 프레임의 선택을 생략하고 브랜드 전략 측면의 전략적 프레임을 선택하여 보다 구체적인 커뮤니케이션 목표 지향의 전략적 프레임 선택이 이루어질 수도 있다. 브랜드 전략 측면의 전략으로는 브랜드 재활성화 전략 등이 그 예가 될 수 있으며, 보다 구체적인 커뮤니케이션 목표 지향적인 전략은 광고 제품이나 브랜드와 관련되어 개선되어야 할 직접적인 지표, 즉 인지도, 선호도 및 이해, 구매 의도 등의 증대를 위한 커뮤니케이션 전략 등이 그 예가 될 수 있다.

(3) 광고 타깃 및 목표의 설정 단계

광고 타깃 및 목표의 설정 단계는 전략적 프레임이 선택된 이후에 전략적으로 달성되어야 할 목표와, 이를 위해 광고가 우선적으로 도달되어야 할 타깃을 설정하는 단계이다. 타깃의 설정은 인구통계학적인 변수, 구매 동기 변수, 인지 및 태도 변수 등 다양한 기준에 따라 이루어질 수 있는데, 상황 분석 단계의 소비자 분석 결과 자료를 바탕으로 선택된 전략적 프레임의 해결되어야 하거나 달성되어야 하는 과제에 따라 적합한 기준 변수를 적용하고 선택하게 된다.

광고 목표 역시 선택된 전략적 프레임에 따라 설정되게 되는데, 가장 중요한 것은 성과 측정이 가능하게 대상, 기간 및 비용이 명시되고 계량적으로 제시되어야 한다는 것이다. 이와 관련하여 Colley(1981)는 'DAGMAR(Defining Advertising Goals for Measured Advertising Results) 이론'을 발표하면서 광고 목표에 대하여 "명확하게 정의된 소구 대상 가운데서 일정 기간 동안 일정 수준까지 달성하고자 하는 구체적인 커뮤니케이션 과업"이라고 정의하고, 측정 가능한 목표란 인지—이해—확신—행동의 단계별로 목표가 계량적 · 위계적으로 설정되는 것이라고 하였다.

(4) 메시지의 결정 단계

메시지의 결정 단계는 선택된 전략적 프레임과 목표를 달성하기 위해서 광고를 통해 목표타깃에게 전달되어야 할 핵심 메시지를 찾고 결정하는 과정이다. 목표타깃에게 전달되어야 할 핵심 메시지는 곧 광고 콘셉트(AD. concept), 즉 광고에서 '말하고자 하는 바(What to say)'라고 할 수 있다. 협의의 개념으로서의 광고 기획 과정은 결국 광고 콘셉트를 찾는 과정이라고 할 수 있으며, 광고 콘셉트가 곧 광고 전략이 압축된 형태라고 할 수 있다.

광고에서 좋은 콘셉트는 우선 제품과 관련되어야 한다. 즉, 상황 분석 단계의 제품 분석 과정에서 파악된 제품의 기능적 · 물리적 또는 감성적 특성과 관련되어야 하며, 소비자의 광고 제품이나 브랜드가 속한 카테고리에 대한 핵심 욕구를 충족시키는 것이 되어야 하는데, 특히 그것이 경쟁 제품이 가지고 있지 않은 것이거나 차별적으로 우월한 것이 되어야 한다. 왜냐하면 마케팅 상황에는 언제나 경쟁 제품이 존재하며, 경쟁 제품과의 경쟁에서 우리 제품이 선택될 수 있게 만드는 것이 중요하기 때문이다(허정무, 2015).

4) 광고 기획서와 애드 브리프(AD. brief)

광고 기획의 결과는 광고 기획서로 나타난다(송기영, 2014). 그렇기 때문에 일반적인 광고 기획서의 구성은 광고 기획 과정과 동일하게 기획(planning)—제작(creative)—집행(media)−평가(feedback)의 단계로 구성된다. 즉, 광고 콘셉트(What to say)가 결정되는 과정과 광고 콘셉트를 표현하는 크리에이티브 부분, 그리고 광고물을 소비자에게 효과적이고 효율적으로 전달하기 위한 미디어 전략과 광고 효과를 측정하기 위한 계획 등으로 구성된다.

하지만 광고 기획서는 광고 기획서를 작성하는 상황과 목적에 따라 다양하게 구분될 수 있다. 즉, 광고 기획서는 신제품의 런칭을 목적으로 하는 기획서일 수도 있고 기

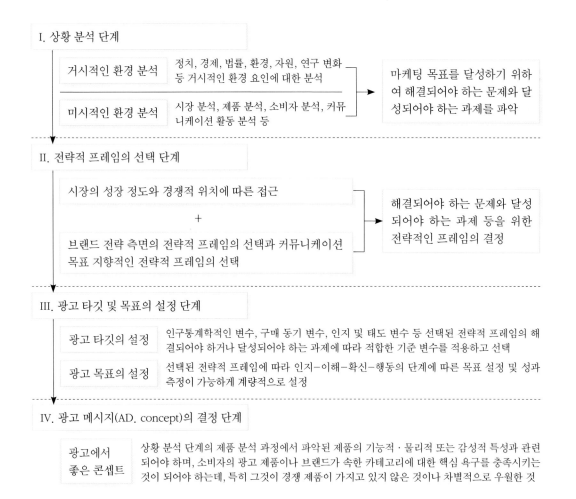

I. 상황 분석 단계

| 거시적인 환경 분석 | 정치, 경제, 법률, 환경, 자원, 연구 변화 등 거시적인 환경 요인에 대한 분석 |
| 미시적인 환경 분석 | 시장 분석, 제품 분석, 소비자 분석, 커뮤니케이션 활동 분석 등 |

→ 마케팅 목표를 달성하기 위하여 해결되어야 하는 문제와 달성되어야 하는 과제를 파악

II. 전략적 프레임의 선택 단계

시장의 성장 정도와 경쟁적 위치에 따른 접근

+

브랜드 전략 측면의 전략적 프레임의 선택과 커뮤니케이션 목표 지향적인 전략적 프레임의 선택

→ 해결되어야 하는 문제와 달성되어야 하는 과제 등을 위한 전략적인 프레임의 결정

III. 광고 타깃 및 목표의 설정 단계

| 광고 타깃의 설정 | 인구통계학적인 변수, 구매 동기 변수, 인지 및 태도 변수 등 선택된 전략적 프레임의 해결되어야 하거나 달성되어야 하는 과제에 따라 적합한 기준 변수를 적용하고 선택 |
| 광고 목표의 설정 | 선택된 전략적 프레임에 따라 인지−이해−확신−행동의 단계에 따른 목표 설정 및 성과 측정이 가능하게 계량적으로 설정 |

IV. 광고 메시지(AD. concept)의 결정 단계

| 광고에서 좋은 콘셉트 | 상황 분석 단계의 제품 분석 과정에서 파악된 제품의 기능적 · 물리적 또는 감성적 특성과 관련되어야 하며, 소비자의 광고 제품이나 브랜드가 속한 카테고리에 대한 핵심 욕구를 충족시키는 것이 되어야 하는데, 특히 그것이 경쟁 제품이 가지고 있지 않은 것이나 차별적으로 우월한 것 |

[그림 5-2] 협의의 개념으로서의 광고 기획 과정

존 제품의 유지를 목적으로 하는 기획서일 수도 있다. 그리고 기존 광고주의 정기적인 매뉴얼 프레젠테이션을 위한 기획서일 수도 있고, 신규 광고주의 영입을 목적으로 하거나 기존 광고주의 방어를 목적으로 하는 경쟁 프레젠테이션을 위한 기획서일 수도 있다. 그렇기 때문에 광고 기획서는 이와 같은 다양한 상황과 목적에 따라 다르게 구성될 수 있는데, 광고 기획서의 형식과 구성을 구분하는 대표적인 기준은 [그림 5-2]와 같은 두 가지의 경우가 될 수 있다.

첫째는, 일정 기간 동안의 특정 제품이나 브랜드의 통합적인 광고 캠페인 전략을 목적으로 하는 경우와 신문광고 기획안 또는 TV광고 기획안 등과 같이 특정 제품이나 브랜드에 대한 특정 매체의 일회성 광고 제작을 위한 경우이다. 일반적으로 전자의 경우, 즉 특정 제품이나 브랜드의 통합적인 광고 캠페인 전략을 목적으로 하는 광고 기획서의 구성은 광의의 개념으로서의 광고 기획 과정 전체가 포함된다. 즉, 기획(planning)—제작(creative)—집행(media)—평가(feedback)의 단계가 모두 포함되며, 각 단계별로 비교적 자세하게 기술되게 된다. 하지만 후자의 경우, 즉 특정 제품이나 브랜드의 특정 매체를 위한 일회성 광고를 목적으로 하는 광고 기획서의 경우는 제작(creative) 단계를 중심으로 구성되는 경우가 많은데, 필요에 따라서 광고의 핵심 메시지인 광고 콘셉트(What to say)가 결정되게 된 논리적 근거를 설명하는 기획(planning) 단계와 집행될 매체의 운영 계획인 집행(media) 단계가 비교적 간략하게 제시되기도 한다.

광고 기획서의 형식과 구성을 구분하는 두 번째 기준은, 광고 기획서를 작성하는 목적이 '보고(reporting 또는 briefing)'를 목적으로 하는 경우와 '설득(persuasion)'을 목적으로 하는 경우이다. 전반적인 광고 기획의 과정과 계획에 대한 '보고'를 목적으로 하는 경우는 광고 기획의 전 과정인 기획(planning)—제작(creative)—집행(media)—평가(feedback)의 단계를 비교적 자세하게 기술하게 된다. 하지만 '설득(persuasion)'을 목적으로 하는 경우는 설득의 목적에 따라 광고 기획서가 다르게 구성될 수 있다. 일반적으로 광고 프레젠테이션은 일종의 설득 커뮤니케이션이라고 할 수 있으며, 단순한 보고 또는 브리핑과는 구분된다.

설득 커뮤니케이션이란 분명하고 구체적인 목표를 세우고 목표한 바와 같이 대상

(광고주 또는 청중)의 인식 및 태도 또는 행동을 변화시키고자 하는 목적을 달성하기 위한 커뮤니케이션 활동이라고 할 수 있다. 그렇기 때문에 광고 기획서의 작성이 집행(media) 과정의 전략에 대한 설득이 주목적일 경우는 집행(media) 단계를 중심으로 구성되며, 또 기획(planning) 과정의 마케팅적 분석과 시장 상황, 그리고 이에 따른 전략(AD. concept)의 선택에 대한 설득이 주목적일 경우는 기획(planning) 단계를 중심으로 구성되고, 광고 제작물의 방향과 크리에이티브에 대한 설득이 주목적일 경우는 제작(creative) 단계를 중심으로 구성된다. 그런데 이와 같은 설득(persuasion)을 위한 광고 기획서의 작성에서 가장 중요하게 인식되어야 하는 점은, 광고 기획서의 작성이 광고 기획의 과정(process)을 위한 것이 아니라 광고 기획의 결과라는 것이다. 다시 말해서 광고 기획 과정을 효과적으로 잘하기 위해서 광고 기획서를 작성하는 것이 아니라, 광고 기획 과정의 결과를 목적에 맞게 설득적으로 작성하는 것이 광고 기획서라는 것이다. 그러므로 설득적 목적을 위한 광고 기획서는 광고 기획의 전 과정에 대한 분석과 계획이 어느 정도 완료된 상태에서 작성되어야 한다. 특히 대부분의 광고 프레젠테이션이 광고 콘셉트(AD. concept)와 이를 표현하는 크리에이티브에 대한 설득을 주 목적으로 하고 있다고 할 때, 광고 콘셉트와 크리에이티브의 방향이 결정되지 않은 상태에서 광고 기획서를 작성하게 되면 논리적 연결성이 부족한 단순한 상황의 나열 형식으로 이루어질 수 있고, 이로 인해 설득적인 내용의 구성이 어려워질 수 있다. 반면에 치밀하고 논리적인 광고 기획 과정의 분석과 계획이 완료된 상태에서는, 그만큼 광고 기획서의 내용이 설득적으로 구성될 가능성이 높아진다.

이때 광고 기획서의 형식과 구성은 특별한 제한 없이 설득적 목표를 달성하기 위한 다양한 방식으로 작성될 수 있다. 때로는 마케팅 보고서와 같은 분석적인 형식이 될 수도 있고, 크리에이티브 중심의 스토리텔링 형식이 될 수도 있다. 그리고 계량적 도표와 모형 중심으로 구성될 수도 있고, 감성적인 이미지 중심으로 구성될 수도 있으며, 혼합된 형태가 될 수도 있다.

또한 광고 대행사들의 AE(광고 기획)들은 약식의 광고 기획서를 작성하기도 한다. 이를 일반적으로 애드 브리프(AD. brief)라고도 하는데, 이는 주로 광고 기획 과정에 참여하는 광고 대행사의 제작 부서(creative)와 미디어 부서(media)에 대해 광고 기획 과정에 대한 이해를 돕고 원활한 업무를 수행하게 하기 위한 약식으로 작성되는 광고 기획서라고 할 수 있다. 즉, 광고 기획서가 일반적으로 광고 기획 과정의 결과라고 할 수 있다면, 애드 브리프는 성공적인 광고 기획 과정을 위해 작성하는 약식 기획서인 셈이다. 그러므로 일반적으로 애드 브리프 작성은 광의의 개념으로서의 광고 기획의 전 과정이 아니라, 협의의 개념으로서의 광고 기획 과정의 하나인 기획(planning) 단계 과정이 어느 정도 완료되고 대략적인 광고의 콘셉트가 결정되었을 때 작성되는 경우가 많다. 이때 제작(creative)부서를 위해 작성되는 경우는 제작 브리프(creative brief), 그리고 미디어 부서를 위해 작성되는 경우는 미디어 브리프(media brief)라고 구분하기도 한다. 애드 브리프의 형식과 구성은 다양하며, 광고 대행사마다 각각의 회사에서 추구하는 전략적 프레임에 따라 각 사에 맞는 애드 브리프의 형식을 구성하여 이용하고 있다.

대략적인 애드 브리프의 구성 내용은 광고 목표, 타깃, 광고 콘셉트, 대략적인 배경, 크리에이티브 방향, 제작 스케줄, 제작물 규격 및 종류, 제작물에 필수적으로 표현되어야 할 내용, 금기 사항, 운영될 미디어, 광고 운영 스케줄 및 예산 등으로 되어 있다.

그리고 세계적인 광고 대행사들 및 국내 대형 광고 대행사들은 창의적이고 효과적인 광고 기획 과정을 위한 전통적인 광고 전략 모델들을 가지고 있기도 하며, 그러한 모델들에 입각하여 광고 기획 과정을 전개하기도 한다. 이러한 경우, 광고 기획서의 작성 및 애드 브리프의 작성 역시 각 사에서 이용하는 광고 전략 모델의 형식에 따라 이루어지기도 한다.

2. 전통적인 광고 전략 모델

1) 광고 전략 모델의 개념

한컴 마케팅실에서 편저된 『광고전략모델』(1995)에서는 "모델(model)이란 어떤 현상이나 과정(real system or process)을 여러 변수와 변수 간의 상호 연관관계 (interrelationship)로 표현한 것을 말한다"고 규정한다. 즉, 모델이란 현실에 대한 설명 이나 표현으로 흔히 여러 개의 구성 요소들(변인, 변수)을 어떠한 내용을 설명하는 궁극적 총체(final whole)가 되도록 연결하는 것이라고 보며, 정확하게 이야기해서 "모델이란, 이론 표현의 한 방법이라고 할 수 있다"고도 하고 있다. 결국 모델은 두 가지 개념으로 사용될 수 있다고 하는 것이다. 그 한 가지는 학문적 이론과 같은 의미로 사용되는 것이고, 다른 한 가지는 이론을 검증하거나 활용하기 위해 만들어진 어떤 절차(process)적 · 기술(technique)적 의미로 사용하는 것이다(한컴, 1995).

결국 이러한 의미에서 볼 때, 광고 전략 모델은 위의 두 번째 의미에 해당되는 모델이라고 할 수 있다. 즉, 광고 기획에 있어서 보다 효율적인 광고 전략을 개발하기 위하여 개발된 절차적 · 기술적 의미에서의 모델인 것이다. 다시 말해서 광고 전략 모델은 광고 대행사에서 광고 전략을 수립하여 실제로 적용하는 과정에서 보다 효과적인 광고를 할 수 있는 방법을 개발하고, 이러한 방법을 정리한 것이다. 따라서 모델을 개발한 대행사들에 따라 이론의 형태로 정리되고 검증된 경우도 있으며, 실무적인 가이드북이나 체크리스트의 형태로 정리되어 있는 경우도 있다(한컴, 1995). 그리고 잘 정리되고 체계화된 광고 전략 모델과 이에 따른 접근 방법은 대행사 자체 내의 교범(discipline)의 역할을 해 줄 뿐만 아니라, 대행사가 광고주를 영입하는 전략으로 이용되기도 하며, 또한 대행사와 광고주 간의 업무를 보다 효과적으로 결합시켜 주는 수단으로 작용되기도 한다(한컴, 1995).

전통적인 광고 전략 모델은 일반적으로 기획(planning)－제작(creative)－집행(media)－평가(feedback) 등 전반적인 광고 기획 과정 전체를 위해 구성되어 있는데, 대행사 및 모델에 따라 기획(planning) 단계가 중요하게 다루어지는 모델들도 있고, 제작(creative) 단계나 집행(media) 단계가 중요하게 다루어지는 모델들도 있다. 예를 들어, Lintas의 Link Plan, Satchi & Satchi의 The Brief, Ted Bates의 USP Discipline 등은 기획 단계 중심의 브랜드 전략 수립이 중요하게 다루어지고 있으며, JWT의 T－Plan, DDB Needham의 R.O.I. 그리고 FCB의 Grid Model 등은 제작 단계의 소비자행동이나 크리에이티브 중심의 표현 전략이 중요하게 다루어지고 있다(강우석, 1991).

2) 전통적인 광고 전략 모델의 특징

광고 전략 모델은 주로 서구의 전통적인 광고 대행사들이 광고 전략을 수립하여 실제로 적용하는 과정에서 보다 효과적인 광고를 할 수 있는 방법을 개발하고 이러한 방법과 이론들을 정리하면서 만들어졌으며, 몇몇 모델들은 세계적으로 전략 모델이 없는 광고 대행사들에 의해 이용되어 왔다. 국내에서는 제일기획 등 몇몇 대형 광고 대행사들이 자체 광고 전략 모델들을 개발하고 이용하고 있으나 보편적으로 공개되어 이용되고 있지는 않다. 세계적인 광고 대행사들에서 만들어진 대표적인 광고 전략 모델에는 Lintas의 Link Plan, FCB의 Grid Model, Ted Bates의 USP Discipline, DDB Needham의 R.O.I., JWT의 T-Plan 그리고 Satchi & Satchi의 The Brief 등이 있는데, 각각의 모델별 특징들을 살펴보면 다음과 같다.

(1) Lintas의 Link Plan

Link Plan은 광고 대행사의 광고 기획 담당자가 작성하는 전략으로서, 효과적인 광고를 하기 위한 실무적인 광고 업무 지침이다. 이는 전략 개발의 기초가 될 뿐만 아니라, 광고주에게 프레젠테이션을 하기 전에 최적의 전략을 개발하기 위한 전략심의위원회(Strategy Review Board: SRB)가 검토해야 할 기초적인 사항들을 담고 있다(한컴, 1995).

이 모델의 특징은, 첫째, 전략심의위원회가 구성되어 이를 중심으로 모든 광고 전략이 개발되고 검토된다는 것이다. 이때 전략심의위원회(SRB)는 주로 광고 대행사의 임원이나 수석 팀장들로 구성된다. 두 번째 특징은, 전략의 전개 측면에 있어서는 전체적인 전략의 구성을 브랜드 자산의 개념에 집약시켜서 표현하고 있다는 점이다. 즉, 광고 전략이란 제품을 단순 물리적 존재로서가 아닌 브랜드로 승화시켜 소비자의 마음속에 하나의 움직일 수 없는 자산으로 자리 잡게 하는 과정이다(서범석, 2014).

(2) FCB의 Grid Model

FCB Grid 모델은 미국 시카고에 본사를 둔 국제 광고 대행사인 FCB(Foote, Cone & Belding)에서 1980년대 초에 발표한 모델이다. 이 모델의 특징은 소비자행동 분석과 제품 분류의 관련성을 관여도와 두뇌 분할 이론을 중심으로 체계화시킨 것이다. 즉, 사고(thinking)와 느낌(feeling), 고관여(high involvement)와 저관여(low involvement)의 구분에 따른 4가지 상한에 따라 제품이 분류되고, 각각의 상한에 속하는 제품에 대한 소비자의 광고 접촉 행태 및 구매 행태가 다르게 나타난다는 가정하에 광고의 표현 전략 및 매체 전략을 다르게 적용시키고 있다. 즉, 어떻게 커뮤니케이션할 것인가에 초점을 두고 있으며, 나아가 경쟁 카테고리 내에서의 전략적 지침을 구할 수 있는 통합적 모델로 제시된다(서범석, 2014).

(3) Ted Bates의 USP Discipline

1950년대 미국 광고계는 제품 지향적인 시대였으며, 강압적 판매 광고(hard selling)가 대세를 이루었다. 즉, 기업이 제품 차별화를 통해 약간의 차별적 특징이 있는 제품을 만들어 내면 광고를 이용하여 충분히 소비자의 구매 행동을 자극할 수 있었던 시대였다. 따라서 광고의 역할은 차별적인 제품 측면의 편익을 찾아내고 소비자에게 효과적으로 전달하는 것이었는데, 이 시대에 Ted Bates에서 개발된 광고 전략이 USP Discipline이다(한컴, 1995).

USP란 Unique Selling Proposition를 의미하며, Proposition(제안)이라고 하는 것은 일반적인 제품 콘셉트처럼 압축된 단일 아이디어가 아니라 시장, 소비자, 경쟁 상황, 제품 특성, 크리에이티브 및 매체 전략이라는 단계적·전략적 정보가 모두 개괄되어 있다는 것을 의미한다. 그리고 Discipline이라는 것은 이러한 여러 전략 아이디어를 개발하는 원칙 또는 지침이라는 뜻인데, 이를 통해 광고 캠페인 전략 입안의 가장 정확한 출발점을 제시한다는 의미를 가지고 있다(한컴, 1995).

(4) DDB Needham의 R.O.I.

R.O.I. 전략 모델은 20세기 말의 복잡한 시장 상황에서 광고가 성공적이기 위해 필수적인 세 요소인 관련성(relevant), 독창성(originality), 임팩트(impact)를 지칭하는 말이다. 이러한 R.O.I.의 개념은 DDB Needham의 수석 부사장이며 마케팅 조사 담당이사를 겸하고 있던 윌리엄 웰스(William Wells)에 의해 정리되었다. 이 전략 모델의 특징은 광고가 아이디어가 있되 제품이나 소비자와 관련성이 있어야 하고, 경쟁 제품들가운데 관심을 끌기 위해 독창성이 있어야 하며, 브랜드의 강한 개성을 만들어야 하되임팩트가 있어야 한다는 광고의 표현 전략에 중점을 둔 모델이다(서범석, 2014).

(5) JWT의 T-Plan

T-Plan은 JWT의 크리에이티브 전략 방법으로, 소비자 언어로 쓰인 간단한 서류로서 대행사 내의 기획팀이 제작팀에게 브리핑을 하기 위한 목적으로 만들어진 것이다(한컴, 1995). 이 모델의 특징은 생산자 측에서 소비자에게 전달하려고 하는 메시지를기반으로 광고를 만드는 것이 아니라, 광고를 소비자로부터 특정 반응을 끌어내기 위한 자극이라고 보고, 사람들의 브랜드 선택은 브랜드에 대해 갖고 있는 종합적인 인상에 의해 좌우된다고 보는 것이다(한컴, 1995). 따라서 효과적인 광고를 만들기 위해서는 "광고 브랜드는 대중들에게 어떻게 소구되고 있는가?" "누구에게 그 브랜드를 소구하며 그 이유는 무엇인가?" "그 사람들은 광고에 대해 어떻게 반응하는가?" 등의 질문에 대해 분명한 이해를 가지고 있어야 한다.

(6) Satchi & Satchi의 The Brief

브리프란 광고 기획 담당자가 작성하는 전략적 양식이며, 광고주에게 광고를 프레젠테이션하기 이전에 광고의 기본적인 방향을 합의하기 위해 만들어진 지침서이다. 또한 브리프는 광고 기획 담당자가 제작팀 및 매체팀에게 광고 제작 및 매체 계획을의뢰하기 위해서 작성하는 지침서이기도 하다(한컴, 1995).

Satchi & Satchi의 광고 전략 모델인 The Brief도 이러한 목적으로 개발된 것인데, 이 모델의 특징은 '단일 집약적인 소비자 제안'이라고 하는 SMP(Single Minded Proposition)를 강조한다. 즉, 광고에서 전달하는 핵심 메시지는 표적청중에게 브랜드에 대해 말할 수 있는 단 하나의, 그리고 가장 동기를 유발시킬 수 있고 차별적인 것이어야 하며, 광고의 역할은 이러한 단일 집약적인 대 소비자 제안(SMP)을 거부할 수 없을 정도의 압도적인 방법으로 생생하게 만들어 내는 것이다.

3. 디지털 미디어 시대의 광고 기획

1) 디지털 시대에 따른 환경의 변화

20세기 말 온라인과 모바일로 대표되는 디지털 미디어의 도입은 광고뿐만 아니라 개인의 생활과 사회 전반에 걸쳐 가히 '혁명'이라고 할 만큼 대단한 변화를 가져왔다. 초고속 통신망을 통해 전송되는 광대한 인터넷의 정보를 스마트폰을 통해 언제 어디서나 접속할 수 있게 된 개인은, 이른바 '디지털' 기반의 새로운 시대를 만나게 된 것이다. 디지털은 단순한 과학기술 혁명적인 의미가 아니라, 인간의 삶의 형태를 넘어 사회, 문화, 경제적인 의미에 있어서도 혁명적 변화가 일어나고 있음을 말하고 있다.

디지털은 이전의 아날로그 방식에 비해 다음과 같은 장점을 갖고 있다.

첫째, 디지털 방식은 아날로그에 비해 신호 전송 과정에서 반복적인 신호 전송이나 복제 시에도 원본의 신호 상태를 그대로 유지할 수 있는 정확성을 확보해 준다. 둘째, 디지털 방식은 다양한 정보 간의 상호 호환성을 증대시킨다. 이전까지는 음성이나 음향, 화면 등은 아날로그 신호로, 문자나 수식 같은 데이터는 디지털 신호로 처리되었으나, 변조 장치의 개발에 힘입어 모든 정보 형태가 하나로 통합될 수 있게 된 것이다. 따라서 디지털 기술은 방송 · 컴퓨터 · 통신의 상호 호환성을 보장함으로써 유비쿼터스 시대를 여는 핵심 기능으로 작용하고 있다. 이러한 디지털 기술이 사회적 산물로서 미디어와 연계될 때, 이를 보통 '디지털 미디어'라고 부른다. 디지털 미디어는 영상, 음성,

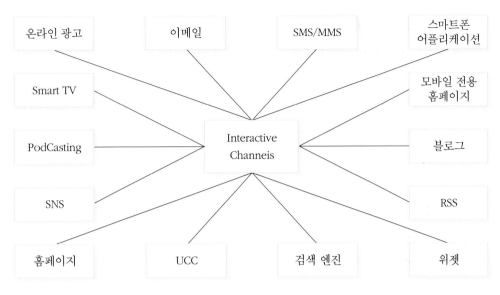

[그림 5-3] 다양한 디지털 미디어

출처: 김경준 외(2010). 기업의 미래를 바꾸는 모바일 빅뱅. 서울: 원앤원북스.

데이터 등 정보의 서로 다른 감각의 유형을 디지털 신호라는 단일한 신호 처리 방식에 따라 통합적으로 처리하고 전송하며 표시하는 미디어이다. 디지털 미디어는 디지털 신호를 사용함으로써 이질적인 정보 및 신호의 유형을 통합한 커뮤니케이션 환경을 제공할 뿐 아니라, 디지털 망을 통해 네크워크로 연결됨으로써 미디어 시스템에 연계된 사람들이 다양한 정보를 서로 유통할 수 있다는 것을 특징으로 한다(문철수, 2005).

컴퓨터 네트워크를 통해 연결된 사람들은 페이스북을 필두로 트위터, 인스타그램, 네이버의 라인, 카카오의 카카오톡과 카카오스토리까지 다양한 국내외 SNS(Social Network Service)를 통해 자신의 의사를 표현하기 시작했다. 사회·정치·경제·문화 등 다양한 분야에서 타인과의 활발한 의견 교류를 통한 공감대 형성은 물론, 자신만의 주장과 목소리도 높이게 된 것이다. 이른바 1인 미디어의 시대라고 해도 과언이 아니다.

문자가 발명되고 수천 년간 오직 한 방향으로 의사를 전달하던 인간의 커뮤니케이션 활동은 디지털 기술의 발달에 의해 양방향성과 상호작용성을 확보하게 된 것이다. 이로 인해 아날로그 시대의 미디어들은 디지털 기술의 발달로 탄생한 디지털 미디어에 주류 미디어의 위치를 양보하게 되었다.

한편으로 아날로그 시대에서는 정보와 서비스를 수동적 위치에서 수용하던 일반 대중이, 디지털 시대에서는 더 이상 수동적 위치가 아닌 주도적이고 적극적인 위치에서 정보와 서비스를 상호 공유하며 오히려 정보의 발신자로 마케팅 환경에 등장하게 되었다. 생산자(producer)와 소비자(consumer)의 합성어인 프로슈머(prosumer)라는 개념이 등장하고, 소비자는 보다 똑똑하게 진화한 것이다.

소비자는 인터넷을 통해 방대한 정보와 지식의 세계에 쉽게 접속하여 언제, 어디서든 자신이 원하는 다양한 정보를 확보할 수 있게 되었다. 특히 모바일 시대로 접어듦에 따라서 제품과 서비스에 대한 생산자와 소비자 간의 '정보의 비대칭성(asymmetric information)'은 상당 부분 해소되는 추세이다. 이런 현상은 소비자 개인이 인터넷에 접속하여 해당 제품에 대한 상세한 정보를 인식함을 넘어서 소비자 간 다양한 정보와 의견 공유를 통해 급속도로 확산되고, 더 이상 소비자는 마케팅의 수동적인 대상이 아닌 주체적이고 대등한 입장을 확보하게 되었다.

국내에서도 화장품, 패션, 식품, 자동차 등 다양한 업종의 기업들이 소비자들의 목소리를 제품 기획과 개발, 생산 단계에서 적극적으로 반영하고 있으며, 이런 움직임들은 고객을 바라보는 새로운 패러다임으로 기업의 마케팅 전략과 방향이 이동하고 있음을 보여 준다.

2) 광고 기획의 새로운 변화

앞서 언급한 바와 같이 급변하는 디지털 미디어 시대의 영향에 따라 전통적인 광고 기획과 광고 전략 모델도 많은 변화를 겪게 되는데, 그 배경은 다음과 같은 요인으로 설명할 수 있다.

첫째, 양방향으로 정보와 지식이 전달되는 디지털 미디어의 본격적인 도입이다. 한 방향으로만 소통이 가능했던 TV, 라디오와 신문 같은 전통적인 대중매체와는 달리 페이스북, 트위터 등 SNS와 UCC 등 다양한 디지털 미디어에서는 소비자도 적극적으로 의사 표현을 하게 되고 수동적인 입장에서 벗어나게 되었다. 따라서 상호작용이 가능하게 된 인터랙티브 미디어 환경에서는 소비자의 적극적인 참여와 반응이 실시간(real time)으로 활발히 일어나고, 여기에 적합하도록 광고 기획과 전략 모델도 진화하게 되었다. 소비자를 새롭게 마케팅의 공모자로 인식하게 된 것이다.

둘째, 인터넷을 통해 방대한 지식과 정보에 접하게 된 소비자는 제품과 기업에 대해 잘 알려지지 않은 세세한 정보까지 받아들이면서 더 이상 기업의 일방적인 마케팅에 좌지우지되지 않는다. 오히려 기업의 마케팅 담당자보다 더 높은 식견과 지식을 가진 똑똑한 소비자들이 전면적으로 등장함에 따라, 해당 제품과 서비스에 대한 일방적인 정보 제공이나 소비자 인식의 의도된 변화를 유도하던 전통적인 광고 기획보다, 진정성을 가지고 소비자와의 감성적 공감대를 자연스럽게 형성하는 방향으로 광고 기획과 전략 모델이 변화하게 되었다.

셋째, 디지털 시대의 키워드인 융합(convergence)과 통섭(consilience)의 트렌드를 말할 수 있다. 이런 융합과 통섭의 사례는 다양한 분야에서 보인다. 먼저 디지털 기기에서는 휴대폰, MP3, 디지털카메라, 컴퓨터가 하나로 합쳐진 스마트폰과 인터넷과 TV가 결합된 IPTV와 DMB(Digital Multimedia Broadcasting) 등이 대표적이다. 그리고 비즈니스 영역에서는 온라인과 오프라인 사업이 결합된 O2O 마케팅을 말할 수 있는데, O2O 비즈니스는 최근 스마트폰 대중화 시대에 맞추어 확산일로에 있다.

또한 학문의 영역에서는 자연과학과 인문학이 자연스럽게 연결되는 융합의 개념이, 이른바 '통섭'이라는 단어로 설명되고 있다. 또한 첨단 디지털 테크놀로지와 인간적인 아날로그의 추억에 젖은 감성이 결합된 디지로그(digilog)라는 합성어에도 융합의 개념이 들어 있다고 볼 수 있는데, 광고 기획과 전략에도 예외는 아니다.

디지털 미디어 시대에는 소비자의 행동에 반응하는 인터랙티브 미디어가 혁신을 불러일으키고 있으며, 미디어가 점차 개인화되면서 인터넷은 물론 위젯, 마이크로 블로그, 디지털 OOH 등 첨단의 미디어가 속속 등장하고 있다. 이렇게 다양한 미디어의 홍수 속에서 과연 "광고 메시지가 어떤 효력을 가질 것인가?"라는 데 의문을 품지 않을 수 없는 것이다(조순호, 2010).

TV와 신문 등 고정적이고 일방향적인 미디어에 적용이 가능했던 전형적인 크리에이티브가 유효했다면, 이제는 크리에이티브와 미디어를 포괄적으로 융합하는 광고 기획과 전략의 시대에 들어섰다고 할 수 있다.

4. 한국과 일본의 광고 전략 모델 변화 사례

디지털 미디어 시대에 따른 광고 기획과 전략 모델의 중요한 변화 사례는 한국의 경우 대표적인 광고 대행사인 제일기획의 CMC(Consilience Marketing Communication), 즉 통섭 마케팅 커뮤니케이션 전략과 100여 년의 역사를 자랑하는 일본의 글로벌 광고 대행사인 하쿠호도(博報堂)의 ER(Engagement Ring) 전략을 들 수 있다.

제일기획은 1973년 설립된 삼성 그룹 계열의 광고 대행사로, 전 세계에 걸쳐 글로벌 전문 인력과 수많은 성공 캠페인 그리고 막대한 취급고를 자랑하고 있다.

한국을 대표하는 최대, 최고의 광고 대행사로 업계를 리드하는 제일기획의 광고 전략 트렌드는 광고업계에 많은 영향을 미칠 수밖에 없는데, 2009년 제일기획은 사내에서 '통섭'이라는 주제로 아이디어 탐색전이 열렸으며 매우 고무적인 성과를 거둔 것으로 알려졌다.

또 같은 해 제일기획은 사보를 통해 CMC 전략에 대한 개념을 다음과 같이 공표하였다. "CMC란 최적의 커뮤니케이션 효과를 제공하기 위해 발상부터 집행까지 전 과정에 다양한 분야를 통합하여 전달하는 일련의 활동을 의미하며, 아이디어를 만들고 집행하는 데 많은 노력들이 합해져야 한다는 것을 말한다. 이제는 그 개념이 조금 더 확장될 필요가 있다. 아이디어 발상 과정이 고객을 먼저 이해해야 하는 과정 전반으로 확장되어야 하고, 아이디어의 실행도 고객 접점과 메시지 구조를 재구성하는 방향으로 갈 때 CMC가 더 효과적인 통로로 사용될 수 있다. 특히 관점과 지식을 활용해서 고객을 이해하고 다양한 매체를 통해서 설득하는 과정의 접점에 코어 아이디어(Core Idea)가 발생한다. 이 코어 아이디어를 찾는 게 CMC의 목적이다."(제일기획 사보, 2009. 11.).

Ideation → 고객을 연구하고 이해하는 과정 전반으로 확장
Deep Insight와 Strategic Layout 획득

Execution → 고객 접점과 메시지 구조를 재구성하는 방향으로 확장
Holistic Campaign Plan 수립

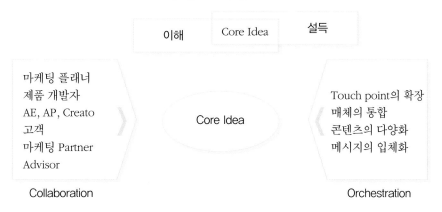

[그림 5-4] CMC 전략의 이해 및 Core Idea

출처: 제일기획 사보, 2009년 11월호.

　　제일기획이 통섭 마케팅 커뮤니케이션(CMC) 광고 전략을 통해 디지털 미디어 시대에 대응하고 있다면, 일본의 광고 대행사 하쿠호도는 ER(Engagement Ring) 마케팅 전략을 내세우고 있다. 하쿠호도는 1895년 설립된 일본의 글로벌 광고 대행사로 덴츠(電通)와 함께 1, 2위를 다투고 있는데, 특히 소비자 생활 트렌드 연구에 가장 앞서 있는 광고 대행사로 알려져 있다. 하쿠호도는 2007년 생활자(소비자) 주도 사회의 도래를 공표하면서, 이제 생활자는 단순한 수용자가 아닌 정보의 주도권을 갖는 주체이며, 그들이 구성하는 사회가 바로 '생활자 주도 사회'라고 정의를 내렸다.

　　이러한 배경으로 새로운 광고 전략 모델을 발표하였는데, '인게이지먼트 링(Engagement

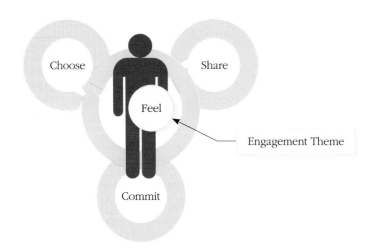

[그림 5-5] 하쿠호도 전략 모델 Engagement Ring의 개요

출처: https://www.hakuhodody-holdings.co.jp/ER/er.html?lang=en&startCont=about

Ring)'이라 명명된 이 모델은 이전의 전략 모델과 확연한 차이를 지니고 있으며, 두 가지 요건을 중심으로 하고 있다.

캠페인 전개의 중심을 마케터가 아닌 소비자로 하여 우선 그들이 능동적으로 마음을 움직이게 하기 위해서 그들이 호기심을 느끼는 'Engagement Theme'의 개발이 무엇보다 중요한 요건이라고 말하고 있으며, 그것이 선결되었을 때 그를 통해 자발적으로 제품의 경험과 구매가 이루어지며 또한 자신의 경험을 타인들에게 전파하고 공유하게 된다는 것이다. 또한 브랜드에 대한 좋은 감정이 형성되고 동반자 의식이 일어나 브랜드의 다각적인 활동에도 적극 참여하게 된다는 것이다. 이처럼 하쿠호도의 ER은 새로운 마케팅 커뮤니케이션을 위해 기업과 소비자의 관계성을 크게 변화시키는 캠페인 전개의 새로운 사고를 제안하였는데, 그것이 소비자 중심의 관계 구축형 사고인 'with C' 사고방식이다. 메이커 주도 시대의 사고인 'to Consumer' 사고방식은 앞으로는 'with Consumer' 사고방식으로 전환되어야 한다며 [그림 5-6]과 같은 도표로 비교하고 있다.

ER(Engagement Ring)은 소비자들이 브랜드에 적극적으로 관여되는 호기심 유발의

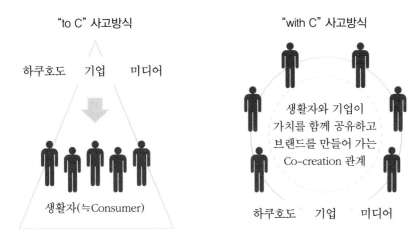

[그림 5-6] 하쿠호도 전략 모델 Engagement Ring의 'to C'와 'with C'의 비교
출처: 제일기획 the I본부(2008). 하쿠호도 지식교류회 자료.

핵심 아이디어 개발과 함께, 그를 통해 능동적인 체험과 공유 그리고 지속적인 관계 구축이 이어질 수 있는 캠페인의 설계를 위해 미디어들이 서로 연계되는 '미디어 스크립트(media script)'를 구상하는 것이 크로스 미디어 캠페인의 또 하나의 중요한 요건임을 제안하고 있다(안해익, 2011).

　하쿠호도의 ER에서 제안하는 소비자들의 적극적인 브랜드 참여와 크로스 미디어 캠페인은 소셜 네트워크를 통한 소비자 상호작용이 가능한 디지털 미디어가 있기에 가능한 광고 마케팅 전략이라고 할 수 있다. 그리고 앞서 언급했듯이 소비자의 위상역시 마케팅의 수동적인 대상이 아닌 주체적인 대상으로 올라갔기에 ER에서도 캠페인 전개의 중심으로 소비자를 바라보고 있다.

　제일기획의 CMC나 하쿠호도의 ER은 몇 가지 공통점을 갖고 있는데, 먼저 고객에 대한 깊이 있는 이해와 분석을 중시하고 있다. 핵심 아이디어의 개념은 물론, 메시지 구성도 고객에 대한 인사이트(insight)를 추출해 내는 깊이 있는 연구 분석에서 출발하고 있다. 그리고 소비자 인사이트와 마찬가지로 미디어 인사이트 측면도 강조하고 있는데, 전통적인 미디어는 물론 다양한 디지털 미디어를 최적의 캠페인 효과를 위해 정교하게 믹스하고 구성하는 크로스 미디어 전략이 그것이다. 또한 온라인과 오프라인 미디어 그리고 다양한 디지털 미디어들의 시너지 효과를 통해 기존의 단순한 미디어 믹스가 아니라, 이른바 미디어 시나리오 설계가 중요하게 되었다. 미디어 시나리오에서 중요한 것은 콘텐츠가 흥미로워야 하는 건 기본이며, 시공간의 각각의 미디어와 콘텐츠가 타깃의 마음을 사로잡으며 그들 간의 미디어 연계 속에서 소비자에게 시공간을 망라한 '맥락(Context)효과'를 가져오게 해야 한다. 즉, 오감의 흥미로움을 느끼게 하여 능동적인 참여와 전파를 이끌어 내야 하는 것이다(안해익, 2011).

5. 새로운 변화와 광고 기획의 미래에 대한 조망

일반적으로 광고를 특정 제품이나 서비스에 대한 호의적 태도 형성을 위해 광고 기획과 크리에이티브를 미디어라는 창(窓)을 통해 소비자에게 전달하는 것이라면, 미디어의 변화에 따라 광고 기획도 상응해서 변화하는 것이 자연스럽다고 할 수 있다. 즉, 신문, TV 등의 전통적 미디어에서 인터넷, 스마트폰, 태블릿PC 등 다양한 첨단 디지털 매체의 등장으로 광고의 영역이 무한대로 확장되면서, 새로운 디지털 미디어 환경에 부흥하도록 광고 전략도 새로운 변화를 맞이하게 되었다.

그 변화의 가장 큰 특징은 이미 언급한 바와 같이 소비자와의 상호작용적 과정이라고 할 수 있는데, 이전까지의 광고 기획이 소비자를 마케팅의 수동적인 대상으로 규정하고 의도된 특정 정보를 인식시키는 데 주력했다면, 디지털 미디어 시대에서 소비자는 더 이상 수동적인 입장이 아니라 마케팅에 주도적으로 참여하고 적극적으로 자신의 의견을 전달하게 되었다는 점이다.

따라서 광고 기획도 소비자와의 교감과 소비자의 자발적인 참여를 매우 중요시하며, 소비자와의 접점에서 통찰(insight)이 돋보이는 핵심 아이디어와 크리에이티브를 추출하고, 다양한 디지털 미디어의 특성을 크리에이티브와 조화롭게 활용하는 미디어 크리에이티브가 광고 기획의 새로운 키워드가 되었다고 할 수 있다.

그러나 이제 시대는 디지털 혁명을 넘어 정보 통신 기술(ICT)이 주도하는 4차 산업혁명의 신세계로 넘어가고 있다. 인공지능(AI)과 사물 인터넷(IoT), 빅 데이터(Big Data)가 융합되어 현실과 가상세계가 연결되고 인공지능이 초지능으로 발전하는 시대에는 기존 산업의 패러다임이 획기적으로 바뀌게 될 것이다.

그리고 광고 산업 역시 지금과는 전혀 새로운 모습으로 달라질 수 있지만, 광고란 것은 본질적으로 인간의 내면에 대한 탐구와 연결되어 있기에 조심스럽게 광고 기획의 본질은 달라지지 않을 것이라고 예측해 본다. 디지털 미디어 시대에 따른 광고의 변화도 인간의 본질이 달라진 것이 아닌 기존의 미디어에서는 불가능했던 상호작용적 특성이 디지털 미디어로 인해 비로소 가능해졌기 때문이다. 그럼에도 불구하고 4차 산업혁명의 새로운 미디어 시대에 적응하기 위해 광고 기획의 영역에서도 끊임없는 노력과 진화, 그리고 새로운 시도가 요구될 것이다.

참고문헌

강우석(1991). 광고전략모델. 서울: 삼희기획.

김경준, 이정욱, 이성욱(2010). 기업의 미래를 바꾸는 모바일 빅뱅. 서울: 원앤원북스.

김성철(2007). 컨버전스 2.0과 비즈니스. 삼성경제연구소.

김현애(2013). 광고 기획론. 서울: 신성출판사.

문철수(2005). 디지털 미디어 환경변화에 따른 새로운 홍보 전략. 한국광고홍보학보, 7(5). 252-277.

서범석(2010). 현대광고 기획론. 경기: 나남출판.

서범석(2014). 광고 기획론. 서울: 한경사.

송기인(2014). 커뮤니케이션 광고 기획 방법. 서울: 커뮤니케이션북스.

안해익(2012). 크로스미디어 광고캠페인의 활성화를 위한 핵심요건의 연구. 브랜드디자인학연구, 10(1). 245-256.

유종숙(2007). 광고 기획의 기술. 서울: 커뮤니케이션북스.

윤병덕(1999). 광고용어사전. 서울: 사람과 책.

제일기획(2009). 통섭, 마케팅의 큰 맥을 잡다. 제일기획(사보) 11월호.

조순호(2010). 광고회사의 커뮤니케이션 전략 트렌드 변화에 관한 연구. 커뮤니케이션디자인학연구 33. 122-131.

한컴 마케팅실(1995). 광고전략모델. 서울: 한컴.

허정무(2015). 광고실무자를 위한 경쟁 전략. 서울: 커뮤니케이션북스.

Colley, R. H. (1961). *Defining Advertising Goals for Measured Advertising Results*. New York: Association of National Advertisers.

Schultz, D. & Tannenbaum, S. I. (1988). *Essentials of Advertising Strategy*(2nd Edition). Loncolnwood. IL: NTC Publishing.

PR 기획

1. PR 기획과 국내 PR업계 현황

커뮤니케이션과 마케팅의 관점에서 기획의 흐름은 거의 비슷한 맥락을 가진다. 전반적 상황 분석과 전략 도출, 그리고 매출 달성을 위한 전술 등의 순으로 전개되어진다. 그러나 PR 기획의 경우는 조금은 다르다. 즉, 조직이 관계를 맺고 있는 수많은 공중들과 관계 개선을 위한 노력을 해야 하기에 많은 시간이 소요되고, 돌발적인 이슈들을 직면하게 되고, 이를 순발력 있게 해결해 가야 하는 부분에서 제품이나 서비스를 기획하는 광고와는 다르다. 또한 PR 기획은 프로젝트를 진행함에 있어 공중이나 조직이 직면하는 문제들을 해결하는 처방전 같은 역할을 하기도 한다. 즉, PR 전략 수립이란 PR 활동을 통해 조직 문제나 경영을 위해 공중을 설득하는 틀을 만들고 이를 통한 솔루션을 제공한다. 광고계 동향의 2016~2017년 PR 대행사 현황 자료에 의하면, 50명

이진우 남서울대학교 광고홍보학과 교수, 조재형 PRONE 대표이사

이상의 중·대형 홍보 대행사를 중심으로 신규 대행사들이 지속적으로 증가하고 있다.

특히 디지털 시대를 반영하듯 2010년 이후 온라인 PR 대행사들이 많이 증가하였다. 온라인 PR 대행사들은 온라인 바이럴 마케팅을 통해 단기간에 회원 수를 확보하고 매출을 중심으로 하는 기획을 주로 실시하는 경향을 보이기도 한다. 그러다 보니 PR주들이 PR 기획을 매출을 올리는 수단으로만 활용하는 경향도 나타나고 있다. 이러한 경향은 머지않은 시점에 공중들로부터 왜곡을 받을 가능성을 업계 스스로 만들어 가고 있다는 지적을 받게 하기도 한다. 또한 공중과 확실한 관계 개선이 이루어지지 못해 본질적인 PR의 효과를 얻지 못하고 있다는 지적도 있다. 결국 올바른 PR 기획을 위해서는 급변하는 디지털매체 환경에 대한 정확한 이해가 필수적이다. 이러한 업계의 현황을 이해하면서, 이 장에서는 PR 기획의 기초와 주요 기획 과정 및 사례를 살펴보고자 한다.

1) PR 기획의 기본 모델

PR이란 공중과의 관계 개선을 위한 활동이다. 따라서 PR 기획이란, 결국 관계를 세우고 유지하는 기획적 활동일 것이다. 하지만 호의적 관계를 세우고 유지하는 활동이 간단히 하루아침에 이루어지는 일은 아니다. 무엇보다 '관계성'이라는 의미에는 지속성이 담보되어 있으며, 관계란 모름지기 하루아침에 생겨나는 것이 아니기 때문이다. 따라서 성공적인 PR 기획을 위해서는 무엇보다 먼저 철저하게 조사하고, 사전에 활동을 위한 성실한 준비와 과정을 만들어 내는 것이 기획의 근간이 된다.

PR의 정의가 조직-공중 간 호의적·호혜적·신뢰적 관계의 구축과 유지이기에, PR에서는 기획이 매우 중요한 역할을 한다. 가장 일반적인 PR실행 요소는, (1) 조사(Research), (2) 계획(Action), (3) 집행(Communication), (4) 평가(Evaluation)로 인식된다. 이러한 4가지 구성 요소를 통상적으로 PR 실행을 위한 RACE 모델이라고 부른다(Marston, 1963). 여기서 주목할 것은 기획이 공중과의 커뮤니케이션 활동에 앞서 제대로 이루어져야 커뮤니케이션과 평가가 제대로 이루어질 수 있으며, 한 번으로 끝나는 일회성보다는 장기간에 걸쳐 이루어짐으로써 네 번째 평가가 다시 조사로 이어지는 순환의 과정이라는 것이다.

또 다른 PR 기획과 관련된 오래된 기본 틀의 하나는 크레블과 비버트(Crable & Vibbert, 1986)가 주장한 PR 커뮤니케이션 프로그램의 3가지 요소로, (1) 업무 인식(task orientation), (2) 업무 분석(task analysis), (3) 업무 실행(task performance)이다. 우선 업무 인식은 조직의 인식 평가, 조직 커뮤니케이션의 감사 평가(audit), 공중의 인식을 포함하는 개념으로서 PR의 과업에 대한 인식이라고 할 수 있을 것이다. 두 번째 업무 분석은 PR 커뮤니케이션 지식의 적용, 커뮤니케이션 개념의 적용, 평가 방법의 결정, 제안서 작성과 같은 실질적인 계획을 의미한다. 이 모형에서 크레블과 비버트는 조직과 공중 간의 커뮤니케이션 활동에 중점을 두었기 때문에 평가 단계를 포함하지는 않았지만, 업무 분석과 업무 실행 과정에서 평가가 자연스럽게 이루어지는 것으로 보았다. 따라서 RACE 틀에서 벗어나 있는 모형으로 평가받는 이 모델에서도 사실은 RACE라는 기본 틀이 그대로 적용되어 있다고 할 수 있다(김영욱, 2003).

또한 최준혁(2014)에 의하면, 문제의 해결 과정(process of problem-solving)으로도 PR 기획은 정의된다. 조직의 문제는 조직에 영향을 미칠 수 있는 공중과의 관계에서 발생하며, 따라서 문제의 해결은 공중과의 관계를 관리함으로써 가능하기 때문이다. 결국 PR 기획이란, 조직이 갖고 있는 문제가 무엇인지를 규명한 후, 그 문제의 해결에 영향을 미칠 수 있는 공중을 파악·분석하며, 문제를 해결하기 위해 달성해야 하는 목표를 설정하고, 또한 목표를 달성하는 데 필요한 메시지를 적절한 프로그램을 활용해 공중에게 전달하는 활동을 계획하는 것이라고 할 수 있다.

[그림 6-1] RACE 모델

출처: 김영욱(2003). PR 커뮤니케이션.

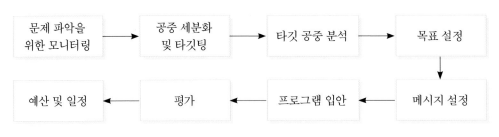

[그림 6-2] PR 기획 과정

출처: 최준혁(2014).

많은 학자들이 자신들의 경험과 주장을 바탕으로 PR 기획에 대한 방법론을 제시하고 있으나 [그림 6-3]의 PR 기획 프로세스가 가장 보편적으로 쓰이고 있다.

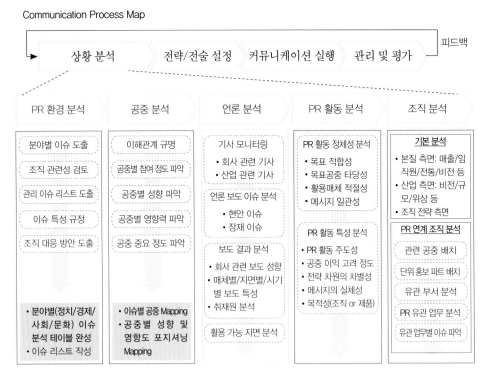

[그림 6-3] PR 기획 프로세스

출처: 박준완(2013).

이와 같은 PR 프로세스의 PR 기획에 따라 각 단계를 상세히 정리하면 다음과 같다.

(1) PR 환경 분석

PR 환경 분석은 조사(research)를 기반으로 이루어진다. PR 기획자는 조사에 대한 기본적인 지식을 갖추고 있어야 하고, 분석한 빅 데이터(big data)들을 어떻게 해석할 것인가에 대한 상황에 맞춰 읽어 내는 능력을 요구하게 된다. PR 기획자가 해야 할 일은 조직과 관련된 공중들과 커뮤니케이션하면서 호의적인 관계를 쌓아 가는 것이다. 그러므로 PR 담당자들은 조직이 운영되거나 정보를 제공할 수 있는 사회적 환경을 정확하게 인식하고 있어야 한다.

조직의 내·외부 공중 모두에게 정보를 전달하는 영역 확장(boundary spanning)의 역할을 감당하게 되는데, 이 과정에서 다양한 공중으로부터 유용한 정보를 수집하고, 그것을 다시 조직에 필요한 정보로 재구성하여 제공하게 된다. 물론 기타 상황적 요인에 관한 정보 역시 필요한데, 예를 들면 경제적·재정적 요인 그리고 기술 발전에 관

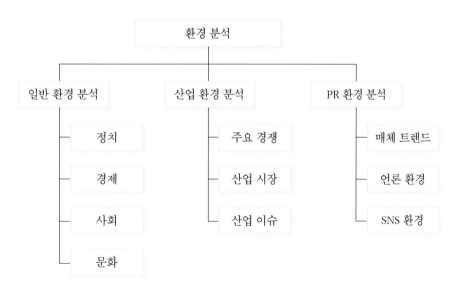

[그림 6-4] PR 환경 분석 체계도

출처: 이종혁(2006). PR 프로젝트 기획, 재구성.

한 지식 등이 그것이다. 종종 이런 정보의 수집은 조직 전체에 분산되어 있는 각 분야의 전문가들이 수집하게 되는데, 영역 확장자로서의 역할 때문에 PR 담당자들이 이런 정보들을 수집하는 기능을 하며, PR 담당자가 관련 분야에 대한 전문 지식을 축적했다면 수집한 정보에 대해 분석하고 해석한 후 전달할 수도 있다(차희원, 2005).

(2) 공중 분석

공중 분석은 PR 기획에서 가장 중요한 역할을 한다. PR, 광고를 모두 포함한 커뮤니케이션 분야에서 공중의 심리를 읽어 내는 기술이야말로 많은 경험과 고도의 전략을 필요로 하기 때문이다. 이는 기획자가 가져야 하는 가장 중요한 덕목 중에 하나인 통찰력(Insight)과도 연관된다.

이종혁(2006)에 의하면, PR 프로젝트 과정에 있어 공중을 분석하는 방법은 모두 5단계에 걸쳐 이루어진다. 1단계는 공통적인 관계자를 대상으로 한 세부 이슈를 분석해 이해관계 요소를 도출하는 것이다. 즉, 관계자를 중심으로 PR 프로젝트를 통해 제시되어 해결해야 하는 이슈와 관련한 이해관계와 주요 세부 이슈를 도출해야 한다.

이 과정에서 기본적인 관계자임에도 해당 프로젝트의 공중에서 제외되는 대상도 존재할 수 있다. 2단계는 이해관계 존재 여부가 판단된 공중군을 대상으로 하여 개별 공중별로 참여도를 분석해 내는 과정이다. 공중이 해당 이슈에 대해 자신의 의견을 표출하거나 그 의제의 토론이나 공론의 형성에 참여하는 정도가 어느 정도인지에 대한 평가의 과정이다. 물론 개별 공중별로 이러한 참여도의 성향은 개인의 차이에 따라 다를 수 있으나, 공중 분석의 과정에서는 개개인에 대한 정량화된 참여도의 평가를 의미하는 것이 아니라, 해당 공중군의 전반적인 참여의 수준이 어느 정도인지에 대한 성적 평가를 의미하는 것이다. 3단계와 4단계는 공중의 성향과 영향력에 대한 분석 과정이다. 성향 부분은 기본적으로 개별 공중이 갖고 있는 이슈 또는 조직에 대한 긍정·부정·중립적 태도의 여부이며, 영향력은 1차적으로 조직이 분류한 이해관계자 집단이 영향력 공중과 타깃 공중군 중 어느 군에 속하는 공중인가를 판단, 그리고 개별 공중이 갖는 영향력 및 타 공중에 대한 상호 어느 정도의 영향력을 갖고 있을 것으로 예상

타깃 공중의 중요도는 어떠하며 그들의 특성은 무엇인가?
누구를 대상으로 어떤 공중을 활용해 어떤 형태로 태도 및 행동을 제고해 나갈 것인가?

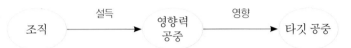

타깃을 설득시키기 위해 다른 누구를 어떻게 활용할 것인가?

타깃을 어떻게 설득시킬 것인가?

[그림 6-5] PR 프로젝트의 공중 분석 개념 이해도

출처: 이종혁(2006).

되는지에 대한 판단이 포함된다. 5단계는 앞서 분석된 공중별 특성을 종합하여 PR 프로젝트 과정에 있어서 우선시되어야 하는 공중의 중요성을 평가하는 과정이다. 이 과정을 통해 조직을 중심으로 이슈에 따른 영향력 공중과 타깃 공중 간의 영향 관계의 기본 구도 속에서 조직이 누구를 대상으로 비중 있는, 또는 시의성 있는 PR 프로그램을 전개해야 하는지에 대한 해답을 찾을 수 있다.

(3) 언론 분석

과거 PR 기획자의 업무는 언론에 대한 대응이 전부였다. 4대 매체를 중심으로 언론 분석을 실시하였고, 언론에 대응하는 방법도 상대적으로 수월하였다. 전파매체의 경우, 데스크와 긴밀한 관계를 통한 어느 정도의 언론과의 협조가 가능하였고, 신문의 경우에는 가판 등을 통한 기사 사전 검열이 가능하여 본판에서의 기사 첨삭이 가능하였다. 하지만 최근에는 4대 매체의 고전 속에 새로운 매체로 등장한 인터넷 포털과 SNS로 인해 과거의 언론 대응 방식은 더 이상 유효하지 않게 되었다. 또한 디지털 환경은 언론을 분석하는 방법을 바꾸어 놓았다.

종합적인 시스템으로 움직였던 과거의 언론은 디지털 기술(digital technology)의 발달로 인해 1인 방송 시스템인 MCN(Multi Channel Network)이 가능한 시대가 되었고, 이로 인해 가짜 뉴스(fake news)들도 등장하기 시작하였다. 이러한 상황에서 언론을 분석하기는 점점 더 어려워져 가고 있다. 언론 분석을 잘하기 위해서는 우선적으로 매체별 특성을 잘 이해하고 매체에 맞는 분석 틀을 개발하여 적용하도록 해야 한다. 예를 들면, 블로거들 가운데 블로그 주제에 맞춰 가공되지 않은 순수 콘텐츠만을 제공하는 블로거들을 구분하여 순수 콘텐츠 중심의 콘텐츠를 대상으로 분석해야 한다.

뉴스매체와의 관계(media relation)는 많은 PR 담당자들이, 특히 PR의 언론 대행·홍보 모형(press agent · public model)에 의존하고 있는 사람들이 'PR은 매체 관계'라고 믿고 있을 정도로 PR의 실제에 있어 가장 중심이 되는 것이다. 과거 PR이란 단체나 개인에 대한 미디어의 취재 보도에 영향을 끼치려는 노력 속에서 발전하여 왔음을 보여 주고 있다. 그러나 오늘날의 매체 관계는 전문화된 공중을 대상으로 하는 여러 가지 주요 PR 프로그램 중의 하나일 뿐이다. 매체 관계는 PR의 중심 부문을 차지하고 있는데, 이것은 매체가 사회 체계 속의 다른 공중들에게 전달되는 정보를 통제하는 '게이트키퍼(gate-keeper)'로서 기능하고 있기 때문이다. 매체 종사자들은 다른 사람들과는 달리 다른 사람들이 필요로 하는 뉴스를 만든다는 점에서 진정한 공중이라고는 볼 수 없다. 그러나 다른 측면에서 볼 때는 이들도 역시 공중이다. 이들은 다른 사람들과 마찬가지로 정보를 추구하고 처리하며, 다시 그것을 독자나 시청자들에게 전달한다. 따라서 기자들의 커뮤니케이션 행위는 다른 공중들이 추구하고 처리하고자 하는 정보에 국한되게 된다(박기순 외, 2006).

PR과 언론 분석은 긴밀한 관계에 있다. 과거에는 언론이 여론에 미치는 미디어의 역할을 경시했지만, 디지털 시대가 도래하고 다매체 환경에 이른 지금 언론이 우리 생활에서 강력한 역할을 하고 있는 것은 분명하다(차희원, 2006). 언론이 강력한 역할을 가지게 되고 디지털 환경으로 변화되면서, 사회 연결망 서비스(Social network system)를 통해 일반 공중들도 뉴스를 생산하고 전달하며 송출하는 언론의 주체가 되고, 소비를 하게 되면서 언론의 새로운 prosumer로 등장하였다. 이제는 더 이상 언론이 통제의 대상이 아니며, PR 기획의 관점에서 보자면 상호 이해와 협업의 형태로 진화되어 가고 있다.

변화된 환경하에서 언론 분석 프로세스(media analysis process)를 알아보자. 첫째, 기사에 대한 모니터링이 우선적으로 이루어져야 한다. 인터넷 검색어 찾기를 활용하여 실시한다. 조직이 속해 있는 회사 관련 기사를 중심으로 산업 관련 기사를 모니터링하여야 한다.

둘째, 언론 보도 이슈 분석이다. 다매체 시대를 맞아 인터넷과 모바일을 통한 카드뉴스로 인해 언론 간의 경쟁이 심화되고, 독점 보도를 위한 과당 경쟁 상황이 벌어지고 있다. 이에 중요도가 낮은 카드뉴스나 기사에 대해서 공중의 관심을 끌기 위해 헤드라인(headline)을 자극적으로 표현하고 있다. PR 기획자는 이를 걸러 낼 수 있는 통찰력(insight)을 쌓는 노력을 지속적으로 하여야 한다. 이슈 분석은 현안 이슈에 대한 분석과 잠재 이슈에 대한 분석으로 나뉜다. 현안 이슈 분석에 대해서는 PR 기획자들이 쉽게 분석이 가능하나, 잠재 이슈 분석에 대한 능력은 조직에 닥칠 미래에 대한 이슈를 분석하는 것으로 장기적 안목으로 접근해야 한다. 이는 위험 이슈로 발전될 가능성이 크기 때문이다.

유재웅(2016)에 의하면, 어떤 이슈가 발생했을 때 해당 이슈의 경중과 파급효과를 정확히 예상하고 경영진이 사전에 철저히 대비토록 함으로써 이슈가 위기로 발전되는 것을 미리 방지한다는 것은 결코 쉬운 일이 아니다. 이를 위해서는 PR 담당자가 스스로 이슈에 대해 철저히 분석하고, 파급효과를 예측할 수 있는 능력과 함께 상대를 설득시킬 수 있는 객관적인 근거와 논리가 있어야 하며, 무엇보다 평소 신뢰를 확보해 놓는 것이 중요하다. 보도 결과 분석은 팩트(fact)를 중심으로 회사 관련 보도 성향을 우선적으로 파악한다. 조직에 대해 호의적인 언론사에게는 그에 상응하는 대우가 필요하며, 관계 개선이 필요한 언론사에게는 좋은 관계를 유지하기 위한 노력이 필수이다. 또한 정확한 보도 결과 분석을 위해서는 매체별·지면별·시기별 보도 특성을 세밀하게 파악함은 물론이며, 취재원에 대한 분석도 이루어져야 한다. 상황 분석을 통해 어떤 매체를 대상으로 어떤 내용에 초점을 두고 어떠한 항목을 집중적으로 분석할 것인지, 또는

[그림 6-6] 삼성전자 검색어를 활용한 회사 관련 기사 모니터링 사례

출처: 삼성전자, Googling, 2017. 6.

[그림 6-7] 반도체 검색어를 활용한 산업 분석 사례

출처: 반도체, Googling, 2017. 6.

매체 분석에 초점을 둘 것인지에 대한 판단을 내리고, 실제 PR 프로젝트 과정에서 심도 있는 언론 홍보 평가의 명확한 기준을 제시할 수 있게 도움을 준다(이종혁, 2006).

(4) PR 활동 분석

PR 활동 분석은 크게 PR 활동의 정체성 분석과 PR 활동의 특성 분석으로 나누어진다. 먼저 PR 활동의 정체성을 분석하는 궁극적인 이유는 PR 목표의 정합성을 파악하기 위함이다. 다시 말해 경쟁사들의 지난 PR 활동들을 분석하여 PR 목표가 지향하는 어느 정도의 실행 능력을 가질 수 있는지를 파악하고자 함이다. 또한 설정된 공중들이 목표에 얼마나 타당한지도 파악해 보아야 한다. 목표공중을 잘못 선정하여 제대로 된 PR 활동을 벌이지 못한 사례들이 있다. 예를 들어, 분양할 아파트에 대한 PR은 누구에게 해야 할까? 구매력을 가지고 있는 사람은 주로 가장으로 이를 목표공중으로 설정하는 경우들이 종종 발생하게 되는데, 실제 목표공중은 오피니언 리더(opinion leader) 역할을 하는 아내로 정해야 맞는 것이다. 현대사회는 매체가 다양화되고 목표공중 자신들이 선호하는 매체들 역시 다양하여 이들을 트레킹(tracking)하는 것도 쉽지 않을 뿐더러, 매체 선정(media choice) 역시 쉽지 않은 상황이 되었다. 이를 해결할 수 있는 방법은 메시지를 일관되게 PR하여 공중들로 하여금 공감을 갖도록 하는 것이다.

PR 활동 특성 분석은 보다 구체적인 내용을 파악하기 위해서 실시한다. 우선 PR 활동의 주도성을 파악하게 되는데, PR의 형태에 대한 분석으로 PR이 유한 킴벌리와 같이 조직이 직접 참여하여 벌이는 형태인지, 협찬 형식인지 등의 분석을 함으로써 보다 적극적인 전략을 펼 수 있게 된다. 또한 전략 차원에서 차별성을 파악하고, 목표공중을 위해 PR 캠페인이 얼마만큼의 혜택이 주어졌는지의 정도를 분석해야만 진정한 의미의 PR 캠페인이 이루어질 수 있다.

(5) 조직 분석

조직 분석은 PR을 실행하는 주체 및 이를 둘러싸고 있는 내·외부 공중들을 대상으로 하는 분석이다. 기본적으로는 회사의 매출, 전통 비전 등에 대한 분석이 필요하며, PR 연계 조직에 대한 분석으로는 유관 부서의 분석을 실시하여야 한다. 즉, 제품의 매출에 관여하는 마케팅, 영업부서 등인데, 이는 해당 부서의 직원들이 최전방에서 PR

주를 비롯한 내·외부 공중들과 가장 많은 접촉을 하고, 결국 이들의 행동과 언행들이 조직의 이미지로 발전되기 때문이다.

[그림 6-8] 조직 분석 체계도

출처: 박준완(2013).

2. 전략과 전술

기획 과정에 있어 PR 프로그램의 전략을 짜내는 일은 가장 어려운 부분이다. 일단 전략만 제대로 세워진다면 그다음은 훨씬 수월해진다. 그러나 많은 PR 담당자들이 끈기 있고 일관성 있는 전략을 생각해 내기보다는 오직 전술 짜기에 급급해하는 경향이 있다. 전체적인 프로그램이 어떻게 구성되어야 하는지보다 당장 무엇을 해야 하는지에 대해 조급한 생각을 갖기 때문이다. 조급하게 하다 보면 일관된 방향성도 없고, 통합적인 메시지도 주지 못하거나, 중구난방의 번잡한 활동으로 끝나고 마는 경우도 발생하게 된다.

전략이라는 것은 기획과 마찬가지로 개별적 활동뿐 아니라 전체 프로그램에 적용된다. 전략이 중요한 이유는 전략이 과정에 초점을 맞추고 있고, 그를 통해 결과를 얻게 되며, 오랜 기간 적용되기 때문이다.

1) PR 전략

전략이란 무엇인가? 전략이란 PR 프로그램이나 캠페인에 적용되는 전반적인 접근법이다. 전략은 조정 기능을 가진 하나의 주제이며 요소이고, 가이드라인이자 큰 생각의 줄기이며, 전술적 프로그램을 위한 이론적 근거이다.

전략은 조사를 통해 얻은 정보의 분석에서 도출된 이슈에 의해 움직인다. 이는 목표보다는 작지만 전술보다는 큰 개념이다. 즉, 전략은 전술적 프로그램이 세워지는 기초이다. 또 전략이라는 것은 현재 조직의 이미지에서 옮겨 가고자 하는 이미지로 변환시키는 과정의 원칙이기도 하다. 따라서 전략은 '큰 아이디어'라고 불리기도 한다. 때로 전략은 모든 것을 내포하는 개념이다.

예를 들어, 새로운 제품을 출시하여 이를 기사화하는 것을 목표로 삼았다고 하자. 그러면 미디어 관계 캠페인을 벌인다는 것은 전략이고, 이를 실현하기 위해 기자 간담회, 기사 제공, 인터뷰, 광고 등을 하는 것은 전술이라 할 수 있겠다. 전략은 어떻게 목표를 성취할 것인가에 대한 것이고, 전술은 이를 위해 무엇을 할 것인가의 문제이다. 지역사회 관계, 사내 커뮤니케이션, 그리고 고객 관계와 같이 몇 가지 요소들을 가지고 있는 대단위 프로그램들의 경우, 각각의 프로그램을 위한 전략이 필요하다.

PR 영역에서의 전략과 전술에 대해서는 보탄(Botan, 1989)이 기존의 PR 연구를 바탕으로 전략에 대한 개념을 정립한 것이 대표적이다. 그는 PR 영역에서 전략과 전술의 개념은 실무와 이론 모든 면에서 매우 깊은 연관성을 지닌 개념임을 강조했다. 또한 그는 조직이 최종적으로 선택하게 되는 전술(tactics)은 특정한 전략으로부터 되는 것이며, 이러한 전략은 다시 대전략(Grand Strategy)에 의해 좌우되는 것이라고 하였다. 아울러 조직 전체의 정책이라고 할 수 있는 대전략은 한 조직이 조직 목표, 조직 정비, 윤리, 그리고 조직의 환경 내에 있는 공중과 다른 조직과의 관계에 대해 내리게 되는 정책 차원의 의사 결정이라고 했다. 그리고 대전략을 수행하기 위해 책략을 짜고 자원과 논거를 준비하는 캠페인 차원의 의사 결정을 PR 캠페인 기획과 평가 차원의 전략, 마지막으로 전략이 이행되는 구체적인 활동 결과물, 즉 PR 실무자의 기능적 업무 수행을 전술로 구분하였다. 또한 조직의 목표 환경에 대한 인식, 변화에 대한 태도, 공중에 대한 태도, 이슈에 대한 태도, 커뮤니케이션에 대한 태도, PR 실무자에 대한 태도 등 6가지 차원에서 나타나는 대전략을 비타협적, 저항적, 협조적 및 통합적 대전략으로 나누고 있다. 보탄이 주장한 '대전략'은 사실상 PR 전략의 과정에서 '목적(goal)'의 역할에 해당된다고 할 수 있으며, 조직의 본질적 속성에 의해 좌우될 가능성이 매우 크다. 따라서 대전략은 PR 활동을 전개하는 데 조직이 취하는 거시적이고 본질적인 태도로서, 조직 내의 PR을 통해 변화되기보다는 PR이 이에 맞춰 운영된다는 것이 더 적합하다고 할 수 있다.

2) PR 목표 설정

실무자 입장에서 PR 기획서를 쓸 때 중요한 것은 PR 목적(goals)이 무엇이며 PR 목표(objectives)를 어떻게 설정하느냐이다. 구체적 PR 목적으로는 브랜드 및 기업의 인지도 상승, 기업 이미지 제고, 조직에 대한 호감도나 선호도 상승, 이용객이나 이용률 증대, 제품이나 조직 이해도 및 인식 제고 등이 있다. 즉, 인지도, 이해도, 선호도 제고 등이 PR의 주요 목적이라고 볼 수 있다. 일례로, 부정적 인식을 가진 원자력 발전에 대한 이해를 높이거나 원전의 안전성 인식 등을 제고하는 것을 원전 관련 PR의 목적이라고 할 수 있다. 여기서 주목할 것은 위에서 언급한 내용들을 PR 목적만이 아닌 PR 목표로도 제시하기도 한다는 것이다. 그럼 PR에서 목적과 목표는 어떻게 달라야 될까? PR 목적을 PR 활동을 통해 궁극적으로 달성하려는 큰 방향이라고 한다면, PR 목표는 보다 구체적이고 세부적인 내용을 담은 것이라고 할 수 있다. 즉, 어떤 조직이나 제품에 대한 인지도, 이해도, 선호도 제고가 PR 목적이라면, 그 아래에서 특정 제품에 대한 선호도 30% 달성 혹은 기업 인지도 제고를 위한 세부 관련 이슈나 쟁점에 대한 이해관계자의 이해도의 20% 상승이나 제품에 대한 인식(구매행동) 10% 제고 변화 등등은 구체적인 PR 목표라고 할 수 있다.

즉, PR 목표는 더 구체적으로 측정 가능하게 설정되어야 하는 것이다. 구체적으로 측정 가능한 PR 목표를 달성하기 위해서는 무엇보다 PR 전략과 PR 프로그램을 기획하고 실행한 후에, PR 활동에 대한 측정과 평가가 연계되도록 해야 한다. PR 효과 측정은 구체적으로 측정 가능한 PR 목표에 대해서만 측정되기 때문에, 기획과 실행을 통해 달성된 정도를 측정하고 평가하기 위해서는 PR 목표가 매우 구체적인 것이라야 한다.

결국 PR 기획서를 작성할 때 보다 대의적인 방향의 PR 목적에 따른 PR 목표는 하나 이상으로, 여러 가지가 될 수도 있다. PR 목적과 PR 목표를 분명히 구분하고, 하나의 거시적 목적에 따라 세부 목표가 여러 개 제시될 수 있다.

하지만 구체적으로 측정 가능한 PR 목표를 설정한다는 것은 사실 어려운 일이다. 무엇보다 PR 효과 측정 단계의 핵심인 PR 대상, 기간, 방법, 메시지, 커뮤니케이션 채널 설정이 명확히 포함되어야 한다. 이를 나열해 보면 다음과 같다.

- 명확한 목표 수용자 집단
- 홍보 프로그램 실행 기간의 구체적 설정
- 홍보 주체로부터의 명확한 메시지 구성
- 명확한 홍보 실행 채널(방식) 및 방법 채택

구체적으로 기획서의 작성 방식을 설명하면, 예를 들어 기업, 브랜드에 대한 현재의 인지도가 5%일 때 향후 어느 기간 동안에 누구를 대상으로 15%까지 올리겠다는 식으로 작성한다. 앞서 제시한 원전의 예를 들면, 원전에 대한 국민의 안전도 인식이 현재 5%인데 향후 6개월간 원전 안전 인식을 10%로 높이겠다는 식으로 PR 프로그램의 목표를 세운다. 하지만 이 경우, 목표치 설정을 위한 현재 상황에 대한 정확한 리서치 자료나 진단 자료가 있어야 한다. 그래야 정확한 목표 설정이 가능해진다. 실제 PR 기획서를 작성하고 프로그램을 시행한 후 측정과 평가 부분을 서로 비교해 보았을 때, PR 시행 전후의 일관성과 연속성이 반드시 전제되도록 해야 한다.

다음에 제시된 사례는 얼마나 구체적으로 측정 가능하게 목표 설정을 할 수 있는지를 살펴보는 데 도움을 줄 것이다. 다만 이 사례에서는 전문 내용을 싣지 않고, 목표와 평가 부분만을 제시하여 실제 기획서의 예시를 살펴보도록 하였다. 이 사례를 통해 제안서, 보고서에서 구체적으로 측정 가능한 목표 설정 초점을 맞추는 것이 일관성 있는 PR 활동 수행과 평가를 위해 매우 중요한 사안임을 이해할 수 있을 것이다.

〈Ramsey 철강의 PR 기획 사례〉[1]

〈상황〉

램시 철강은 최근 환경오염 문제로 인해 언론으로부터 지탄을 받고 있음. 자체적으로 방안을 마련해 실천하는 등 오염방지를 위한 노력을 강화하고 있음에도 불구하고 지방 오염 방지기구로부터 '이달의 오염자'로 선정되는 등 여론은 계속 악화됨. 이 문제를 효과적으로 해결하기 위한 PR 커뮤니케이션 전략 수립이 필요한 상황임.

〈목표〉

▶ Problem: 램시 철강이 공장 가동 시의 오염 문제를 감소시키기 위해 많은 노력을 했음에도 불구하고 지역사회와 지방 오염방지기구는 회사를 단지 오염 배출자로만 인식함.

▶ Publics: 지역사회 및 인접한 두 도시의 거주자들*−지방 오염방지기구*−지역 언론−고객들*−주주들−지방 검찰청 등 법률기관

(*표시는 기획안에서 반드시 구체적으로 명시되고 반영되어야만 하는 핵심 고객들임.)

▶ PR 목표

1) 단기 목표

• 6개월 이내, 오염 완화를 위해 취한 행동의 리스트를 보여 줬을 때 인근 거주자(인터뷰를 통해 접촉한)의 30%가 램시 철강이 오염 방지를 위해 수행한 활동 가운데 최소한 두 가지를 지적할 수 있도록 하고자 함.

---

1) 이 사례는 이화여대 정책과학대학원 및 커뮤니케이션 전략센터에서 주관한 '고급홍보전문가 특별 과정'(2000년 1월 27일~3월 4일)에서 부교재로 사용된 『APR Guide』에서 발췌, 번역한 사례임을 밝힌다.

- 3개월 이내: 지방 오염방지기구 관계자가 램시 철강과 관련해 지역 언론에 부정적인 언급을 하지 않게 함.
- 2개월 이내: 램시 철강의 오염 방지 노력에 대해 지역 언론(인쇄 및 방송)에서 처음의 분석 결과와 비교해 부정적인 보도 비율이 20% 이상 감소하게 함.
- 9개월 이내: 첫 번째 팩스 회신 조사 당시에 비해 15% 더 많은 고객이 또 다른 조사에서 램시 철강이 오염 방지 활동을 수행하는 회사라고 응답하게 함.
- 6개월 이내: 조사에 참여한 주주 중 40%가 램시 철강의 오염 방지 노력에 지지를 표명케 함.

2) 장기 목표

- 1년 이내, 조사 대상 지역주민의 60%가 램시 철강의 오염 방지 노력을 확신한다고 응답하도록 하고자 함.
- 다음 3년 이내: 지방 오염방지기구가 오염 방지 연차 보고서와 공식 논평을 통해 이미 밝힌 것처럼 램시 철강을 '오염 방지의 선도자'로 인식하게 하고자 함.
- 2년 이내: 지역 언론(인쇄 및 방송)이 램시 철강에 대한 긍정적인 보도를 50% 이상 하게 하고자 함.
- 18개월 이내: 다섯 명의 고객이 램시 철강의 오염 방지 노력과 관련해 자발적으로 증언하게 하고자 함.
- 2년 이내: 주주들이 주주총회에서 램시 철강의 환경오염 문제에 대한 언급을 중단하게 하고자 함.

〈평가〉

1) 단기 목표

- 6개월 이내, 오염 완화를 위해 취한 행동의 리스트를 보여 줬을 때 지역 인근 거주자(인터뷰 를 통해 접촉한)의 30%가 램시 철강이 오염 방지를 위해 수행한 활동 가운데 최소한 두 가지를 지적할 수 있게 하고자 함. 우체국, 은행, 슈퍼마켓에서 불시 인터뷰를 시행함.

- 매 열 번째 사람들을 대상으로 오염 방지 활동의 리스트를 보여 주고, 램시 철강이 지역 내 공장에서 오염을 방지하기 위해 전개한 활동을 두 가지씩 지적하게 함. 얼마나 많은 사람들이 램시 철강이 실제로 수행한 활동을 가운데 두가지를 정확히 지적하는지를 알아봄.
- 3개월 이내: 지방 오염방지기구 관계자가 램시 철강과 관련해 지역 언론에 부정적인 언급을 하지 않게 함. 관계자가 참석하거나 연설을 할 수도 있는 모든 환경오염 관련 공식 회합에 참석함. 코멘트 여부에 따라 노코멘트를 의미하는 0부터 10까지 계산함. 내용 분석 방법은 아래에 나옴.
- 2개월 이내: 램시 철강의 오염 방지 노력에 대해 지역 언론(인쇄 및 방송)에서 첫 번째 분석 결과보다 부정적인 보도 비율이 20% 이상 감소함. 리서치 항목에서 서술한 것과 동일한 조사 방법 및 조사 대상의 보도 내용을 분석(지역 내 모든 인쇄 및 방송 미디어를 대상으로 함). 첫 번째와 두 번째 데이터를 대상으로 부정적인 보도 비율 비교. 만약 부정적인 보도가 20% 미만이라면 목표가 달성된 것임.
- 9개월 이내: 첫 번째 팩스 회신 조사 당시에 비해 15% 더 많은 고객이, 또 다른 조사에서 램시 철강이 오염 방지 활동을 수행하는 회사라고 응답하도록 하게 함. 모든 고객들을 대상으로 팩스-회신 조사 재시행. 램시 철강이 오염 방지 활동을 수행했는지를 묻는 항목을 반드시 포함해서 질문할 것. 만약 회사가 행한 활동 가운데 오염 방지 활동을 지적한 고객들의 숫자가 15% 이상 늘어나면 목표가 달성된 것임.
- 6개월 이내: 조사에 참여한 주주 중 40%가 램시 철강의 오염 방지 노력에 지지를 표명함. 모든 주주들을 대상으로 설문 조사 시행. 만약 응답자의 40%가 회사의 오염 방지 노력을 지지한다고 응답하면 목표가 달성된 것임.

2) 장기 목표
- 1년 이내: 조사 대상 지역주민의 60%가 램시 철강이 오염을 방지하고자 노력한다고 믿는 응답을 하도록 함. 동일한 표본 추출 방법을 통해 지역주민을 대상으로 공식 전화 조사 수행. 거주민의 60% 이상이 램시 철강이 적극적으로 오염 방지를 위해 노력하고 있다고 보는지 캠페인 시행 전과 시행 후를 비교함.

- 3년 이내: 지방 오염 방지기구가 오염 방지 관련 연차 보고서와 공식 논평을 통해 그동안 밝힌 것처럼 램시 철강을 오염 방지의 선도자로 인식케 함. 오염방지기구의 모든 공식 활동에 참석하고 의사록, 보고서 및 관련 기록들을 매 6개월마다 분석함. 램시 철강을 부정적으로 인식하고 있는지 여부에 주목함. 보다 중요한 것은 램시 철강이 오염 방지 활동의 모범 사례로 언급되는지 여부임.
- 2년 이내: 지역 언론(인쇄 및 방송)이 램시 철강에 대한 긍정적인 보도를 50% 이상 늘림. 동일한 미디어(지역 내 모든 인쇄 및 방송 미디어)를 대상으로 처음과 두 번째 조사 방법과 동일한 방법으로 세 번째 보도 내용 분석 수행. 첫 번째와 두 번째 데이터와 비교해 긍정적인 보도 비율을 비교. 만약 긍정적인 보도가 50% 이상이면, 목표가 달성된 것임.
- 18개월 이내: 다섯 명의 고객이 램시 철강의 오염 방지 노력과 관련해 자발적으로 증언에 참여케 함. 사무실로 온 편지, 팩스, 이메일을 분석함. 회사 제품과 오염 방지 노력에 대해 긍정적으로 언급한 고객이 다섯 명이 되는지 검토함. 그들에게 증언식 광고에 그들의 의견을 인용해도 좋은지 물어본 후, 만약 좋다고 응답하면 목표가 달성된 것임.

〈평가 작업 수행 시기〉

아래의 일정표에 따라 모든 목표에 대한 달성 여부를 평가함

- 지방 오염방지기구와의 회합 → 네 번째 달
- 주주 대상 설문 조사 → 일곱 번째 달
- 고객 대상 팩스-회신 조사 → 열 번째 달
- 거주민 대상 무작위 설문 조사 → 세 번째 달
- 미디어 보도 내용 분석 → 세 번째와 스물네 번째 달
- 고객이 제공한 증언식 광고 → 아홉 번째 달
- 주주 대상 전화 설문 조사 → 일곱 번째 달
- 거주자 대상 전화 설문 조사 → 열세 번째 달
- 긍정적인 언론 보도 → 스물네 번째 달
- 오염 물질 배출자로 언급/인용 여부 → 서른일곱 번째 달

3) 타깃 전략

성취 가능하고 측정이 가능한 목표의 설정을 통해 지금 어떤 방향으로 가고 있는지 가닥을 잡았다면, 그다음 살펴보아야 할 것은 "누구에게 말해야 하는가?"이다.

제안된 프로그램을 위한 조사를 수행하는 과정을 거쳐 PR 담당자들은 조직과 관련된 각각의 공중이 조직에 대해 가진 태도를 알고 있다. 이러한 각각의 공중들에 우선 순위를 매기는 일이 필요하다. 때로는 그런 우선순위가 매우 명확하다. 가령, 우리가 새로운 제품을 시장에 론칭한다면 주요 타깃 공중은 현재 존재하는 소비자 또는 잠재적인 소비자가 될 것이다. 그러나 때로는 이런 식으로 그룹화시키는 작업이 보다 어려운 경우가 있다. 아마도 우선은 기업과 별반 관계가 없는 집단과 커뮤니케이션을 시도하는 것이 필요할 것이다. 만약 기업이 주식 시장에 상장하기를 원하는 회사라면 먼저 정부 주무 부서 및 경제부 기자 그리고 잠재적 투자자들과 커뮤니케이션하여야 할 것이다. 공중을 나누는 방법은 일반적으로 거의 모든 조직에 다음과 같은 방식으로 적용된다.

- **공중**: 여론 형성자들, 압력단체들, 미디어, 지역사회
- **해외**: 고객, 정부, 국제은행, 글로벌 대행사, 비즈니스 파트너
- **정부**: 입법, 행정, 사법기관, 지방자치단체, 정부 산하 단체
- **수요 공급자**: 도매상, 소매상, 소비자, 잠재적 소비자, 경쟁자
- **내부 공중**: 사원, 관리자/임원, 잠재적 조직원, 노조, 고용인
- **투자자**: 경제 관련 미디어, 주주, 은행, 투자 은행, 정부 관련 단체

거듭 강조하지만 조직이 자신과 관련된 공중을 대충 파악해서 한꺼번에 취급해 버리는 것은 매우 어리석은 짓이다. 앞 부분에서 목표 설정에 대해 얘기할 때 태도나 행동에 있어서의 변화를 가져오는 것이 얼마나 어려운지에 대해 논했다. 따라서 특정한 그룹의 공중과의 커뮤니케이션을 통해서 우리가 얻을 수 있는 것이 무엇이며, 그 집단

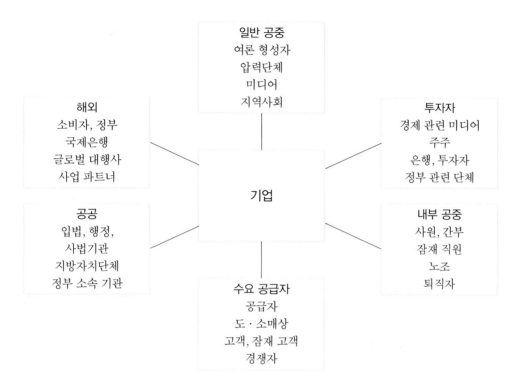

[그림 6-9] Publics common to most organization(KOGAN)

의 세분화를 통해 무엇이 달라질지 파악해 보는 것이 매우 중요하다.

(1) 여론이란 무엇인가?

특히 공중을 이해하고 기획을 제대로 하려면 PR 담당자로서는 여론의 추이를 살펴보아야 한다. 여론이란 대다수의 사람들에 의해 폭넓게 지지되는 지배적 견해이다. 여론이 무엇인지에 대해 Cutlip과 Center 그리고 Broom(1984)은 다음과 같이 정의한다. "여론이란 시간이 지남에 따라 하나의 이슈를 둘러싸고 그에 관한 토론을 거침으로써 점차 힘을 갖게 되는 일치된 생각이다." 즉, 공중들의 견해이므로 그들과의 관계를 강화하는 활동을 위해서는 여론을 살피고, 여론을 활용하거나 여론에 대응하는 일은 필수적인 과정이 된다.

여론은 보통 PR에서 두 가지 방식으로 작용한다. PR 활동의 원인 혹은 결과다. 특히 여론의 추이는 경영 차원의 결정에 중요한 영향을 미친다. 가령, 환경에 대한 증대되는 관심은 자동차와 가구 산업에 영향을 미쳤으며, 자동차로부터 나오는 유독 가스의 배출이 줄었고, 산림을 훼손하는 목재의 거래를 위축시키기도 했다.

대다수의 사람들은 이미 이슈에 대해 의견을 가지고 있고, PR 담당자들은 그저 어떤 의견을 가지고 있는지 물어볼 수 있을 뿐이다. 많은 PR 담당자들의 걱정은 이러한 의견들이 해당 조직에 반대하는 미디어에 의해 이끌어지고 초점이 맞춰지는 것이다. 희망 사항은 조직의 메시지가 전파되어서 전반적인 여론이 조직의 활동을 지지하는 쪽으로 형성되는 것이다. 따라서 많은 PR 담당자들은 매우 보편적인 메시지를 매우 폭넓은 공중에게 전달하고자 한다.

조사에 따르면, 미국의 경우 18세에서 29세 사이의 미국인 중 단지 33%만이, 30세에서 49세 사이의 미국인 중에서는 단지 48%만이 새로 나오는 뉴스를 계속 접하고자 한다고 밝히고 있다. 또한 65세 이상의 미국인 중 68%가 새로운 뉴스에 계속 관심을 보인다고 말한다. 이러한 점을 고려할 때 연령대가 내려갈수록 점점 더 뉴스에 대한 관심이 떨어진다는 것을 알 수 있다. 이러한 관심의 부족은 쉽게 설명될 수 있다. 대부분의 사람들은 모든 일에 관심을 보일 시간도 여력도 없다. 따라서 그들은 새로운 정보를 접할 때 선택적이 되어 그들에게 관련 있는 이슈에만 관심을 보인다. 미디어가 사람들이 생각하는 것을 결정짓지는 않는다. 그렇다고 해도 미디어는 특정 이슈에 관한 여론을 형성하는 데 있어 토의할 만한 플랫폼을 제공하는 존재다. 또한 전체 집단 내에서 작은 비중을 차지하고 있는 소집단이 특정 주제에 대해 관심을 가지고 있을 때, 때로는 이들이 큰 집단으로 성장하기도 한다. 이때 이들의 단합된 힘은 기업의 비즈니스에 커다란 영향을 미치는 여론이 되기도 한다.

결국 공중의 의견이라고 하는 것은 매우 흥미로운 현상으로 다양한 차원에서 작용한다. 뉴스 속의 이슈에 대한 견해를 물어보았을 때 대부분의 사람들은 의견을 표명할 것이다. 그런데 그 의견은 추상적일 수도 있고, 항상 확고한 태도를 보이는 것은 아니다. 이러한 견해는 인식이라고 불린다. 더 심도 있는 차원에서 사람들은 자살과 같은 특정 이슈에 관한 의견을 가질 수 있고, 깊게 생각하거나 논쟁에까지 이르게 된다. 그렇게 되면 공중들은 특정 주제에 대해 고정화된 태도를 가지게 된다. 여기서 한 단계 더 나아가게 되면 행동에 나서게 된다. 더욱 극렬한 경우, 어떤 이들은 일정한 방향의 행동을 취하게 되는데, 동물 보호 단체의 경우와 같이 법에 저촉되는 수준에까지 이르는 경우도 있다. 또 사람들은 두 개의 대립되는 의견을 동시에 갖기도 한다. 가령, 사람들은 동물 실험이라고 하는 것이 잘못되었다고 생각하면서도, 그 부작용이 검증되지 않은 의약품을 사람에게 판매하기 전에 동물 실험을 거쳐야 한다고 믿는 경우가 그러한 경우이다.

따라서 PR 기획을 하고 공중에게 메시지를 전달하고자 한다면, 반드시 공중의 견해인 여론을 살펴보아야 하고, 여론에 대한 다양한 대응이나 활용을 고려해야 한다.

4) 메시지 전략

이 부분은 PR 기획에서 "무엇을 말할 것인가?" 하는 부분이다. '공중이 생각하고 있는 것'은 PR 담당자들이 '공중이 생각해 주었으면 하는 것'과 일치하는 경우도 있지만, 대부분의 경우 PR 담당자들의 바람과는 거리가 있기 마련이다. 따라서 PR 담당자들은 공중이 이렇게 생각해 주기를 바라는 점을 메시지로 만들어 공중에게 지속적으로 전달해야 한다. 전달하고자 하는 메시지는 분명하고 간결하며 쉽게 이해될 수 있도록 구성되어야 한다.

무엇보다 메시지는 두 가지 이유에서 중요하다.

첫째, 메시지는 공중의 태도를 형성하는 과정에서 본질적인 요인으로 작용한다. 만약 공중들이 메시지를 전달한 정보원과 커뮤니케이션한다면, 이는 메시지가 공중들에게 전달되었고 어떤 형태로든 수용된다는 반증이다. 이는 사고 과정의 부분과도 같아서 행동에까지 연결된다.

둘째, 메시지는 커뮤니케이션의 효율성을 보여 준다. 메시지는 평가 과정의 핵심 부분이다. 만약 핵심 메시지가 미디어에 의해 채택되거나 태도 조사와 같은 리서치에 반복된다면 분명히 그 메시지가 공중들에게 받아들여졌다는 것을 의미하기 때문이다. 커뮤니케이션의 결과로 어떤 행동이 취해졌는지를 알아보는 것은 그다음의 부차적인 일이다.

하지만 PR 기획 과정에서 메시지 전략은 그 중요성에 비해 종종 과소평가되기도 한다. 때로는 언론 노출에 치중하여 전달하고자 하는 메시지와 관련성이 없거나, 심지어 상반되는 메시지를 전달하는 경우도 있다. 하지만 메시지란 공중과 조직 간의 접촉점이다. 공중과 조직은 서로 간 메시지를 주고받는 관계에 있다고 할 수 있다. 따라서 메시지와 메시지의 전달 방식은 조직이 공중들로부터 바라는 사고, 태도 그리고 행동적 변화를 포함하고 있어야 한다. 그릇된 메시지의 전달은 조직의 PR 목표 달성에 전혀 도움이 되지 못한다.

(1) 메시지 결정

그렇다면 메시지는 어떻게 결정해야 할까? 메시지를 결정하는 단계는 크게 네 가지로 나뉜다.

① 현재 명확히 존재하는 개념을 취한다. 예를 들어, 만약 한 회사의 제품을 오래된 제품으로 소비자들이 인식하고 있는지를 조사를 통해 알아본다.

② 그러한 개념에 대해 어떤 변화가 있을 수 있는지 정의한다. 만약 제품의 질이 현저하게 향상되었다면 PR 담당자는 이를 반드시 소비자들에게 알려야 한다.

③ 설득이 가능한 부분을 찾는다. 이를 위한 최고의 방법은 사실에 근거한 활동을 하는 것이다. 가령, 공장을 획기적으로 변모시키기 위해 많은 투자를 할 경우 여러 가지 일련의 기술적 진보가 있을 수 있다. 또 회사가 최근에 혁신에 대한 공로를 표창받았을 수도 있다. 이러한 모든 정보들이 해당 조직의 제품이 낡았다는 인식을 불식시킬 수 있는 정보들이다.

④ 메시지를 신뢰할 수 있으며 PR 활동을 통해 확실히 전달될 수 있도록 하는 것이다. 이러한 PR 메시지를 위해 광고나 DM 등이 활용될 수 있을 것이다.

(2) 메시지 제시

메시지는 어떻게 공중에게 제시되어야 하는가? 메시지의 제시는 다음의 요소들에 의해 영향을 받는다.

① **형식**: 메시지는 어떻게 전달되어야 하는가? 그와 관련한 시각적 이미지가 있는가? 기업의 CI를 보여 주는 것은 좋은 방법이 될 수 있다. 우선 적절한 용어가 메시지의 효과를 강화시키기 위해 사용되어야 한다. 또 메시지에 맞는 서체 등도 중요시된다. 가령, 재무 관계를 다루는 회사라면 만화 등을 사용하는 우를 범해서는 안 된다.

② **어조**: 언어의 선택도 매우 중요하다. 모든 메시지는 전달하고자 하는 분위기나 어조 등에 세심한 주의를 기울여야 한다. 이 부분은 앞에 제시한 형식 부분과도 관련이 있다.

③ **상황**: 메시지가 전달되는 상황 또한 중요한 고려 사항이다. 만약 조직이 메시지를 발표하는 날 그 회사의 주가가 폭락한다면, 이 메시지는 그로부터 영향을 받지 않을 수 없을 것이다.

④ **시기**: 이미 크리스마스가 한 주 전에 끝나고 난 상황에서 크리스마스와 관련한 메시지를 전달한다는 것이 의미가 있을 수 있겠는가?

⑤ **반복**: 같은 메시지가 반복되면 그에 익숙해지기 마련이다. 그러나 같은 메시지가 반복된다는 것이 조직의 입장에서 역효과가 나는 상황도 있다. 또 다양한 커뮤니케이션 채널을 활용하는 것이 필요한데, 그 이유는 메시지를 접하는 사람의 입장에선 다른 채널이나 제3자의 입을 통해 동일한 메시지를 전달받을 때 그 객관성과 신뢰성에 힘이 실리기 때문이다.

때로 미디어의 선택이라고 하는 것은 제한적이다. 또 애뉴얼 리포트(annual report)와 같은 것은 법과 관련된 자료이고 그 정보가 엄격히 규제되기도 한다. 또 어떤 때는 커뮤니케이션 채널이 규제를 받기도 한다. 광고 메시지까지도 일정한 형식의 규제가 있게 마련이다. 일반적 메시지는 그 자체로 의미를 가질 수는 있다. 그러나 커뮤니케이션을 통해 무언가 특별한 목적을 달성해야 한다면, 구체적인 타깃 공중들을 향한 맞춤 메시지가 필요하다. 애매모호한 메시지는 애매모호한 결과가 나올 뿐이다. 치밀한 조사를 거친 날카롭게 다듬어진 메시지가 필요한 것이다.

5) 전술

전술이 전략과 명확하게 연계되어 있어야 한다는 것은 두말할 나위가 없는 일이다. 또 전술적 프로그램을 전개해 나가는 과정에 있어 모든 크리에이티브가 고려되어야 하지만 마음속에 가지고 있어야 할 핵심 요소는 한두 개 정도로 국한시키는 것이 좋다.

- 브레인스토밍을 이끌기 위한 전략 사용하기: 전략은 무언가를 구속하기보다는 일에 있어 포커스를 맞출 수 있도록 돕는다.
- 전략적이지 못한 활동들을 거부하기: 브레인스토밍은 놀랍고, 자극을 주며, 흥미롭고, 엉뚱한 생각을 낳게 한다. 그러나 아무리 좋은 아이디어라 하더라도 전략적이지 못한 활동은 논외로 해야 한다. 그러나 그런 아이디어를 완전히 폐기시키지는 말아야 한다. 어쩌면 다른 프로그램을 위해 쓰일 수도 있기 때문이다. 그러나 해당 프로그램의 전략적 주장과 맞지 않는다면 한쪽에 조용히 밀어 두도록 하자.
- 전술을 전략과 연관시키고 전략을 목표와 연관시키기: 뚜렷한 논리적 스토리보드를 가져야 한다. 목표란 무엇을 성취해야 할 것인지 프로그램에 전반적 방향을 제시하는 것이다. 또 전략은 추진력과 그 방법을 제시하는 것이고, 전술은 무엇을 실천해야 하는지 하부 단위의 상세한 프로그램을 짜는 것이다.
- 가능한 전술을 시험해 보기: 만약 가능하기만 하다면 특정 전술이 성공할 수 있는지 없는지를 알아보는 것은 매우 권장할 만한 일이다. 만일 비슷한 프로젝트를 수행했던 경험이 있다면, 그 일이 성공할 수 있는지 없는지를 알 수 있는 경우가 있다. 그러나 때로는 완전히 새로운 영역의 업무를 수행해야 하는 경우도 있기 때

문에, 그런 경우 현실적으로 실현 가능성을 테스트해 보아야 하는 것이다. 여기에 명심해야 할 점이 있다. PR 담당자는 전략이 올바르다는 확신을 가지고 있는 한, 문제 상황에 닥쳤을 때 전략을 수정하기보다는 먼저 전술을 바꿔 보도록 노력해야 한다. 전략적 검토는 주요한 단계이다. 만약 어떤 프로그램이 원래 가야 할 방향으로 가지 못하고 있다면 이는 전술이 잘못됐기 때문일 가능성이 높다. 물론 기획이라고 하는 것은 접근에 있어 어느 정도의 융통성은 있어야 한다. 때론 한 PR 캠페인의 전술로 나아가는 단계에서 전체 프로그램의 전략적 주장을 담고 있는 특정 전술이 갑자기 떠오르는 수도 있다. 가령, 공중들이 한 회사의 제품은 떠올릴 수 있으나 그 제조사를 떠올리지는 못하는 상황에서, 이를 개선하기 위한 방법으로 인터넷 웹사이트를 활용한 전술 등을 고려하다가 회사 전체의 CI를 새로 할 필요성을 느껴 이것이 전략으로 되는 수도 있다. 즉, 전략 밑에 전술이 떠오르는 것이 아니라, 전술을 떠올리다가 전략으로 소급해 간 경우도 있을 수 있는 것이다.

(1) 전술 수단

그러면 어떤 전술을 써야 할 것인가? 번득이는 아이디어들을 모아서 하나의 프로그램을 구성하는 일은 어찌 보면 쉬운 일일지도 모른다. 그런데 안타깝게도 PR 프로그램의 목표를 통해 성취하려고 했던 부분을 잊은 채, 그 기술적 전개 자체에만 집중하는 경향이 종종 나타난다. PR 프로그램을 주시해 볼 수 있는 한 가지 방법은 프로그램 과정상의 접점 포인트를 만들어 이들과 접촉을 강화시키는 것이다.

우선 관련된 공중이 누구인지 파악하고 타깃 공중을 선정한 후, 그들과 접촉할 수 있는 통로를 확보해야 한다. 그다음, 커뮤니케이션 메시지의 전략적 전달을 통해 공중이 조직이 원하는 방향으로 생각하고, 믿고, 행동하게 해야 한다. 선택된 프로그램에 사용되는 기술들은 충분한 숫자의 공중들에게 적용되어야 하고, 그 전달된 메시지들은 공중들을 일정한 방향으로 이끌 수 있을 만큼 영향력이 있어야 한다. 당연한 이야기지만, 이는 합리적인 비용으로 이루어져야 한다.

대부분의 테크닉에는 강점과 약점이 있으므로 이를 서로 보완할 수 있도록 테크닉 사이의 조합을 적절히 맞추어야 하고, 다양한 활동 사이에 균형을 이루도록 조절해야 한다. PR 담당자는 특정한 테크닉을 선택함에 있어서 전체 프로그램을 고려하여 타깃 공중에게 강력한 커뮤니케이션 효과를 거둘 수 있도록 신중해야 할 것이다. 예를 들어, 어떤 회사가 시각적으로 뛰어난 신제품으로 고가 화장품 시장에 도전장을 냈다고 하자. 이 경우에는 그 제품의 물리적 우수성이 시연되어 보이는 것이 중요하고, 이를 쌍방향 커뮤니케이션을 통해 널리 전파시켜야 한다. 이를 위한 전술로는 시연회를 연다거나, 기자들에게 샘플을 보내 본다거나, 잘 만들어진 브로슈어를 보낼 수 있다. 또 샘플 제공 후 할인 쿠폰을 제공하거나, 샘플과 관련된 미디어 캠페인을 펼칠 수도 있다. 한편, 소매점에서의 샘플 제공이나 패션 이벤트 등도 고려할 수 있다.

또 다른 차원의 예를 살펴보자. 회사의 CEO가 주요 투자자들에게 상세한 재무 정보를 주고자 한다면, 이 경우 시각적이고 전술적인 측면은 그다지 중요하지 않을 수 있다. 또 많은 수의 공중이 존재하지도 않는다. 이러한 경우에는 메시지가 면밀히 통제되어야 하기 때문에 미디어 전술이 최상의 방법이 아니다. 이 경우는 세미나, 상세한 자료의 제공, 일대일 또는 소집단 브리핑 등이 유용하다. 특히 일대일 상호작용을 통해 서로 이해하고 있는 부분을 체크하고 협력하는 것이 절대적으로 중요하다. 때때로 캠페인의 유형이 어떤 테크닉을 사용할지를 결정한다. 만약 모터쇼에 새로운 모델의 차량을 선보인 자동차 회사가 기자들에게 테스트 드라이브를 해 보도록 기회를 주지 않는다면 무슨 일이 일어나겠는가? 마찬가지로 어떤 테크닉들은 특정 캠페인에 잘 맞아떨어지는 경우가 있다. 소비자 영역에서 그들의 이목을 끌고, 미디어의 관심을 받고, 크리에이티브한 아이디어를 내는 것은 프로그램의 일부분이다. 그렇다면 브레인스토밍을 통해 여러 아이디어를 쏟아 냈을 때, 어떻게 최종 테크닉을 결정할 수 있는가? 여기 그 두 가지 기준이 있다. 적합성과 전달성이다.

① **적합성**: 논의 선상에 있는 테크닉이 실제 목표로 하는 타깃 공중들에게 잘 적용이 될 것인가? 충분한 영향력을 미칠 수 있는가? 전달하고자 하는 메시지를 차질 없

이 제공할 수 있는 믿을 만하고 영향력 있는 기술인가? 또 이 테크닉이 조직이 택한 다른 커뮤니케이션 장치들과 잘 맞아떨어지는가? 등이다.

② **전달성**: 주어진 테크닉을 성공적으로 이행할 수 있는가? 주어진 예산과 시간 내에 실행할 수 있는가? 이 테크닉을 사용하기 위해 적합한 전문성을 가진 인력들을 확보하고 있는가? 등이다.

(2) 전술 매체

어떤 전술을 사용할지에 대한 개괄적인 방향이 잡히면 어떤 미디어를 사용해야 할지를 정해야 한다. 가령, 전시회가 가장 적합한 테크닉이라고 결정된다면 전시회가 어떻게 기획되어야 하는지에 대한 구체적 방안이 나와야 한다. 얼마나 많은 타깃 공중들이 참여할 것인가? 어떠한 형태로 꾸미는 것이 가장 비용 효율적인가? 같이 전시회장을 쓰는 사람들의 전시는 우리의 전시 가치를 높여 줄 것인가, 혹은 떨어뜨릴 것인가? 이 전시회는 누구에게 가장 중요한가? 미디어인가? 전술을 빛나게 하는 것은 크리에이티브한 아이디어다. 색다른 아이디어는 캠페인을 다른 유사한 캠페인들과 차별화시켜 준다. 그렇다고 완전히 괴짜 같은 아이디어일 필요는 없다. 대표적인 사례의 하나로 정신 지체인들을 돕는 농장 생활 커뮤니티 공동체를 들 수 있다. 그들은 자신들의 활동에 지원을 받기 위해서 엽서를 보내거나 자신들이 살아가는 모습의 사진을 보내 사람들로 하여금 지원을 하도록 유도하여 성공을 거두었다.

다음에 소개하는 내용은 PR에 자주 사용되는 PR매체들이다. 특히 소규모 기업에서도 실용적으로 사용할 수 있는 아이템들이다. 하나하나를 독자적으로 사용해도 좋고, 실현 가능한 것들을 뽑아 서로 조합하여 새로운 전술을 만들어 내도 좋다. 상상력과 창의력, 가능하다면 유머 감각까지 발휘한다면 놀라운 효과를 가져올 수 있을 것으로 기대한다.

〈효과적인 PR 걸술 매체들〉

(1) 스토리텔링에 효과적인 매체들

① 책(전자책)

브랜드의 이미지를 높이고 소비자들의 주목을 끌기 위한 방법. 회사 역사, 기업주의 철학, 경영관, 자전적 내용, 미래에 대한 비전 등을 제시하는 것이 일반적이다. 이 외에 브랜드와 관련한 제품 이야기 책도 가능하다. 일례로, 식품 회사 제너럴 밀즈사가 만든 『베티 크로커의 요리책』과 세탁기 회사 메이 캐그의 『세탁 백과사전』 등을 들 수 있다. 이 책들은 제품 판매를 촉진하기 위해 만든 책자인데, 제품을 이용하면서도 생활에 도움을 주는 수백 가지의 생활 요령이 담겨 있다.

② 자서전(위인전)

선거철이 되면 국회의원 출마자들이 자서전을 출간하는 것도 같은 맥락이다. 자신의 인생관, 국가관, 민족관 등 많은 내용을 목적에 맞추어 실을 수 있기에 전단이나 소책자보다는 아무래도 효과적이라는 판단에서다. 창업자나 주요 임직원의 자서전을 통해 기업 스토리를 전개하면 무게감도 있고 이미지 형성에도 도움이 된다.

③ 안내 책자

소비자들이 제품이나 서비스를 보다 잘 이용할 수 있도록 가이드라인을 만들어 주는 방법이다. 혹은 사업과 관련하여 가이드라인을 만들어 줄 수도 있다. 한 예로, 자동차 보험 회사가 '자동차 사고 대처 요령'을 소책자로 만들어 가입자에게 나누어 주는 것 등을 들 수 있다. 미국에서 전국적인 주유소 체인을 갖고 있는 쉘 석유 회사는 주유소마다 장거리 운전 시 주의해야 할 사항, 예를 들어 빙판 도로를 운전하는 요령, 고속도로에서 차가 고장 났을 때 대처 요령 등 약 20여 가지의 많은 가이드라인을 작은 소책자에 인쇄하여 자사 계열의 주유소에 비치해 두고 무료로 가져가게 한다.

④ 전문 보고서

보고서라든가 책자 등 보다 전문적인 성격의 저술을 통해 기업이 자신의 마케팅 활동이나 소비자에게 보다 강한 영향력을 행사하려는 활동을 말한다. 예를 들어, 신제품인 비타민C나 콜레스테롤이 없는 제품을 개발하여 출시한다고 할 경우, 비타민C의 효능이나 콜레스테롤에 대해 내과 의사들의 임상 결과 등을 알기 쉬운 보고서, 읽을 책자 등으로 만들어 배포하는 것을 말한다.

⑤ e-뉴스레터

소비자나 업계 관련자들에게 기업과 제품의 이미지를 심어 주고, 제품이나 유통에 관한 정보를 전달하고 지속시키는 매체로서 자주 쓰이는 방법이다. 제품에 포함된 등록서나 질문지, 회사 전시회나 박람회 참가자, 광고나 퍼블리시티를 통해 회사로 정보를 요구했던 사람들, 수신자 부담 무료 전화 등을 이용한 사람들의 명단으로 수신자 리스트를 만들고 뉴스레터를 보낸다. 그럴 경우, 반복되는 상호작용적 커뮤니케이션을 통해 고객 데이터베이스로 발전시켜 나가기도 한다.

⑥ 우편물

최근에는 데이터베이스 관리와 마케팅 기법의 발달로 PR의 목적에 맞추어 개인적 접근이 가능해졌다. 데이터베이스에 기록된 고객들의 행동 반응을 세세하게 분류하여 보다 정확한 타깃을 선정하거나 새로운 고객에게 접근하는 방법 등이 다 이에 속한다. 뿐만 아니라 어떤 의견에 대한 반응, 판촉 제안 등도 가능하다. DM은 이런 많은 것을 실행하는 대표적인 수단이다. 인터넷 시대에서는 e-메일이 이런 것을 대신하기도 한다.

⑦ 동영상

다양한 영상물을 활용할 수 있다. 여기서는 편집 완료하지 않은 비디오도 가능하다. 예를 들어, 새로운 광고를 만들었고 그 내용을 비디오로 릴리즈한다고 하자. A-Roll은 그 내용을 편집한 것이 되지만, B-Roll은 연기자들이 실수하는 장면이나 촬영에 얽힌 비하인드 스토리를 별다른 편집이나 여과 없이 담은 것이다. B-Roll을 릴리즈할 경우, 뉴스 편집자들은 자신의 관점에서 나름대로 편집을 새롭게 할 수 있는 여유가 있기에 선호되기도 한다.

⑧ 영상 보도 자료

뉴스 릴리즈를 비디오로 하는 것을 말한다. 많이 쓰는 방법이다. 편집을 해서 좋은 부분만을 보낼 수도 있고, 방송사가 편집하여 사용할 수 있도록 다양한 내용을 그대로 보내 주는 경우도 있다. 제품 뉴스나 이벤트 행사의 경우 방송사가 촬영하지 못하는 경우가 많은데, 그럴 경우 이 방법은 매우 효과적이다. 미국의 경우, 닐슨 조사에 따르면 지역 방송국의 75%가 이 비디오 보도 자료를 정기적으로 받아서 이용한다고 한다.

(2) 브랜드 경험에 효과적인 매체들

① 샘플링

마케팅 전술로도 유명한 오래된 방법의 하나는 샘플을 나누어 주는 샘플링이다. 특정 지역에 사는 소비자들에게 우체국이나 택배 시스템을 이용하여 보낼 수도 있고, 상점이나 길거리에서 나누어 줄 수도 있고, 기존 제품에 덧붙여 포장할 수도 있다. 여론 선도층에 나누어 주고 영향력을 확대하려면 기자 등에게 샘플을 배포하기도 한다. 기자들에게 샘플링하는 것은 PR에서 전형적인 일이거니와, 여론 선도층인 기업의 경영진들로부터 가정경제 전문가까지 다양하게 샘플링을 배포할 수도 있다. 시기적절한 샘플링은 제품을 구매하여 한번 사용해 보도록 만들 수도 있고, 입소문이 나게도 한다.

② 판촉물

보험사 영업 사원들이 즐겨 쓰는 방법이다. 명함과 함께 연락처가 인쇄된 껌이나 사탕을 함께 넣어 나눠 주는 식이다. 티셔츠, 스웨터, 모자, 앞치마, 우산, 작은 가방, 풍선, 티셔츠 등 사람들이 가지고 다닐 수 있는 모든 소품에 브랜드나 브랜드와 관련된 메시지를 장식하여 쓰거나 파는 것이다. 전 세계 주요 도시마다 있는 하드록카페의 경우, 그 카페보다는 기념 티셔츠로 더 유명하다.

③ 어워드

기업이 주최하거나 후원을 하여 관심을 끌 만한 상을 제정하여 수여하는 것으로, 연말에 베스트 드레서를 뽑는 경우도 사례에 속한다.

④ 주간 혹은 기념일

무슨 무슨 주간으로 선포하여 행사를 만드는 것을 말한다. 제품의 탄생 기념일을 맞아 브랜드가 개선되었다든가, 새로운 규격 용품이 나왔다든가, 새로운 향이 나왔다든가 하는 등의 내용으로 뉴스를 발표하는 것도 포함된다. 혹은 유기농데이나 **빼빼로데이**, 밸런타인데이 등의 기념일을 임의로 제정해 제품 판매에 활용하기도 한다. 이렇게 함으로써 제품에 대한 관심과 재미를 더욱 끌어낼 수 있다.

⑤ 콘테스트

제품과 직접적으로 연결되면서도 재미있는 콘테스트를 여는 것을 말한다. 프록터 앤 갬블사의 '샤워하며 노래 부르기 전국 경연대회' 등이 대표적인 사례다. 우승자를 뽑는 기준은 독창성, 연기 또는 샤워 모습, 즐거운 모습 등 세 가지로, 최종 본선은 뉴욕의 '라이도시티 뮤직홀'에서 열릴 정도로 큰 규모였다. 지역 예선은 지역 신문과 방송이, 전국 본선은 전국 네트워크가 다룰 만큼 화제를 불러일으켰고, 조사 결과 이 행사에 참여한 사람의 87%가 브랜드를 인식하고 있었으며, 76%는 행사를 통하여 제품을 구입했다고 한다. 다양한 대회가 가능하지만, 중요한 것은 당연히 제품 판매에 얼마나 도움이 되었느냐 하는 것이 아이디어의 선택 기준이다.

⑥ 전시회

사람들이 많이 모이는 곳에 상설 전시관을 만들거나 이동 전시회를 하는 방법 등을 말한다. 전자의 경우로 유명한 것은 시카고의 과학 산업 박물관 내에 있는 레고 전시관이다. 아이들이 부모와 함께 레고 블록으로 다양한 장난감을 만들어 볼 수 있고, 레고 블록으로 만든 세계적으로 유명한 건축물들을 볼 수도 있다. 이동 전시관을 운영하는 것으로 유명한 것은 대체 감미료 회사인 '뉴트라스위트'로, 여름철 동안 전국 각 지역에서 열리는 마을 축제에 참여하여 일시적인 전시회를 연다. 방문객들에게는 뉴트라스위트를 첨가하여 만드는 음식의 요리법이 적힌 소책자와 작은 선물, 쿠폰, 제품의 샘플 등이 담긴 가방을 나눠 주는데, 그 가방은 움직이는 광고판 역할을 한다.

⑦ 축제

각종 페스티벌은 많지만 적당한 것이 없을 경우, 기업이 스스로 페스티벌을 만들기도 한다. 기업이 만든 페스티벌로 유명한 것의 하나는 허쉬 초콜릿 회사의 'Great American Chocolate Festival'이다. 이처럼 페스티벌은 지방 행정 당국이 관광객을 끌어모아 지역의 경제 발전을 꾀하면서 중복되지 않게 다양하게 만들 수 있다. 그래서 공장이나 본사가 속한 지방의 자치 단체는 많은 지원을 하여 그 지역의 관광 상품으로 발전시키기도 한다. 또 경우에 따라서는 지역사회와의 우호적인 관계 활동을 위해서 활용될 수도 있다. 이천의 도자기 축제나 부천 영화 축제 등도 대표적인 사례다.

⑧ 오픈식

개점을 축하하는 리본 커팅에서부터 자동화 공장의 착공식이나 기공식, 상량식에 이르기까지 다양하다. 프랜차이즈 식당이나 백화점 개점 행사가 가장 흔한 형태로서, 미디어의 관심을 끄는 기회가 된다.

⑨ 서명식

서명식, 인수식, 계약 체결식 등을 보다 확대시켜 이벤트로 만드는 것을 말한다. 가장 흔한 경우는 운동선수들의 입단식이나 계약 체결식 등이다. 그러나 문화 단체의 후원을 약속하는 행사나 후원금을 전달하는 행사도 가능하다. 기업이 어떤 것에 관심이 있는가를 보여 주는 좋은 방법이고, 그 관심에 동조하는 타깃 오디언스에게 호의를 얻는 방법이기도 하다.

⑩ 오찬회

기자들을 불러서 회사와 언론매체와의 관계를 보다 가깝게 할 수 있는 좋은 방법 중 하나다.

⑪ 행진

가장 대표적인 퍼레이드는 아마 뉴욕 메이시스(Macy's) 백화점의 크리스마스 퍼레이드일 것이다. 기업이 후원하는 꽃차, 대형 풍선, 가지가지 볼거리들을 통해 기업이나 브랜드의 노출 효과를 기대하기도 한다. 미국에서 한국을 알리는 방법으로 로스앤젤레스에서는 '한인회 주최의 퍼레이드'가 있다. 한국 회사들도 참여하지만 한인 시장을 겨냥한 미국 회사들도 참여하기도 한다.

⑫ 시범 혹은 시연

소비자를 모아 놓고 실제로 제품을 사용해 보이는 방법이다. 방문판매에서 많이 쓰이는 방법으로 효과적이다. 장소는 일반 상점, 구매 대상자의 가정, 쇼핑몰 등 회사의 판촉 사원들이 움직일 수 있는 곳 어디든지 가능하다. 요리 기구를 이용한 요리 시범, 백화점에서의 화장품 사용법에 대한 시범 등이 잘 알려져 있다.

⑬ 시찰 혹은 견학

대표적인 것으로 공장 견학을 들 수 있다. 깨끗하고 청결한 환경에서 생산한다는 것을 직접 보여 주고, 견학이 끝나면 샘플을 제공하는 식이다. 제품의 사용을 유발하는 동시에 신제품 소개로 연결할 수도 있다. 연수회, 산업 시찰 등도 포함된다. 식품 회사의 공장 견학 프로그램은 일반적으로 잘 이용되는 방법이지만, 미디어를 대상으로 개발할 수도 있다.

(3) 온라인 이용하기

① 웹사이트

알다시피 인터넷상의 웹사이트는 매우 훌륭한 PR매체다.

② 의견 사이트

회사가 회사의 입장이 아니라 소비자의 입장에 서서 사회적으로 중요한 이슈들을 바라보고 그에 대한 견해를 유지한다면, 회사에 대한 이미지를 높이는 데 도움이 된다. 자사의 웹사이트에서 어떤 사회적 이슈에 대한 기업의 견해를 올리면, 기존의 방법보다 첨삭과 게재가 용이하고 많은 사람들에게 확산 효과가 있으므로 웹사이트에서 유용하다.

③ 뉴스 룸

인터넷 홈페이지에 사이트를 만들어 두고 고객들 간의 직접 대화를 진행하려는 것을 말한다. 보도 자료 및 각종 홍보물을 발표하는 창구로 쓸 수 있다. 코카콜라의 저니(Journey) 사이트가 대표적이다. 경우에 따라서 웹마스터나 담당자가 고객들과 대화를 통해 기업의 이미지나 의견들을 개진할 수 있다. 사회적인 이슈에 대해 기업의 의견을 개인적 차원으로 전개할 수도 있다.

④ 온라인 서비스

인터넷 웹페이지에 소비자 정보를 전달하는 창구를 만들어 소비자 의견을 듣는 것은 매우 중요하다. 그런 것들을 통해 소비자들의 요구를 파악하기도 하며 변화를 감지할 수 있다. 또한 소비자의 불만에 기업이 어떻게 대처하는가에 따라 기업의 이미지가 형성되기도 한다. 얼마 전 동아일보 홈페이지에 모 회사의 자동차를 구입한 사람이 그 자동차 회사의 처사에 불만을 가지고 웹사이트를 개설했다고 한다. 그 사람이 그 사이트를 만들게 된 동기는 자신의 불만이나 요구사항이 그 자동차 회사에 전달되지 않았기 때문이었다고 한다. 아울러 경쟁 자동차 회사의 웹사이트에는 소비자들이 찾아와서 회사에 의견을 개진할 수 있는 창구가 있어서 소비자의 의견을 반영할 수 있었지만, 그 자동차 회사는 그런 창구가 없었다고 지적했다. 이 내용을 읽은 많은 네티즌들은 함께 분개했다. 그리고 방문자 수가 폭주하자 매스컴에 기사화되기도 했다.

⑤ 블로그 & 캠페인 사이트

이미 대중화된 문화, 미니홈피와 블로그 등을 말한다. 요즘에는 젊은 세대뿐만 아니라 성인들도 블로그 혹은 미니홈피에 "중독되었다"는 표현을 쓸 정도로 유행이다. 제품과 관련된 정보나 역사, 그리고 판매자의 의견 등을 잘 조합하여 운영한다면 상당한 PR 효과가 기대된다.

⑥ 인스타그램

이미지 공유 위주의 SNS이다. 사진 촬영 후 자체 필터 등을 이용하여 이미지 편집이 가능하며, 이를 페이스북, 트위터, 플리커와 같은 다른 SNS로 공유할 수 있다. 영어, 스페인어, 프랑스어, 한국어 등 25개의 언어를 지원하고 있다.

⑦ 페이스북 팬 페이지

페이스북 팬 페이지는 일반 페이스북이 가진 태생적 한계에서 벗어나기 위해 만들어졌다. 원래 페이스북은 개인과 개인의 네트워킹을 더욱 활발하게 하기 위해 만들어졌다. 영화 〈소셜네트워크〉에서 볼 수 있듯이 페이스북의 발단은 학교 내의 그룹채팅 또는 간단한 정보 공유를 위해 개설된 것이다. 하지만 페이스북은 개인의 네트워킹 활동을 위해 만들어진 것인 만큼, 기업의 마케팅 활동에는 적합하지 않은 구조를 가지고 있다. 그중에서도 개인 계정의 경우에는 친구의 수가 5,000명을 넘지 못하도록 제한하고 있는 것이 대표적이다. 따라서 기업의 마케팅 활동을 위해 별도로 개설된 것이 바로 페이스북 팬 페이지이다.

(4) 사람 혹은 캐릭터 사용하기

① 최고 경영자 CEO

최고 경영자는 때때로 회사의 대변인보다 더 큰 역할을 수행할 수 있다. 선도적이거나 이야깃거리가 있는 경영자일수록 더욱 가치가 높다. 또 반대로 그런 CEO들은 자신을 PR 수단으로 이용하기도 한다. 최고 경영자의 말 한마디는 그 어떤 PR 활동보다도 효과적이다. 일례로, 크라이슬러의 아이아코카 회장은 차를 판매하기 위해 인터뷰를 자주 잘 이용하는 사람으로 유명했다. 위기상황을 관리하는 경우 주로 인터뷰를 이용하게 되는데, 이는 미디어의 직접적인 관심을 모을 수 있기 때문이다.

② 심벌 캐릭터

산타클로스 할아버지를 보면 크리스마스가 떠오른다. 산타클로스는 크리스마스의 상징이기 때문이다. 상업적으로도 많은 상징들이 있다. 맥도널드 햄버거는 'Ronald', 집에서 요리해 먹을 수 있는 빵 반죽을 파는 필즈버리사는 '빵 반죽 소년(DoughBoy)', 캠벨 스프 회사는 '어니 앤드 케브러'라는 캐릭터를 가지고 있다. 이런 캐릭터는 회사를 형상화한 하나의 개인으로 나타내므로 개성을 가질 수 있고, 그 개성을 통해 소비자에게 친근하게 접근하기가 쉽다.

③ 팬클럽

유명 연예인들만이 팬클럽을 가졌겠지만, 지금은 독특하고 매력적인 제품들을 중심으로 팬클럽이 생긴다. 어린이들의 바비 인형 팬클럽, 어른들의 무스탕 자동차 팬클럽이 그런 것들이다. 미국에서는 아직도 폭스바겐을 좋아하는 사람들의 모임이 있다. 제품의 팬클럽일 경우, 회사는 회원 카드 회원증 등을 발급해 주며, 뉴스레터나 소책자를 보내 주고, 팬클럽의 미팅을 주선하기도 한다. 최근에는 인터넷의 웹사이트를 만들어 정보를 공유하고 게시판을 통하여 의견을 나누는 활동 등도 가능하다.

(5) 제3의 전문가들을 이용하여 공신력 얻기

① 회의 주선

세미나, 심포지엄, 연석회의, 화상회의 같은 것들을 회사가 주선하는 것을 말한다. 이 회의에서는 주로 업계 추세, 조사 결과 발견된 사항들, 회사의 제품이나 소비자에 대해서 토의한다.

② 세미나 개최

제약 회사가 신약에 대한 임상 실험 결과를 세미나나 심포지엄을 통하여 발표하는 것은 일반적인 일이다. 하지만 이런 것을 일반 기업에서도 확대 적용할 수 있다. 건강, 영양, 재정 관리, 주식 투자 요령 등 개발 가능한 주제는 무궁무진하다. 이런 세미나에 참석하는 사람들은 그렇지 않은 사람보다 관심이 많은 것이 분명한데, 그들의 주소나 이름 등을 가지고 데이터베이스를 만들어 더 다양하게 활용하고 발전시킬 수 있다.

③ 입장 발표

회사가 공중들이 관심을 갖는 이슈나 주제에 대해서 자신의 입장을 확인시키는 데에 주로 사용되는 방법이다. 라디오나 텔레비전을 동시에 겨냥하는 경우가 많은데, 기업이 광고주이기에 사회적 이슈나 주제에 대한 공식 입장을 전달할 기회를 주기가 쉽기 때문이다. 이슈나 주제도 다양하다. 문학적 주제도 있고, 국제적 관심사도 있고, 입양아 문제도 있고, 화재 조심에 대한 것도 있을 수 있다.

④ 조사

소비자 실태 조사, 이용 조사, 의견 조사 등을 하고 그것을 언론에 제공함으로써 우위를 점하는 회사들이 자신의 입지를 강화시키는 데도 사용하지만, 사실은 그 반대로 조사가 소비자를 끌어들임으로서 더 큰 효과를 기대할 수 있다. M&M 초콜릿이 어떤 색깔을 새로 만들 것인가를 소비자들에게 공개 조사한 것이나, 미국 우정성에서 '엘비스 프레슬리' 기념 우표 시안을 투표에 부친 것은 호응도가 컸다.

⑤ 설문 조사

흥미를 끌 만한 내용으로 설문 조사 후, 결과를 발표하는 것만으로도 눈길을 끌 수 있다. 가령, 수도권 남녀 대학생 1천 명을 대상으로 혼전관계에 대한 의식을 조사하는 것 등이 있다. 그 외에도 패션에 대한 성향, 좋아하는 음식들에 대해서 간단하게 조사할 수도 있다. 이러한 설문 조사는 가치 있는 소비자 정보를 찾기 위해서뿐만 아니라, MPR 활동의 결과를 파악하기 위해서도 유용하다.

⑥ 인증

정부 단체로부터의 공식 인가, 권위 있는 기관으로부터의 인정, 제품 관련 유명 전문가 등의 제3자를 이용한 추천, 권유를 제품의 포지셔닝에 사용하는 것을 말한다. 예를 들어, 자일리톨에 치과협회의 추천이 따라붙고, 모 화장품에 피부과 의사의 추천이 붙는 식이다. 같은 가공 농산물일지라도 농협에서 만드는 것들에는 농협 마크가 붙게 마련인데, 그 마크 자체만으로도 별도의 광고나 판촉을 할 필요 없이 판촉의 효과를 볼 수 있음은 당연한 일이다.

(6) 매스컴 활용하기

① PPL

TV나 영화 속에서 제품이나 브랜드 명을 은근슬쩍 노출시키는 것이다. 우리나라 사람들의 미디어 의존성을 감안한다면, 직접 광고를 대체할 효과적인 광고 형태로 자리 잡을 가능성이 크다.

② 애드버토리얼

광고와 기사의 합성어로, 잡지나 신문매체를 통해 게재하는 기사 형식의 광고를 말한다. 광고에 비해 제작비도 저렴하고 구매자의 신뢰를 끌어내는 데도 용이하다.

③ 고정 칼럼

매체에 고정 칼럼을 만들어 운영하는 것이다. 일반적으로 회사의 이름이나 브랜드에서 따온 특정인을 설정하고 그가 제품에 대한 고정 칼럼을 쓰는 형식으로 운영하는 것이다. 예를 들어, 잔디 깎기 기계를 생산하는 '존 디어'라는 회사는 '디어 존'이라는 칼럼에서 잔디 깎기 요령이나 잔디 관리 요령, 집 안의 화단 가꾸기 등 사업이나 제품과 관련된 질문들을 독자들로부터 받아서 그에 대한 답을 하는 형식으로 운영하였다. 안경 체인점인 '펄 비전'은 눈의 건강과 시력, 안경 고르는 요령과 안경의 패션 스타일에 대한 시리즈를 내면서 '펄 박사에게 물어봅시다'라는 칼럼을 만들었다. 실제로 독자들의 질문에 대답하는 것이기도 하지만, 예상 질문에 대한 대답으로 만들어 운영할 수도 있다.

(7) 후원하기

① 후원 행사

기업이 주요 예술 활동이나 대중문화 예술에 지원하는 경우를 말하며, ○○배 축구 대회 등이 다 여기에 속한다. 회사 이름으로 하는 경우보다는 브랜드를 앞세우는 경우가 더 MPR에 가깝다. 비상업적 환경의 리더들에게 영향을 끼칠 수 있다는 면에서 긍정적인 효과를 갖는다. 고객들에게 제품이나 브랜드 이미지를 확장시키는 힘이 크다. 과거에는 콘서트 등을 후원하는 것이 주종을 이루었지만, 요즘은 단순한 후원뿐만 아니라 제작에 참여하는 경우도 있다.

② 기증 행사

기업이 학교 대상으로 교육 프로그램을 만들어 배포하거나 학생 생활 요령 등을 제공할 수 있다. 예를 들어, 생리대 제조 회사는 여학생들을 대상으로 교육용 책자를 배포할 수도 있고, 치약 회사는 어린이들에게 이 닦는 요령을 알기 쉬운 포스터로 만들어 줄 수도 있다. 학생들의 보다 나은 교육 환경을 위한 것이라면 무엇이든 좋다. 모범 사례로, 3M사가 오버헤드 프로젝트를 생산 판매하면서 미국 전체 학교를 대상으로 '시청각 기자재로서 오버헤드 프로젝트 활용 계획'을 모집하고, 선정된 학교에 무료로 제품을 배포한 적이 있다. 이는 오버헤드 프로젝트가 시청각 기자재로서 자리매김하는 데 결정적 역할을 했다. 그리고 이런 이미지를 바탕으로 학교뿐 아니라 모든 회의실에 비치해야 하는 필수 장비라는 이미지를 갖게 되었다.

③ 신세대 대상 활동

젊은이들은 미래의 시장이다. 젊은이들은 관심도 다양하고 하고 싶은 것도 많다. 그래서 이들을 대상으로 하는 프로그램을 다양하게 만들어 낼 수 있다. 과학경진대회나 미술경진대회, 글짓기대회 같은 것들이 대표적인 사례다. 미국 보이스카우트는 영화 촬영 기법을 재미있게 소개해 주며 그것을 들은 아이들에게 배지를 달아 주는 행사를 하는데, 이는 파나소닉과 스티븐 스필버그가 후원한다고 한다.

④ 지역 대상 활동

아주 세분화된 특정 지역에서 그 지역의 관심사, 그 지역 시장의 특성에 맞는 PR 활동이나 CSR, 이벤트 등을 여는 등 다양하게 지역에서만 행하는 PR을 말한다. 포스코가 포항 지역에 포항공대를 설립하여 학비 전액을 지원하는 활동도 지역 대상 활동의 하나에 속한다.

(8) 기타 독특한 방법들

① 세계 최고

아무개가 세상에서 가장 큰 치즈 케이크를 만들어 기네스북에 도전했다면 이것은 뉴스거리가 된다. 기록에 도전하는 데는 여러 가지 방법들이 있다. 월드컵에 진출한 축구팀의 선전을 위한 기원을 담은 대형 카드를 만들거나, 가장 큰 연을 만들어 올리거나, 가장 오랫동안 춤을 춘다거나…. 생각해 보면 한도 끝도 없다.

② 스턴트

영화 속의 스턴트처럼 흥미진진한 볼거리를 만들어 낼 수 있다. 63빌딩 오르기, 63빌딩에서 행글라이더 타기가 예전에 있었던 것들의 대표적인 예다. 올라가는 것과 반대로 허쉬 초콜릿이 새로 나온 Kisses를 대형으로 만들어 뉴욕 엠파이어 스테이트 빌딩에서 떨어뜨린 이벤트도 있었다.

③ 기네스에 도전하기

장시간 계속적으로 어떤 활동을 하는 것을 말한다. 쉬지 않고 자전거 타기, 오래 걷기, 오래 키스하기 등이 그것이다. 제품이나 브랜드와 자연스럽게 연결시키는 것이 관건으로, 미디어의 관심을 끌기도 쉽고, 브랜드 충성도 또한 높일 수 있다.

④ 움직이는 광고판

버스, 자동차, 열기구, 보트, 비행기, 기차 등 탈것을 이용하는 것을 말한다. 모험가나 탐험가의 수송 장비나 이동 장비에 브랜드를 부착시켜서 후원하는 것이 가장 흔한 형태이다. 이 전술로 대표적인 것은 버스나 지하철 외부에 붙어 있는 영화 포스터나 제품 광고일 것이다. 사람들은 버스나 지하철이 오기를 기다리면서, 혹은 신호 대기 중에 이 광고판을 자신도 모르게 꼼꼼히 읽게 된다.

참 고문헌

김영욱(2003). PR커뮤니케이션. 서울: 커뮤니케이션북스.

이종혁(2006). PR프로젝트 기획. 서울: 퍼냄기획.

이종혁, 최홍림, 기연정(2013). 정책 PR전략 단계 및 세부 전술 프로그램에 관한 탐색 연구. 광고
   PR실학연구, 6(2). 67-90.

박기순, 박현순, 최윤희 역(2004). 현대 PR의 이론과 실제. 서울: 커뮤니케이션북스.

박준완(2013). GS Caltex Planning Googling. https://www.slideshare.net/ssuserc8cd3b/
   ongoing-40846050

유재웅(2016). 한국사회의 위기사례와 커뮤니케이션 대응방법(pp. 214-233). 서울: 커뮤니케이션
   북스.

최준혁(2014). "PR 기획". 한정호 외(2014). PR학 원론. 서울: 커뮤니케이션북스.

Anne, G. (2000). *Planning and Managing Public Relations Campaigns*. London: Kogan.

광고와 PR 조사 방법론

1) 사회과학의 이론적 접근 방법

광고 현상이나 PR, 커뮤니케이션을 포함한 사회과학에서 전개되는 모든 이론들은 과학 철학과 사회 이론에 근거하고 있다. 따라서 광고나 PR 현상에 대한 다양한 접근을 위한 그 바탕에 깔린 철학적 가정을 검토하는 것은 사회과학 조사 방법론에 대한 출발점이 될 수 있다. 버렐과 모건(Burrell & Morgan, 1979)은 진리 탐구에 대한 존재론과 인식론, 인간본성 그리고 방법론 등 네 가지 가정에 관련된 논의를 통해 사회 이론에 대한 철학적 분석을 시도하였다. 사회과학의 본질을 둘러싼 이들 4가지 가정은 사회 현상을 분석하기 위한 커다란 양대 지적 전통과도 직결된다.

*손영곤 베인스데이터마케팅 연구소 소장, **주대홍** 한화생명 브랜드 전략 파트장

표 7-1 실증주의적 접근 vs. 인문주의적 접근	
실증주의적 접근	인문주의적 접근
관찰의 표준화	창조적 설명(해석)
법칙의 발견을 통해 관찰자 간의 차이를 줄임	개개인의 주관적 반응 이해
외적 활동 강조	내적 활동 강조
발견된 세계에 초점	발견한 사람에 초점
합의	다른 해석 추구
발견에 의한 지식	해석에 의한 지식

사회과학의 연구 대상인 사회 현상에 접근하는 하나의 사조는 사회학적 실증주의(Sociological positivism)이다. 이 입장은 자연과학의 모델과 방법을 사회 현상의 연구에 적용하려고 한다. 따라서 사회 세계를 자연 세계와 동일한 것으로 보며 존재론적으로 실재론적인 입장을 취한다. 이는 또한 실증주의적 인식론과 인간 본성에 대한 결정론적인 시각과 보편 법칙적 방법론의 사용을 취하게 된다. 다른 하나는 사회학적 실증주의와는 반대의 입장을 취하는 인문주의적 전통이다. 이 입장은 우주의 궁극적 실재는 감각 지각의 자료가 아니라, '정신' 혹은 '관념'에 놓여 있다는 전제를 취한다. 이것은 본질적으로 사회적 실재에 대한 명목론적인 접근이다. 이 입장은 사회 분석의 기초로서 반실증주의적 인식론, 주체론적 인간관을 취하며, 주관적 해석적인 방법을 선호한다.

양자의 방법 중에 어느 것이 진리 탐구에 더 적절하며, 어느 편이 합리적인 방법인지를 결정할 수 있는 근거는 사실 없다. 인간의 행위가 가진 독특성은 두 가지 접근 방법을 모두 필요로 하기 때문이다. 설명하고자 하는 현상의 특성에 따라 더 적합한 방법을 선택할 뿐이다.

2) 과학적 연구 방법

퍼스(Peirce)는 인간이 어떤 사물을 이해하거나 주어진 문제에 대해 결론을 내리는 방법에는 네 가지의 보편적인 방법이 있다고 하였다. 첫째는, 집착의 방법(method of tenacity)이다. 사람들은 자신이 진리라고 확실하게 믿기 때문에, 또 항상 그 진리가 맞는 것으로 알려져 왔기 때문에 그에 집착한다. 결국 그러한 '진리'에 대한 계속된 믿음이 그것의 타당성을 제고하는 것으로 볼 수 있다. 자신이 알고 있는 지식의 타당성을 뒷받침할 수 있는 논리적 근거가 없는 상태에서, 단지 지금까지 그렇다고 생각해 왔기 때문에 그 지식이 옳다는 주장을 하는 경우 집착에 의한 지식이라고 할 수 있다.

둘째는, 권위의 방법(method of authority)이다. 이것은 이미 확립된 신념의 방법이다. 어떤 생각이 그 이면에 전통의 중압감과 공적인 강제력을 갖고 있으면, 그것은 옳은 것이라고 판단하는 것이다. 흔히 교수나 선생이 그것이 옳다고 했으므로, 혹은 어떤 책에서 그러한 사실이 제시되었으므로 옳은 것이라고 판단하는 경우가 많다. 매스미디어의 시대에 들어서는 그 지식의 타당성 여부와 상관없이 텔레비전에서 그렇게 말했으므로, 혹은 신문에 나왔기 때문에 그 지식이 옳다고 주장하는 경우가 많다. 이역시 권위에 의한 지식이라고 할 수 있다.

셋째는, 선험적 방법(priori method)으로 직관(intuition)의 방법이라고도 한다. 선험적 명제는 이성과는 일치할 수 있지만 경험과 반드시 일치하는 것은 아니다. 이는 인간이 진리를 추구하려는 본질적 성향을 갖고 있기 때문에 자유로운 커뮤니케이션과 교류를 통해 진리에 도달할 수 있다고 본다. 그러나 "이성과 일치한다"는 표현에 문제의 여지가 있다. 인간 이성에 대한 무조건적인 신뢰에 대한 반론이 제기될 수 있기 때문이다. 이러한 방법은 흔히 인간의 직관이나 느낌을 중시하는 경향이 있다.

마지막으로, 과학적 방법(method of science)이 있다. 과학적 방법은 개인적 편견, 가치관, 태도, 감정 등을 떠나서 주어진 현상을 객관적으로 검토하여 이에 대한 결론을 추출하는 방법으로, 이것만이 사물에 대한 진정한 이해 또는 문제해결의 방법이라는 것이다. 과학적 접근 방법에는 다른 인식의 방법들이 갖고 있지 않은 자기 수정(self correction)이라는 특성이 있다. 과학자들은 언뜻 보기에 결과가 분명해 보이는 진술이라 할지라도 이를 진실로 받아들일 수는 없으며, 먼저 검증을 통해 이를 입증해야 한다고 주장한다. 또한 검증 절차는 누구나 검증할 수 있도록 공개되어야 한다.

표 7-2 **지식 습득 방법과 과학적 연구 방법**

연구 방법 유형	내용
권위적 방법 (authoritarian mode)	• 사회적 · 정치적으로 지식 생산자의 자격을 인정받은 사람들의 권위에 의존하여 의문을 해결하고 지식을 얻는 방법 • 권위적 방법에 의존할 경우, 일반인(지식 추구자)들은 사회적 또는 정치적으로 권위를 인정받은 지식 생산자에게 지식 생산의 능력이 귀속된 것으로 간주 • 권위적 방법은 전문가(experts)에 의한 지식 획득 방법과는 구별되어야 함. 전문가는 과학적 지식을 전달하는 역할을 담당하고 있으며, 그들의 의견은 과학적 지식에 근거를 두고 있음. 권위적 방법과 전문가에 의한 방법의 차이는 지식의 근거가 아니라 받아들이는 방법이 다르다는 데 있음. 권위적 방법이 공인된 권위자가 선언한 것을 무조건 받아들여야 하는 것이나, 전문가에 의한 방법은 의견을 받아들이고 받아들이지 않고는 지식 추구자가 자유롭게 결정할 수 있게 됨
신비적 방법 (mystical mode)	• 신비적 방법은 예언가, 신령, 신, 영매(靈媒) 등 지식을 보유한 것으로 생각되는 초자연적인 권위에 의존하여 의문을 해결하는 것 • 이 방법은 특정 권위에 의존한다는 점에서 권위적 방법과 유사하나, 권위적 방법이 지식 생산자의 사회적 지위에 의존하는 데 반해, 신비적 방법은 지식 생산자의 초자연적인 능력 그리고 지식 소비자의 심리 상태에 의존한다는 점에서 구별됨
논리적 · 합리적 방법(logical · rational mode)	• 인간의 지성(human mind)은 관찰할 수 있는 현상과는 독립적으로 세계를 이해할 수 있고, 지식의 형태는 우리가 경험하기 이전에 이미 존재한다는 합리주의 관점에서 출발 • 즉, 원칙적으로 참이어야 하는 것은 무엇인가, 논리적으로 가능하고 허용될 수 있는 것이 무엇인가에 관심을 가짐. 합리주의자들에게는 추상적 논리(abstract logic)가 규범적 지배과학(normative master science)이며, 이것은 그들이 불건전한 사고와 과학적인 명제(scientific propositions)를 구분하는 기준이 됨 • 과학적 방법에서도 논리적 · 합리적 추론을 활용하지만 그 결과를 그대로 참된 지식으로 받아들이는 것은 아님. 과학적 방법에서는 논리적 추론 과정을 거쳐 얻어 낸 결과는 하나의 가설(hypothesis)로 간주되며, 가설이 타당한지에 대해서는 현실 세계를 관찰함으로써 검증되어야 하는 것으로 파악됨

과학적 방법 (scientific mode)	• 과학은 특정한 지식을 획득하는 과정을 의미하며, 이런 과정을 거쳐 생산된 지식을 가리켜 과학적 지식이라고 함 • 과학적 지식 획득 방법의 핵심은, ① 관찰 결과의 중시, ② 관찰에 사용된 규칙과 절차의 객관성 등 두 가지를 꼽을 수 있음. 즉, 관찰에 의한 객관적인 사실에 지식의 근거를 두며, 현상이나 의문시되는 대상에 대한 객관적인 관찰 결과를 중요시함. 관찰 과정에서 관찰자의 편견, 가치관, 태도, 감정 등 개인적 특성은 체계적으로 배제되어야 함 • 이러한 견지에서 과학적 방법은 지식을 공식적인 객관성에 의거하여 검토하고, 끊임없는 자기 수정(self correction)을 가능하게 하는 과정이라고 할 수 있음. 척도 구성, 가설 검증, 표본 추출 방법, 모수 추정 등 규칙을 강조하는 것도 같은 맥락에서 이해할 수 있음 • 결국 과학적 지식과 비과학적 지식의 구분은 그 결과보다는 결과에 도달하기까지의 절차와 과정에 의해 결정된다고 볼 수 있음

3) 과학의 특성

과학이란 우리를 둘러싸고 있는 여러 현상에서 지식을 습득하고 탐구하는 것을 말한다. 기존의 많은 과학에 대한 정의들을 볼 때, 과학은 과학적 방법을 사용하여 해결 가능한 문제로부터 이론을 도출하는 과정이라고 할 수 있다.

하나의 학문 분야가 독립된 과학으로서 성립하려면 학문 고유의 연구 대상이 있어야 하고, 그 연구 대상을 탐구해서 그에 대한 이론을 세울 수 있는 과학적 방법이 갖춰져 있어야 한다. 연구 문제를 과학적 방법을 통해 해결하고, 그 결과를 묶어서 체계화된 이론을 형성할 수 있을 때 비로소 하나의 독립된 과학(학문)이 성립된다.

학문의 연구 대상은 현상이다. 현상이란 변인(variables) 및 이들 변인 간의 관계(relationship)를 말한다. 따라서 모든 학문에서 현상을 연구한다고 함은 곧 어떤 현상에 관련된 변인들과 그 변인들 간의 관계를 연구한다는 말이 된다.

과학적 연구의 목적은 연구 대상인 현상과 관련된 변인들 간의 관계를 기술(describe)하고 설명(explain)해서 이에 대한 보편타당한 지식 체계 즉, 이론을 정립함으로써 그 주어진 현상을 미리 예측(predict)하고 나아가서는 그것을 통제(control)하는 데 있다. 기술한다는 것은 주어진 현상을 있는 그대로 정확히 관찰, 보고하는 것을 가리킨다. 상태나 구조의 기술은 어떤 변인의 값을 구체적으로 명시하는 것(신문 독자의 분포)을 의미하며, 과정의 기술이란 두 개 이상의 변인들 간의 인과관계를 명시하는 것을 의미한다. 설명(explain)은 주어진 현상에 대한 이유를 밝히는 것을 가리킨다. 과학은 현상을 기술하는 데 그쳐서는 안 되며, 그 이유를 설명할 수 있어야 하나의 완전한 지식이 된다. 예측은 주어진 현상을 대상으로 어떤 변인(독립 변인) 또는 조건을 변화시키면 어떤 결과(종속 변인)가 나타날 것이라고 과학적 근거에 의하여 사전에 진술하는 것을 의미하며, 통제는 어떤 현상을 변화, 즉 주어진 문제를 해결하고 연구 결과를 실용화하려는 것을 가리킨다.

그렇다면 광고나 PR, 커뮤니케이션 연구와 관련하여 현상을 기술, 설명, 예측, 통제한다는 것은 어떤 뜻을 담고 있는가에 대해 생각해 보기로 한다. 과학적인 연구 방법을 이용하여 광고 현상을 기술한다고 하는 것은, 예를 들면 연구자가 시청률 조사, 매체별 광고 집행 비교, 광고 대행사 현황, 기업의 광고비 지출 동향 등의 광고와 관련된 다양한 현상들을 조사하고자 할 때, 과학적 연구 방법을 이용하여 이러한 조사 대상들을 기술하는 것이 대표적이라고 할 수 있다. 과학적인 연구 방법을 이용한 광고 현상을 설명한다는 것은 다양한 광고 현상을 표면적으로 기술하는 것을 넘어서, 이러한 현상들이 광고 효과에 어떠한 영향을 미칠 것인가와 같이 광고 현상(또는 광고 변인)과 광고 효과(또는 광고 효과 변인) 간의 인과적 관계를 밝혀내려 하고 있다는 것을 가리킨다. 이와 같이 많은 연구들이 이 범주 안에 들 수 있는 이유는, 광고 연구에서 다음 단계인 예측보다는 설명이 보다 효과적으로 과학적 연구 방법을 이용할 수 있다는 점과, 광고 효과가 그만큼 중요한 연구 대상이라는 점을 보여 주고 있다. 또한 광고 효과는 다음과 같은 이유로 향후 보다 중요한 연구 대상이 될 것이며, 이러한 연구를 위해서는 과학적 연구 방법을 이용하여 광고 현상을 설명할 수 있을 것이다. 첫째, 광고의 특성상 광고 효과 측정에 과학적인 방법이 많지 않다. 둘째, 광고주가 광고 효과에 보다 더 많은 주의를 기울이려고 한다. 셋째, 광고 효과 연구의 과학화로 인해 광고 연구의 분야가 보다 확대되고, 다음에서 논의될 예측에 대해 보다 과학적인 이론의 토대를 마련할 수 있다. 과학적 연구 방법은 광고 현상을 예측하고 통제하는 데도 적용되어야 한다. 광고 현상의 예측은 많은 한계점을 가지고 있다고 볼 수 있다. 왜냐하면 광고는 사회과학으로서, 미래를 예측하기 위해서는 주변에 존재하는 무한한 변인들을 모두 포함할 수 있는 고도의 과학적 접근 방법이 필요하지만, 이는 현실적으로 불가능하기 때문이다. 그럼에도 불구하고, 빠르게 변화하는 광고 현상과 그 주변의 내/외부의 환경들은 미래에 대한 예측에서 결코 간과될 수는 없다. 예측을 위한 광고 연구에서는 그 예측도를 극대화할 수 있도록, 즉 기존의 과학적 접근 방법을 비판하고 새로운 과학적 접근 방법을 끊임없이 모색해야 하는 과제를 안고 있는 것이다. 그것이 광고나 PR, 커뮤니케이션 현상을 보다 체계적으로 살펴보기 위한 걸음이기 때문이다.

4) 과학 구성 요소

(1) 현상(Phenomenon)

과학적 연구란 현상들 가운데서의 추정된 관계에 대한 이론적 가설들을 체계적, 통제적, 경험적(논리적), 비판적(분석/평가)으로 탐구하는 활동이다(Kerlinger, 1999). 과학적 이론의 정립은 현상에 대한 관찰에서 시작된다. 사물 또는 현상을 있는 그대로 이해하기 위해 표현한 내용을 사실(fact)이라고 한다. 사실은 사물이 의미 체제 내에서 어떤 비중과 위치를 차지할 것인지를, 그리고 실제적으로 어떤 차이를 가져올 것인지를 예상하여 그로부터 경험된 바를 문자나 기호로 묘사시켜 놓은 것이라고 할 수 있다. 반면, 이론은 사실에 비해 동적·입체적인 것으로 사실과 사실 사이의 관계를 나타내며, 단순한 사실이나 무질서한 사실들의 집합이 지니고 있는 공통된 무엇을 일반화시키고 추상화하여 이를 분류, 정리, 설명하는 의미 체제를 이루게 된다. 이러한 체계적 구성이 이론이며, 이는 다시 전체적인 지식 체계를 이루게 된다. 이론이란 주어진 현상을 설명하고 예측할 목적으로 그 현상에 관련된 변인들 간의 관계를 명시, 그 현상을 체계적으로 조망해 주는 상호 관련된 개념들(concepts or constructs)의 하나의 집합이다. 즉, 이론은 ① 정의되어지고 상호 관련되어 있는 개념들로 구성된 명제들의 집합으로, ② 주어진 변인들 간의 관계를 명시함으로써 그 변인들에 의하여 기술되어지는 현상에 대한 체계적 조망을 제시해 주는 역할을 하며, ③ 변인들 간의 관계에 대한 이유를 밝혀 줌으로써 하나의 변인과 관계된 다른 변인의 변화를 예측할 수 있게 한다.

(2) 개념(Concept)

개념은 그것이 나타내는 경험적 사실 또는 현상 자체가 아니다. 일정한 현상에 대한 인간이 갖는 인상 인지나, 복잡한 경험으로부터 만들어진 논리적 결과나 모두 구성체이기 때문에 현상과는 구별되어야 한다. 개념이란 사물이나 사상을 관찰, 그 본질적인 공통적 속성들을 집약해서 일반화 내지는 표상화해 놓은 것이며, 좋은 이론을 형성하기 위해서는 개념들을 구성개념(constructive concept)화시켜서 측정 또는 조작이 용이해야 한다.

우리가 특정 용어를 사용할 때 그 용어로 의미하고자 하는 것이 무엇인가를 구체화하는 과정이 개념화이다. 보통 일상적인 대화에서는 용어를 선정하거나 사용할 때 막연하고 모호한 동의 체제를 통해 상황에 따라 행해지며, 용어 사용에 있어 의견 일치를 갖지 못하는 경우, 그 부정확성에 따른 오해와 갈등이 유발된다.

(3) 정의(Definition)

사회과학 연구를 계획하거나 실행하는 과정에서 어떤 주제에 관련된 개념과 그 개념에 대한 신뢰성에 적지 않은 혼란이 발생할 수 있다. 조사 단계에서 개념을 정의하는 것은 크게 두 가지 방법이 있다. 첫째, 사전적 정의(constitutive definition)는 한 개념을 다른 개념을 가지고 정의하는 것으로 주로 문헌 연구에서 사용한다. 예를 들면, 중량은 무거움으로 정의하는 것이다. 둘째, 조작적 정의(operational definition)는 주어진 개념이나 변인을 측정하는 데 필요한 활동이나 '조작'을 상술함으로써 그것에 의미를 부여하는 방식이다. 다시 말해서 변인을 측정하거나 조작할 때 연구자의 활동을 구체적으로 명시하는 것이다. 예를 들어, '지능'을 IQ 측정 점수로 나타낸다고 정의하였을 때, 이러한 정의는 지능을 측정하기 위해 어떠한 활동을 해야 하는지를 말해 주고 있다.

(4) 변인

연구하고자 하는 개념이나 속성을 경험적으로 관찰할 수 있도록 만들어진 것을 포괄적으로 변인(variables)이라고 한다. 변인은 여러 가지 다른 값을 갖는 속성이라고 할 수 있다. 정확히 정의하면 변인이란 숫자나 값이 부여되는 일종의 기호라고 할 수 있다. 변인은 여러 가지 기준으로 구분할 수 있는데, 그중 가장 널리 사용되는 방법은 독립 변인과 종속 변인으로 분류하는 것이다. 독립 변인(independent variable)이란 영향을 미치는 변인이며, 종속 변인(dependent variable)은 독립 변인에 의해 영향을 받는 변인이다. 독립 변인은 선행 변인이고, 종속 변인은 그 결과 변인이며, 종속 변인은 예측되는 변인이고, 독립 변인은 예측하는 변인이다. 종속 변인은 추정된 결과로 독립 변인이 변함에 따라 같이 변화하게 된다. 어떤 한 변인은 어떤 연구에서는 독립 변인이 되고, 또 다른 연구에서는 종속 변인이 될 수도 있다. 혹은 심지어 동일한 연구에서도 하나의 변인이 독립 변인과 종속 변인으로 같이 사용될 수도 있다.

2. 사회과학 연구 과정 및 연구 설계

1) 연구 과정

앞에서 지식을 습득하는 방법과 사회 현상을 다루는 사회과학에서 과학의 본질에 대해 살펴보았다. 이번에는 사회 현상들에 대한 규칙성을 발견하거나 이들 간의 관계를 설명하는 데 그 목적이 있는 사회과학 연구가 어떤 과정을 밟아 가며 진행되는지 다루어 보고자 한다. 일반적으로 사회과학 연구는 다음과 같은 과정을 통해 이루어진다. 다만 연구의 성격이나 목적에 따라 반드시 이런 절차를 모두 거치는 것은 아니며, 경우에 따라 생략되기도 하고, 그도 아니면 환류하기도 함을 유념할 필요성이 있다.

(1) 연구 목적의 설정

연구자는 먼저 연구 목적을 결정하고, 이에 맞는 연구 문제를 제기하여야 한다. 여기서는 연구를 하게 된 동기와 그 중요성을 밝히는 한편, 적용되었을 때 실무적으로나 학문적으로 기여하는 정도 등에 대해 사전에 철저하게 구상한 다음, 이를 논리적으로 정립할 수 있어야 한다.

(2) 문제 제기

문제 제기는 전체적인 연구의 방향을 설정하기 위한 단계로서, 본 연구를 수행하는 데 발생하는 문제점을 해결하고 기회를 포착하기 위해 가장 중요한 단계이다. 연구 문제가 현상의 본질을 정확하게 규정하지 못했다면, 즉 문제를 잘못 규정하거나 너무 광범위하거나 너무 협소한 문제를 연구 문제로 설정했다면, 설령 연구 과정이나 절차상의 과학적 오류는 없다고 하더라도 실질적인 도움을 주지 못하게 되거나 오히려 새로운 문제를 야기시킬 수 있다.

올바른 연구 문제를 설정하기 위해서는 연구를 통해 해결하여야 할 문제 자체와 연구 문제를 야기하게 된 배경에 대한 분석이 병행되어야 한다. 이는 올바른 문제를 설정하거나 문제해결을 위해서도 매우 필요하다. 배경 분석에는 상황 분석, 문헌 조사, 전문가 의견 조사와 그 외 사례 연구들을 많이 사용한다. 이 단계에서는 연구 문제에 대한 관련 문헌 조사 사례들을 폭넓게 수집하고, 수집된 자료들을 검토하여 이론적 차원과 경험적 차원으로 분류하고, 이를 심층적으로 분석하여야 한다. 이 같은 작업을 통해 연구 문제에 대한 이론적·개념적 준거 틀과 더불어 연구 모형을 구성하고, 세부 가설들을 이끌어 낼 수 있게 된다. 연구 문제를 설정한 이후에는 문제해결을 위해 체계적인 이론적 고찰, 구체적인 연구에 이용될 각종 변인의 규명, 변인들 사이의 관련성을 나타내는 가설의 설정이 순차적으로 이루어진다.

(3) 연구 설계

연구 설계 단계에서는 가설을 검증하기 위한 구조나 계획 또는 전략을 다듬게 된다.

연구 설계를 명확히 함으로써 제기된 이론이나 가설을 어떻게 구현할 것인가를 표현하는 논리적 절차를 밟게 되는 셈이다. 이 절차에 따라 연구자는 옳고 그른 정도를 결정하는 증거를 얻을 수 있게 된다.

(4) 과학적 연구 방법

과학적 연구는 크게 문제의 규명, 현상의 기술과 설명, 인과관계의 규명으로 이루어지는데, 이를 위한 연구 방법론도 추구하는 목적이 무엇인가에 따라 탐색적 연구, 기술적 연구, 인과적 연구로 나눌 수 있게 된다. 과학적 방법을 동원하여 연구를 통해 궁극적으로 밝혀내려는 것은 변인들 간의 인과관계(causality)로서 여러 변인들 중에서

표 7-3   **과학적 조사 방법 유형**

구분	정의	예
정성 조사 (Qualitative Research Method)	• 소비자와 자유로운 토론을 통해 자료 수집 • 정량 조사에 앞서 전반적인 상황 파악, 계량화하기 어려운 소비자 심리 파악	• FGD(Focus Group Discussion) 　−여러 명의 응답자와 동시 면접 　−소비자들의 의견/태도/사용 습관/인식 등을 찾아내기 위한 정량 조사의 사전 조사 　−1집단은 보통 7~8명 정도로 구성되며, 특별한 시설이 된 Room에서 면접이 이루어짐 • 심층 면접(Depth Interview) 　−면접 진행자와 1명의 응답자가 1:1 면접
정량 조사 (Quantitative Research Method)	• 설문지를 이용하여 수치화된 자료를 수집하는 계량적 방법	• 서베이(Survey) 조사 　−조사원이 설문 조사를 통해 제품 관련 정보를 수집 • Gang Survey 　−일정한 장소에 동시에 모여 응답자로부터 자료 수집 　−보조물(사진, 시제품 등)을 제시하여 설문 작성/자료 수집 • CLT(Central Location Test) 　−응답자를 일정 장소에 모이게 한 후 시제품, 광고 카피 등에 대한 소비자 반응 　−응답자가 일정 시간 내에 자유롭게 조사 장소를 방문하여 개인 면접 형식으로 조사

원인이 되는 변인과 결과가 되는 변인을 밝혀 앞으로의 사건을 예측하려는 데 있다 할 것이다. 다만 인과관계는 단순한 상관관계가 아니라 사건의 병발 발생, 시간적 우선순위, 그리고 외생 변인의 통제 등과 같은 조건을 만족시켜야 하는 엄격한 관계를 요구하게 되며, 이 관계의 입증을 위해 철저한 실험 설계의 필요성이 대두된다.

(5) 측정

측정이란 경험의 세계와 관념의 세계를 연결시켜 주는 수단으로, 측정 대상이 되는 속성에 대해 일정한 법칙에 근거한 수치를 부여하는 것으로 정의할 수 있다. 특정 속성에 대한 측정을 하기 위해서는 추상적인 개념적 정의를 현실 세계에서 관찰 가능한 형태로 표현해 놓아야 하므로 조작적 정의가 필요하며, 하나의 속성에 대해 몇 가지의 조작적 정의를 통해 측정할 수도 있다. 측정을 위해 속성에 부여된 수치는 측정하고자 하는 속성들 간의 관계에 어떤 의미를 부여하는가에 따라 명명 척도, 서열 척도, 등간 척도, 비율 척도의 4가지로 구분할 수 있다.

측정 도구를 개발하기 위해서는 측정 과정상 발생할 수 있는 오류가 개입될 가능성을 최대한 축소해야 한다. 오류는 체계적인 오차와 비체계적인 오차로 구분되는데, 체계적인 오차는 항상 일정한 방향으로 작용하는 편향으로 타당성과 관련되는 개념이며, 비체계적인 오차는 무작위로 발생하는 오차로 신뢰성과 관련된 개념이다. 타당성은 측정하고자 하는 속성을 측정 도구가 정확히 측정하였는가의 문제를 의미하며, 신뢰성은 측정된 결과의 일관성, 정확성, 의존 가능성, 안정성, 예측 가능성과 관련된 개념이다.

(6) 설문지 작성

설문지는 많은 정보를 체계적으로 정리할 수 있게 해 주며, 정보 획득 과정에서 연구자의 의도를 최대한 반영하는 방향으로 작성되어야 한다. 설문 작성은 필요한 정보의 결정, 자료 수집 방법의 결정, 개별 항목의 내용 결정, 응답 형태의 결정, 개별 항목의 완성, 질문 순서의 결정, 설문지의 외형 결정, 설문지의 사전 조사와 설문지 완성의 절차에 따라 행하게 된다. 필요한 정보의 결정은 연구자가 조작적 정의를 통해서 측정 가능한 형태로 전환된 정보를 획득하는 것이다. 여기서 얻어진 정보를 바탕으로 가설을 검증하고 연구 결과를 도출할 수 있게 된다.

(7) 자료 수집 방법

연구를 수행하면서 연구자는 연구 목적을 달성하기 위해 분석에 필요한 자료를 수집하게 되는데, 이들 자료는 그 특성에 따라 크게 1차 자료와 2차 자료로 구분된다. 나아가 메타 분석을 위한 기초 자료로 다수의 개별 문헌들을 3차 자료라고 하여 앞의 수집 방법과는 별도로 분류하기도 한다. 1차 자료는 연구자가 연구 목적을 위하여 직접 수집하거나 작성하는 자료를 말하며, 2차 자료는 연구 목적에 도움을 줄 수 있는 기존의 모든 자료를 가리킨다.

(8) 표본 설계

특정 모집단의 특성에 관한 정보를 얻기 위해 실제 연구에서는 전수 조사를 실시하거나 표본 조사를 실시하게 된다. 전수 조사는 모집단으로부터 직접적으로 정보를 입수하는 방법이며, 표본 조사는 표본의 특성을 기반으로 모집단의 특성을 추정하는 방법이다. 표본 조사는 전수 조사에 비해 시간과 비용이 절약되며, 어떤 상황에서는 연구 과정을 보다 엄격하게 통제할 수 있어 정확도가 높은 자료를 얻을 수 있는 장점 등이 있어 주로 이용된다. 표본 설계 과정은 우선 명확한 모집단을 규정하는 데서 시작한다. 모집단이 확정되면 실제로 표본이 추출될 표본 프레임을 선정하게 되는데, 표본 프레임이 모집단과 정확히 일치되지 않을 때는 오차가 발생하여 이로부터 추출된 표본은 모집단에 대한 대표성이 떨어지게 되므로 이 오차를 조정해야 한다. 즉, 대표성이 있는 표본을 확보할 수 있는지의 여부가 표본 추출 방안에서 핵심적 사안이 된다.

(9) 자료 분석 및 통계 처리

수집된 자료는 부호화(coding), 편집(editing), 전산화 등의 절차를 거쳐 가공되며, 적합한 통계 분석 기법에 의해 처리되어야 한다. 적합한 통계적 방법은 몇 개의 변인을 고려할 것인지(변인의 수), 분석의 목적이 변인을 측정한 결과를 기술할 것인지, 아니면 그 측정 결과에서 어떠한 추론을 할 것인지(기술 통계와 추리 통계), 변인이 어떻게 측정되었는지(측정 수준) 등을 고려하여 결정되어야 한다.

(10) 통계 분석 및 해석

수집된 자료를 적절한 통계 기법을 이용하여 결과를 산출한 다음에는, 연구 문제를 통해 설정된 가설을 채택할 것인가, 아니면 기각할 것인가를 확률적으로 검증하는 절차를 거치게 된다. 가설 검증을 통해 입증된 사실은 기존 이론을 지지하거나 반박하여 새로운 이론을 형성할 수 있는 근거를 제공할 수 있게 된다. 여기서 눈여겨보아야 할 사실은 연구 가설의 채택만이 잘된 연구의 척도가 되어서는 안 된다는 것이며, 기각된 가설도 연구 문제에 대한 중요한 시사점이 된다는 점이다. 연구 결과는 가설을 검증하는 차원만이 아니라, 연구의 의의에 대해 연구자의 가치나 이해도가 충분히 담겨 있어야만 수치에 대한 해석의 폭을 넓힐 수 있다는 점도 잊어서는 안 된다.

(11) 보고서 작성

연구의 완성은 보고서를 작성하기 위한 일에서 출발하여 이것으로 끝을 맺게 된다. 보고서에는 우선 완벽한 정보를 제시하도록 노력하여야 하며, 보고되는 정보는 정확성을 가져야 한다. 정확성이라 함은 조사의 목적에 적합한 자료의 선정, 자료의 처리, 그리고 결과의 표현에 있어서의 정확성을 의미한다. 즉, 연구 문제에 대한 주요 개념과 변인의 선정, 이를 통해 이론적이고 개념적인 모형을 만들고 가설을 설정하게 되는 것부터 시작해서, 연구 설계에 의한 자료 수집과 통계 처리, 이들 결과에 대한 가설 검증과 결과에 대한 해석이 빠짐없이 제시되어야 한다. 더불어 본 연구 결과를 통해 얻을 수 있는 시사점이나 한계점 등을 통해 경험적 일반화와 함께 연구의 의의를 가다듬어야 한다.

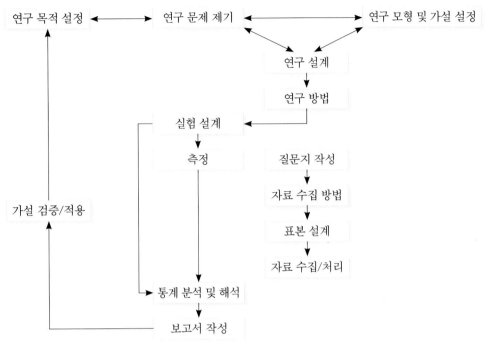

[그림 7-1] 과학적 연구의 일반적 흐름

3. 자료 수집 방법

자료를 수집하는 방법은 관찰하고자 하는 현상의 성격에 따라 다양하다. 사회과학에서 주로 사용되는 자료 수집 방법으로는 설문 조사, 면접, 현지 관찰, 실험 연구 등이 있다. 또한 필요한 자료를 직접 획득하는 1차 자료 못지않게 기존에 발표된 2차 자료를 중심으로 수행되는 문헌 연구도 사회과학에서 흔히 이용되는 자료 수집 방법의 하나이다.

1) 서베이 방법

서베이 방법은 사회과학적 연구 방법 중 하나로 연구 문제와 관련된 사회적 또는 심

표 7-4 **서베이 방법의 장단점**

구분	내용
장점	• 많은 사람들로부터 다량의 정보를 얻을 수 있으며, 그 얻어진 정보가 대체로 정확성을 띠고 있다. • 비교적 현실적인 상황에서 현실에 가까운 자료를 얻을 수 있으며, 자료의 양에 비하여 그 수집에 드는 비용이 다른 연구 방법에 비하여 적다. • 많은 사람들을 대상으로 실시되기에 연구 결과를 모집단의 특성으로 일반화시킬 수 있다.
단점	• 응답자의 마음 깊이 파고들어 갈 수 없어 얻어진 정보가 피상적이기 쉽다. • 주어진 변인 간의 관계를 있는 그대로 조사해서 분석하게 되므로 변인 간의 관계를 관찰 시 엄격한 통제가 불가능하여 오류를 범하기 쉽다. • 대체로 한 번에 끝나게 되므로 계속적인 관찰을 통한 자료의 수집이 불가능하다. • 수집되는 정보량에 비해 조사 비용과 노력은 적게 들지만, 실제로는 많은 비용과 노력이 들고, 경우에 따라서는 몇 달이 걸릴 수 있으며, 많은 조사 인원이 필요하게 된다.

리적 변인들의 상태를 기술하거나, 이들 변인들 간의 관계를 발견할 목적으로 모집단으로부터 추출한 표본을 대상으로 설문지, 면접, 전화 등의 방법을 이용하여 주어진 연구 문제에 관한 실증적 자료를 체계적이고 계획적으로 수집하여 연구하는 것을 의미한다.

서베이는 가장 널리 통용되는 방법으로, 사전에 정해진 질문지를 이용하여 연구 대상자들을 대상으로 자료를 얻는 방법이다. 설문 조사는 사회과학에서 기술, 설명을 목적으로 하는 연구에서 주로 이용되며, 분석 단위가 개인인 연구에 적합하다. 또 너무 규모가 커서 직접 관찰하기 어려운 모집단을 기술하는 데 유용하고, 특히 큰 모집단에서 개인들의 태도나 동향을 측정하기에 좋은 방법이다. 서베이 방법의 장단점을 정리하면 〈표 7-4〉와 같다.

서베이 방법에서 질문지는 연구 목적과 관련된 정보를 얻는 데 있다. 따라서 질문지를 작성하기에 앞서 "무엇을 물을 것인가?"를 확인해야 한다. 그러고 나서 구체적인 설문 항목들을 생각해 보아야 한다. 연구 문제나 주제에 대한 충분한 사전 지식이 있는 경우는 질문 내용을 쉽게 결정할 수 있지만, 그렇지 않은 경우에는 문헌 조사를 하는 것이 좋다. 최근에는 각 분야에 대한 표준화된 설문들이 많기 때문에 이미 신뢰도와 타당도가 검증된 것을 변형해서 사용하는 것도 좋은 방법이다.

　질문지 작성을 위한 일반적인 과정을 보면 여러 단계로 나누어 살펴볼 수 있으며, 질문 방법이나 내용에 따라 얻게 되는 자료의 질이 좌우되므로 그 작성에 각별하게 유의해야 한다. 설문지 작성은, 첫째로 개별 항목의 내용을 결정해야 한다. 설문은 여러 번 숙고하여 작성해야 하며, 연구 목적에 반드시 필요한 항목이 누락되거나 오인되어 잘못 응답되는 경우를 최소화시키고, 응답자가 긍정적으로 설문에 응하도록 선정하고 작성해야 한다. 이를 위해서는 선택 항목이 꼭 필요한 것인가, 응답자가 응답에 필요한 정보를 충분히 이해하고 있는가, 응답자가 그 정보를 기꺼이 제공해 줄 것인가, 설문 내용이 충분히 이해되는 형식인가 하는 문제를 고려해야 한다. 두 번째로 결정해야 하는 것은, 각 설문 항목의 형식이다. 설문의 형식은 크게 자유 응답식 설문과 비자유 응답식 설문으로 나뉜다. 전자의 경우가 주관적인 형식이라면, 후자는 객관적인 형식이라고 할 수 있다. 자유 응답식 설문(open-end question)이란 응답자들로 하여금 자유롭게 응답할 수 있도록 하는 것으로, 두 가지 형식이 있다. 하나는 응답 유목을 전혀 제시하지 않는 자유 응답식 설문(free response with no classification)이고, 다른 하나는 자유 응답 항목에 면접조사원이 약간의 응답 항목을 가미한 설문(free response with some classification)이다. 비자유 응답식 설문(closed-response question)은 응답자에게 설문에 대한 몇 개의 고정된 응답 항목(fixed response alternatives)을 제시하고, 그중에서 하나 이상의 응답을 택하게 하는 것이다. 여기서 이분 선택적 질문(dichotomous choice)은 '그렇다-아니다' '좋다-나쁘다' 등의 설문 형식을 말하며, 선다형 질문(multipler choice)은 응답자로 하여금 5~6개의 고정된 항목 중 하나를 강제로 선택하게 하는 것을 말한다. 선다형 질문의 변형으로 척도식 반응 설문(scaled-response question)이 있는데, 이는 반응의 강도를 정확히 측정하기 위해 각 응답 항목에 같은 비중을 두어 등간 척도화시킨 것을 말한다. 질문 형식에 따른 특징을 정리하면 〈표 7-5〉와 같다.

표 7-5 질문 형식 및 장단점 비교

	자유 응답식 설문(open-end questions)	비자유 응답식 설문(closed-response questions)
특징	응답자들이 제한된 영역 없이 자유롭게 응답할 수 있도록 질문	질문에 대해 몇 가지 고정 항목을 제시하고, 이 가운데 응답자에게 선택하라는 질문
장점	• 연구자가 연구와 관련해서 제한된 지식을 보유하고 있을 때 사용 • 응답 범위가 클 것으로 기대될 때 적용 • 응답자의 자발적인 응답에 관심이 있을 때 • 응답자의 동기를 깊이 있게 파악 가능	• 응답 유목이 선결정되어 조사 작업 및 분석 과정이 간편함
단점	• 응답 시간이 오래 걸려 다루기가 힘듦 • 응답자의 거부 반응 발생 가능성 • 응답의 유목화 과정에서 자료 누락, 정보 손실이 발생될 수 있음	• 응답자의 여러 가지 자세한 반응을 얻을 수 없음

2) 실험 연구

실험 연구 방법이란, (1) 변인들 사이의 함수 관계(functional relationship)를 발견할 목적으로, (2) 엄격히 통제된 상황(controlled condition)에서, (3) 독립 변인들을 인위적이고 계획적·체계적으로 조작 또는 변화시켜서, (4) 그것이 종속 변인에 미치는 효과를 객관적 방법으로 관찰 또는 측정하고, (5) 분석해서 주어진 변인들 간의 관계를 알아보는 실증적 연구 방법의 한 형태이다.

실험 연구 방법의 특징은, 첫째, 독립 변인들을 인위적이고 체계적으로 조작 또는 변화시킨다는 점이다. 서베이 방법이 이미 주어진 상태에서 변인 간의 관계를 관찰하는 반면에, 실험 연구는 자연적인 상황이 아닌 엄격히 통제된 상태에서 인위적이고 체계적으로 독립 변인을 변화(실험 처치, experimental treatment)시켜서 그 변화가 종속 변인에 미치는 영향을 관찰 자료로 해서 변인들 간의 관계를 연구한다. 둘째, 엄격한 통제(불필요한 가외 변인의 부작용 배제)하에서 관찰하고 자료를 수집하게 된다. 가외 변인의 영향을 통제하는 방법으로는, (1) 해당 변인을 직접 제거하거나, (2) 피험자들을

표 7-6 실험 연구 방법의 장단점

구분	내용
장점	• 엄격히 통제된 상황에서 독립 변인을 변화시켜서 종속 변인에 미치는 영향을 직접적으로 관찰할 수 있기 때문에, 변인 간의 인과관계와 그 방향을 명백히 알아볼 수 있음 • 다른 연구에 비하여 비교적 연구 비용이 적게 듦 • 대체로 편리할 때 언제나 할 수 있음 • 연구하고자 하는 변인들을 마음대로 조정할 수 있음 • 같은 실험을 여러 조건하에서 반복 실시하여 그 결과를 평균화함으로써 보다 정확한 결과를 얻을 수 있음(반복성) • 여러 변인들 사이의 복잡한 인과관계를 규명할 수 있음. 어떤 변인 또는 요인들을 제거하거나 고정화시키고 두 개의 변인씩 짝지어서 그 관계를 따로따로 살펴볼 수 있음
단점	• 실내 실험인 경우, 실험실과 실제 세계에서의 현실 상황이 서로 같다고 할 수 없고, 실험 연구 결과를 실제의 세계에 일반화하는 데 제한이 있다는 점을 들 수 있음. 즉, 현실성을 결여할 염려가 있고, 피험자 표본이 대표성을 결여하기 쉬움 • 인위적 조작, 즉 실험 처치가 가능한 변인만을 대상으로 연구할 수 있으며 실험 처치가 불가능한 성별과 연령 간의 인과관계 등은 실험 연구의 대상이 될 수 없음

무선적으로 실험 집단과 통제 집단에 배치하거나, 어떤 실험 조건들을 무선적으로 실험 집단에 부여하거나, (3) 가외 변인을 독립 변인으로 연구 설계에 포함시키는 방법이 있다. 이러한 통제는 실험 연구에서만 가능하거나 또는 가장 엄격히 체계적으로 이루어질 수 있다는 점이 곧 실험 연구의 특성이라 할 수 있다. 실험 연구 방법의 장점과 단점은 〈표 7-6〉과 같이 정리할 수 있다.

실험 연구는 어떤 가상적인 환경을 조작하여 그 상황에서 행태를 관찰하는 것이며, 연구자가 의도적으로 변인을 조작함으로써 그 변인의 영향이 어떻게 나타나는가를 관찰하고자 하는 경우에 적용된다. 즉, 변인의 조작을 요한다는 것과 통제 집단을 설정한다는 것이 다른 관찰 방법과 뚜렷이 구별되는 특징이다.

실험 연구는 여러 가지 종류가 있다. 첫째, 순수 실험 방법(pure experiment)은 자연과학 실험실에서 단독적으로, 혹은 조화에 의한 진실성의 일부분을 재창조하는 것과 같은 실험을 말한다.

　　둘째, 비통제 실험 방법(uncontrolled experiment)은 있는 그대로의 자연 상태를 관찰하는 실험을 의미한다. 변화와 통제에 의한 가설을 실험하는 것이 아니라, 자연 상태에서 관찰자 스스로가 변화하여 참여하는 방법이다. 또한 인간 내부에 존재하는 많은 문제들을 실험할 수 있는 가장 진실된 실험이며, 이러한 실험은 순수 실험보다 훨씬 인간 본질에 근접한다.

　　셋째, 사후 실험 방법(post facto experiment)은 어떤 효과가 이미 나타나 있는 것으로

표 7-7　실험 연구 방법의 종류와 특성

	실내 실험 연구(laboratory experiments)	현지 실험 연구(field experiments)
의미	엄격히 통제된 실험실에서 하나 또는 그 이상의 독립 변인을 조작하여, 그것이 종속 변인에 미치는 영향을 관찰하는 실험 방법	실험실이 아닌 실제적인 상황에서 실시되는 실험 연구
특징	• 순수하고 오염되지 않은 상태 또는 조건하에서 변인들 간의 관계를 알아보는 데 사용될 수 있음 • 이론이나 다른 연구로부터 나온 가설을 엄밀히 검증하는 데 사용될 수 있음 • 이론이나 가설을 정련(精練)시키고 새로운 가설을 설정하며 이론적 체계를 세우는 데 있어 절대적으로 필요함	• 실험 설계와 실제 실험 조작만을 제대로 하면 실내 실험의 제한점 및 단점을 보완해서 실험 연구의 특징을 살릴 수 있으므로, 가장 과학적이고 체계적이며 정확한 연구 방법이 될 수 있음
장점	• 종속 변인에 영향을 미칠 수 있는 가외 변인 등의 부작용을 철저히 제거할 수 있음 • 피험자들이나 실험 조건의 무선 배치가 가능함 • 독립 변인을 자유롭게 조작할 수 있음 • 정확한 측정과 반복적 관찰을 할 수 있음	• 자연적인 상태에서 실험이 진행됨에 따라 연구 결과를 현실로 일반화하는 범위가 큼 • 실내 실험에 비하여 실험 효과가 강하여 현실적 생활 조건에서의 복잡한 사회적 영향, 과정, 변동 등을 연구하는 데 적합함 • 현실 문제의 해결을 위한 연구와 보다 광범한 가설 검증에 적합함
단점	• 특별한 연구 목적을 위하여 상황을 조작하기 때문에 독립 변인의 효과가 대체로 약함 • 실험 상황이 현실과 다를 수 있기 때문에 인위적임 • 내적 타당도는 지니나, 외적 타당도를 결여하기 쉬움	• 실내 실험 연구에 비해 엄격한 통제가 어려움 • 변인의 조작 등에서 현실적인 어려움이 발생함 • 정확한 관찰이 어려움

부터 거슬러 올라가 원인을 추적하는 방법이다. 이 실험 방법은 실험자의 입장에서 계속되는 실험은 변화를 관찰하는 것이 효과적인 것이 아니라, 원인과 결과의 입장에서 결과에 대한 원인이 어디에 있는가를 연구하는 것이 바람직하다는 방법론이다. 실험 대상에 어떠한 자극을 주거나 상황의 변화를 추구하는 것이 아니라, 실험의 진행 과정을 중시하는 방법이다.

넷째, 시행착오 실험 방법(trial and error experiment)은 사회과학에서 흔히 사용되는 방법이다. 모든 현상은 시행착오적인 방법에 의해 수행될 수 있으며, 실험 방법을 잘 모르더라도 이 과정을 거치면서 필요한 자료를 수집할 수 있다는 것이다. 한정된 범위와 인간 내부 행태의 국면으로 한정시켜 연구하는 이러한 실험 연구의 장점은, 관찰자 스스로 모든 실험 설비를 조작할 수 있고 실험 조건을 만들어 낼 수 있다는 것이다.

실험 연구는 변인의 조작과 실험 대상의 무작위적 선택이 가능하다. 실제성이 높고 연구의 타당성이 높아 일반화 가능성이 크다. 가설 검증을 통해 문제를 해결할 수 있기 때문에 실제적인 문제해결에도 기여할 수 있다. 반면, 엄격한 의미의 통제나 독립 변인의 조작이 때로는 불가능하고, 연구 자체의 정확도가 연구자의 편견이나 개입으로 달라질 수도 있다.

3) 내용 분석 방법

내용 분석이란 메시지의 특정한 특성을 객관적·체계적으로 분석해서 누가, 왜, 무엇을, 어떻게, 누구에게 전달해서 어떠한 효과를 가져왔는가를 처리하는 문헌적 연구 방법의 하나이다. 단순히 메시지 내용만 분석해서 그 특성을 있는 그대로 기술하기보다는 메시지의 분석을 통해서 커뮤니케이션 전 과정에 대한 여러 가지 변인들 및 그 변인들 간의 관계를 추리하는 데 그 목적이 있다.

내용 분석은 그 방법론적 특성으로 몇 가지를 들 수 있다. 첫째, 내용 분석은 메시지 자체를 분석 대상으로 한다. 어떤 커뮤니케이터가 겉으로 표현한 메시지를 분석해서 누가, 왜, 무엇을, 어떻게, 어떤 매체를 통하여, 누구에게, 어떠한 효과를 가지고 커뮤니케이션 행위를 하였느냐 하는 일련의 문제들을 해결하는 연구 방법이다. 따라서 내용 분석 방법은 메시지 내용뿐만 아니라 거기에 사용된 기호 및 처리 방법도 분석 대상이 된다. 둘째, 내용 분석은 문헌 연구의 일종이다. 문헌이란 주로 문자로 기록된 자료를 말하는데, 어떤 메시지가 언어적 기호로 되어 있든 또는 그림이나 영상 등의 비언어적 기호로 되어 있든 간에, 그것은 이미 만들어진 기록물이며 그 기록물의 내용을 분석 대상으로 한다. 내용 분석은 도서관 서베이, 역사적 연구 방법과 실증적 연구 방법의 중간 형태의 성격을 많이 띠고 있다. 왜냐하면 문헌을 분석 대상으로 할 뿐이지, 그 분석 방법은 실증적 연구와 비슷하기 때문이다. 셋째, 내용 분석은 현재적 내용(외연적 의미)뿐만 아니라 잠재적 내용(이면적 의미)의 분석도 포함한다. 내용 분석이란 메시지를 통하여 커뮤니케이터의 의도라든가 커뮤니케이션 효과의 요인 등을 추리하는 방법 또는 과정이므로, 그것을 제대로 추리해서 의미 있는 결론을 도출하자면 메시지의 행간에 나타난 의미도 읽어서 분석할 필요가 있기 때문이다. 넷째, 내용 분석 방법은 객관성, 체계성, 일반성을 요건으로 하고 있다. 여기서 객관성은 내용 분석의 각 단계는 사전에 명확히 설정된 원칙과 절차를 바탕으로 실시되어야 한다는 것이며, 체계성은 미리 설정한 어떤 원칙을 일관성 있게 주어진 내용이나 유목에 적용하는 것을, 그리고 일관성은 연구 결과가 이론적인 관련성을 가져야 한다는 의미이다. 다섯째, 내용 분석 방법은 수량적 분석뿐만 아니라 질적 분석 방법도 사용하고 있다. 수량적 분석으로 제한할 경우 연구 영역에 한계가 발생될 수 있고, 내용 분석 결과로부터 결론을 도출하는 것 또한 비수량적 방법이기 때문에 수량적 분석 기반하에서 질적 분석도 함께 이루어지게 된다는 점도 유념해야 한다.

내용 분석 방법을 많이 사용하는 경우를 통해 그 본질을 이해할 수도 있다. 내용 분석은 시간적 또는 공간적 제약성 때문에 연구나 조사 대상에 대한 직접적인 접근이 어렵거나 불가능할 경우 문헌 자료를 활용하여 연구할 때 사용된다. 연구 대상에 대한 실증적인 자료를 얻었더라도 결과에 대한 재확인 또는 부가적인 정보를 얻기 위해서 내용 분석을 진행하기도 한다. 연구 대상자의 언어 또는 문체 등이 주어진 연구 주제가 사용될 수도 있고, 분석하고자 하는 자료가 너무 방대할 경우에도 사용될 수 있다.

이를테면, 신문, 잡지, 방송 내용 연구의 경우 일부를 표집하여 내용을 분석함으로써 전체적인 경향을 파악하는 경우가 여기에 해당한다.

　내용 분석의 일반적 절차는 대략 다음과 같은 몇 가지의 단계로 나누어 볼 수 있다. 연구 문제를 형성하고 대상 문헌 자료의 모집단을 규정하여 문헌 자료의 표본을 추출한 뒤, 분석 내용의 범주를 설정하고 분석 단위를 규정하며 수량화의 체계를 규정하고, 마지막으로는 타당도와 신뢰도를 점검한다. 내용 분석 방법에서 분석은 사전 설정한 분석 유목과 분석 단위를 기초로 이루어진다. 분석 유목이란 종속 변인에 해당되는 것으로서, 가령 동화의 내용을 분석한다면 그 내용들을 주제별, 유형별, 주인공의 성격별로 분류해서 분석할 수 있는데, 이렇게 분석의 기준이 되는 주제, 유형, 주인공 성격 등을 분석 유목이라고 한다. 분석 유목을 설정할 때는 주어진 연구 문제 또는 목적에 적합해야 하고, 모든 분석 내용의 항목이 어떤 특정한 분석 유목 중의 하나에 반드시 속해야 하며, 분석 유목을 설정할 때에는 비슷하거나 중복되는 일이 없도록 해야 한다. 한편, 분석 단위란 주어진 유목에 넣어서 집계하고자 하는 메시지 내용의 최소 단위를 의미한다. 가령, 고교 1학년 국어 교과서에 나타난 주제를 사랑, 애국심, 효도, 이상 등의 분석 유목으로 나누어 각 주제에 해당하는 내용이 얼마나 되는가를 파악하기 위해 교과서 내용을 문단별로 구분해서 볼 것인지 전체 단원별로 구분해서 볼 것인지를 결정해야 하는데, 이 결정 단위가 곧 분석 단위가 된다.

4) 실험 연구/내용 분석/조사 연구 비교

　실험은 다른 조건들을 일단 통제한 후 하나의 변인이 또 다른 변인에 어떠한 영향을 미치는가를 알아보고자 하는 것이다. 실험의 방법은 자연과학에서처럼 비교적 틀이 잡혀 있는 분야에서 주로 사용되지만, 심리학이나 교육학 등 사회과학에서도 일반화된 지식을 얻을 수 있는 방법으로 널리 사용되고 있다. 실험은 비교적 잘 규정되어 있는 제한된 개념이나 명제를 사용하거나, 또는 현상에 대한 단순한 기술보다는 설명이 목적일 때, 특히 적합한 방법이라고 할 수 있다. 실험에는 다음과 같은 세 가지 요소가 포함된다. (1) 독립 변인과 종속 변인의 설정이다. 실험에서 사용되는 자극이 대개 독립 변인이 되며, 자극에 대한 반응이나 결과가 종속 변인이 된다. 실험에서는 변인들을 사전에 엄밀히 규정짓는 것이 보통이지만, 넓은 범위에서 시작하여 분석 도중에 개념을 정립해 나갈 수도 있다. (2) 실험 집단과 통제 집단의 구분이다. 실험 집단이란 실험의 대상이 되는 집단이고, 통제 집단이란 모든 다른 조건은 실험 집단과 동일하고 다만 실험 자극을 주지 않는 집단이다. 실험에서 실험 자극에 의한 변화를 파악해 낼 수 있는 것은 통제 집단이 있기 때문이다. (3) 사전 검사와 사후 검사이다. 사전 검사는 실험 자극을 주기 이전에 실험 대상의 상태를 측정하는 것을 말하며, 사후 검사는 실험 자극 이후에 실험 대상의 상태를 측정하는 것을 말한다. 만약 두 측정 결과 간에 차이가 나타난다면 이는 자극의 영향으로 간주된다.

내용 분석을 연구 방법으로 사용하기 시작한 것은 20세기 초반부터이며, 사회학, 인류학, 정치학, 커뮤니케이션학에서 많이 사용해 왔다. 최근에는 점점 많은 분야에서 사용을 시작하고 있는데, 내용 분석의 방법은 순수한 기술적 연구에서보다는 가설을 검정하는 데 많이 이용되고 있다. 이는 시간이나 공간적인 제약 때문에 연구 대상자에게 직접 접근할 수 없을 때 사용하는 것으로, 직접적인 분석 방법이 불가능할 때 쓴다. 내용 분석은 그 자체가 하나의 방법으로 사용되기도 하지만, 다른 연구 방법, 질문지나 면접 자료의 결과에 대한 보조적 자료의 기능을 수행하기도 한다. 근래에는 다른 연구 방법론과 함께 사용되고 있다.

조사 연구는 사회과학에서 널리 사용되고 있는 방법 중 하나로, 여론조사나 상업적 전문 조사기관에서 행하는 시장 조사에서도 흔히 이용된다. 모집단 전체를 조사하기보다 모집단의 일부로부터 자료를 수집하여 표본 조사를 행함으로써 특정 현상의 분포나 현상들 간의 상호 관계를 본다. 모집단이란 우리가 일반화시키고자 하는 사람들의 총체이다. 조사 연구에서는 자연적으로 일어나고 있는 현상을 파악하고자 하며, 이는 실험 연구에서 변인을 조작하는 것과 대조된다. 일반적으로 조사 연구에서는 구조화된 질문지를 많이 사용하게 되는데, 질문지는 자료 수집이 시작되기 전에 계획되고 작성되므로 응답자 개개인의 느낌이나 해석을 참여 관찰에서처럼 깊이 탐구하지는 못한다. 반면, 수집된 자료는 측정된 변인들 간의 관계를 보다 체계적으로 설명할 수 있게 해 준다.

이 3가지 방법들을 비교해 보자면, 우선 실험은 반복 연구가 가능하기 때문에 일반화 가능성이 참여 관찰에 비해 높고 논리적으로 엄밀하다. 그러나 자연스럽지 못한 상태에서 관찰된다는 것과 실제 상황과 다를 수 있다는 제약이 있다. 내용 분석은 시간과 비용을 절약할 수 있고 연구 진행 과정에서 잘못되더라도 빨리 회복이 가능하다는 장점을 갖고 있다. 오랜 기간 연구할 수 있고 신뢰도도 비교적 높다. 그러나 기록되어 있는 자료만 다룰 수 있다는 제약과 타당도의 문제가 제기될 수 있다. 조사 연구는 대규모 모집단의 특성을 기술하는 데, 특히 유용하다. 실험과 마찬가지로 반복성과 변인 통제 가능성의 정도가 높으면서도 실험에 비해 융통성이 많다. 또한 일반화의 가능성도 높고 효과적으로 다룰 수 있는 변인의 수가 많다. 그러나 연구 대상을 피상적으로 조사할 수도 있다는 단점이 있다.

4. 측정

효율적이고 객관적인 관찰을 위해 흔히 숫자를 사용하게 된다. 사회과학에서 숫자를 사용하는 이유는 다음과 같은 이점에 기인하고 있다. 첫째, 무엇보다 관찰에 대해 간결하고 정확한 비교가 가능하다. 둘째, 연구 결과를 정밀하게 보고할 수 있게 한다. 셋째, 수리적 분석 방법을 사용할 수 있게 해 준다. 이처럼 현상을 관찰하는 데 있어 숫자를 가지고 객관적으로 관찰하는 것을 측정(measurement)이라고 한다.

측정이란 연구자가 일정한 규칙에 따라 어떤 현상(사물, 사건, 혹은 속성)에 대해 수치나 숫자를 부여하는 과정이다. 여기서 수치(numeral)란 일종의 상징(symbol)으로서 양적 의미를 갖는 것은 아니다. 반면, 숫자(number)는 이러한 수치들에 양적인 의미가 부여된 것을 말한다. 측정을 할 때는 수치나 숫자를 어떻게 부여할 것인가를 결정하는 방식을 구체화해야 하는데, 이를 규칙이라고 한다.

1) 측정 수준

(1) 명목 수준(Nominal level)

명목 수준은 가장 낮은 수준의 측정 방식이다. 명목 측정에서 사용되는 숫자는 단순히 사람이나 사물 또는 특성들을 분류하기 위해 사용된다. 예를 들어, 성별을 분류하면서 남자는 1, 여자는 2라는 수치를 할당하는 식의 척도를 말한다. 여기서 사용된 수치는 양적 의미로서의 1과 2를 말하는 것이 아니다. 다시 말해서 수치 사이에는 어떠한 수학적 관계도 없다. 따라서 상태의 차이를 나타낼 뿐이지, 사칙연산 등의 수학적 계산은 불가능하다.

명목 수준이 갖고 있는 속성은 등가성과 상호 배타성, 그리고 소진성이다. 등가성(equality)이란 어떤 대상이 명목적 수준의 한 유목에 속해 있을 경우, 그것은 그 범주에 속해 있는 다른 모든 대상과 동등하다는 것이다(Wimmer & Dominick, 1989). 상호 배타성(mutually exclusive)이란 어느 한 유목으로 분류된 대상은 다시 다른 어느 유목에도 속할 수 없다는 것을 말한다. 즉, 모든 측정 대상은 어느 한 유목으로만 분류된다는 것이다. 소진성(exhaustive)이란 모든 측정 대상이 반드시 어느 한 범주로 반드시 분류될 수 있도록, 선택 가능한 모든 분류의 유목을 망라해야 한다는 것이다.

(2) 서열 수준(Ordinal level)

서열 수준은 관찰 대상을 비교하기 위해 그 대상이 갖고 있는 속성의 많고 적음, 크고 작음의 순서에 따라 숫자를 부여하는 것을 가리킨다. 즉, 관찰 대상을 그 속성의 순서에 의해 배열하고, 그 서열에 따라 숫자를 매기는 것이다. 예를 들면, 설문 응답자의 월평균 소득을 상·중·하로 나누고, 하에는 1, 중에는 2, 상에는 3을 할당하는 것이다.

명목적 수준에서와 달리, 서열 수준에서 사용되는 숫자는 수학적 의미를 지닌다. 위의 예에서 유목 3에 속하는 집단은 유목 2에 속하는 집단보다 소득이 많다는 것을 의미한다. 즉, 3 > 2 > 1의 수학적 의미를 지닌다는 것이다.

그러나 서열 수준에서의 숫자가 속성의 크기를 나타낸다고 할지라도 얼마만한 크기의 차이를 나타내는지는 산출해 낼 수 없고, 순위들 사이의 거리에 대한 언급도 없다. 즉, 수치 사이의 크고 작은 서열 관계와 비교를 위한 척도일 뿐이며, 이때 두 서열 사이의 간격은 똑같지 않다.

서열 수준이 갖는 속성은 명목 수준의 속성과 더불어 유목들 간에 논리적 순서가 있어야 하며, 관찰된 특성의 양에 의해 서열적으로 숫자가 할당된다는 것이다.

(3) 등간 수준(Interval level)

어떤 한 척도가 서열 척도가 지닌 모든 속성을 갖추고 있으면서 척도상의 인접한 점들 사이의 간격이 같은 값을 가지고 있을 때, 그 척도를 등간 수준의 척도라고 한다. 등간 척도는 단위들 사이의 간격이 모두 등간을 이루고 있다. 예를 들면, 온도계의 눈금은 등간 성질을 갖고 있다.

그러나 등간 척도는 절대영점(true zero point)을 가지고 있지 않다. 단지 임의의 영점만을 가질 뿐이다. 예를 들어, 온도계의 섭씨 0도는 영상과 영하를 구분하는 기준으로서의 영점을 의미하는 임의의 영점일 뿐이다. 또 IQ 검사에서 IQ 지수가 0이라고 해서 그가 전혀 지능이 없다는 것을 의미하지는 않는다. 등간 수준의 속성은 서열 수준의 모든 속성에 더하여, 관찰 대상의 특성에 있어서 일정한 차이는 척도상의 똑같은 차이를 의미하며, 등간 척도상의 0점은 임의의 한 점에 불과하다.

(4) 비율 수준(Ratio level)

등간 척도가 가지고 있는 모든 속성을 포함하는 동시에 절대영점을 갖는 척도를 말한다. 따라서 사칙연산을 포함한 모든 수학적 계산이 가능하다는 점에서 가장 높은 수준의 척도이다. 그러나 사회과학에서 비율 척도와 등간 척도를 엄격히 구분하기는 어려우므로, 사회과학에서는 주로 등간 척도와 비율 척도가 혼용되곤 한다. 비율 수준의 속성은 명목, 서열, 등간 수준이 갖는 모든 속성을 포함하고 있으며, 비율 척도상의 0점은 어떤 특성이 없음을 의미하는 절대영점을 말한다.

표 7-8 **측정 척도**

구분		내용
비연속형 변인	명명 척도	• 측정 대상의 특성을 분류하거나 확인할 목적으로 숫자를 부여하는 경우 • 숫자는 측정 대상이 갖는 특성의 양적인 크기를 나타내거나 산술적인 계산을 할 수 있는 의미는 없음 • 측정 대상을 포괄적이며 상호 배타적 집단으로 구분하는 데 이용됨
	서열 척도	• 측정 대상 간의 순서 관계를 밝혀 주는 척도 • 측정 대상의 특정한 속성으로 판단하여 측정 대상 간에 대소나 높고 낮음 등의 순위를 부여해 줌 • 측정 대상 간의 양적인 비교를 할 수 있는 정보는 제공해 주지 못함 • 이 척도에서는 선호의 정도는 알 수 없음
연속형 변인	등간 척도	• 속성에 대한 순위를 부여하되, 순위 사이의 간격이 동일한 척도를 말함 • 측정 대상이 갖는 속성의 양적인 정도의 차이를 나타내 주며, 해당 속성이 전혀 없는 상태인 절대영점(absolute zero)은 존재하지 않지만 임의적 영점은 존재함 • 예컨대, 섭씨 100도와 50도의 차이는 섭씨 50도와 0도의 차이와 동일하지만, 섭씨 100도가 50도보다 2배만큼 더 뜨겁다는 의미를 갖지는 못함
	비율 척도	• 등간 척도가 갖는 특성에 추가적으로 측정값 사이의 비율 계산이 가능한 척도 • 어떠한 형태의 통계적 분석도 적용 가능(연령, 가격, 가구 수, 소득 등)

2) 타당도와 신뢰도

(1) 타당도

연구 대상의 개념이나 속성을 측정하기 위해 개발한 측정 도구가 해당 속성을 정확하게 반영하고 있는가를 파악하기 위한 것이라고 할 수 있다. 사회과학을 포함한 행동과학 연구에서 타당성의 문제는 복잡하고 중요한 의미를 지니게 된다. 다른 어떤 부분에서보다 현실의 본질이 문제시되므로 논쟁을 유발할 수 개연성이 높아지기 때문이다. 물리적 속성에 따라 대상을 측정할 때는 타당성은 큰 문제가 되지 않는다. 예를 들어 어떤 사물의 길이를 잰다고 했을 때, 피트나 미터와 같은 자를 사용하여 측정한다고 했을 때는 타당성의 문제가 크게 제기되지 않으나, 지능과 학교 성적의 관계, 권위주의와 정치 스타일 등을 연구한다고 했을 때는 어떠한 측정 도구를 이용하여 이러한 개념들을 측정할 것인가가 매우 중요한 문제로 대두한다. 타당성은 대상을 어떤 기준에 의거하여 측정하는가와 관련된 문제이다.

타당성은 측정하고자 하는 대상을 제대로 측정하고 있는가와 관련된다. 사회과학에서는 추상적 개념을 측정하기 위해 다양한 측정 도구와 척도를 개발하여 사용하고 있는데, 이들 측정 도구들이 얼마나 정확하게 처음에 측정하려고 했던 개념이 담고 있는 바를 제대로 반영하고 있는가를 가리키는 것이 곧 타당성인 셈이다. 행동과학에서는 측정 도구 자체가 측정하고자 하는 개념이나 속성을 정확히 반영할 수 있어야 하는데, 이는 측정하려고 하는 개념을 어떻게 정의하였으며 이 개념적 정의를 어떻게 정의하였는가에 따라 상당한 영향을 받기 때문이다. 측정의 타당성은 측정 도구의 타당성이며, 측정 개념에 대한 개념적 정의와 조작적 정의의 타당성을 의미한다. 검증하고자 하는 관계를 진실에 가깝게 추론해 낸 경우 그 연구의 타당성은 높게 되고, 그 반대는

표 7-9 **타당도 유형**

유형	정의	분석 방법	다른 명칭
내용 타당도 (content validity)	측정 도구가 측정 대상의 속성이나 개념을 대표하고 있는 정도	전문가 검토	액면 타당성 논리적 타당성
예측 타당도 (predict validity)	어떤 개념의 측정 지표와 이미 타당성이 검증된 다른 기준과의 상관성 정도(측정 도구가 미래에서의 성과와의 상관성 파악)	상관 분석, 회귀 분석, 인과 모형	이해 타당성 경험적 타당성 예언 타당성
동시 타당도 (concurrent validity)	예측 타당도와 동일하나 기준의 측정 시점이 현재인 경우	상관 분석, 회귀 분석, 인과 모형	동인 타당성
구성 개념 타당도 (construct validity)	추상적 개념과 측정 지표 간의 일치 정도, 동일 개념에 대한 상이한 측정 방법에 의한 측정값의 상관성 정도, 다른 개념에 대한 동일 또는 다른 측정 방법에 의한 측정값의 차별화 정도	요인 분석	집중 타당성 판별 타당성 구인 타당성

타당성이 낮아지게 된다. 폭넓게 보았을 때 연구의 타당성은 연구 단계 전반에 걸쳐 나타나는, 즉 측정의 타당성만을 지칭하는 것이 아니라 모든 단계에 걸쳐 고려되어야 한다. 조사 설계 단계만이 아니라 자료의 수집, 분석, 해석 및 연구 결과의 일반화 등 연구 전 과정을 통해 인과적 추론을 왜곡하는 요인을 배제할 수 있으면 연구의 타당성 이 높아지게 됨을 인식해야 한다.

(2) 신뢰도

신뢰도란 동일한 대상(현상)에 대하여 같거나 유사한(비교 가능한) 측정 도구를 사용 하여 반복 측정할 경우에 동일하거나 비슷한 결과를 얻을 수 있는 정도를 의미한다. 즉, 동일한 측정 개념(또는 현상)에 대해 측정을 반복했을 때 동일한 측정값을 얻을 확 률이다. 신뢰도를 추정하는 방법에는 몇 가지가 있다. 첫째, 재검사법(retest method)이 있다. 동일 측정 도구를 동일 상황에서 동일 대상에게 서로 다른 시간(약 2주 간격)에 측정한 후 측정 결과를 비교하는 방법이다. 시간 차에 따른 오차가 발생될 수 있다. 둘 째, 동등형 검사법(equivalent forms method)이 있다. 이는 유사한 형태의 두 개 이상의 측정 도구를 사용하여 동일 표본에 적용한 결과를 비교하여 신뢰도를 측정하는 방법 이다. 두 개의 동등한 측정 도구를 만들기 어렵다는 단점이 있다. 복수 양식법(multiple forms techniques), 평행 양식법(parallel forms techniques), 대안 양식법(alternative forms techniques)이라고도 한다. 셋째, 반분 검사법(split-half method)이 있다. 측정 도구를 임의로 반으로 나누어서, 각각을 독립된 척도로 보고 이들의 측정 결과를 비교하는 방 법이다. 단, 측정 도구가 동질해야 하며 양분된 측정 도구 자체가 완전한 척도를 이룰 만큼 충분해야 한다. 넷째, 내적 합치도 검사법(internal consistency method)이 있다. 측 정 도구 속에 포함된 각 문항들 사이의 상관 계수를 분석해서, 이들이 얼마나 서로 합 치하는가를 분석한다. 다른 말로 내적 일관성 분석이라고 하며, 크론바흐(Cronbach)의 α로 표현된다.

표 7-10 신뢰도 유형

차원	정의	추정 방법	다른 명칭
안정성 신뢰도	측정 도구를 동일 대상에게 상이한 시점에서 적용할 때 유사한 결과가 나타나는 정도	재검사법, 복수 양식법	재검사 신뢰도
동등성 신뢰도	상이한 지표들 사이에 일관성이 있는 결과가 나타나는 정도	반분법, 내적 일관성 분석	내적 일관성 신뢰도
코더 간 신뢰도	복수의 코더가 같은 정보를 측정할 때 그 결과가 일치하는 정도	코더 간 신뢰도 분석	평정자 간 신뢰도
모집단 대표성 신뢰도	측정 지표를 상이한 하위 집단에 적용할 때 동일한 결과가 나오는 정도	하위 모집단 분석	

(3) 신뢰도와 타당도 간의 관계

그렇다면 타당도와 신뢰도는 어떠한 특성을 갖는가에 대해 검토해 보기로 한다. 우선, 신뢰도가 높다고 해서 반드시 타당도가 높은 것을 의미하지는 않는다. 측정 방법의 신뢰도가 높다고 해서 그 측정 방법이 측정하는 데 있어 타당도가 높다고 할 수는 없다. 또한 신뢰도가 낮으면 타당도를 말할 수 없다. 신뢰도는 타당도를 위한 기본적인 전제 조건이다. 즉, 신뢰도는 타당도를 위한 필요조건이지만 충분조건은 아니다. 그러므로 사회과학에서 사용되는 측정 도구를 이용하여 의미 있는 실험 결과를 얻으려면, 타당도는 물론이고 우선 측정 도구의 신뢰도가 높아야 할 것이다. 결국 신뢰도

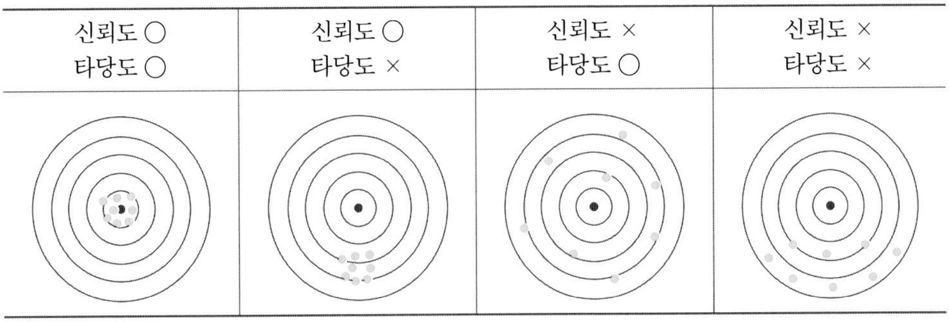

신뢰도 ○ 타당도 ○	신뢰도 ○ 타당도 ×	신뢰도 × 타당도 ○	신뢰도 × 타당도 ×

[그림 7-2] 타당도와 신뢰도 이해

가 낮은 측정의 타당도를 따진다는 것은 의미가 없으며, 신뢰도가 높다고 해서 타당도가 반드시 높은 것은 아니다.

5. 표본 추출 방법

표본이란 어떤 대상의 전체를 대표하도록 그로부터 선택해 낸 부분을 일컬으며, 그 과정을 표집이라 한다. 즉, 표집이란 어떤 대상의 범주나 묶음의 성격을 그것이 담고 있는 모든 가능한 구성 요소들 가운데 일부에 대한 경험을 바탕으로 추정하는 절차를 뜻한다. 이때 모든 대상에 대한 경험을 하지 못하기 때문에 연구자는 자신이 선출한 표본에 담긴 대상의 수와 종류가 충분히 전체 대상을 대표할 만한지에 관심을 가져야 한다. 이는 그 표본에 입각해서 전체 대상에 대한 일반화를 하려 하기 때문이다. 다시 말해서, 표본의 대표성(representativeness)이 쟁점의 핵심이라고 할 수 있다.

모집단 전체를 대상으로 연구를 한다는 것은 거의 불가능하며, 그럴 필요도 없다. 모집단 중에서 일부만을 추출해도 전체를 대상으로 연구한 결과와 같기 때문이며, 현실적으로 비용이나 시간 측면에서 표본 추출 방법을 대부분 사용하게 된다.

표본 추출, 표집은 크게 두 가지로 나눌 수 있는데, 하나는 확률 표집법(probability sampling)이고 다른 하나는 비확률 표집법(nonprobability sampling)이다. 실제 조사를 진행할 때 확률 표집을 사용할 것인지, 아니면 비확률 표집을 사용할 것인지는 비용 대비 가치, 시간 제약, 연구 목적, 허용 오차의 크기 등을 고려하여 결정하게 된다.

1) 확률 표본 추출 방법

확률 표집은 모집단의 모든 요소들이 표본으로 추출될 개연성을 가지고 있으며, 각각의 요소가 추출될 확률을 정확히 알고 표집하는 경우를 의미한다. 확률 표집은 다시 단순 무작위 추출, 체계적 추출, 층화 추출, 집락 추출 등으로 구분할 수 있다. 단순 무작위 표집(simple random sampling)은 확률 표집 가운데 가장 기본적인 형태이며, 여기에서는 각 요소가 표본으로 뽑힐 확률이 동등하다는 원칙이 중요하다. 무작위 표집에서는 모집단을 구성하고 있는 모든 실체나 단위가 표본으로 뽑힐 동등한 기회를 갖는다는 특징을 지닌다. 체계적 표집(systematic sampling)은 무작위 표집의 하나의 방법인데, 모집단의 구성이 일정한 순서 없이 배열되어 있다는 것을 전제로 해서 일정한 간격을 두고 추출해 내는 방법이다. 이 표집은 모집단에서 매 n 번째 실체나 단위를 표본으로 선정하는 방법이다. 층화 표집은 모집단을 그 집단이 지니고 있는 특성을 감안하여 몇 개의 부분 집단으로 나누어, 각 부분 집단으로부터 표본을 추출하는 방법이다. 몇 개의 집단으로 나누어 표본을 추출하는 이유는, 모집단의 성격이 어떤 면에서는 동질적이라 하더라도 다른 면에서 보면 반드시 그렇지 않을 때를 고려하여 골고루 추출하기 위해서이다. 이 표출은 연구자가 모집단의 특정한 성격이나 특정 층, 또는

표 7-11　확률 표집 방법

표본 추출 방법	특징	장점	단점
단순 무작위 추출 (simple random sampling)	모든 사례를 포함하는 표본 추출 프레임을 작성한 후, 무작위 과정을 거쳐 표본을 추출(모든 사례에 일련번호를 부여, 난수표를 활용하여 표본을 선정함)	모집단에 대한 사전 지식이 필요 없음	층화 추출에 비해 표집 오차가 큼
계통적 표본 추출 (systematic sampling)	표본 추출 프레임을 작성한 후, 표본 추출 간격 1/k를 계산, 첫 단위는 무작위로 추출하고 매 k 번째 구성단위를 추출(전화번호부 리스트를 활용한 조사)	표본 추출이 간단함	목록에 주기성이 있는지 확인하여야 함
층화 표본 추출 (stratified sampling)	모집단을 뚜렷한 특징을 가진 소집단별로 표본 추출 프레임을 작성, 각 소집단별로 표본을 무작위로 추출한 다음, 이들을 합산	가장 엄밀하고 정확한 방법으로 대표성을 높일 수 있음	모집단의 층화가 가능하여야 하며, 시간이 많이 소요됨
집락 표본 추출 (cluster sampling)	각 행정적 또는 조직 체계상 자연스럽게 구분된 집락에 대한 표본 추출 프레임 작성, 집락에 대하여 무작위로 추출, 다단계 추출에서는 이 과정을 되풀이함	자연적으로 형성된 집락을 사용하므로 간편함	단순 무작위 추출보다 표본 추출 오차가 큼

특정한 부분에 관심을 가지고 있을 때 사용된다. 집락 표집은 모집단을 구성하고 있는 요소로, 개인이 하나하나 뽑히는 것이 아니라 집단으로 추출되는 방법이다. 5,000명의 학생에서 100명을 표집할 때, 이들이 500개의 독립 건물에서 기숙한다고 가정한다면 500개의 건물에서 2명씩만 뽑으면 100명의 표본이 확보된다. 이렇게 기숙사에 모여 있는 것을 집락으로 생각하고, 그 집락을 단위 삼아 표본을 추출하는 방법이다. 또 하나 유념해야 할 것은, 어느 하나의 표집 방법만을 이용하는 경우는 많지 않고, 두 가지 이상의 표본 추출 방법을 함께 사용하는 것도 알아 둘 필요가 있다는 점이다.

2) 비확률 표본 추출 방법

확률 표집은 이론적인 원칙에서 볼 때 대표성의 확보와 오차의 추정 가능성 등의 기준에서 이상적인 것이 사실이다. 그러나 실제 조사를 진행하다 보면 확률 표집이 불가능하거나 비현실적인 때를 접하는 경우가 많다. 모집단 자체의 범위를 한정시킬 수 없

표 7-12   **비확률 표집 방법**

표본 추출 방법	특징	장점	단점
편의 표본 추출 (convenience sampling)	연구자가 쉽게 이용 가능한 사례를 표본으로 선택	비용과 시간 절약	표본의 대표성이 없음
판단 표본 추출 (judgement sampling)	연구자의 사전 지식을 토대로 특정의 기준에 적합한 사례를 표본으로 선택	연구자의 사전 지식을 활용할 수 있음	사전 지식의 타당성에 의존함
할당 표본 추출 (quota sampling)	모집단을 사전에 설정된 범주별로 할당한 다음, 편의 표본 추출 방법을 사용	범주에 대한 정의와 구성 비율에 관한 자료가 정확하면 대표성이 있음	범주와 구성 비율에 대한 최근 자료가 필요함
누적 표본 추출 (snowball sampling)	소수의 사례를 표본으로 선정한 다음, 그 사람으로부터 추천받아 다른 표본을 선정하는 과정을 되풀이함	표본 추출 프레임이 없을 경우에도 사용할 수 있음	추천의 바이어스 가능성 때문에 표본의 대표성 보장이 어려움

거나, 모집단 목록이나 명부를 구하지 못한다거나, 작성할 수 없는 경우도 있다. 뿐만 아니라 확률 원칙에 충실하면 할수록 비용과 시간, 인력을 더 많이 소요하게 된다. 이런 여러 가지 이유로 현실적으로 확률 표집이 불필요하든가, 아니면 불가능할 수가 있다. 이에 대처하기 위한 대안으로 비확률 표집의 설계를 구상하게 된다. 비확률 표본은 수학적 확률의 지침을 따르지 않고 추출된 표본이다. 따라서 확률 표본의 경우에는 표집 오차의 크기를 계산할 수 있으나, 비확률 표본에서는 그렇지 못하다. 비확률 표집은 다시 편의 추출(convenience sampling), 판단 추출(judgement sampling), 할당 추출(quota sampling), 눈덩이 추출(snowballing sampling) 등이 있다.

6. 자료 분석 및 해석

지금까지 양적 조사 방법을 중심으로 다양한 자료 수집 방법과 표본 추출 방법에 대해 살펴보았다. 그렇다면 이제 남은 과제는 수집한 자료를 연구 목적에 맞게 연구 가설을 검증하거나, 연구 문제에 대한 적절한 해답을 얻기 위해 통계적 기법을 이용하여

표 7-13　**기초 통계 요약**

구분	내용
모집단	• 관심의 대상이 되는 물체나 사람들의 총체 • 관심의 대상이 되는 모든 개체의 관측값이나 측정값의 집합 • 모집단에 대한 어떤 성질을 언급할 때 그 모집단을 구성하는 각 개체의 성질이 아니라 모집단 전체에 대한 전반적인 특성을 의미 • 전수 조사는 모집단 전체를 조사하는 것
표본	• 모집단에 대한 정보를 얻기 위해 일부를 추출한 물체나 사람
모수치	• 모집단의 특성을 묘사하는 측정치
통계치	• 표본의 특성을 기술하는 측정치 • 모집단의 수치인 모수치를 표본에서 얻어진 통계치(추정치)로 일반화하는 것이 통계를 활용한 연구

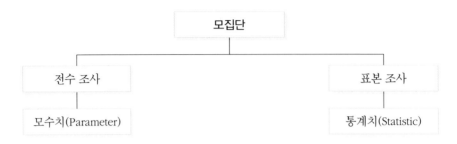

[그림 7-3] 전수 조사와 표본 조사, 모수치와 통계치 구분

분석, 해석하고, 그 결과를 제시하는 것이라고 할 수 있다. 즉, 모집단에서 추출한 표본을 대상으로 서베이나 실험, 내용 분석 등을 통해 자료를 수집하고, 이를 통계적으로 정리하는 것이 자료 분석과 해석 단계에서 다루어질 내용이다.

일반적으로 자료를 분석하는 과정은 기술 통계와 추리 통계로 구분할 수 있다. 기술 통계와 추리 통계의 차이는 파악하고자 하는 대상에서 찾을 수 있다. 기술 통계는 주로 표본의 특성을 파악하는 데 중점을 두는 반면, 추리 통계는 표본의 특성을 바탕으로 모집단을 추정하는 것에 관심을 두게 된다. 대부분의 조사의 경우, 표본을 통해 모집단의 특성을 파악하기 위해 진행되며, 이에 따라 추리 통계가 연구의 가장 궁극적인 목표가 된다.

표 7-14 통계 방법 종류

구분	내용
기술 통계	• 모집단 또는 표본에서 얻어진 자료를 대상으로 요약 · 정리하거나 변인들 간의 상관관계를 기술하는 방법 • 표본을 통해 산출된 자료를 분석해서 얻은 통계치를 모집단에 일반화하는 데는 논란의 여지 있음
추리 통계	• 표본에서 얻어진 통계치를 가지고 모집단의 특성, 모수치를 추정하거나 가설을 검증하는 데 사용하는 방법 • 미지의 모집단 자체에 대한 추정의 의미와 가정된 모수치가 참값인지 표집 과정에서 발생한 것인지 검증

통계적 기법을 적용하는 것과 유념해야 할 바는 측정 척도에 따라 사용할 수 있는 방법이 다르다는 점이며, 통계 분석은 그 기본 가정과 원리를 바탕으로 적용되어야 한다.

표 7-15 **척도별 특성 및 분석 방법**

척도	수에 포함된 정보 내용	대푯값의 측정	적용 가능한 통계 분석 방법	예
명명 척도	집단 구분	최빈값	빈도 분석 비모수 통계 교차 분석	성별 분류 지역 구분 직업 구분
서열 척도	순위	중앙값	서열 상관관계 비모수 통계	직급 선호 순위 사회계층
등간 척도	간격 비교, 등간	평균	모수 통계	응답자 의견, 태도 선호도 등
비율 척도	절대적 크기 비교	평균	모수 통계	매출액, 나이, 소득

7. 광고/PR 조사 실무 사례

오늘날과 같이 복잡하고 다원화된 시장 상황에서 광고주는 항상 불확실성과 위험에 직면하고 있다. 제조업자나 유통업자가 소수이던 시절과는 비교할 수 없을 정도로 현재 시장 상황은 복잡해진 것이 사실이다. 수많은 의사 결정을 내려야 하는 광고주가 불확실성을 최소화하고 합리적이며 효과적으로 판단하기 위해서는 소비자 조사에 의존할 수밖에 없다. 고객들은 내 제품이나 브랜드에 대해 어떻게 인식하고 있으며, 경쟁사와 비교해 볼 때 어떠한 마케팅, 광고 전략을 수립하고 실행해야 효과가 있는지를 확인하지 않으면 안 될 상황에 놓이게 된 것이다. 소비자들 또한 정보의 홍수 속에서 본인의 심리 타점을 저격하는 메시지에 기초하여 브랜드에 대한 태도를 형성하고 구매 의향을 높일 수 있게 된다. 물론 조사 자체가 기업이 당면하고 있는 광고나 PR, 마

표 7-16 기업 마케팅 조사 유형

아이디어 개발 단계	제품화 단계	사후 관리 단계
• 소매 지표 조사 • 패널 조사 • A&U • 콘셉트 평가 조사	• 제품 HUT • 브랜드 네이밍 • 디자인 평가 • 사전 광고 조사	• 광고 효과 추적 조사 • 판매 동향 조사 • 브랜드 모니터링

케팅, 커뮤니케이션 문제에 대한 해답을 제시하지는 못한다. 다만 의사 결정자의 직관에 의한 판단보다는 불확실성을 감소시켜 주는 데 도움을 주는 것만은 사실이다. 조사를 보험과도 같다고 말하는 것도 바로 이러한 점 때문이다. 의사 결정 과정에서 조사를 맹신해서도 안 되지만, 그렇다고 맹목적으로 조사에 관심을 기울이지 않거나 불신하는 것은 바람직한 자세는 아니다.

기업에서 마케팅 조사와 광고, PR 조사는 엄격하게 구분하여 실시되고 있지는 않다. 마케팅 조사 결과를 가지고 광고 의사 결정에 이용할 수도 있고, 반대로 광고 조사 결과를 바탕으로 마케팅 의사 결정에 이용할 수도 있다. 마케팅 현장에서는 다음과 같이 다양한 조사를 실시하고 있다.

그렇다면 마케팅 의사 결정, 혹은 광고나 PR 의사 결정을 위해 어떠한 점을 파악하고 있는가를 살펴볼 필요도 있다. 주요 조사 내용은 조사 실시 시점이나 기업이나 브랜드가 처한 상황 등에 따라 많은 차이를 보이게 되지만, 기본적으로는 브랜드 인지, 이용 및 구매 행태, 브랜드 연상 등을 중심으로 조사 유형과 조사 목적에 따라 질문 내용은 추가되거나 줄여서 사용되고 있다.

표 7-17 조사 유형별 조사 내용

	A&U	HUT	사전 광고	사후 광고
Awareness	최초/비보조/보조 인지 브랜드별 자유 연상 브랜드 선호도	최초/비보조 인지	브랜드 인지	최초/비보조/ 보조 인지
구입 실태	Consideration Set 구입 의향 브랜드 KBF 브랜드 결정자	최근/이전 구입		직전/ 향후 구입 의향
사용 실태	현 사용 브랜드/평가 브랜드별 좋은 점/ 좋지 않은 점 브랜드 사용 현황 제품별 사용 행태			
속성 평가	속성별 중요도 속성별 브랜드 만족도			
유치 제품 평가		유치 제품 평가 (전반적/속성별 평가) 유치 제품 비교 평가		
브랜드 이미지	Brand User Image Brand Personality			
광고 관련 지표				광고 상기
광고 평가			광고 회상률/ 회상 내용 측면별 광고물 평가	광고 접촉률 광고 전달 내용
Lifestyle	구입 행태 Lifestyle 제품 관련 Lifestyle			
인구 통계학적 변인	성, 연령, 결혼 여부, 지역, 소득 수준 등			

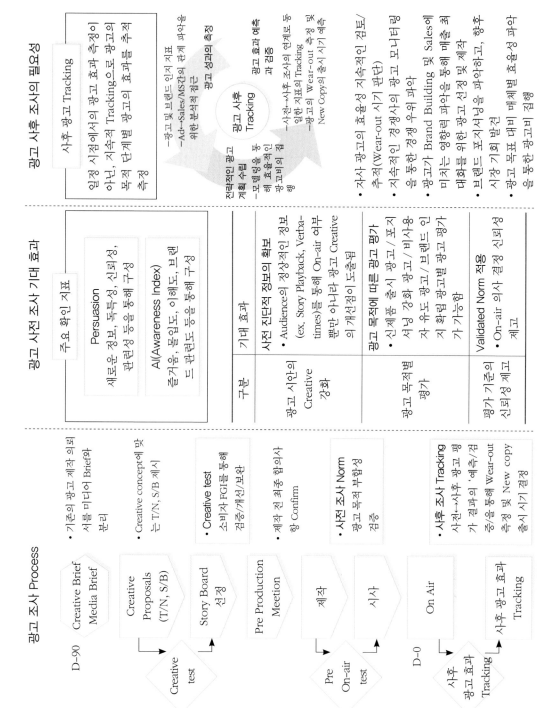

[그림 7-4] 광고 조사 절차

　광고 평가 조사는 광고 캠페인 활동을 실행하고 통제하기 위한 목적으로 실시되는 광고 효과를 측정하기 위한 조사를 가리킨다. 광고 평가 조사는 완성된 광고물 자체에 대한 평가와 광고 캠페인 실시 전후 실시하는 평가 조사도 포함한다. 소비자 입장에서는 무심코 지나치는 광고 하나가, 기업 내부적으로는 만들어지기까지 많은 시간과 노력이 투입되어 빛을 보게 된다. 광고 조사의 출발이자 마무리는 소비자에게 얼마나 받아들여지고 있는가가 관건이다. [그림 7-4]는 TV광고를 중심으로 한 광고 조사 과정을 도식화한 것이다.

참고문헌

남궁근(2006). 행정조사방법론 제3판. 서울: 법문사.

류성진(2013). 커뮤니케이션 통계방법. 서울: 커뮤니케이션북스.

안광호, 임병훈(2017). 마케팅조사원론 제6판. 서울: 창명.

여운승(2003). 뉴밀레니엄 마케팅조사방법. 서울: 시그마프레스.

이명천(2005). 광고 연구 방법론. 서울: 커뮤니케이션북스.

이학식(2017). 마케팅조사 제4판. 서울: 집현재.

차배근(2002). 사회과학연구 방법 전정판. 서울: 세영사.

채서일(2007). 마케팅조사론 제3판. 서울: 비앤엠북스.

하봉준(2003). 전략적 광고 조사론. 서울: 커뮤니케이션북스.

하봉준(2013). 광고 조사방법. 서울: 커뮤니케이션북스.

Burrell, G. & Morgan, G. (1979). Sociological paradigms and organisational analysis: Elements of the sociology of corporate life. Gateshead, Tyne & Wear, Athenaeum press.

Kerlinger, F. N. (1999). *Foundations of behavioral research.* Cengage Learning, Inc.

Wimmer, R. D. & Dominick, J. R. (2013). *Mass media research: An introduction* (10th eds.). Calif.: Wadsworth Pub.

광고 크리에이티브

광고 크리에이티브(advertising creative)란 넓은 의미로 광고의 창작 과정 전체를 뜻한다. 광고 기획을 시작으로 제작 회의를 통해 나온 아이디어를 구체화하는 작업은 물론, 아이디어의 결과물을 미디어에 집행하기까지의 전 과정을 말한다(오창일, 2006, 2011). 광고 크리에이티브는 아이디어를 구체적인 표현물로 제작하는 과정이며, 수많은 디테일을 요구하는 일련의 제작을 말한다. 광고 크리에이티브는 좁은 의미로는 아이디어가 구체화된 광고 제작물 자체를 뜻한다. 소비자가 생활 속의 다양한 미디어를 통해 광고주(client)와 만나는 접점에 있는 특정의 광고물을 말한다.

광고 크리에이티브는 제작 과정이든 결과물이든 세상의 흐름을 읽고 생활 스타일을 제안하며, 소비자를 설득하고 영향을 미치는 창작 체계이다. 광고 크리에이티브는 커

* 오창일 서울예술대학교 커뮤니케이션학부 교수, 석중건 코리아하베스트 대표, 정해원 덴츠코리아 국장

뮤니케이션 원칙에 의해 다듬어져야 하고, 마케팅 목표와 전략을 달성할 수 있어야 한다. 제작 과정에서 크리에이티브한 생각을 교환해야 하고, 그 결과로 크리에이티브한 아이디어를 담아내야 하므로 예술적인 발상이 필요하다. 결국 특정 광고가 기억에 남는다, 특정 광고에 나온 제품을 사고 싶다, 특정 광고를 SNS로 공유하고 싶다는 등의 효과를 얻기 위한 광고 표현은 바로 크리에이티브 전략에서 비롯된다.

광고 크리에이티브는 어떤 관점에서 시작되며, '발상의 전환'에서 출발한다. 광고 창작자들은 독창적인 새로운 관점을 제시해야 한다. 익숙하게 관행을 따르면 광고 크리에이티브가 아니다. 의도적으로 파격을 시도해야 한다(김광식, 2003; 오창일, 2011). 소비자는 다양한 발상법을 통해 의외의 즐거움을 전달하는 광고 크리에이티브를 선호한다. 그러한 광고 크리에이티브는 소비자가 스스로 친구들과 공유하거나, 유사하거나 새로운 형태로 다시 제작해 확산시키기도 한다.

따라서 광고 크리에이티브는 기획에서 시작해 집행에 이르는 모든 과정에서 창의성을 발휘해야 한다. 창의성의 시작은 관점의 발견이다. 하지만 하나의 명확한 정답만 있지 않은 것이 광고 크리에이티브이므로 광고 크리에이터에는 다양한 관점이 중요하다(김병희, 2014). 어떠한 관점이 효과적인지에 대한 판단 기준은 소비자에게 있다. 우리가 광고를 통해서 커뮤니케이션하는 대상은 소비자 혹은 유저(user)이기 때문이다. 즉, 광고 크리에이티브의 구성 요소인 카피 메시지, 비주얼, 음악, 모델 등은 결국 소비자의 생활 문제를 해결하는 것이어야 한다.

예를 들어, 상업적 광고뿐만 아니라 정치광고에서도 관점이 중요하다. 대통령 선거에서 유권자들은 후보들이 언론에서 보여 준 말이나 행동을 믿게 되는데, 이것은 프레임 효과(frame effect)라고 한다. TV광고나 인쇄광고물에서 주장하는 각종 공약은 다른 경쟁 후보가 갖지 못하는 특장점을 강조한다. 후보를 유권자가 선택하는 하나의 브랜드로 본다면, 제품을 부각하는 관점이 숨어 있다고 할 수 있다. 실제로 후보가 지닌 정치 능력이나 경험보다 관점이 만들어 내는 유권자의 인식이 더 중요하게 작용한다.

광고 크리에이티브에는 두 가지 단계가 있다. 광고 크리에이티브는 '무엇을 말할 것인지'에서 '어떻게 말할 것인지'를 관통하는 맥을 잘 집어내고, 누구나 쉽게 이해할 수 있을 만큼 표현하는 과정이다. 즉, 소비자와 커뮤니케이션하려는 메시지를 설정하는 단계와, 그 메시지를 어떻게 표현하느냐의 단계로 나누어 볼 수 있다. 무엇을 말할 것인지(What to say)를 먼저 설정한 뒤에, 어떻게 말할 것인지(How to say)를 고민하는 방법으로 발상의 전환을 한다. 무엇을 말하는 것이 소비자와 시대의 공감을 얻을 것인지, 어떻게 시각적·청각적으로 표현하는 것이 소비자의 시선을 사로잡을 것인지에 대한 문제이다.

　광고 크리에이티브에서 무엇을 말할 것인지(What to say)와 어떻게 말할 것인지(How to say)의 문제는 광고 전략과 표현의 문제이며, 내용과 형식의 문제이며, 콘셉트와 표현의 문제이기도 하다. 크리에이티브의 목적에 따라 때로는 콘셉트가 더 중요하기도 하며, 때로는 표현의 디테일이 더 중요하기도 하다. 콘셉트의 설정은 동시대의 소비자들의 정서 혹은 사회적 의식에 영향을 많이 받으며, 표현의 설정에서는 사회적인 이슈나 트렌드를 많이 반영한다.

2. 광고 크리에이티브의 전략 모델

　광고 크리에이티브(advertising creative)란 광고의 창작 과정을 의미하는 말로, 광고 기획 과정을 통해 나온 아이디어를 구체화하는 작업이다. 광고회사와 광고학계에서는 광고 크리에이티브를 전략 모델로 만들어 광고 창작의 과학화를 모색해 왔다. 광고 전략 모델을 이해하면 크리에이티브 발상을 더욱 체계화하고 실무에서 효율적으로 활용할 수 있다. 광고 크리에이티브 전략 모델에는 크리에이티브 목표, 크리에이티브 콘셉트, 크리에이티브 전략과 실행 형식이 포함되어야 한다(김병희, 2007). 역사적으로 살펴보면 광고 크리에이티브 전략은 미국의 광고회사에서 주로 개발되었다. 광고에서 대표적으로 사용되고 있는 크리에이티브 전략에는 USP 전략, 브랜드 이미지 전략, 포지셔닝 전략 등이 있다.

1) 고유판매 제안(USP) 전략

1940년대 미국의 광고회사 테드 베이츠(Ted Bates)를 설립했던 로저 리브스(Rosser Reeves)는 제품 판매에 직접 도움이 되는 고유판매 제안(Unique Selling Proposition: USP) 전략을 개발해 이를 광고의 주요 전략으로 사용했다. 경쟁적 위치에 있는 타 제품과는 다른 독특한 혜택을 소비자에게 전달함으로써 어필하고자 했다. 생산자 중심의 마케팅 시대에 자사 제품 내에서 경쟁 제품에서는 볼 수 없는 독특함(unique)을 찾아내 그것을 광고 표현에 반영하는 전략이다. 광고주가 제안하는 제품의 고유한 판매 제안이 소비자의 공감을 얻고 구매 의사를 느낄 수 있는 강력함 힘을 가짐으로써 실제 문제를 해결하는 장점이 있다.

2) 브랜드 이미지(Brand Image) 전략

1960년대 데이비드 오길비(David Ogilvy)가 창안한 광고 전략 모델이다. 기술 발전으로 인해 제품 간의 특성이나 성능상의 차이를 나타내기 어려워지면서 광고에 의해 차별화된 이미지를 창출하려는 전략이다. 브랜드 이미지 전략의 핵심은 브랜드 개성(brand personality)을 찾아내 좋은 브랜드 이미지를 소비자의 마음속에 깊이 형성하는 것이다. 따라서 브랜드 이미지 전략은 브랜드의 개성을 소비자와의 제품 관계 속에서 발견하는 것이 중요하다. 소비자가 제품에 대해 느끼고 경험하는 총체적인 요인들을 고려해 제품의 개성을 창조하고 목표 이미지를 지속적으로 유지한다. 향수, 화장품, 자동차, 의류 등의 이미지를 중시하는 제품 범주에서 흔히 사용된다.

3) 포지셔닝(Positioning) 전략

1970년대 잭 트라우드(Jack Trout)와 앨 리스(Al Ries)에 의해 만들어진 전략이다. 포지셔닝이 중요한 이유는, 현대는 커뮤니케이션 과잉의 시대이므로 소비자는 자신의 결정이 틀렸다는 것을 인정하지 않으려 한다. 따라서 소비자의 마음과 인식 속에 자신의 브랜드의 독특한 위치를 잡는 것이 필요하다. 즉, 포지셔닝이란 소비자의 마음속에 이미 위치하고 있는 제품들과 우리 제품의 관계를 재편하는 것이다. 예를 들어, 어떤 휘발유 브랜드의 '찌꺼기가 없는 휘발유'라는 포지셔닝은 다른 경쟁 브랜드에는 찌꺼기가 있을 수 있다는 개연성을 만들어 낸다. 이는 자신의 포지셔닝을 통한 경쟁 제품의 재포지셔닝(re-positioning)을 유도하게 된다. 이처럼 포지셔닝 전략은 경쟁이 치열한 상황에서 소비자의 인식을 바꾸어 놓을 때 효과적으로 발휘된다. 포지셔닝의 방법은 세 가지로 나눌 수 있다. 첫째, 제품 속성 포지셔닝은 기업 이미지나 제품의 속성 또는 특징을 포지셔닝하는 것이다. 둘째, 소비자 혜택 포지셔닝은 제품이 소비자에게 주는 혜택, 즉, 혜택을 약속하는 것이다. 셋째, 가격 및 품질 포지셔닝은 제품을 일정한 가격 수준과 품질로 포지셔닝하는 것이다.

3. 광고 크리에이티브의 소구 방법

광고 크리에이티브를 통해 제품이나 서비스의 특성을 전달하거나 공감을 구하는 방법이 소구(appeal)이다. 광고 크리에이티브에서 어떠한 소구 방법을 사용하느냐는 커뮤니케이션에서 매우 중요하다. 일반적으로 지적 이해를 요구하는 이성적 소구, 감각이나 정서에 호소하는 감성적 소구로 크게 나눌 수 있다. 효과적인 광고 크리에이티브를 만들기 위해서는 우선 소비자들의 욕구를 충족시킬 수 있는 일관된 소구 방향을 선정해야 한다.

1) 위협(Fear)

감성 소구의 한 유형으로 소비자에게 일종의 불안이나 공포심을 조성해 제품에 대해 관심을 유도하는 기법이다. 보험, 제약, 위생 용품, 담배 광고 등에서 많이 사용한

다. 그러나 위협의 강도가 지나치게 되면, 뱀파이어 비디오가 되든가 타깃이 광고를
회피하므로 역효과가 발생한다.

2) 유머(Humor)

익살스러운 농담, 해학, 고상한 멋과 같은 유머 요소를 활용하는 방법이다. 주목 효
과가 매우 크지만 메시지의 핵심 내용을 이해시키는 데는 단점이 많다. 경제적으로 여
유로운 나라와 상황에서 더 유행하는 경향이 많다. 유머는 전염성이 있기 때문에 전통
매체에서는 프라임 타임이나 영화관 등에서 주로 상영할 때 많이 쓰이며, 소셜 미디어
의 스낵 콘텐츠(snack contents)에도 많이 활용된다.

3) 패러디(Parody)

패러디는 기존 콘텐츠(영화, 방송, 광고 등)를 모방해 자사 브랜드에 맞게 제작하는
소구 방법이다. 소비자들로 하여금 제품에 친숙하게 다가갈 수 있게 해 주면서 제품에
대한 흥미를 불러일으키게 한다. 일종의 유머 기법으로 볼 수 있다. 기존 콘텐츠를 미
리 경험하거나 학습했기 때문에 메시지에 익숙하며 거부감 없이 받아들이기 쉽다.

4) 온정(Warmth)

온정은 대표적인 감성 소구 방법이다. 긍정적이고 온화한 정서에 소구하기에 가장
많이 사용되는 소구 방법의 하나이다. 동양 문화권이나 국내 정서에 매우 적합한 광고
기법으로 알려져 있다. 특히 메시지뿐만 아니라 음악, 몸짓, 표정 등의 구성 요소를 효
과적으로 활용해 온정 소구를 한다.

5) 성(Sex appeal)

성적 소구는 성적 자극을 사용함으로써 광고주가 의도하는 소비자 반응을 얻고자 하는 것이다. 성적 소구 커뮤니케이션의 효과를 얻기 위해서는 광고 모델의 매력, 목표 소비자의 성, 제품과의 관련성을 고려해야 한다. 제품과 상관이 없거나 지나치게 노골적인 성적 묘사는 오히려 타깃의 비판과 반발을 사게 되며, 사후 규제의 대상이 되기도 한다.

6) 비교(Comparative)

비교 소구는 동종의 제품이나 서비스군 내에서 자사 제품을 강조하기 위해 한 개 이상의 경쟁 제품을 자사 제품 광고에 등장시켜 비교하는 기법이다. 시장의 후발 주자가 1위 브랜드와 비교하거나, 그 반대의 경우가 대표적인 예이다. 물론 비교가 거짓일 경우에 허위나 비방 광고로 규제의 대상이 된다.

7) 증언(Testimonials)

증언 소구는 제품의 실제 사용자의 경험을 통해 제품 사용을 권장하는 소구 기법이다. 구전(word of mouth) 효과를 노려 시도하기도 한다. 인터뷰나 몰래카메라식 기법을 사용하기도 한다. 최근에는 전통적인 증언형 기법에서 변형된 다양한 테스티모니얼 표현이 나타나고 있다. 기능성 화장품의 경우, 증언 소구를 통해 제품의 신뢰와 혜택을 강조하는 방법이 대표적인 예이다.

8) 일상의 단면(Slice of life)

일상의 단면 소구는 어떤 제품이 생활의 문제점들을 해소시켜 주는 실제 생활 상황을 드라마 형식으로 제시하는 방법이다. 실제 상황을 그대로 인용하는 형식이고, 작은 에피소드를 통해 메시지를 전달하는 사례가 많다. 광고 영상의 많은 형태가 일상의 단면을 소구하는 형태라고 할 수 있다.

9) 실증(Demonstration)

실증은 제품의 성능이나 혜택을 보여 주는 효과적인 방법이다. 극적인 요소, 주제와 일치, 주장을 증명한다. 실증의 기준이 이해하기 쉬워야 효과적이다. 실증을 하는 사람이 신뢰할 만하다면 광고 효과는 더욱 커지게 된다.

4. 광고 크리에이티브의 특징

광고 크리에이티브는 광고의 목적을 위한 과정이며 결과이다. 따라서 그 기능에 충실한 크리에이티브가 바로 광고 목적에 부합하는 뛰어난 크리에이티브라고 할 수 있으며, 다음과 같은 특징을 가진다(오창일, 2006).

첫째, 광고는 짧은 시간에 소비자와 만나기 때문에 광고 크리에이티브는 '쉽게'라는 특징을 가져야 한다. 광고 내용을 알기 쉽게, 듣기 쉽게, 외우기 쉽게, 보기 쉽게, 만드는 것이다. 광고는 남녀노소 누가 보더라도 재미있게 받아들일 수 있을 정도로 쉽게 만들어야 한다고 한다. 금방 한순간에 스쳐 지나가는 광고를 보게 만들려면 한눈에 들어와야 하고 메시지도 쉬워야 한다. 이렇게 소비자 시선 잡기에 성공하기 위해서는 한참 생각하고 난 뒤에나 알 수 있는 내용으로는 효과가 떨어질 수밖에 없다. 일단 시선을 잡고 난 뒤에 내용에 대한 공감이나 설득이 시작되기 때문이다. TV-CM은 초반 5초에 소비자의 눈을 잡아야 하고, 인쇄광고는 펼치는 순간 자기와의 관련성을 알 수 있는 장치를 담아야 한다. 인터넷 범퍼 광고의 경우, 5~6초 동안 모든 것을 보여 줘야 한다. 따라서 복잡한 광고 환경 속에서 원하는 광고 목표를 얻기 위해서는, 광고 크리에이티브는 소비자가 이해하기 쉽게 제작해야 하며, 그래야 수준 높은 크리에이티브가 완성된다.

둘째, 광고 크리에이티브는 '재미있게'라는 특징을 가진다. 최근의 광고 콘텐츠 소비 경향을 살펴보면 '재미(fun)'나 '오락(entertainment)'의 기능이 없으면 소비자들이 지루하게 느낀다. 잠재 소비자를 광고에 참여시켜 흥미를 얻게 하기 위해서는 재미있어야 한다. 따라서 광고의 경쟁 상대는 영화, 게임, 음악과 같은 모든 콘텐츠를 포함한다. 할리우드 영화의 스펙터클을 이겨야 하고, 애니메이션의 재미를 이겨 내야 한다. 게임의 집중도를 넘어서야 광고는 살아남을 수 있다. 기업의 제품 및 브랜드를 광고할 목적으로 제작하는 영화, 뮤직비디오, 음악 등의 브랜디드 엔터테인먼트(branded entertainment)의 소비도 재미라는 특징에서 파악할 수 있다.

셋째, 광고 크리에이티브는 '목적에 맞게'라는 특징을 가진다. 광고를 제작하고 집행하는 비용을 고려하면, 목적에 맞는 광고 크리에이티브를 통해 원하는 광고 효과를 얻어야 한다. 광고를 집행하는 시간과 공간 모두 비용이다. 따라서 광고 크리에이티브는 제품 정보의 전달, 브랜드 경험의 제공, 브랜드 콘텐츠의 공유, 직접적인 제품 구매 등과 같은 다양한 목적에 기여해야 한다. 그리고 광고 크리에이티브는 제품의 연상 요소로 작용할 뿐만 아니라, 제품 사용자의 이미지를 만들거나 개선하는 데도 기여해야 한다. 디지털 환경에서는 보다 정교한 표적 세분화가 가능하므로 타깃에 맞는 다양한 광고콘텐츠를 만들어서 캠페인을 집행하게 된다.

5. 광고 크리에이티브에 대한 관점들

광고 크리에이티브는 기본적으로 광고 콘셉트를 구체적인 표현으로 전환시키는 과정이다. 전환시킨다는 것은 물리적인 계산에 의한 전환이 아니라, 화학적인 반응에 의한 전환을 의미한다. 그렇기 때문에 똑같은 광고 과제를 해결하더라도 크리에이터에 따라서 그 과정과 결과는 모두 다르게 나타난다. 그만큼 어떻게 표현할 것인지의 문제

는 크고 작은 표현을 다루는 일이므로 다양한 갈래의 방법이 가능하다. 이에 대해 수
많은 논의가 있었고, 전통적으로 거론되는 광고 크리에이티브에 대한 대표적인 관점
들을 소개하면 다음과 같다(오창일, 2006).

1) 당의정 관점

사전적으로 당의정(糖衣錠, sugar-coated tablet)은 정제의 표면에 백당의 경질층을 입
히고, 이것을 빨강, 노랑, 파랑 등의 빛깔로 착색한 정제(알약)다. 제조할 때는 랙(lac)
등으로 약물을 고정시키고, 특수한 기구나 기계를 써서 0.5~1mm의 두께로 백당을
입힌다. 백당을 입히는 데는 특별한 기술이 필요하다. 간단히 말하면 "설탕 옷을 입힌
알약"이다. 이런 뜻이라면 당의정 관점은 광고 크리에이티브의 핵심을 설명한다. 광고
에는 전달해야 할 제품 정보와 메시지가 있다. 그것을 효과적으로 전달하기 위해서 소
비자가 좋아하는 표현으로 입히는 것이다. 기업이 콘텐츠를 통해 브랜드를 알리기 위
해 만드는 브랜디드 엔터테인먼트도 당의정 관점과 같은 맥락이다.

2) 연금술 관점

광고 크리에이티브는 일종의 연금술(鍊金術, alchemy)이다. 기존 개념에 새 개념을
더하고, 크리에이터 고유의 기법을 바탕으로 새로운 아이디어를 만들어 내는 과정이
다. 즉, '금속＋촉매＝합금'이라는 신개념의 공식을 창출할 수 있다. 그러나 모든 연금
술이 성공하지 못한다는 사실에 주목해야 한다. 그만큼 어렵다는 뜻이기도 하다. 여기
에서 의미하는 연금술이란 광고 크리에이티브의 과정은 '1+1=2' 같은 합리적인 계산
에 의해 이루어지지 않는다는 것을 의미한다. 때로는 엉뚱한 발상과 의외의 지점에서
아이디어가 포착되고, 표현 결과물로 안착된다는 뜻이다.

3) 요리법 관점

똑같은 재료를 쓰고도 요리법(a recipe for creativity in AD)에 따라 음식 맛이 달라지 듯이 광고 표현도 달라진다. 누가 어떤 솜씨로 조리하느냐에 따라 광고의 맛도 달라진 다. 면과 양파와 자장에 돼지고기를 가지고 만들어 낸 자장면도 주방장의 솜씨에 따라 풍미에 차이가 있다. 주방장이 맛을 내는 비결은 광고 크리에이터가 광고의 맛을 내는 것과 비교할 수 있다. 재료가 제품의 특징이라면, 주방장의 요리 비법은 크리에이티브 능력에 해당된다. 재료 사이에 있는 또 다른 관계의 의미(meaning of combination)를 알 고, 기계론적인 결합만으로는 생길 수 없는 색다른 의미의 창출이 요리법의 비밀이다.

또한 맛있다는 평가에도 미묘한 차이가 있어 미식가를 감탄하게 만드는 정도도 다 르다. 광고 크리에이티브의 기법이나 종류를 아무리 잘 알아도 표현의 결과는 천차만 별이다. 광고 크리에이티브에서 이론보다도 더 중요한 것은 바로 크리에이티브의 경 험이고, 실전적인 창작 노하우이다. 그것을 크리에이터의 직관(insight)이라고도 하며, 창의성의 영역에 해당된다.

4) 비행기 이륙 관점

물은 섭씨 100도가 넘어야 끓는다. 99도에서도 끓지 않는다. 1도의 차이가 비등점 을 결정한다. 인간과 침팬지의 DNA 구조는 99.7%가 비슷하다고 한다. 그러나 만물의 영장과 동물의 경계를 넘지 못한다. 임계치(臨界値)에 도달하기 전에는 계속 에너지를 축적하고 내공으로 담아 둔다. 광고 크리에이티브의 과정도 이와 비슷하다. 광고 제품 의 정보와 시장의 정보, 그리고 타깃의 정보가 크리에이터의 머리에 입력되고, 복잡한 문맥 속에서 아이디어 연결을 시도한다. 그러한 과정이 있어야만 아이디어의 결합이 이루어진다. 마치 일정 속도에 도달하면 비행기가 이륙(take off)하듯이 아이디어가 생 겨나고 표현으로 드러나는 것이다.

5) 논리에서 마법으로의 관점

논리에서 마법으로의 관점은 "로직(logic)에서 매직(magic)으로" 승화시키는 것이다. 광고는 마케팅과 기획의 이성(logic) 부문에서 비주얼과 카피의 표현 부문으로 승화되거나 전환되어야 한다. 이때 표현은 이성의 상대 개념으로 감성의 영역에서 크게 작용한다. 이러한 과정을 마술(magic)에 비유하기도 한다. 마술처럼 전혀 다른 차원의 매개물을 통해 개념을 전달하게 된다. 이 매개물은 보통 대상물(object)이거나 언어(copy), 소리(sound), 그림(visual)이 되기도 하는데, 이해하기 쉽고 기억하기 쉽게 해 준다.

이런 역할을 가능하게 해 주는 것은 광고 크리에이터가 이심원의 세계에 살기 때문이다. 두 개의 원이 반쯤 겹칠 때 생기는 모양을 생각해 보면 알 것이다. 두 영역에서 수직 사고와 수평 사고로 자유롭게 사고하거나 상상하는 사람이 광고인이기 때문이다. 논리 추구라는 한 동심원과 자유 발상이라는 또 다른 동심원의 공통집합에서 아이디어 발상을 하는 것이다. 그래서 이성은 감성적 논리(emotional logic)이고, 감성은 이성적 마법(rational magic)이라 할 수 있다.

6) 과학과 예술의 칵테일 관점

광고 전략이 기획이고 광고 전술이 표현이라면, 표현은 수사학이다. 광고 크리에이티브는 정확한 조사, 광고 전략, 미디어 플래닝 같은 과학적인 면과 아트(art)의 힘을 빌려 오는 예술적인 면이 공존한다. 효과적인 광고 크리에이티브가 완성되려면 이 두 가지 측면이 유기적으로 결합되어야 한다. 제품을 소비자에게 공감을 주는 관심사로 바꿔 주는 것이 크리에이티브다. 그 속에 광고 기법이 숨어 있다. 이성에서 감성으로 전환되는 것이고, 전략에서 표현으로 도약하는 것이다. 과학과 예술의 칵테일(cocktail) 효과라고 말할 수 있다.

7) 화룡점정 관점

광고 크리에이티브의 마지막은, 용의 눈에 점을 찍음으로써 그림이 살아 움직이게 만드는 화룡점정(畵龍點睛)과 같다. 단순히 제품의 혜택을 전달하지 않고, 고객이 그 제품을 정말로 좋아하고 사고 싶게 만드는 일이 크리에이티브의 핵심이다. 광고가 상업적 메시지만 일방적으로 전달한다고 하면 선전(propaganda)이 될 것이다. 소비자 입장에서 일방적으로 구매를 요구당하면 기분이 좋지 않고, 메시지도 회피하게 될 것이다. 마치 네이티브 광고(Native AD)와 같은 형태로 광고가 아닌 것처럼 광고 메시지를 전달하고, 광고지만 작품처럼 느끼게 만드는 기법이 필요하다(정해원, 2017). 그리고 광고 크리에이티브 드라마처럼 반전이 있어야 한다. 극적 전환이 있어야 광고는 생명을 얻게 된다. 극적 전환은 기대하지 않았던 조합(unexpected combination), 다시 말해서 의외성이 있어야 이루어진다.

8) 카피와 아트의 행복한 결혼 관점

광고 크리에이티브의 최종 단계는 카피와 아트의 상호 보완성이 있어야 한다는 것이다. 다른 구성 요소이기 때문에 상호 이질성이 있으면서, 서로 의미 생성에 도움이 되는 공조 효과(共助效果)가 있어야 한다. 서로 다른 구조를 갖고 있지만 그 요소들이 잘 연계될 때, 카피와 아트는 행복한 시너지를 만들게 된다. 좋은 카피는 좋은 그림을 말하고 있으며, 좋은 비주얼은 좋은 메시지를 담고 있다. 광고 크리에이티브의 핵심은 시각화(visualization)와 스토리텔링(storytelling)이기 때문이다.

6. 광고 크리에이티브의 구성 요소

1) 카피(Copy)

광고물에 들어가는 광고 문안 혹은 광고 메시지를 카피(copy)라고 부른다. 카피를 작성하는 일이 카피라이팅(copywriting)이며 카피라이터가 그 일을 한다. 광고 환경이 디지털로 전환하면서 카피라이터가 쓰는 글의 형태가 더욱 다양해졌다(김동규, 2017; 김병희, 2007). TV, 라디오, 신문, 잡지 같은 전통적인 4대 매체에 실리는 광고의 카피뿐만 아니라, 튜토리얼(tutorial) 영상, 테스트모니얼(testimonial) 영상, 범퍼 애드(bumper Ad), 네이티브 광고(native AD) 등 소셜 미디어에 등장하는 많은 광고 콘텐츠의 카피를 카피라이터들이 쓰기 때문이다(정해원, 2017).

또한 15초, 20초, 30초 등의 정형화된 길이의 광고 카피에서 탈피해 72초 영상과 같은 장초수 영상광고, 카드뉴스, 인터뷰 형식 등 다양한 형태와 길이의 광고 카피가 만들어지고 있다. 카피라이터는 카피 작성뿐만 아니라 광고 콘셉트나 광고의 기획 방향에도 깊이 관여해 회의를 이끌어 가는 역할을 한다. 소셜 미디어의 경우, 소셜 미디어에 사용되는 콘텐츠의 구성과 기획에도 관여한다. 뮤직비디오 형식의 콘텐츠의 경우 노랫말을 구성하고, 드라마 형식이면 시놉시스(synopsis)를 구성하고 직접 대본을 작성하기도 한다. 따라서 디지털 환경에서 카피라이터는 다양한 형식의 카피를 구성해야 한다. 이처럼 카피의 영역이 확장됨에 따라 카피의 개념도 변화하고 있는 상황이다.

2) 비주얼(Visual)

광고 크리에이티브는 카피와 함께 비주얼이 주요 구성 요소이다. 크게 영상(Video) 비주얼과 지면(Print) 비주얼로 나눌 수 있다. 광고 크리에이티브가 영상이든 지면이든 공통적으로 핵심 그림(key visual)의 역할이 중요하다. 광고의 인상을 좌우하며 콘셉트가 녹아 있는 핵심적인 비주얼이므로, 하나의 광고 캠페인을 실행할 때 동일한 핵심 그림을 포스터, 인터넷 배너 광고, 신문광고 등에 일관성 있게 집행한다. 또한 영상을 편집할 때에도 핵심 그림을 중심으로 앞뒤 혹은 전후에 다른 컷(cut)을 추가하는 방식으로 작업을 한다. 즉, 핵심 그림을 부각하기 위해 다른 컷을 연결하는 셈이다. 비주얼은 카피(copy)와의 호응이 매우 중요하다.

광고의 비주얼을 만들기 위해 인물이나 사물을 직접 촬영하거나, 게티(Getty) 이미지 같은 이미지 도서관(image library)에서 정지(still) 이미지 혹은 동영상 이미지를 구매해 사용한다. 그리고 일러스트레이션(illustration)이나 카툰(cartoon)을 활용하기도 한다. 비주얼 아이디어를 발상하고 비주얼을 제작하는 일은 크리에이티브팀의 아티스트나 아트 디렉터(art director)가 담당한다. 과거에는 그래픽 디자이너와 프로듀서로 나뉘어져 그래픽 디자이너는 스틸 이미지를 만들고, 프로듀서는 커머셜 영상을 담당했다. 하지만 최근에는 대부분의 광고회사에서 스틸과 영상의 구분 없이 아티스트가 비주얼 작업을 통합적으로 담당한다. 디지털 영상의 경우에는 소재를 출고하는 경우에도 avi, wmv, mpeg(mpg), mp4, swf 등의 다양한 파일로 제작되며, 매체사에 따라 소재의 용량을 몇 메가 이하로 제한을 둔다.

유튜브(Youtube)와 인스타그램(Instagram)이 거대 미디어로 성장하고 있는 현상이 말해 주듯, 디지털 시대는 영상 콘텐츠의 시대이다. 영상 콘텐츠의 소비가 그만큼 늘어나고 있고, 영상을 제작하는 환경도 급변하고 있다. 디지털카메라, 고프로(Gopro), 드론(drone) 등의 다양한 장비를 활용해 개인이 쉽게 콘텐츠를 제작할 수 있는 환경이 마련되었기 때문에, 촬영, 색 보정, 합성, 편집, 음악 더빙 작업까지 1인이 모두 해결할 수 있다. 촬영 현장이나 프로모션 행사를 기록하는 메이킹 필름(making film)은 이미 1인 제작자가 1개 프로덕션의 역할을 담당하고 있으며, 앞으로 광고 제작의 프로세스가 많이 바뀔 것으로 예상된다.

3) 음악(Music)

음악은 카피와 비주얼과 함께 광고 크리에이티브의 3대 구성 요소이다. 음악은 광고 크리에이티브의 느낌과 분위기(tone & mood)를 이끌어 가는 핵심 요소이다. 음악에 따라 광고 메시지나 비주얼의 임팩트가 달라지기 때문에, 광고 음악을 선택하거나 제작하는 일은 매우 까다로운 부분이다. 광고 음악은 특정 광고를 위해 음악을 제작하는 경우와, 음악을 선택(구매)하는 경우로 나눌 수 있다.

첫째, 음악을 제작하는 경우는 세션 뮤지션(session musician)이나 가수를 모아서 곡을 제작하는 방법과 미디(Musical Instrument Digital Interface: MIDI)와 같은 디지털 프로그램과 디지털 기기를 활용하는 방법이 있다. 두 가지 방법 중 광고 목적, 제작 예산 등 여러 가지를 고려해 효과적인 방법을 결정한다. 이처럼 커머셜 송(commercial song)을 제작하는 것을 포함해 음악을 직접 제작하는 방법을 통칭해 사운드 디자인(sound design)이라고 일컫는다.

둘째, 광고를 선택하는 경우는 광고 음악을 구매하는 것을 말한다. 구매할 수 있는 광고 음악은 라이브러리 뮤직(library music)과 라이선스 뮤직(license music)으로 크게 나뉜다. 라이브러리 뮤직은 음반사에서 광고, 영화, 이벤트 등 다양한 상업적인 목적으로 만들어져 있는 레디메이드(ready-made) 음악을 의미한다. 라이선스 뮤직에 비해 작품의 구체성이 떨어진다. 라이선스 뮤직은 우리가 알고 있는 유명 뮤지션들의 음악을 생각하면 이해가 쉽다. 따라서 라이선스 뮤직은 저작권과 라이선스가 별도로 있으므로, 사용할 때 사용 기간과 사용 범위를 정확히 파악해 계약하고 구매해야 한다. 음악을 제작하는 경우에는 이러한 저작권과 라이선스에 구애받지 않는 장점이 있다. 어떤 방법을 선택하느냐는 광고 프로젝트의 여러 가지 특성과 조건에 달려 있다.

4) 모델(Model)

광고에서 모델은 중요한 역할을 한다. 모델에 따라 광고의 신뢰도와 메시지의 임팩트가 달라지기 때문이다. 광고 모델은 유명인(celebrity), 일반인, 동물, 아기 등 다양하다. 유명인 광고 모델에 대해서는 다양한 연구가 이루어지고 있으며, 광고 크리에이티브의 특성, 브랜드 적합성, 광고 예산 등 다양한 조건을 고려해 유명인 모델을 선택한다. 단기간에 브랜드 인지도를 높이거나 장기적으로 브랜드 이미지를 축적하는 등 다양한 목적으로 유명인 모델을 활용한다. 유명인을 활용할 때에는 유명인 그대로의 캐릭터로 활용하거나, 생활자로서의 캐릭터로 활용한다. 유명인 캐릭터를 활용하는 모델 전략은 유명인이 지닌 스타(star)로서의 재능과 매력을 광고 영역에서 활용하는 것이며, 생활자로서 활용하는 모델 전략은 유명세가 아닌 일상 속에서의 캐릭터를 활용한다는 뜻이다. 이 두 가지 방법은 광고 효과 측면에서 차이가 있기 때문에, 활용도를 전략적으로 선택하게 된다. 또한 동물이나 아기, 어린이 모델을 사용하는 경우, 촬영 현장에서 모델이 제대로 통제되지 않는 돌발 상황을 고려해 대체 모델이 대기하는 것이 일반적이다.

5) 촬영 장소(Location)

촬영 장소를 통칭해서 로케이션이라고도 하지만, 일반적으로 스튜디오(studio), 오픈 세트(open set), 로케이션(location)으로 나뉜다. 스튜디오는 실내 촬영 공간을 말한다. 조명의 통제가 매우 용이하고 날씨의 구애를 받지 않는 장점이 있다. 오픈 세트는 로케이션이 곤란할 때 외부에 세우는 세트를 말한다. 규모가 큰 경우가 많고, 시대를 재현하는 경우에 많이 사용된다. 로케이션은 스튜디오를 벗어난 장소를 말한다. 도로, 건물, 자연 공간 등의 다양한 장소를 선택할 수 있는 장점이 있다. 스튜디오나 오픈 세트에서 촬영하는 경우, 촬영 장소가 한정되어 있기 때문에 다양한 비주얼을 얻기는 힘들다. 로케이션은 원하는 장소를 선택해서 촬영하는 것이므로 비주얼의 선택은 다양하지만 이동에 따른 시간, 비용의 문제가 발생하며, 날씨의 영향을 많이 받는 단점이 있다. 물론 날씨나 기후는 장점으로 기능하기도 한다. 로케이션의 경우, 일반적으로 로케이션 매니저가 촬영 장소를 찾아서 추천하며, 촬영이 원활히 진행될 수 있도록 촬영 현장을 통제하는 역할을 한다.

6) 편집(Editing)

영상광고 제작 시에 촬영을 마치고 나서 영상을 편집한다. 광고 영상은 비주얼의 편집이자 시간(time)의 편집이라 할 수 있으며, 지면 광고의 경우 레이아웃이나 합성이 편집 작업에 해당한다. 일반적으로 편집 과정에는 데이터 변환(data converting), 색 보정(color grading) 작업 등이 포함된다. 개념적으로 최초의 편집은 스토리보드 구성에서부터 시작한다. 스토리보드를 기반으로 촬영 콘티(shooting continuity)가 만들어진다. 따라서 물리적으로는 촬영 후 편집이 이루어지지만, 실제적인 편집은 이미 촬영 콘티가 만들어지면서 이루어진다. 촬영 콘티에는 컷(cut)의 수(number), 컷의 연결과 흐름, 각 컷 앵글감, 분위기가 모두 표현된다.

편집은 광고 영상 제작 시 매우 중요한 과정이다. 편집에 따라서 전달하려는 비주얼의 구성이나 임팩트가 달라지기 때문이다. 크리에이티브 작품에서 음악이 가장 중요한 요소인 경우, 비주얼의 편집은 음악을 기준으로 이루어지는 경우가 많다. 특히 글로벌 브랜드 캠페인의 경우, 잘 알려진 음악을 사용하고 이에 맞춰 메시지를 구성함으로써 광고의 인지도, 호감도를 비롯한 광고 효과를 높인다.

7) 분위기(Tone & mood)

광고에서 광고의 톤앤매너는 매우 중요하다. 분위기는 다른 광고 크리에이티브 요소에 비해 분명하지 않아서 정확하게 논의하거나 통제하기 힘들다. 한두 가지 요소가 광고의 분위기를 결정하기도 하지만, 여러 가지 요소가 동시에 작용해 광고의 분위기를 만드는 경우가 많기 때문이다. 예를 들어, 눈 오는 일본의 이국적 분위기를 표현한다고 하면, 음악, 카피, 모델의 연기, 비주얼, 현장의 날씨가 만들어 내는 색감 등 많은 요소가 함께 분위기를 만들어 내기 때문이다.

7. 영상광고의 제작

국내 광고 시장에서 모바일광고의 강세가 계속되고 있으며, 이러한 흐름은 동영상 광고에 대한 소비를 더욱 확대시키고 있다. 따라서 전통적인 TV광고 외에 인터넷 범퍼 광고, 72초 광고, 튜토리얼 영상(tutorial video) 등 다양한 형태의 광고 영상이 만들어지고 있다(신건우, 2017). 영상광고의 길이는 5초에서 몇 분에 이르기까지 차이가 있지만, 일반적으로 [그림 8-1]과 같은 유사한 제작 과정을 거치게 된다.

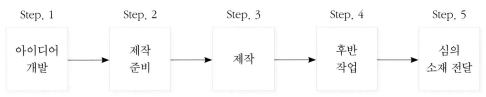

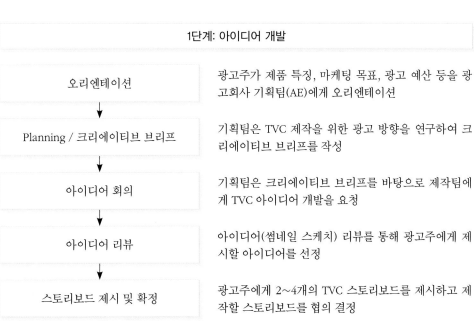

1단계: 아이디어 개발	
오리엔테이션	광고주가 제품 특징, 마케팅 목표, 광고 예산 등을 광고회사 기획팀(AE)에게 오리엔테이션
Planning / 크리에이티브 브리프	기획팀은 TVC 제작을 위한 광고 방향을 연구하여 크리에이티브 브리프를 작성
아이디어 회의	기획팀은 크리에이티브 브리프를 바탕으로 제작팀에게 TVC 아이디어 개발을 요청
아이디어 리뷰	아이디어(썸네일 스케치) 리뷰를 통해 광고주에게 제시할 아이디어를 선정
스토리보드 제시 및 확정	광고주에게 2~4개의 TVC 스토리보드를 제시하고 제작할 스토리보드를 협의 결정

2단계: 제작 준비	
프로덕션 결정	CD는 프로덕션을 결정하고, 프로젝트의 전체 프로듀싱을 담당할 프로듀서(PD)를 지명
Staff 구성	CD는 PD의 추천을 참고로 촬영 및 후반 작업의 스태프를 구성
촬영 콘티 작성	감독에게 스토리보드를 기초로 실제 촬영의 기준이 되는 '촬영 콘티(Shooting Conti)' 의뢰
Staff 제작 회의	PD, 감독, DOP, 편집, 오디오, 의상, 메이크업 아트(소품), 로케이션 헌팅 등 스태프 전체 회의
PPM(Pre Production Meeting) 준비	촬영에 필요한 모든 사항을 점검하여 PPM(Pre-Production Meeting) 준비
PPM(Pre Production Meeting)	• PPM은 촬영에 관한 모든 사항을 광고주, 광고회사, 프로덕션 간에 최종 확인하는 회의 • PPM 노트에 정리된 촬영 콘티, 장소, 모델, 촬영 기법, 편집, 오디오, 컬러 등 촬영 및 제작에 관한 요소를 확인하고 합의함 • PPM에서 합의되지 않은 내용을 광고주가 요구하거나 제작 스태프가 생략하면 안 됨
촬영 준비	PPM 노트를 기준으로 촬영일까지 촬영을 위한 모든 준비를 완성하는 과정
3단계: 제작	
촬영	• 촬영 장소는 로케이션 촬영과 세트 촬영으로 구분 • 로케이션 촬영은 일반적인 야외 촬영 • 세트 촬영은 촬영 전용 스튜디오에 세트(무대)를 제작하여 촬영 • 로케이션 촬영은 공간의 이동이 자유로운 장점 • 세트 촬영은 날씨의 영향을 받지 않고 조명을 일정하게 통제할 수 있는 장점
촬영 준비	PPM 노트를 기준으로 촬영일까지 촬영을 위한 모든 준비를 완성하는 과정

4단계: 후반 작업(Post Producion)	
본 작업	• 최종 편집 확인 과정 • 컷 연결, 합성 등 비주얼 확인
음악, 성우 녹음	내레이션, 멘트 녹음(성우, 모델) 및 음악 결정
본 편집 시사 및 수정	최종 편집본을 광고주가 시사하고 수정 완성
가편집	색 보정이나 2D 작업 이전에 촬영 컷 순서와 흐름을 확인하는 1차 편집본
가편집 시사	감독이 1차로 편집한 버전을 광고회사 CD가 확인
DI 작업(Data Intermediate)	• 데이터 시네(Data Cine) • 촬영한 영상 데이터를 원하는 톤으로 색 보정
2D 작업	• 비주얼의 합성 작업 및 자막, 레이아웃 작업 • 프로젝트에 따라 3D 합성 작업이 추가되기도 함

5단계: 심의 및 소재 출고	
심의	• 최종본을 방송협회 심의 제출 • 심의 통과를 못 하면 광고주에게 대안 제시 후, 카피, 자막 수정하거나 재녹음하여 재심의 통과
소재 전달	공중파 및 케이블 방송사에 소재 전달
On-Air	최종 데이터(광고 소재) 전달 후 On-Air

[그림 8-1] **영상광고의 일반적인 제작 단계**

8. 디지털 시대 광고 크리에이티브의 전망

　지금은 디지털 환경 속에서 광고를 소비하는 시대이다. 대부분 모바일폰이나 PC로 광고를 소비하고 있다. 과거와 달리 인터랙티비티(interactivity)가 광고 커뮤니케이션의 가장 중요한 요소가 되었다(신건우, 2017). 광고 크리에이티브도 전통적인 광고의 목적과 달리, 크게 공유(sharing)와 경험(experience)을 중심에 두고 전개하고 있다.

1) 디지털 시대의 크리에이티브 전략

　디지털 시대의 광고 크리에이티브란 인터랙티브 미디어를 이용한 광고의 표현 아이디어를 비롯해 마케팅 문제를 해결하는 커뮤니케이션 아이디어 전반을 일컫는 개념으로 정의할 수 있다. 이때 크리에이티브는 전통적인 차원에서의 표현이 아니라, 인터랙티브 미디어를 움직이는 핵심 아이디어이자 전략적 요소이다. 즉, 크리에이티브가 미디어와 유기적으로 결합되어 함께 아이디어 솔루션을 제공하고 있으므로, 이에 따라 광고 크리에이티브가 환경에 따라 끊임없이 변화하고 있다.

[그림 8-2] 전통적 광고와 인터랙티브 광고의 크리에이티브와 전략 비교

2) 디지털 시대 크리에이티브의 목적은 공유와 경험

디지털 시대의 커뮤니케이션은 일방적인 전달(transmission)이 아닌 상호적인 공유 (sharing)의 행위로 규정되어야 한다. 전달 행위에서 중요한 점은 의도하는 바가 정확히 전달되었는가 하는 정확성이다. 반면, 공유 행위에서는 상호작용성, 의미 생성과 교환, 재생산이 중요해진다(심성욱, 김운한, 신일기, 2011). 이러한 관점에서 크리에이티브는 무엇보다 타깃의 공감을 얻는 것이 중요하다. 공감 경험은 크게 두 가지 과정을 통해 발생한다. 하나는 인지적 공감으로, 우리는 타인의 입장에서 타인의 상황을 이해하고 타인의 역할을 취해 보는 인지적 과정을 통해서 공유되는 것을 말한다. 다른 하나는 정서적 공감이다. 타인의 정서 표현을 그대로 모방하는 과정을 통해 타인과 같은 정서를 느끼는 경우를 말한다.

디지털 시대의 광고 크리에이티브에서는 소비자와의 관계 형성이 중요하므로 경험 (experience) 요인이 크게 주목받고 있다. 경험은 그동안 주로 공연 예술이나 여가, 스포츠, 영화 관람, 음악 감상, 게임 같은 제품의 소비와 관련되어 왔다. 이런 제품의 소비는 경험 그 자체가 목적이 되며, 소유가 아닌 제품을 사용하는 동안 경험하는 감정이나 감각이 지배적인 효용이 되기 때문에 경험적 소비라 한다. 경험 유발 아이디어는 다양한 미디어를 통해 실현될 수 있다. 이를테면 오프라인에서의 경험 아이디어는 이벤트 등 오프라인 프로모션을 통해, 인터랙티브 경험 아이디어는 QR(Quick Response) 코드나 스마트폰 어플리케이션(application) 같은 미디어 아이디어를 통해 가능하다. 경험적 요소가 특히 중요한 이유는, 경험이 단순히 제품의 정보에 관한 것을 제공할 뿐 아니라, 환경 혹은 소비자와 관련한 맥락 정보를 제공하거나 협업(collaboration) 관련 정보도 제공하기 때문이다. 공유와 경험을 중심에 둔 광고 크리에이티브의 대표적인 사례들을 소개하면 다음과 같다(INNOCEAN, 2015).

프랑스의 알리안츠생명은 사랑하는 사람의 음성으로 녹음된 자동차 내비게이션을 만들었다. 사람들이 가족이나 친지와 함께할 때 안전 운전에 더 신경 쓰는 것에서 착안해 할머니, 아들, 남자 친구 등 소중한 이들의 음성으로 녹음된 내비게이션을 제작

[그림 8-3] 프랑스 알리안츠생명의 자동차 내비게이션

해 안전 운전을 촉진하기 위한 모바일 어플리케이션으로 배포했다.

일본 히로시마관광청의 고양이 시점으로 체험하는 오노미치 마을 '캣' 스트리트 뷰도 흥미롭다. 고양이 마을로 유명한 오노미치를 낮은 높이에서 360° 촬영해 고양이의 시점에서 오노미치를 구경할 수 있는 캣 스트리트 뷰 사이트를 제작했다. 이를 통해 많은 관광객의 방문을 유도했다.

[그림 8-4] 일본 히로시마관광청의 오노미치 마을 캣 스트리트 뷰

P&G의 여성 용품 브랜드 올웨이즈(Always)는 여성 차별적 관행에 반대하는 소셜 캠페인을 진행했다. "여자같이"라는 말이 부정적인 의미로 쓰이고 있는 현실을 바꾸고자 여성 자신들의 유능한 모습과 함께 #Like A Girl 태그를 SNS에 올리도록 유도함으로써 "여자같이"를 "멋지게"로 바꿨다.

[그림 8-5] P&G Always의 #Like A Girl 태그 캠페인

미국 켄터키의 위스키 제조사인 Woodtock Bourbon and Cola에서는 농부들이 버
번 통을 굴려 운반하는 특이한 제조 방식을 활용한 모바일 게임을 제작해 브랜드 인지
도를 높이는 데 성공했다.

[그림 8-6] Woodstock Bourbon and Cola의 통 굴리기 모바일 게임

태국의 건강증진재단(Health Promotion Foundation)은 사망한 흡연자가 기부한 폐에
서 추출한 물질로 검은 잉크를 제작해 공공장소에 비치했다. 흡연자 폐에서 추출한 잉
크로 "당신의 폐가 보낸 메시지"라는 금연 캠페인을 전개해 시민들이 자유롭게 금연
메시지를 잉크로 작성하도록 했다. 이 캠페인은 언론과 소셜 미디어에서 큰 주목을 받
아 금연 캠페인 참여율이 500%나 증가했다.

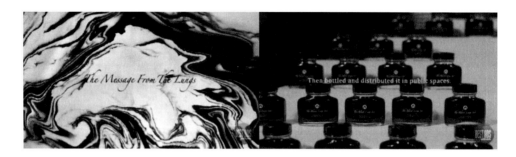

[그림 8-7] 태국 건강증진재단의 "당신의 폐가 보낸 메시지" 금연 캠페인

위의 사례를 살펴보면, 디지털 시대의 광고 크리에이티브의 공통된 특징을 발견할수 있다.

첫째, 광고 크리에이티브가 문제를 해결하는 솔루션 아이디어로서 기능한다. 인지도, 호감도로 광고 효과를 측정하던 전통적인 방식과는 달리, 클라이언트가 안고 있는 문제를 해결하는 역할을 하고 있다. 사례에서 제시한 운전 사고의 감소, 관광객의 증가, 금연 메시지의 작성이라는 구체적인 결과를 만들어 냈다.

둘째, 광고 크리에이티브가 기술(technology)과 결합해 문제를 해결한다. 사례에서 제시한 자동차 내비게이션, 360도 서라운드 뷰(surround view), 모바일 게임의 디지털 디바이스와 디지털 기술을 활용했다.

셋째, 광고 크리에이티브가 소비자들의 참여를 가능하게 한다. 일방적인 커뮤니케이션 위주의 전통적 광고와는 달리, 소비자들의 참여가 이루어진다. 제시한 사례에서 알 수 있듯이, 가족들이 자신의 목소리를 제공하고, SNS에 글을 올리고, 직접 게임을 즐기며 체험하게 되는 것이다. 결국 공유와 경험이 디지털 시대의 광고 크리에이티브의 핵심 기능이라는 사실을 알 수 있다.

3) 디지털 시대의 광고 크리에이티브 전망

(1) 칸 라이온즈(CANNES Lions)의 변화

현재 전 세계 광고제를 주도하는 있는 칸 라이온즈를 통해 크리에이티브 변화의 방향을 가늠할 수 있다. 이미 2011년 칸 라이온즈는 스스로 칸 광고제(advertising festival)라는 명칭을 버리고 칸 창의성 축제(creativity festival)로 정체성을 변화시켰다. 그만큼 전통적인 광고라는 개념으로는 변화하는 광고 크리에이티브를 모두 담아낼 수 없기 때문이다. 그래서 출품 카테고리 7개를 신설 및 추가했으며, 디지털 영역의 비중이 커졌다. 2015년에는 출품 부문 규모에서 사이버(CYBER) 부문이 9.3%로 아웃도어(12.6%), 프레스(12.6%)에 이어서 세 번째로 큰 범주가 되었다. 특히 Creative Effectiveness, Health & Wellness 부문의 출품 수가 증가하고 있으며, 스토리텔링의 부각에 따라 Branded Content & Entertainment, Film, Film Craft 등의 부문도 출품 수가 매년 늘어나고 있다. 칸 라이온즈의 변화가 말해 주듯, 디지털 영역의 광고 크리에이티브가 광고업계의 핵심 쟁점이 되었다.

(2) 디지털 에이전시의 진화

광고주와 소비자와의 커뮤니케이션을 연결하는 광고회사도 미디어 환경의 변화와 그에 따른 소비자 구매 행동의 변화에 알맞게 바뀔 수밖에 없다. 나이키의 퓨얼밴드(NIKE Fuelband) 캠페인으로 유명한 R/GA사의 크리에이티브 최고 책임자(Chief Creative Officer)인 닉 로(Nick Law)는 "우리의 성공 비결은 한쪽 발은 실리콘밸리에, 나머지 한쪽은 뉴욕의 메디슨가에 걸쳤기 때문이죠. 기존의 광고업계는 빅 아이디어, 유머 등 스토리텔링에만 집중했어요. 하지만 소통을 위한 게 아니라, 사람들에게 필요한 것을 제공하는 행위도 똑같이 중요해요. 우리는 이것을 개념적으로 스토리와 시스템이라고 정의하죠"라고 하면서, 스토리가 전통적인 광고회사의 영역이었다면 시스템은 시대가 요구하는 영역이라고 정의하고 있다.

즉, 광고주 비즈니스 문제에 대한 명확한 진단으로부터 문제해결을 위한 솔루션으로서 필요한 제품과 서비스를 제작하고, 이후 시장에 출시할 때에는 광고회사로서 캠페인을 개발하는 것이다. 퓨얼밴드는 나이키와 R/GA가 2년 동안 제품 개발을 해서 만든 획기적인 결과물인데, 주목할 만한 부분은 소비자의 참여를 유도했다는 점이다.

뉴욕에 기반을 둔 광고회사 DROGA5는 2014년 유니세프와 Tap Project 캠페인을 집행했다. Tap Project는 물로 인한 질병으로 고통받는 아프리카 어린이들을 위해 단순히 돈을 기부하는 것을 넘어 새로운 시도를 하게 된다. 스마트폰을 이용해 UNICEF TAP PROJECT를 검색해 홈페이지에 들어가면, 10분 동안 휴대폰을 쓰지 않는 대신 하루치 분량의 물을 빈민국 아이들에게 후원하겠다는 문구가 나온다. 이 프로젝트는 300만여 명의 아이들에게 하루 동안 마실 수 있는 물을 기부하는 성과를 얻었다. 소비자와의 인터랙션을 설계함과 동시에, 소비자의 구매 행동을 변화시킨 사례이다.

R/GA	droga	AKQA
Campaigns	Print Studio	Data Science
Digital Advertising	Communications Strategy	Engineering
Commerce	Design Department	Business Transformation & Commerce
Systematic Design	Photography Studio	
Brand Development	Analytic Strategy	Digital Innovation & Service Design
Mobile	Social Strategy	
Social	Tech Department	Social
Retail	UX	
Data Science and Visualization		

[그림 8-8] 광고회사의 업무 영역

광고회사 AKQA가 진행한 에르메스(Hermes)의 실크 제품 온라인 사이트 La maison des Carres(House of Silk)의 경우, 상대적으로 에르메스에 접근하기 힘든 젊은 층에게 온라인상의 경험 채널을 만든 사례이다. 판매 기획부터 고객 관리까지 모두 AKQA가 관여하고 있다. 이처럼 광고회사의 업무 영역이 미디어와 소비자의 변화에 맞춰 다양하게 확대되고 있다. 즉, 광고 크리에이티브의 영역이 콘텐츠를 제작하는 범위를 벗어나 광고주의 문제를 해결하는 크리에이티브 솔루션 차원을 진화하고 있다는 점이 디지털 광고 크리에이티브의 핵심이다. 광고회사의 업무 영역(AD agency capabilities)에 대한 전반적인 모형은 [그림 8-8]과 같다(INNOCEAN, 2015).

(3) 광고 크리에이티브와 디지털 테크놀로지

다양한 디지털 플랫폼과 기술로 인해 광고 크리에이티브의 형태도 다양해지고 있다. 브랜드 사이트, 브랜드 앱(app), 바이럴 캠페인(viral campaign), 소셜 캠페인(social campaign), 테크 캠페인(tech campaign) 등의 형태로 다변화되고 있다. 이들 광고 크리에이티브는 컴퓨터(PC)와 모바일을 바탕으로 온라인과 오프라인의 경계 없이 캠페인을 실행하고 있다.

그리고 다양한 디지털 기술을 활용한 광고를 선보이고 있다. 많은 광고주가 QR코드, 증강현실(Augmented Reality: AR), 가상현실(Virtual Reality: VR), 근거리 무선 통신(Near Field Communication: NFC), 사물 인터넷(Internet of Things: IoT) 등의 디지털 기술을 활용해 광고 크리에이티브와 광고 캠페인을 펼치고 있다. 가상현실(VR)의 경우, 2010년 영화 아바타(AVATAR)로 인한 3D 열풍 이후 가상현실 콘텐츠의 선호도가 증가하고 있다. 2015년 이후 가상현실 기기의 대중화로 인해 광고 크리에이티브에 가상현실을 이용한 다양한 콘텐츠가 등장했다.

나이키의 퓨얼밴드나 가상현실(VR)로 옷이나 선글라스를 피팅하는 기술은 사용자 경험을 유도하는 대표적인 크리에이티브 아이디어다. 또한 사물 인터넷(IoT) 기술을 활용한 대표적인 사례는 아마존(amazon.com)의 대시 버튼(dash button)이다. 만약 세탁 세제가 떨어졌을 때 버튼 하나만 누르면 인증, 주문, 배송까지 한 번에 이루어진다.

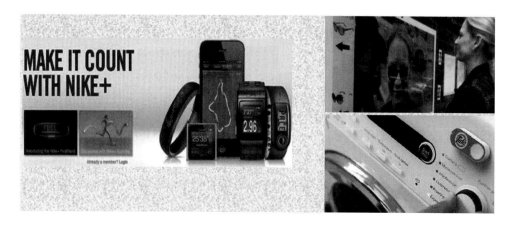

[그림 8-9] 사용자 경험 중심의 광고 캠페인

이처럼 광고 크리에이티브는 디지털 미디어, 디지털 테크놀로지와 떼어 놓고 생각할 수 없을 만큼 연동되어 있다.

앞으로 디지털 기술을 활용한 광고 크리에이티브에서는 제품과 고객의 특성에 적합한 기술을 발견하고 고객의 제품 경험을 유도할 수 있는 정교한 스토리텔링을 구성하는 아이디어가 가장 중요해진다. 미래의 광고 크리에이티브는 디지털 기술의 발전과 함께 진화해 나갈 것으로 예상된다.

참고문헌

김동규(2017). 광고카피의 탄생1: 카피라이터와 그들의 무기. 경기: 한울엠플러스.

김광식(2003). "바람직한 광고회사 CD상과 성격유형에 관한 연구." 광고학연구, 14(5), 273-284.

김병희(2007). 광고카피창작론. 경기: 나남출판.

김병희(2014). "광고창의성과 크리에이티브에 관한 연구 동향과 전망." 광고학연구, 25(8), 71-103.

신건우(2017). "영상 비즈니스에 관해: 석중건 코리아 하베스트 대표." DIGITAL INSIGHT TODAY. (http://www.ditoday.com/articles/articles_view.html?idno=21715)

심성욱, 김운한, 신일기(2011). 인터랙티브 광고론. 서울: 서울경제경영.

오창일(2006). 광고창작실. 서울: 북코리아.

오창일(2011). 광고 크리에이티브 디렉터의 발상유형 연구: 애드버타이징 모델의 행위자를 중심
　　으로 한 질적 연구. 한양대 박사학위논문.

INNOCEAN(2015). Marketing Outsight & Insight, no3. 2015년 11월호.

정해원(2017). 광고소구, 관여도, 설득지식에 따른 네이티브 광고효과연구. 한양대 박사학위논문.

광고 제작

1. 광고 제작 과정

일반적으로 광고 제작은 제작을 의뢰하는 광고주와 광고회사 간의 관계 형성에서 이루어지고 있다. 광고 제작이란 광고 기획 과정을 통해 나온 아이디어를 표현하는 과정으로써 커뮤니케이션 원칙에 의해 다듬어지고 광고 목표와 전략을 달성할 수 있어야 한다(김동빈, 2014). 광고 제작은 광고주와 광고회사 간의 광고 계획을 세우기 위해 오리엔테이션을 거쳐, 전략 단계, 아이디어 전개 단계, 표현 단계, 작업 단계로 이루어진다.

유인하 한라대학교 광고영상미디어학과 교수, **박인성** 평택대학교 커뮤니케이션디자인학과 교수

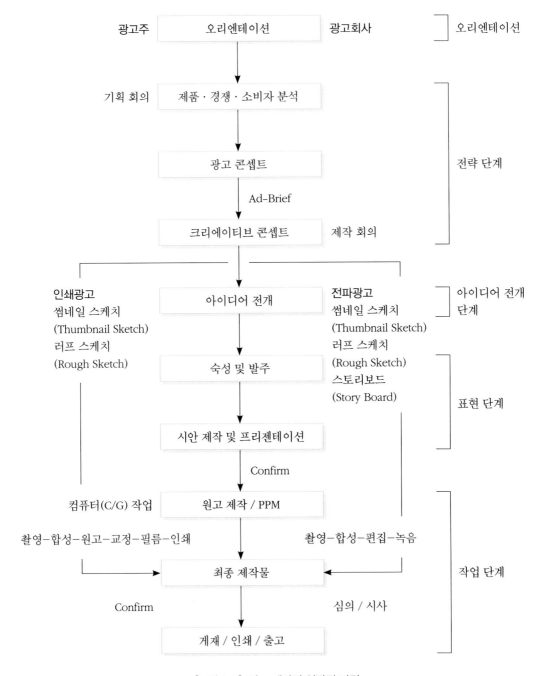

[그림 9-1] 광고 제작의 일반적 과정

1) 오리엔테이션

광고 제작은 광고주로부터 행해지는 오리엔테이션(orientation)으로부터 시작되는 것이 일반적이다. 오리엔테이션 없이는 광고 행위도 시작될 수 없다는 의미로 광고주가 설정한 목표 달성을 위한 기본 방향을 광고 대행사에 설명하는 것이다. 따라서 마케팅 목표, 광고 목표, 광고 예산의 총액, 제품이나 서비스의 개요, 시장 전개의 일정 등이 포함된다. 광고주 측에서는 오리엔테이션을 하기 전에 오리엔테이션에 필요한 자료를 최대한 광고회사에 제공해야 한다. 광고 대행사 측에서는 먼저 광고주가 어떤 목적을 가지고 광고를 하려고 하는지 명확히 파악해야 하고, 나아가 광고주의 성향이나 취향까지도 체크하고 숙지할 수 있어야 광고를 진행하는 동안 발생할 수 있는 리스크를 최소화할 수 있다. 다음은 반드시 고려해야 할 사안이다.

- 광고를 왜 하는가?
- 예산 및 매체는 어떠한가?
- 기존의 자사 광고 및 경쟁사 광고들은 어떠한가?
- 광고 제작에 관한 스케줄은 어떠한가?

2) 전략 단계

전략 단계는 누구에게, 무엇을, 어떻게, 어떤 방법으로 전달하는가를 결정하는 것이다. 여기에서 담당 기획자(AE)는 마케터와 함께 광고할 제품이 속한 제품군의 시장 상황이나 광고 목적 및 타깃을 연구하고, 어떻게 광고할 것인지의 방향을 연구한다. 마케터는 브랜드 전문가로서 시장성을 제대로 파악해야 하는데, 이 과정에서 리서치와 인터뷰 등의 절차가 요구된다. 이때 크리에이티브디렉터(CD)와 협의하기도 한다. 광고 콘셉트를 소비자에게 쉽고 강력하게 전달하기 위해 크리에이티브 콘셉트를 발전시키고, 그것을 표현하는 작업을 포함한다.

이 과정에서는 광고 기획자(AE)가 주도하지만 전체적으로는 크리에이티브 디렉터(CD)가 주도적으로 이끌게 된다. 이때 크리에이티브 브리프(creative-brief)를 중심으로 전개한다. 크리에이티브 브리프의 핵심은 콘셉트 부분인데, 광고의 메시지가 담겨야 한다. 즉, 무엇을 말할 것인지를 놓고 제작팀과 회의를 거쳐 콘셉트의 적절성에 대해 검토해야 한다. 전략 단계의 검토 사항은 다음과 같다.

- 시장 환경 및 자료 분석: 제품 분석, 경쟁사 분석, 소비자 분석
- SWOT 분석: 강점(Strengths), 약점(Weakness), 기회(Opportunity), 위협(Threat)
- 문제점 및 기회 요인 추출
- 광고 콘셉트 설정 및 크리에이티브 콘셉트의 결정
- 제품 콘셉트(product concept) 전개 과정의 4가지 요인: 제품의 속성과 기능 및 특별한 효용과 독창적인 특성 발견, 타깃의 범위를 결정, 소비자의 생활 양식 속에 제품의 특징 및 기능이 소비자의 혜택과 욕구를 충족시킬 수 있는지 파악, 제품의 어떤 기능이 어떤 사람의 생활에 활용되고 있는지 파악

3) 아이디어 전개 단계

아이디어의 전개 단계에서는 광고 기획 담당자의 역할이 줄어든다. 광고 제작 부서 중심으로 디자이너, 카피, PD 등이 다 함께 아이디어를 내는 단계이다. 아이디어를 각자가 생각한 다음에 모여 아이디어를 정리하게 된다. 아이디어 채택은 아이디어 회의를 통해 의견이 모아진 것으로 결정하는데, 결정은 크리에이티브 디렉터(CD)가 한다. 즉, 전략 단계의 가이드라인에 의해 제시된 아이디어들을 정리해 사내 리뷰를 통해 결정한다. 아이디어를 내는 역할은 광고 제작을 담당하는 크리에이티브 디렉터(CD), 아트 디렉터(AD), 카피라이터(CW), CM 플래너, PD, 디자이너(GD) 등은 말할 것도 없거니와 광고 기획자(AE), 마케터, 매체 담당자 등 누구나 직종에 상관없이 자유롭게 아이디어를 낼 수 있다.

4) 표현 단계

표현 단계는 아이디어 발상을 통해 제시된 아이디어를 시각화(비주얼, 카피, 스토리 등)시키는 과정이다. 여기서 아이디어가 정해지면 각자의 전문성을 살린 세부 작업에 들어가게 된다. 세부 작업으로 카피라이터는 아이디어에 맞는 카피라이팅을 하고, 디자이너는 비주얼 작업을 한다. 인쇄광고의 경우는 디자이너에 의해 각 매체 특성에 맞게 사이즈의 출력물 형태로 작업을 하고, TV광고의 경우에 CM 플래너 및 PD가 스토리에 의해 각각의 컷을 다듬어 스토리보드의 형태로 작업을 해 결과물을 제시한다. 여기서 인쇄광고는 시안, TV광고는 스토리보드, 라디오광고는 스크립트(카피) 형태로 완성되며, 이 모두를 시안이라 부르기도 한다.

광고 표현의 콘셉트를 도출할 때는 무엇을 이야기할 것인지, 누구에게 이야기할 것인지, 어떻게 이야기할 것인지(메시지, 컬러, 레이아웃, 비주얼 등), 이성적 소구로 할 것인지 감성적 소구로 할 것인지 등을 결정해야 한다.

5) 작업 단계

작업 단계는 실제 매체에 집행될 수 있는 최종 제작물을 만들어 완성시키는 단계를 말한다. 인쇄광고는 신문이나 잡지에 게재할 수 있도록 필름으로 제작하는데, 촬영과 원고 작업 등 교정을 거친다. 방송광고는 프로덕션과 PPM(Pre-Production Meeting), 촬영, 현상, 편집, 녹음, 심의 등의 과정을 거쳐 소재로 완성된다. 방송광고(TV, 라디오)의 경우에는 방송협회의 심의를 받고, 인쇄 및 인터넷 등 기타 매체 광고는 기본적으로 사후 심의를 받는다(이희복, 2014).

2. 인쇄광고 제작 과정

인쇄광고의 제작 과정은 인쇄매체의 특성에 부합해서 이루어질 수밖에 없다. 인쇄광고는 그 어떤 매체보다 디자이너의 관여도가 높은 분야이다. 인쇄광고 제작 과정은 아이디어의 도출-썸네일-러프 스케치-시안 제작-원고 제작의 단계로, 이 과정을 거쳐 제작이 이루어진다. 시안 제작 단계에서 광고주 관여가 시작되는 것은 일반적이고, 광고주가 원하는 광고안이 결정되면 디자이너는 본격적으로 원고 제작을 진행한다.

1) 썸네일(Thumbnail)

썸네일은 "엄지손가락 손톱만큼이나 작은 스케치"라는 뜻이다. 광고 제작 시 아트 디렉터나 디자이너가 크리에이티브 브리프에 의해 자유롭게 아이디어를 시각화시키는 단계로, 간단하게 드로잉해 표현하는 것을 말한다. 이 썸네일 스케치 단계에서는 구체적이고 세부적인 것까지 생각하면서 표현하는 것보다, 강렬하고 인상적인 아이디어 중심으로 폭을 넓게 여러 가지 방법을 찾아 표현해 보는 것이 중요하다.

2) 러프 스케치(Rough sketch)

러프 스케치는 많은 썸네일 스케치 중에서 정리된 아이디어를 더 발전시키고 숙성시키는 단계로, 실제 광고 사이즈로 레이아웃의 구성 요소들을 대략적으로 조합해 표현하는 것을 말한다. 즉, 최종 안을 선정하기 위한 중간 단계이다. 여기서는 썸네일 스케치에서 고려하지 않았던 여러 요소들을 구체적으로 표현한다. 즉, 비주얼(일러스트 및 사진), 헤드라인, 보디 카피, 제품명, 슬로건, 회사 로고 및 브랜드 등의 배열, 크기, 구성 여백 등을 고려해야 하고, 전체적인 조화와 배열을 어떻게 할 것인지에 대한 레이아웃의 개념을 도입한다. 러프 스케치는 시안의 전 단계로서 최종적인 광고가 어떻게 표현될지 어느 정도 짐작할 수 있다. 러프 스케치의 체크리스트는 다음과 같다. 뚜렷한 아이디어가 포함되어 있는가? 레이아웃에서 시선의 흐름을 고려했는가? 게재된 신문이나 잡지의 성격에 맞는 레이아웃인가?

광고에서의 레이아웃(layout)이란 "광고 지면에 들어갈 일러스트레이션, 헤드라인, 문자, 로고 같은 메시지 구성의 요소를 독자와의 심리적 접촉 과정을 고려하면서 최대의 광고 효과가 되도록 각 요소들을 일정한 공간 안에 효율적으로 배열하는 것"을 말한다(조운한, 2003). 시안이나 원고 작업을 할 때 아이디어도 중요하겠지만, 인쇄매체 광고에서 중요하게 생각하고 처리해야 할 것이 레이아웃이다. 레이아웃은 같은 아이디어나 같은 광고안이라 할지라도, 어떻게 표현하고 전개하느냐에 따라 광고의 완성도나 퀄리티에서 커다란 차이가 난다. 더욱 강조해 말하자면, 레이아웃이 광고를 죽이고 살리는 데 결정적인 역할을 한다(김병희, 2017). 완성도 있는 광고를 만드는 데 필요한 레이아웃의 원리는 다음과 같이 요약할 수 있다(조운한, 2003).

첫째, 균형이다. 균형은 광고 레이아웃에 있어서 가장 기본적인 원리이며, 레이아웃 상의 시각 중심점에서 전체가 평행을 유지해야 한다는 미적 원리이다(오두범, 1994). 시각 중심점은 광고 지면에서 가장 먼저 눈에 띄는 지점으로, 이곳에 집중되고 그의 주변에 다른 요소들이 체계적으로 정리되어야 한다.

둘째, 동작이다. 균형 잡히지 않고 조화롭지 못한 동작은 오히려 광고물의 전체적인 효과를 산만하게 만들기 쉽다. 광고물 속의 동작은 사선, 화살표, 움직임을 나타내는 심벌(symbol) 또는 광고물 중의 인물의 몸짓(gesture)이나 응시 방향에 따라 나타날 수 있다. 이러한 방향은 가능한 한 카피 쪽을 향하게 하고, 왼쪽에서 오른쪽으로, 위에서 아래로 배열 순서를 정함으로써 나타날 수 있는데, 이것은 자연 시각의 이행 방향과 일치한다.

셋째, 비율이다. 비율이란 균형과 관계가 깊지만 한 광고 면의 구성 요소와 다른 구성 요소 사이의 상대적 크기 관계인 광고 면의 지면 분할에 관련된다. 각각의 광고 요소가 차지하는 공간들의 크기나 중요도를 지나치게 작게 하는 것은 비율의 원리에 반해 실패작이 될 수도 있다. 광고 면 전체의 가로 세로의 비율은 황금 분할의 법칙에 따라 '2 : 3 : 5 : 8 : 13 : 21'의 비율로 정하는 것이 좋다.

넷째, 여백이다. 여백이란 다른 요소들에 점령되지 않은 광고 면의 빈 공간으로, 효과적으로 사용하면 위의 비율의 원리에 결합되어 광고 면의 효과를 극대화시킬 수 있다. 여백 또한 하나의 요소로 작용하면서 산뜻함, 깨끗함, 사치, 권위, 여유 등을 느끼게 한다. 또한 여백은 독자의 주의 영역을 지정하고 통제한다(오두범, 1994). 여백은 광고 면의 복잡한 광고 요소들을 서로 분리시켜 두드러지게 함으로써 주의력을 높인다. 여백이 많은 광고는 깔끔하며, 디자이너가 개성을 살려 훌륭한 여백 처리를 한다면 소비자의 시선을 끄는 돋보이는 광고가 될 것이다.

다섯째, 통일성이다. 통일성이란 일체감을 의미한다. 광고물을 구성하는 각 요소가 개별적으로 아무리 강하더라도, 전체적인 인상이 강력하지 못하다면 다음 행동을 유발하지 못한다. 따라서 각 요소 간의 균형적인 레이아웃이 필요하다.

여섯째, 명료성이다. 광고는 명료하고, 소비자가 읽기 쉽고, 전달 내용을 쉽게 이해할 수 있어야 한다(오두범, 1994). 소비자는 광고의 전체적인 이미지를 보려는 경향이 있을 뿐이며, 복잡하고 세부적인 내용에 신경 쓰지 않는다. 색채의 대조, 명도와 채도상의 대조가 뚜렷해 판독하기 쉽고, 각 요소가 분명해 이해하기 쉬어야 한다. 문안의 크기와 형태는 가독성을 고려해 선택되어야 하고, 글씨 서체는 시각의 범위(span)를 고려해 짧고 포괄적이어야 한다.

일곱째, 단순성이다. 광고 면에 많은 요소를 게재한다고 그 효과가 증대하는 것은 아니다. 될 수 있으면 이미지 전달에 불필요한 요소는 제외시키는 것이 광고 효과를 높이는 방법의 하나이다(오두범, 1994). 단순성을 확보하려면 제품, 심벌마크, 트레이드 마크, 슬로건, 로고 등을 독특한 이미지로 고정시키고 중점적으로 표현하는 것도 한 방법이다.

여덟째, 강조이다. 강조는 레이아웃의 기본적인 기능의 하나로 주목을 끌게 하는 것이다. 자사의 광고가 경쟁사의 광고보다 두드러지게 하려면 무엇보다도 참신한 강약(accent)을 주어야 한다. 광고 표현에서 강조를 효과적으로 하려면, 여러 요소 중에서 오직 한 요소의 특징을 강조해야 한다.

3) 시안(Draft)

시안은 광고 방향과 콘셉트에 맞게 전개된 수많은 아이디어 중에서 최종적으로 결정된 안을 광고주에게 제시하기 위해 일정한 형식에 따라 만드는 것을 말한다. 컴퓨터 그래픽이 없었던 과거에는 일일이 비주얼(모델 및 제품)을 직접 수채화 물감이나 마커로 그림을 그려 시안을 만들었으며, 카피나 헤드라인은 사진 식자를 쳐서 현상 인화기인 디자인스코프라는 기계를 이용해 'INI' 또는 칼라이즈를 만들어 밀었다(최영복, 2002). 그러나 오늘날의 광고 제작은 컴퓨터 그래픽의 발달로 인해 포토샵이나 인디자인 프로그램을 이용한 컴퓨터 작업으로 시안 및 원고 제작물을 만들 수 있다.

4) 원고 제작

시안이 확정되면 그것을 실제로 만들기 위해 구체적인 작업에 들어간다. 원고 제작 작업에 들어가기 전에 사전 회의를 거쳐 준비해야 한다. 준비하는 과정이나 방법은 시안의 내용에 따라 다르기 때문에 일률적으로 말하기는 어렵다. 모델이나 제품 등을 촬영해야 한다면 촬영 전에 사진 스튜디오 및 모델 섭외, 소품, 제품 등을 준비해야 하고, 슬라이드를 사용해야 한다면 슬라이드 대여를 준비해야 한다. 일반적으로 모델은 모델 에이전시를 통해 섭외하고 계약한다. 모델을 선정할 때는 모델비, 출연 조건, 경쟁 제품 광고의 출연 여부, 자기 관리, 촬영 일정 등 여러 가지를 검토해야 한다. 촬영은 광고의 특성에 알맞게 인물, 제품, 패션 등 전문 분야 스튜디오를 선정한 후, 구체적인 부분을 협의해 진행한다.

이때 디자이너는 모델 촬영 시 스타일리스트, 메이크업 아티스트, 의상 코디네이터, 소품 코디네이터와 의상과 소품 등을 협의해 촬영해야 한다. 모든 스태프가 회의를 통해 준비가 완료되면 촬영을 진행한다. 이후 준비된 자료를 활용해 시안에 따라 실제 집행될 광고물을 만드는 컴퓨터 작업을 통해 원고 작업을 진행한다. 과거에는 촬영된 슬라이드나 대여한 슬라이드를 원색 제판소에서 색 분해를 해서 원고 작업을 했지만,

현재는 디지털카메라로 촬영해 색 보정을 거쳐 디자이너가 직접 컴퓨터 그래픽을 통해 원고 작업을 대신하고 있다. 이때 컴퓨터 그래픽을 활용해 이미지를 합성하고, 카피에 필요한 다양한 글자체를 선택하는 타이포그래피의 표현 작업도 병행하게 된다.

5) 제판 및 교정

원고는 제판 과정을 거쳐 인쇄할 수 있는 상태가 된다. 이때 매체에 따라 주어진 원고는 4원색 필름 또는 데이터로 완성된다. 이들이 실제 인쇄되기 전에 광고물의 상태를 보기 위해 교정을 보고 판단한다. 최종 광고주와 협의 후 체크 수정한다.

6) 출고

인쇄 제작물은 인쇄 과정을 통해 완성된다. 인쇄는 보통 4원색 잉크를 조합해 사용하고 있다. 컬러 광고는 보통 C(cyan), M(magenta), Y(yellow), K(black)의 4도 필름을 사용하고, 흑백 광고는 1도 필름으로 사용한다. 인쇄물(전단, DM, 리플릿, 카탈로그 등)은 인쇄를 하기 전에 디자이너가 종이의 지질 및 인쇄 방법을 결정하고, 필름을 확인한 다음, 인쇄 과정(인쇄 공정, 인쇄 공법)을 통해 진행하면 된다.

(1) 인쇄 공정

인쇄에는 3가지 공정이 있다. 기존의 필름 과정을 통해 인쇄하는 CTF(Computer To Film) 출력, 필름을 제작하는 중간 과정을 생략하고 컴퓨터의 디지털 데이터를 곧바로 인쇄판으로 만들어 내는 CTP(Computer To Plate) 출력, 그리고 컴퓨터에서 바로 인쇄하는 디지털(Digital) 출력이 그것이다. 오늘날 대부분의 인쇄 공정은 필름을 만들지 않고 인쇄하는 CTP 출력을 많이 사용하고 있는 추세이다. 인쇄 공정의 차이는 〈표 9-1〉과 같이 설명할 수 있다.

표 9-1	광고의 정의들		
	CTF	CTP	디지털
과정	컴퓨터 > 필름 > 소부판 > 인쇄	컴퓨터 > 인쇄용 판 > 인쇄	컴퓨터 > 인쇄
장점	필름을 통해 인쇄하는 공정으로, 필름만 있다면 추가 인쇄가 가능하다.	판비가 절감되며, 기간이 CTF보다 시간적으로 빠르고 망점 손실이 적다.	다품종 소량 인쇄 시 단가가 저렴하고 인쇄 절차가 간단하다.
단점	필름 출력, 소부 비용이 발생되며 망점 손실이 생긴다.	추가 인쇄 시 재출력해야 하며 수정이 어렵다.	CTF 및 CTP 방식보다 인쇄질이 떨어진다.

(2) 인쇄 공법

인쇄 공법에는 크게 오프셋 인쇄(평판), 활판 인쇄(볼록판), 그라비아 인쇄(오목판), 실크스크린 인쇄(공판) 4가지로 분류된다.

* **오프셋 인쇄**(offset printing): 평면에서 지방질과 수분이 서로 반발하는 원리로 인쇄된다. 그러므로 평면 인쇄에 속하고 보편적으로 가장 많이 사용하고 있는 인쇄 방식이다. 오프셋 인쇄의 특징은 우선 인쇄가 부드러운 상태에 인쇄되므로 효과는 약하지만, 인쇄비가 다른 방식과 달리 싸고 경제적이다. 제판의 조작이 간편해 능률

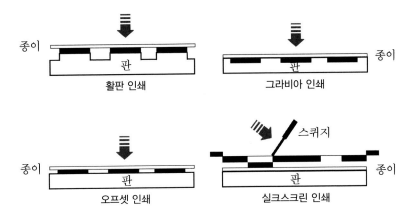

[그림 9-2] 인쇄 공법의 차이

적이고, 인쇄 용지 선택의 폭이 넓고, 색감이 풍부해 포스터 및 일반 인쇄물에 적합하다.

- **활판 인쇄**(letter press printing): 활자의 볼록면에 묻은 잉크를 직접 용지에 눌러서 인쇄하는 방식이므로 잉크의 묻음이 좋고, 강한 느낌을 주는 인쇄 방식이다. 활판의 조판은 정정과 교체가 자유로우므로 조판에 편리한 점이 있다. 활판 인쇄의 특징은 직접 판면에서 인쇄되기 때문에 잉크가 잘 묻고, 색조가 풍부하며, 박력 있는 인쇄물이 된다. 용지는 평활성(平滑性)을 요구하기 때문에 용지의 선택 범위가 좁다.

- **그라비아 인쇄**(gravure printing): 오목판 인쇄의 대표적인 인쇄 방식이다. 다른 인쇄 방식보다 속도가 빠르며, 사진의 효과가 오프셋 형식보다 부드러운 인쇄 효과를 갖는 것을 특징으로 하는 인쇄 기술이다. 그라비아 인쇄의 특징은 사진 인쇄에 적합하고, 포장이나 식품 포장에 적합하다.

- **실크스크린 인쇄**(silk screen printing): 공판 인쇄(孔版印刷)에 해당된다. 이는 등사판 인쇄와 거의 같은 원리이지만, 실크 인쇄는 직접 스크린 망에 감광 제판해 인쇄하는 것이다. 어떠한 표면과 두께에도 인쇄가 가능하므로 플라스틱, 아크릴, 지류, 철판, 도자기, 용기 등에까지 다양하게 이용된다. 다만 정교한 디자인 재현은 어려운 것이 단점이다.

3. 방송광고 제작 과정

방송광고 제작 준비는 대개 TV-CF 프로덕션을 선정한 이후부터 시작된다. 광고회사의 크리에이터와 프로듀서는 해당 프로젝트를 수행하는 데 필요한 조건을 검토하고, 가능한 한 여러 프로덕션에 견적을 제출하도록 요청해 2~3개 프로덕션을 선정한다. 최종 승인된 스토리보드 및 제작 지침, 전반적인 제작 스케줄, 사용 가능한 금액의 대략적 한도 등을 알려준 후 스케줄과 촬영 콘티를 요구하고, 최종적으로 광고회사 책임자 및 크리에이티브 팀이 자체적으로 평가해 선정된 프로덕션과 협의 후 진행하게 된다.

1) 스토리보드

스토리보드(storyboard)는 텔레비전광고에서 중요한 시각 장면을 보여 주는 기획서를 의미한다. 일반적으로 8~20개의 텔레비전 화면 모양의 비어 있는 프레임(창문)에 그림과 설명을 채워 넣는다. 구체적으로 움직이는 장면의 좌우에 카메라의 이동, 음향효과, 카피 등이 서술된다. 즉, 방송광고의 스토리보드는 인쇄광고의 레이아웃에 해당된다.

[그림 9-3] 스토리보드(시안용)

2) 제작 전 회의(PPM)

제작 전 회의(Pre-Production Meeting: PPM)는 촬영하기 전에 모든 사항을 최종적으로 점검하는 회의이다. 광고회사와 프로덕션이 만나 촬영하기 전에 준비가 충분히 되어 있는지 최종적으로 체크하는 과정이다. 촬영에 필요한 소품, 모델의 의상, 세트, 촬영일수, 녹음 방법 등 촬영 전반에 관한 모든 것을 구체적으로 점검한다. PPM에는 광고주, CF 프로덕션(감독, 카메라맨, 조명, 녹음 등), GD 프로덕션, 광고회사 담당자(AE, 디자이너, PD, CW 등) 및 코디네이터, 메이크업, 모델 등 전 제작진들이 모두 참여해 실제 제작에 들어가는 안에 대해서 충분히 공유하고, 그에 따른 제반 준비 사항과 문제점을 최

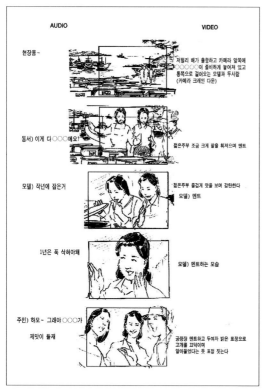
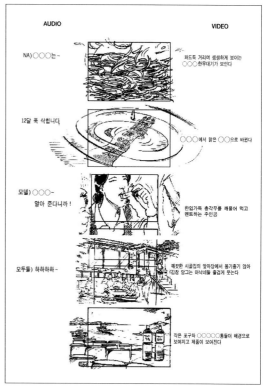

[그림 9-4] 스토리보드(촬영용)

종 점검하게 된다(최영복, 2002). 대체로 논의되는 주요 의제는 [그림 9-4]와 같다.

- 방송광고에 표현될 광고 목표 설명을 한다.
- 스토리보드를 프레임(화면의 최소 단위) 단위로 상세하게 설명한다.
- 음악에 대한 검토를 한다.
- 감독의 연출 콘티 검토를 한다.
- 출연진에 대한 최종 검토 및 결정을 한다.
- 제작 스케줄에 대한 일정 확인 및 예산 확정을 한다.
- 제작진을 구성하고 확정한다.

- 소품 및 의상 등에 대한 체크를 한다.
- 광고 제품 준비 확인과 제품에 관한 전문인의 필요 여부를 확인한다.

3) 촬영과 편집 및 녹음

광고 제작에서 촬영은 매우 중요한 단계이다. 한 컷 한 컷 촬영할 때마다 투철한 정신으로 임해야 한다. 간단한 실내 촬영이나 제품 촬영은 여유가 있을 수 있지만, 야외 및 해외 촬영 시에 촬영 중 문제가 발생했다면 큰 낭패가 아닐 수 없다. 예를 들어, 야외 및 해외 촬영의 경우 모델, 메이크업, 코디네이터, 스태프(촬영팀, 조명팀, 녹음팀), 광고주, 광고회사 담당자, 엑스트라, 장비, 의상, 소품 등 많은 것을 준비하고 계획에 의해 준비했지만 소소한 문제가 발생해 촬영이 지연됐다면 어떻게 됐을까?

촬영에서 사전 제작 회의(PPM)는 매우 중요한 단계이므로 빈틈없이 꼼꼼하게 이루어져야 한다. 편집은 촬영된 필름을 현상해 편집하는 과정 편집실도 전문화되어 있으므로, 편집의 느낌도 전문가의 도움을 받지 않으면 안 된다. 녹음도 마찬가지로 오디오 PD와 함께 작업할 경우도 있고, 오디오 PD가 아니더라도 녹음실에 있는 디렉터와 협의해 최고의 오디오를 뽑아 내야 한다. 물론 성우를 선정할 때도 특정 목소리를 원한다면 비슷한 느낌의 후보를 추천해 준다.

4) 시사 및 방송

완성된 CM을 광고주에 시사해 승인을 얻으면 방송하거나 게재한다. 방송광고는 광고를 내보낸 다음에 문제가 될 경우 사후 심의를 받게 된다. 방송하기에 부적절하다는 평가를 받거나 허위 과장 광고로 판정되면 광고를 중지해야 한다.

4. 광고 제작을 위한 아이디어 완성하기

1) 1단계: 연상 단어(Associative word) 찾기

정해진 콘셉트를 기준으로 브레인스토밍(brainstorming) 회의를 거쳐 최대한 많은 단어를 도출한다. 폭넓은 사고를 바탕으로 다양한 아이디어의 자료를 도출하는 단계이다. 자유롭게 발상하면서 결정된 콘셉트와 관련된 사물을 생각하는 것이 가장 중요하다. 즉, (1) 콘셉트를 정하고, (2) 구체적인 콘셉트에 맞추어 다양한 단어를 도출하고, (3) 정해진 콘셉트와 관련된 단어들만 선택해 결정해야 한다.

<table>
<tr><td colspan="3">깔끔하다
'깔끔하다'와 비슷한 단어들을 찾아 그에 맞는 키워드를 찾아보았다.</td></tr>
<tr><td>깨끗하다</td><td>매끈하다</td><td>정갈하다</td></tr>
<tr><td>• 청소기
• 걸레
• 와이셔츠
• 물
• 세정제
• 휴지
• 칫솔
• 물티슈
• 수건
• 수세미</td><td>• 유리
• 거울
• 달걀
• 손톱
• 접시
• 달팽이
• 콜라 병
• 구슬
• 전구
• 안경</td><td>• 빗
• 양복
• 도서관
• 신발장
• 옷장
• 냉장고
• 음식
• 문구점
• 주차장
• 필통</td></tr>
</table>

[그림 9-5] 연상 단어 도출(김소희, 노희진)

<table>
<tr><td colspan="2">보습력(촉촉함)</td></tr>
<tr><td>마시는 차
우비
립밤
물
이온음료
핸드크림
알로에
인어
연못
수영장
달팽이
연꽃
물방울 떡
물고기
구름
순두부</td><td>얼음
로션
우산
물병
에센스
아이크림
미스트
주사기
샤워기
이온음료
스킨
수분크림
가습기
안약
물티슈
수분팩</td></tr>
</table>

[그림 9-6] 연상 단어 도출(김도연, 한진경)

2) 2단계: 프리 핸드 스케치(Free hand sketch)

(1) 연상 단어에서 나온 단어들 중에서 콘셉트와 일치하는 단어를 골라 자유롭게 스케치한다. 최대한 많은 스케치를 해서 비교해 본다.

[그림 9-7] 프리 핸드 스케치(한진경)

(2) 많은 스케치 중에서 개별적으로 구체적인 설명을 해 본다.

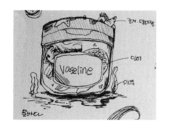

바셀린에 수분감이 가득해 인어도 살아갈 수 있다는 것을 표현했다. 바닷속이라는 느낌을 주기 위해 주위에 산호 식물을 부가적 요소로 넣는다.

바셀린을 바르면 이미 바짝 마른 붕어빵도 진짜 붕어가 될 정도로 보습력이 뛰어나다는 것을 표현했다.

여자가 물로 세안하는 모습인데, 뿌리는 것은 물이 아니라 바셀린이다. 그만큼 보습력이 뛰어나다는 뜻이다.

건조해서 사막이 되어 버린 얼굴, 바셀린을 바른 부분이 오아시스가 되어 희망을 나타낸다.

주름이 자글자글한 나무 나이테도 바셀린을 바르면 보습력이 넘쳐나 얼음처럼 반짝거린다.

바셀린을 바르면 마른오징어도 살아 있는 오징어로 되살릴 수 있다.

바셀린을 발랐던 손 부분만 보습력이 넘쳐나 손이 물에 오랫동안 불어 있었을 때의 모양으로 퉁퉁 불었다.

3) 3단계: 썸네일 스케치(Thumbnail sketch)

프리 핸드 스케치 단계에서 나온 다양한 시안들을 광고 시안의 규격, 레이아웃과 같게 스케치하는 과정이다. 크기가 5cm×5cm 정도에서 시작해서 10cm×15cm 정도까지 자유롭게 그리면 된다. 썸네일 스케치는 어느 정도 아이디어가 정리된 상태에서 그리는 것으로, 결과물까지도 예상해서 그린다. 따라서 좋은 시안인지 나쁜 시안인지 3단

[그림 9-8] 썸네일 스케치(송종은, 정소영)

계에서 판가름 날 수 있다.

썸네일 스케치에는 광고의 조형적 요소(일러스트레이션, 보더라인, 심벌마크, 회사 로고, 제품 사진 등)와 내용적 요소(헤드라인, 서브헤드, 본문 카피 등)를 모두 포함시켜 스케치해야 한다.

4) 4단계: 러프 스케치(Rough sketch)

러프 스케치는 썸네일 스케치보다 훨씬 크고, 세부적으로 정확해야 한다. 헤드라인과 본문 카피 정도는 손으로 쓰는 것보다 컴퓨터로 쳐서 작업하는 것이 적당하다. 러프 스케치는 본 작업의 전 단계로, 모든 요소들이 정확히 갖춰져야 하고 레이아웃도 결정되어야 한다.

입안에서 느껴지는 탄산의 느낌을 폭죽에 비유하여
스포츠 동작의 남성 실루엣으로 처리함
터지는 경쾌함, 즐거움

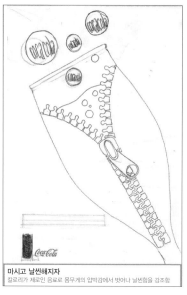

마시고 날씬해지자
칼로리가 제로인 음료로 몸무게의 압박감에서 벗어나 날씬함을 강조함

[그림 9-9] 러프 스케치(이유정, 최은주)

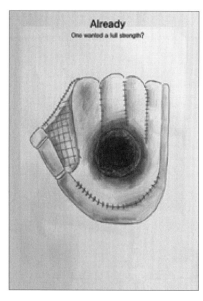

[그림 9-10] 러프 스케치(유위진, 차성욱)

5. 포토샵을 활용한 본 작업 완성하기

본 작업을 완성하려면 포토샵을 활용해 다음과 같은 12단계를 거쳐, 광고 아이디어
에 대한 최종적인 광고 시안을 완성할 수 있다.

첫째, 어도비 포토샵(Adobe Photoshop) 프로그램을 연다.

[그림 9–11] 어도비 포토샵 프로그램 열기

둘째, 새로운 페이지에 파일을 새로 만든다.

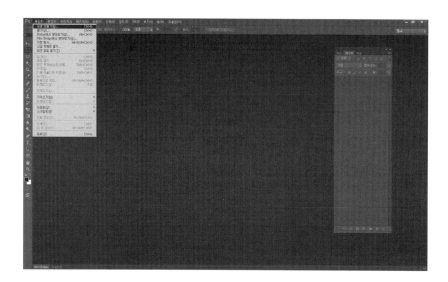

[그림 9-12] 새로운 페이지에 새 파일 만들기

셋째, 이미지의 크기를 정한다.

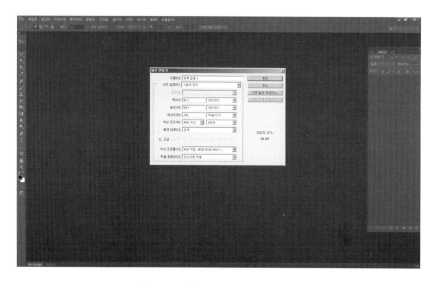

[그림 9-13] 이미지의 크기 정하기

넷째, 본 작업을 시작한다. (Image > Mode > RGB Color)

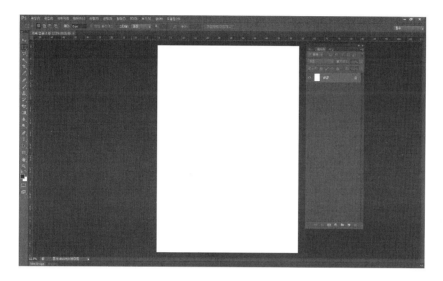

[그림 9-14] 본 작업 시작하기

다섯째, 이미지를 넣는다. (File > Open > data)

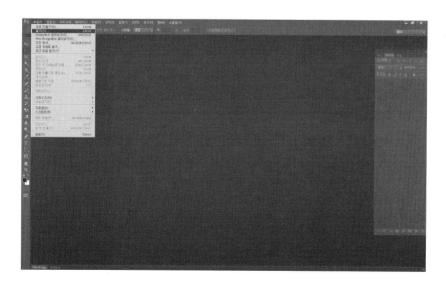

[그림 9-15] 이미지 넣기 1

여섯째, 이미지를 넣는다. (File>Open>data)

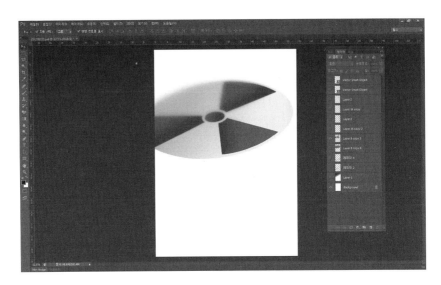

[그림 9-16] 이미지 넣기 2

일곱째, 이미지를 추가한 다음 그림자를 넣는다. (File>Open>data)

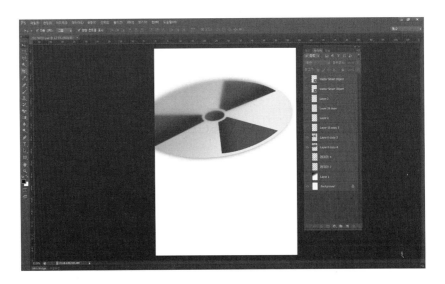

[그림 9-17] 이미지에 그림자 넣기

여덟째, 이미지를 넣은 후 핵심 비주얼(손가락)을 추가한다.

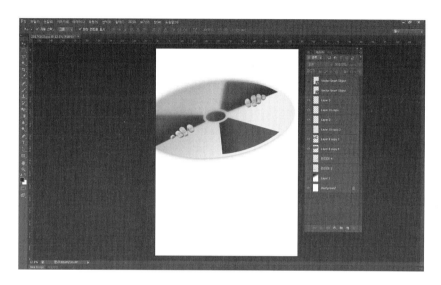

[그림 9-18] 이미지에 핵심 비주얼 추가하기

아홉째, 이미지를 완성한 후 배경을 처리한다.

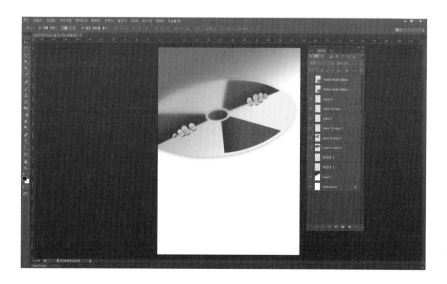

[그림 9-19] 이미지 완성 후 배경 처리하기

열째, 헤드라인을 넣는다. (Tool box>T>헤드라인)

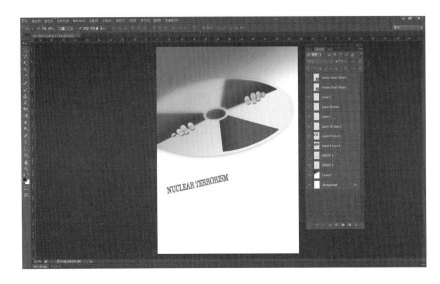

[그림 9-20] 헤드라인 넣기

열한째, 본문 카피를 추가한다. (Tool box>T>본문 카피)

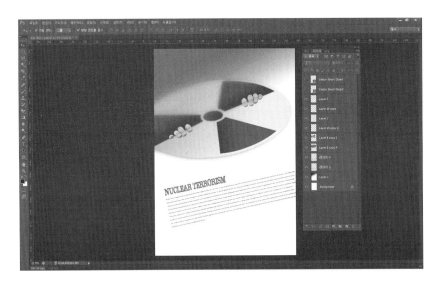

[그림 9-21] 본문 카피 추가하기

열두째, 로고를 삽입한다.

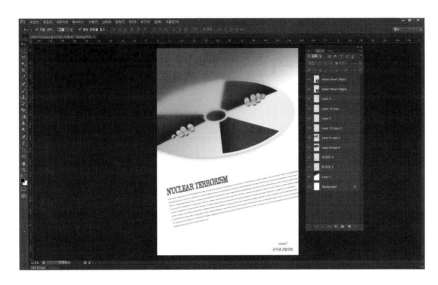

[그림 9-22] 로고 삽입하기

참고문헌

김동빈(2014). 인쇄광고타이포그래피. 서울: 커뮤니케이션북스.

김병희(2017). "광고디자인." 김병희, 김찬석, 김효규, 이유나, 이희복, 최세정. 100개의 키워드로
　　읽는 광고와 PR(pp. 173-176). 경기: 한울엠플러스.

오두범(1994). 광고커뮤니케이션 신론(p. 238). 서울: 전예원.

이견실(1990). 인쇄매체 광고디자인. 경기: 나남출판.

이희복(2014). 광고론(pp. 249-267). 서울: 한경사.

장대련, 한민희(2000). 광고론(pp. 259-268). 서울: 학현사.

조운한(2003). 광고커뮤니케이션 레이아웃의 이론적 측면에서의 조형연구. 시각디자인연구, 14(1),
　　85-99.

신헌모(1984). 사진인쇄학(pp. 24-55). 서울: 미진사.

최영복(2002). 광고 제작 ABC(pp. 82-215). 서울: 시공사.

광고 캠페인

1. 광고 캠페인 개요 및 마케팅 환경

1) 광고 캠페인의 개요

광고 캠페인(advertising campaign)은 "특정한 목적을 달성하기 위해 매체, 크리에이티브를 활용하여 메시지를 일관적으로 지속적으로 전달하는 활동"을 의미한다(김동훈, 1998; 이두희, 2008). 광고 캠페인의 정의에서 언급하고 있듯이, 광고 캠페인의 세 가지 핵심 요소는 바로 메시지, 크리에이티브, 매체이다. 광고 캠페인에서 메시지는 캠페인의 중심이 되는 부분이므로 메시지 설정이 무엇보다 우선되어야 하며, 이를 효과적으로 전달하기 위해서는 크리에이티브의 역할 역시 중요하다고 할 수 있다. 이에 더하여 광고물을 소비자에게 효과적으로 접근시킬 뿐 아니라, 광고 예산과도 직결된다는 측

* 김유나 대홍기획 빅데이터센터 센터장, 변혜민 한양대학교 박사 과정 수료

면에서 매체 선택 역시 중요한 이슈이다(허웅, 김유경, 2010).

　광고 캠페인은 보통 다음의 과정에 따라 단계적으로 전개된다. 첫째, 소비자 조사를 통해 시장과 제품에 대한 소비자의 의견을 분석하고, 이에 따라 광고 목표를 설정한다. 둘째, 소비자 조사를 통해 도출한 광고 목표에 따라 광고 예산을 편성하고, 캠페인 콘셉트를 도출하기 위한 기본 광고 계획을 수립한다. 셋째, 수립된 계획을 달성하기 위해 광고매체를 선택하고, 출고 스케줄을 포함한 전반적인 매체 전략을 수립한다. 넷째, 도출된 콘셉트를 적절히 표현해 낼 수 있도록 광고 크리에이티브 전략과 전개 방법 등에 관한 표현 전략을 수립한다. 다섯째, 광고 외에 판매를 지원하는 프로모션 활동에 대한 계획을 포함하여 전체적인 캠페인 전개를 검토한다. 여섯째, 일련의 캠페인 전개를 통하여 얻어진 성과를 측정하고 평가하여, 다음 캠페인의 목표나 방향 결정에 이용하는 성과 측정 단계를 끝으로 광고 캠페인을 마무리 짓는다(유종숙, 2007).

　마케팅 환경은 시대의 흐름과 기술의 발전에 따라 변화를 거듭하기 때문에, 이러한 마케팅 환경에서 효과적인 광고 캠페인을 집행하기 위해서는 광고와 마케팅 프로그램 간의 관계를 이해하는 캠페인 기획이 필요하다. 즉, 제품, 가격, 유통, 촉진의 마케팅의 4P를 완벽하게 조화하여 마케팅 광고 캠페인을 실행해야 한다. 이에 더하여 정교한 소비자 분석을 통하여 소비자와의 관계를 형성하고 발전시킴으로써, 고객 지향의 광고 캠페인을 실시해야 한다.

2) 광고 캠페인 종류

　광고 캠페인은 분야에 따라 다른 발전 과정을 보인다. 대표적으로 언급되는 광고 캠페인으로는 정치광고 캠페인, 공익광고 캠페인, 마케팅 캠페인이 있다. 각 광고 캠페인별로 그 특징과 흐름은 다음과 같다.

(1) 정치광고 캠페인
광고는 정치적 · 사회적 문제 등에서 대중들과 소통하며 새로운 영역의 개척을 시도해 왔다. 특히 정치 분야에서의 광고는 각종 선거에서 후보자의 득표를 위한 마케팅 수단으로 그 기능과 영역을 확대하고 있다. 학계에서는 정치광고에 대해 "정당이나 후보자가 신문이나 방송 등 미디어에 돈을 지불하고 메시지를 전달하는 정치적 커뮤니케이션 행위"로 정의한다.

다이아몬드와 베이츠(Diamond & Bates, 1992)는, 정치광고 캠페인을 성공하기 위해서는 다음과 같은 기본 단계를 거쳐야 한다고 주장하였다. 첫째는 후보 소개 단계로, 유권자에게 자신을 소개하고 자신의 이름 인지도를 구축할 목적으로 광고를 기획한다. 둘째는 주장 광고 단계로, 후보 자신의 기본적인 정치 성향과 주요 이슈에 대한 입장을 전달하게 된다. 셋째는 공격 광고 또는 부정적 광고 단계인데, 여기서는 직접적으로 상대방에게 초점을 맞춰서 메시지를 전달하게 된다. 그리고 마지막 단계로, 긍정적 광고로 캠페인을 마무리한다. 여기서는 후보자의 미래 비전을 제시하며, 후보자에 대한 긍정적인 부분을 부각시킨다(권혁남, 2014).

오늘날의 정치는 후보자의 이미지에 의해 크게 좌우되는 경향이 있다. 따라서 정치광고매체로써 TV는 메시지를 직접적이고 시청각적으로 전달한다는 점에서 어떤 미디어보다 강력한 소구력을 갖는다. 오늘날에도 TV는 후보자의 이미지를 창조하는 데 결정적인 역할을 하는 중요한 도구이지만, 최근에 인터넷을 통한 선거 캠페인이 인기를 끌게 되면서 TV의 위상이 축소되고 있다. 인터넷을 활용한 정치광고 캠페인의 대표적인 성공 사례로 언급되는 것은 2008년 미국의 버락 오바마 선거 캠페인이다.

오바마 대통령은 대중과의 소통을 위해 소셜 네트워트 서비스(Social Network Service: SNS)를 적극적으로 활용하였으며, SNS는 오바마 당선의 1등 공신으로 꼽힐 만큼 주목받는 채널이 되었다. 이 외에도 그는 SNS상의 동영상 파급력을 인지하고 유튜브를 적극 활용하였으며, 빅 데이터 등을 활용하여 다양한 계층을 공략하는 데 성공하였다(위키트리, 2014. 5. 17.).

우리나라에 정치광고가 선거 캠페인의 전면에 등장한 것은 1987년 제13대 대선 때부터이다. 즉, 16년 만에 대통령 직선제가 부활되면서 본격적인 정치광고 시대가 열리고 광고 대행사들이 이에 참여하게 되었다.

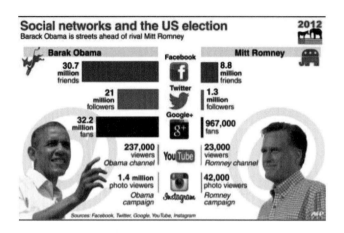

[그림 10-1] 2008년 미국 대선 후보 오바마와 롬니의 소셜 네트워크 활용 비교
출처: 위키트리(2014. 5. 17.). '선거? 정치? 마케팅? 오바마, SNS 소통이 정답.'

그러나 당시는 정치광고에서 신문광고 외의 다양한 매체를 활용하는 것이 어려웠으며, 1992년 제14대 대선에서 TV 정치광고가 허용되면서 TV가 정치광고의 전면에 부상하게 되었다. 2017년 19대 대선에서는 문재인, 홍준표, 안철수 후보가 TV와 SNS를 적절히 활용한 정치광고 캠페인을 보여 주면서 TV광고 메시지의 다양화를 시도하기

1956년 3대 대선   1987년 13대 대선   2002년 16대 대선   2017년 19대 대선

[그림 10-2] 정치광고 캠페인 사례

출처: 랭키닷컴(2010. 2. 23.). 이미 시작된 6. 2. 지방선거 레이스: 정치와 마케팅.
유튜브 홈페이지(www.youtube.com).

도 하였다.

(2) 공익광고 캠페인

광고의 한 형태인 공익광고(public service advertising)는 "사회적 · 경제적으로 이득이 되는 활동을 지원하고 실행할 수 있도록 공익에 부합되는 이슈나 메시지를 광고를 통해 사람들과 커뮤니케이션하는 것"을 뜻한다(원우현, 김태용, 박종민, 2001; 권중록, 2005).

공익광고 캠페인은 일반적인 제품 광고와 달리 비영리로 이루어지며, 사람들의 공감을 얻어 공공의 이익에 부합하고자 하는 목적을 갖는다(김민기, 2009). 공익광고는 보통 국민 전체의 이익과 관련되어 있기 때문에, 공익광고의 주제는 객관적이고 중립적이어야 한다. 2017년을 기준으로 한국방송광고진흥공사(KOBACO)에서 다루는 방송 공익광고 주제는 자연환경, 사회공동체, 가정/청소년, 공중보건/복지, 경제사회/기타를 대분류로 하여 여러 가지 주제를 다루고 있다(한국방송광고공사 홈페이지).

매체 측면에서 우리나라의 공익광고 캠페인은 TV와 라디오를 기본 매체로 하고, 옥외, 인터넷 등을 보조 매체로 활용하는 경향이 있다. 공익광고를 집행하는 매체 중 영향력이 가장 큰 매체는 TV이며, 정부와 한국방송광고진흥공사는 다양한 주제의 TV 공익광고를 제작, 집행하고 있다(조현인, 김유경, 2013).

우리나라의 공익광고 역사는 다른 나라에 비해 짧은 편이지만, 공익광고 메시지가 국민들에게 미친 영향은 비교적 큰 편이다(김병희, 2016). 1981년 처음으로 공익광고를 집행한 이후(권중록, 2005), 현재에도 공익광고는 다양한 주제로 국민들에게 메시지를 전달하고 있다. 1981년 처음 공익광고가 집행된 이후 현재(2017년)까지의 공익광고를 시대순으로 살펴보면, 1980년대에는 정부의 정책을 설명하는 것을 주된 목적으로 하여 국민들에게 일방적인 메시지를 전달하는 것이 대부분이었다. 특히 메시지의 양이 방대하고 주제가 포괄적이었기 때문에 직접적인 효과는 미약했으나, 국민들에게 공익광고가 무엇이고 어떤 역할을 하는지에 대해 알릴 수 있는 시기였다(김병희, 2016).

[그림 10-3] 1980년대 공익광고 캠페인 사례

출처: 한국방송광고진흥공사 홈페이지(www.kobaco.co.kr).

1988년 올림픽이 개최된 이후, 1990년대의 공익광고는 과거보다 다양한 주제를 다루기 시작했다. 1980년대와 비교하여 정부의 정책을 설명하는 주제 외에도 사회적 문

[그림 10-4] 1990년대 공익광고 캠페인 사례

출처: 한국방송광고진흥공사 홈페이지(www.kobaco.co.kr).

제와 관련된 주제가 함께 다루어지면서, 공익광고에 대한 국민의 공감이 증가하게 된 시기였다.

　　2000년대 이후에는 경제 위기와 경제 발전에 따른 사회적 문제가 확산되면서, 이를 해결해야 한다는 인식이 증가하던 시기였다. 따라서 과거에 비해 큰 범주의 주제보다 세부적인 주제를 다루는 공익광고가 증가했다. 예를 들어, 아파트나 빌라처럼 고층 건물 주거 형태가 많아지면서 공동체 의식의 범주에서 '층간 소음' 문제를 긍정적으로 다루기도 하였다.

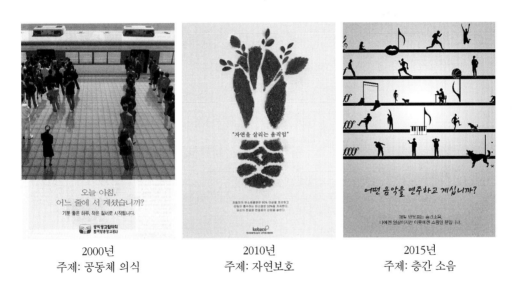

2000년
주제: 공동체 의식

2010년
주제: 자연보호

2015년
주제: 층간 소음

[그림 10-5] 2000년대 이후 공익광고 캠페인 사례
출처: 한국방송광고진흥공사 홈페이지(www.kobaco.co.kr).

(3) 마케팅 캠페인

　　마케팅은 계획, 측정, 분석, 실행을 수행하는 캠페인 프로세스를 통해 마케팅 활동이 가능해진다. 이 과정에서 광고는 마케팅 캠페인에서의 성공 여부를 좌지우지할 수 있는 중요한 요인이다. 대표적인 마케팅 캠페인 사례로 나이키, 앱솔루트, 말보로, 폭스바겐 등이 있다. 과거 나이키는 마라토너에게 독점적으로 신발을 공급하는 업체였고, 경쟁 업체인 리복보다 우위를 선점하고자 하였다. 이에 나이키 마케팅 담당자는 피트니스 열풍에 집중하였고, 1980년 후반 'JUST DO IT' 캠페인을 시작하였다. 이 캠페인이 시작된 이후 나이키는 1988년 시장 점유율이 18%에서 43%로 급성장하게 되었으며, 현재에도 소비자의 기억 속에 나이키의 'JUST DO IT' 캠페인이 자리 잡고 있다. 나이키의 성공은 피트니스 열풍이 일 것이라는 시장 분석이 제대로 이루어졌기 때문에 가능했던 것이다.

[그림 10-6] 나이키 광고 캠페인 "즐기면 된다" 편 캡처

출처: 디아이투데이(2014. 9. 11.). 나이키, "즐기면 된다" 새 'Just Do It' 광고 캠페인 진행.

　　보드카 브랜드인 앱솔루트는 30여 년 동안 일관성 있는 커뮤니케이션 콘셉트, 완벽한 품질, 독특한 용기 디자인으로 국내 보드카 브랜드 순위에서 약 64%의 점유율로 부동의 1위를 유지하고 있다(뉴시스, 2015. 3. 25.). 처음 광고를 집행한 1980년부터 판매가 증가하기 시작했으며, 앱솔루트는 아트를 활용한 캠페인을 시작하면서 1984년 판매량이 30~40% 증가하기도 했다. 앱솔루트의 성공 요인은 차별화된 커뮤니케이션 콘셉트인 '아트 마케팅'을 일관성 있게 집행하였기 때문이라 할 수 있다.

[그림 10-7] 앱솔루트 아트 마케팅 사례

출처: 얼루어코리아(2015. 12. 13.). 앱솔루트의 아트 마케팅.

2. 미디어 환경에 따른 광고 캠페인의 진화

1) 마케팅 커뮤니케이션 패러다임의 진화

광고 캠페인의 현재까지 발전 과정과 앞으로의 진화 방향을 파악하려면, 우선 마케팅과 커뮤니케이션 패러다임이 어떻게 변해 왔는지 그 흐름을 살펴볼 필요가 있다. 마케팅 패러다임의 변화는 인류가 일궈 온 산업혁명의 변화와 맥을 같이 해 왔다. 증기 기관을 기반으로 기계화 생산 시스템이 도입되었던 1차 산업혁명 때에는 품질 관리에 집중하는 '제품 중심 마케팅(마켓 1.0)'이 주된 흐름이었다. 그러다 전기 에너지를 기반으로 하는 대량 생산 체계의 2차 산업혁명이 시작되고 시장 경쟁이 불가피해짐에 따라 '포지셔닝(positioning)'을 목표로 하는 '소비자 중심 마케팅(마켓 2.0)'이 대두되기 시작하였다. 그러다가 컴퓨터와 인터넷에 기반한 지식정보혁명의 3차 산업혁명이 일어나면서 가치와 스토리로 어필하는 '인간 중심 마케팅(마켓 3.0)'으로 변화하기 시작했다. 최근에는, ICT 발달로 인한 자동화 · 지능화의 4차 산업혁명의 기조에 따라 '하이테크와 하이터치의 융·복합 마케팅(마켓 4.0)'으로 진화하는 중이다. 4차 산업혁명은 "현실과 가상이 융합된 cyber physical system에서 모든 것이 연결된 지능 사회(klaus schwab, 2016 다보스 포럼)"로 언급되는 만큼, 디지털 기술을 기반으로 초연결 지능(hyper connected intelligence) 사회가 모든 패러다임을 바꿀 것이라는 전망이 크게 일고 있다.

이러한 시대 변화에 따라 커뮤니케이션의 패러다임 역시 몇 차례 진화를 겪어 왔다. 커뮤니케이션의 흐름은 인터넷이 도입되고 아날로그와 디지털의 경계가 명확해지면서 크게 달라지기 시작했다. 아날로그 시대에는 매스 미디어를 중심으로 한 일방향 커뮤니케이션(one-way communication)이 시대를 주름잡았으며, 4대 매체를 통해 마케팅 메시지를 대중에게 일방적으로 전달하는 것이 모든 마케팅 커뮤니케이션의 핵심이었다. 이후 인터넷의 등장으로 디지털 1.0 시대가 열리기 시작하면서, 일방향적인 메시지 전달이 아닌 쌍방향 커뮤니케이션(two-way communication)으로 소비자와 상호작용(interaction)하려는 기류가 사회 전반으로 퍼져 나갔다. 또한 미디어가 다변화됨에 따라 통합된 메시지를 다각적으로 노출시키는 IMC(Integrated Marketing Communication) 마케팅이 함께 등장하기도 하였다.

디지털 2.0 시대가 열리면서 소셜 네트워크 서비스(SNS)가 또 다른 시대 흐름을 만들어 가기 시작했다. 당시는 디지털 2.0 시대를 대변하는 핵심 키워드로 '공유·개방·참여'가 언급되던 시기였다. SNS를 통해서 실시간 많은 정보와 콘텐츠들이 공유되면서 누구나 콘텐츠를 생산하거나 유통할 수 있게 되었고, 미디어를 넘나들며 고객과의 관계 맺기를 통해 소비자 인게이지먼트(engagement)를 높이는 것이 중요한 마케팅 목표가 되었다.

최근에는 인공지능과 사물 인터넷 등 고도화된 IT 기술을 바탕으로 모든 사물에까지 지능화가 이루어지는 디지털 3.0의 초연결 네트워크(hyper-connected network) 시대로 접어들고 있다. 디지털 3.0 시대의 화두는 디지털과 아날로그의 이음매 없는 융합이다. 따라서 모바일 디바이스를 중심으로 개인 네트워크가 복잡하게 연결되는 트랜스 미디어 환경이 조성되고 있고, 개인화된 커뮤니케이션을 바탕으로 한 퍼포먼스 마케팅이 관심을 받는 중이다.

표 10-1 마케팅 커뮤니케이션 패러다임 진화

	1세대 아날로그 시대	2세대 디지털 1.0 시대	3세대 디지털 2.0 시대	4세대 디지털 3.0 시대
패러다임	자극-반응 패러다임	교환 패러다임	관계 패러다임	연결 패러다임
핵심 기술	전파 방송	인터넷	소셜 네트워킹	모바일, 인공지능
미디어 특성	Single media	Multi media	Cross media	Trans media
네트워크 특성	Broad casting	Interaction	공유, 개방, 참여	Hyper- connection
커뮤니케이션 특성	One-way communication	Two-way communication	Socio- communication	Personalized communication
마케팅 특성	Mass marketing	IMC marketing	Engagement marketing	Performance marketing

2) 미디어 분화에 따른 광고 캠페인 변화

마케팅 커뮤니케이션의 변천은 미디어의 생성과 발전에 따라 그 양상을 달리해 왔다. 따라서 광고 캠페인의 변화 역시 미디어를 중심으로 이야기해 볼 수 있다. 광고 캠페인은 전통적 광고와 비전통적 광고의 개념에 따라 크게 ATL과 BTL로 나눌 수 있다. ATL이란 'Above The Line'의 약자로 매스 미디어인 TV, 신문, 잡지, 라디오 등에 노출되는 광고를 말하며, BTL은 'Below The Line'의 약자로 스폰서십, 이벤트, 전시, 세일즈 프로모션 등 전통적인 광고매체를 제외한 광범위한 소비자 커뮤니케이션 활동을 의미한다(Ken & Sue 1994). 최근에는 뉴 미디어인 인터넷, 케이블 TV 등을 통한 광고 활동도 ATL에 포함하는 추세이다. 사실 ATL과 BTL의 구분은 재무 관리상 편의를 위해 나눠 놓은 개념이다. 광고 대행사가 클라이언트에게 발행하는 청구서에 미디어 사로부터 커미션을 받을 수 있는 부분은 청구서의 윗부분에 기재하고(above-the-line), 커미션 없이 서비스에 대한 수수료(fee)를 받는 부분은 그 아래에 기재(below-the-line)

한 것이 지금의 ATL과 BTL의 시초이다.

ATL은 전통적 광고매체인 4대 매체를 중심으로 하나의 메시지를 다수의 소비자들에게 어필하는 데 막강한 효력을 지닌다. 하지만 그만큼 막대한 자원이 소요되고, 세분화된 고객층을 대상으로 커뮤니케이션할 때는 지나친 비효율을 초래한다는 한계가 있다. 또한 견제와 제약이 심하기 때문에 빠른 피드백과 참여의 기회를 원하는 요즘의 소비자 생리에 맞지 않는다는 단점이 지적되기도 한다.

이러한 ATL의 한계가 언급되면서 새로운 대안으로 등장한 것이 BTL이다. BTL은 다양한 고객층을 중심으로 하는 ATL과 달리, 타깃 고객층을 세분화해서 이들에게 명확한 커뮤니케이션을 할 수 있고, 브랜드를 중심으로 소비자들이 능동적으로 참여하고 소통할 수 있는 장(場)을 제공해 준다는 특징을 갖는다. 따라서 광고계에서는 마케팅 패러다임의 무게 중심이 ATL에서 BTL로 이동하는 추세이며, 기업에서도 ATL의 한계를 보완하기 위해 기존 프로모션팀을 BTL 팀으로 변경하거나 신설하는 데 노력을 기울이고 있다.

이처럼 BTL은 트렌드에 보다 부합한다는 이유로 최근 주목받고 있으며, 점점 ATL과 BTL의 구분은 의미가 없어지고 있는 것이 현실이다. 이는 온라인 광고가 빠르게 성장하고 디지털을 기반으로 IMC 마케팅이 인기를 끌면서, ATL과 BTL을 어떻게 조화시켜 하나의 목표를 위한 통합된 마케팅 전략으로 펼쳐나갈 것인지가 더 중요해졌기 때문이다. ATL, BTL, 디지털의 컨버전스를 추구하는 IMC는 다양한 매체를 효과적으로 활용하여 중복 투자를 피하고, 일관성 있는 커뮤니케이션으로 캠페인 효과를 극대화하는 데 유용한 방법이다.

최근에는 모바일이 주력 매체로 떠오르면서 모바일을 중심으로 온·오프라인이 유기적으로 통합되는 트랜스 미디어가 등장하기 시작했다. 지금까지 분리되어 있었던 매스 미디어, 디지털, 오프라인의 영역이 서로 이어지면서 미디어 간 경계가 허물어지기 시작한 것이다. 소비자 역시 디지털 플랫폼 하나가 아니라, 동시에 여러 개의 플랫폼을 넘나들며 각각의 플랫폼에 맞게 콘텐츠를 생산 또는 소비하는 트랜스액션(trans-action)을 보이고 있다. 트랜스(trans)는 단순히 서로 섞이는 융합이나 통섭을 넘어서서, 각각

[그림 10-8] 미디어 분화에 따른 광고 캠페인 변화

의 영역을 초월해서 변화와 변형을 거치며 다양성을 확보하는 개념이다. 즉, 여러 미디어들이 소비자와 지속적으로 연결되어 저마다 다른 스토리를 가지고 가로질러 전개되는 트랜스 미디어 액티비즘(trans-media activism)으로 펼쳐지는데, 이러한 과정에서 커뮤니케이션은 개인을 중심으로 최적화되며 유기적으로 진화하는 양상을 띤다.

3. 광고 캠페인의 유형 및 특성

1) ATL

(1) TV/케이블광고

TV는 가장 대중적인 매체로 불특정 다수에게 메시지를 보내는 데 효과적이다. TV 광고는 시각적 요소와 청각적 요소를 모두 동원하므로 광고 콘셉트 표현의 융통성이 높고, 도달 범위가 넓다는 장점이 있다. 하지만 제작 비용과 매체 비용이 비싸고, 시청자를 세분화하기 어려우며, 시청자가 광고 메시지를 의도적으로 피할 수 있다는 단점을 갖는다.

(2) 라디오광고

라디오는 최초의 방송매체로 TV의 등장 이후 매체로서의 위상이 축소되고 있으나, 자동차 사용 인구가 증가하면서 점점 활력을 되찾아가는 중이다. 라디오광고는 제작 비용과 매체 비용이 가장 저렴하고, TV에 비해 시청자별로 세분화가 가능하며, 반복 도달 효과에 대한 기대가 높은 편이다. 반면, 시각적 효과를 사용할 수 없어 메시지 전달에 한계가 존재하고, TV에 비해 소비자의 관심을 끌기가 어렵다는 단점이 있다.

(3) 신문광고

신문은 원래 광고매체 중 가장 비중이 높았으나, 인터넷과 같은 뉴 미디어가 등장하면서 그 비중이 지속적으로 감소하고 있다. 신문은 유익한 정보 원천이라는 인식으로 인해 비교적 매체로서 신뢰가 높은 편이다. 신문광고는 제작 기간이 짧고, 게재 절차가 간단하며, 지역별로 특화된 메시지를 내보낼 수 있다는 장점이 있는 반면, 제작물의 질적 수준을 통제하기 어렵고, 일간지의 경우 광고 수명이 잡지광고에 비해서 짧다는 단점이 있다.

(4) 잡지광고

잡지는 구독자에게 정보 수집과 오락적 욕구를 충족시켜 주는 매체이다. 보통 잡지광고는 지역적 측면과 인구통계학적 측면에서 소비자 선별성이 높기 때문에 광고 관여도가 높은 편이다. 또한 제작 기간이 짧고, 게재 절차가 간단하며, 광고 수명도 길다는 장점이 있다. 하지만 많은 광고물 중에서 주의를 끌기가 어려우며, 도달 범위가 낮아 청중 일인당 매체 비용이 높다는 단점이 있다.

2) BTL

(1) 옥외광고(OOH, Out Of Home)

옥외광고는 가장 오래된 전통매체이지만, 최근 ICT 기술의 접목으로 새로운 유형의 콘텐츠가 다양하게 시도되는 첨단매체이기도 하다. 최근의 옥외광고는 디지털 테크놀로지의 도움을 받아 다양한 브랜드 경험을 창출하며, IMC의 핵심 미디어 역할을 하는 양상으로 발전되고 있다. 옥외광고로는 빌보드 등의 전통적 광고, 디지털 사이니지(signage), 도로나 거리 시설물(버스 정류장, 신문 가판대, 키오스크, 전화 부스 광고 등), 교통광고(버스, 지하철, 택시 등 운송 기관에 부착한 광고), 대안매체를 이용한 특수 광고(스포츠 경기장, 주유소, 자전거 거치대, 휴게소 등 비전통적 환경을 이용한 광고) 등의 유형이 있다.

(2) SP/이벤트(Sales Promotion/Event)

SP/이벤트는 단기적인 이벤트를 통해 화제를 일으켜 고객을 모으거나, 로고나 배너를 노출시켜 매장 방문이나 구입을 유도하는 마케팅 커뮤니케이션의 한 형태이다. SP/이벤트는 판매 촉진을 목적으로 하고 있기 때문에, 구매의 접점에서 단기 목표를 설정하고 목적하는 결과가 빨리 달성될 수 있도록 기획되어야 한다는 특징이 있다.

(3) 스폰서십(Sponsorship) 광고

스폰서십 광고는 스포츠, 예술, 오락, 혹은 공익과 연관된 활동을 추진하거나 이벤트를 공식적으로 후원함으로써 광고 효과를 얻는 방식을 말한다. 스폰서십은 주로 스포츠 마케팅 기법으로 유용하게 활용되는데, 당장의 구매 유발을 목적으로 하는 것이 아니라 장기적인 안목에서 브랜드 자산을 구축하는 데 기여하는 것을 목적으로 한다.

(4) 간접 광고(PPL)

PPL은 영화나 드라마 속에 소품으로 등장하는 제품을 일컫는 것으로, 제품을 통해 브랜드명을 노출할 뿐 아니라 이미지나 명칭 등을 간접적으로 등장시켜 광고하는 전

략이다. PPL은 프로그램 시청 중에 나타나기 때문에 큰 저항감 없이 소비자의 잠재의
식 속에 브랜드 이미지를 심을 수 있다는 장점이 있다.

(5) DM(Direct Mail ad)

DM은 광고물을 표적 고객에게 전달하는 수단으로 우편 발송 시스템을 이용하는 직
접 광고를 말한다. 다른 광고가 불특정 다수를 향해 노출시키는 것이라면, DM은 광고
대상을 먼저 선정한다는 근본적인 차이가 있다.

코카콜라 제로의
마시는 광고
(Drinkable Advertising)

코카콜라 제로 캠페인은 소비자
가 스마트폰 앱을 켜고 옥외광고
의 코카콜라를 마시는 동작을 하
면 병 속의 콜라가 줄어들면서
모바일 쿠폰이 제공되는 인터랙
티브 디지털 사이니지 광고이다.

[그림 10-9] 코카콜라 제로의 디지털 사이니지 광고

3) 뉴 미디어

(1) 디스플레이광고(Display ad, DA)

디스플레이광고는 노출형 광고로 소비자의 의도와 관계없이 웹사이트상에 표출되
는 모든 유형의 광고를 말한다. 디스플레이광고에는 웹사이트 내에서 이미지 형태로
보이는 띠 모양의 배너(banner) 광고, 콘텐츠 위에 돌출형으로 떠 있는 플로팅(floating)
광고, 웹페이지 상단에 이미지 없이 글로만 표현하는 텍스트(text) 광고, 비디오나 오
디오 등을 결합한 멀티미디어 형태의 리치 미디어(rich media) 광고, 소비자가 직접 참

여하여 상호작용할 수 있도록 인터랙티브 요소를 가미한 인터랙티브(interactive) 광고, 키워드 검색어 입력 시 다른 사이트가 위·아래로 열리는 팝업/팝언더(pop-up/pop-under) 광고 등이 있다.

(2) 검색광고(Search ad, SA)

검색광고는 인터넷 검색 사이트에 검색어를 입력하면 결과 화면에 관련 업체의 광고가 노출되는 방식으로 '키워드(Keyword) 광고'라고도 한다. 기존의 배너 광고는 클릭률이 낮지만, 검색광고는 특정 검색어의 결과에 관심 있는 네티즌에게만 노출되므로 클릭률이 높다는 특징이 있다. 또한 검색광고는 타깃팅이 쉬우며, 전통적인 매체 광고보다 비용이 저렴하고 투자 대비 수익이 높아, 특히 소액 광고주에게 인기가 높은 편이다.

(3) 이메일광고(Email ad)

이메일광고는 소비자의 메일함에 전달되는 광고를 말한다. 전통적 형태의 이메일 광고는 발송이 빠르고, 고객과 상호작용이 가능하며, 상대적으로 비용이 저렴하다는 장점이 있다. 그러나 이메일광고는 스팸메일로 인식되기 쉬우므로 도달율을 높이기 위한 노력이 필요하다. 주로 이메일광고는 허락받은 고객과의 커뮤니케이션 활동을 통해 고객을 유지(retention)하거나, 유지 고객을 수익으로 전환(conversion)시키는 역할을 하게 된다.

(4) 모바일광고(Mobile ad)

모바일광고는 무선 인터넷을 기반으로 제공되는 음악, 그래픽, 음성, 문자 등을 통해 광고 메시지를 전달하여 소비자들에게 노출 혹은 반응을 일으키는 광고를 말한다. 모바일광고는 SMS와 무선 인터넷을 기반으로 하기 때문에 타깃 마케팅이 가능하며, 도달률과 주목률이 높은 편이다. 또한 개인, 위치 기반, 상호작용이라는 특징이 있어서 고객 관리의 효율성을 극대화시키기에 유용하다.

(5) 소셜 미디어 광고(SNS ad)

소셜 미디어 광고는 페이스북, 트위터, 유튜브 등 소셜 미디어의 페이지를 통해서 노출되는 광고를 말한다. 소셜 미디어는 디지털 시대의 주요 플랫폼이므로, 소셜 미디어의 인기가 높고 사용자가 많을수록 광고매체로서 매력도가 상승한다. 따라서 소셜 미디어 광고는 사용자의 개인 네트워크를 통해 쉽게 바이럴(viral)된다는 확장성을 갖는다.

(6) 콘텐츠 광고(Contents ad)

콘텐츠 광고는 사회적 이슈가 될 만한 콘텐츠를 통해 소비자의 관심을 유도하는 형식의 광고로 정의할 수 있다. 소비자의 이목을 끌기 위해 주로 회자가 될 만한 이야깃거리나 신기술, 공익적 주제, 유머, 바이럴, 프로모션 캠페인 등의 형식을 갖춘 소재거리가 활용된다. 콘텐츠 광고에는 동영상광고, 브랜디드 광고, 게임 광고, 애니메이티드(animated) 광고, 애드버토리얼 광고 등이 있다.

(7) 네이티브 광고

네이티브 광고란 마치 타고난 것처럼 매체 고유의 성격에 잘 어울리게 만들어진 광고를 뜻하는데, 기존 광고와는 달리 해당 웹사이트 콘텐츠의 일부로 보이기 때문에 사용자의 관심을 적극적으로 끄는 데 유리하다는 장점이 있다. 네이티브 광고는 주입식 광고와는 달리 유익한 정보를 제공하면서 광고주의 브랜드 · 제품 · 서비스를 은근히 끼워 넣지만, 이것이 광고임을 밝히고 있기 때문에 애드버토리얼(advertorial)이나 기사형 광고와는 다르다.

(8) 타깃팅/리타깃팅 광고(Target/Retarget ad)

타깃팅/리타깃팅 광고는 광고주의 웹사이트 접속 경험을 근거로 광고를 노출하는 방식으로, 특정한 제품 카테고리와 그 제품에 흥미와 관심을 보이고 행동을 한 사용자를 광고 노출의 대상으로 한다. 특히 리타깃팅 광고는 이용자의 검색 기록과 인터넷 경로를 기반으로 맞춤형 광고를 제공하기 때문에, 높은 효율성으로 인해 광고주에게

<table>
<tr><td>롯데면세점 웹드라마 '첫키스만 일곱 번째'</td><td>현대카드 Make Break Make '옆길로새' 캠페인</td></tr>
</table>

[그림 10-10] 브랜디드 콘텐츠 광고

높은 호응을 얻고 있다.

4. 광고 캠페인 효과 측정

1) 광고 효과 측정 방법의 기본 개념

광고 캠페인은 마케팅 활동의 일환이기 때문에 궁극적으로는 기업이 목적하는 바를 달성해야 한다. 따라서 광고 캠페인은 반드시 집행된 광고의 효과를 측정하는 단계를 거치며 원하는 목적을 달성했는지를 점검하게 된다. 그리고 이러한 광고 효과 측정을 통해 광고 캠페인이 얼마나 효율적으로 집행되었는지 평가하고, 향후 광고 캠페인 전략 수립에 반영하는 것이다.

대부분의 광고 효과 측정은 '문제 인지 → 정보 탐색 → 대안 평가 → 구매 결정 → 구매 후 행동'과 같은 소비자 의사 결정 과정 모델이나, '인지적 반응' '정서적 반응' '행동적 반응'으로 구성된 위계 효과 모델을 근거로 이루어진다(박진성, 2016). 따라서 소비자 의사 결정 과정 모델이나 위계 효과 모델과 같은 소비자 정보 처리 이론들을 근

간으로 광고 효과 측정을 노출, 인지, 정서, 행동 차원의 특성으로 범주화하여 접근할
수 있다(박진성, 2016; 이경렬, 2016).

(1) 노출

광고물이 소비자의 감각 범위 안에 들어갔을 것이라 판단되는 추정치이다. 노출을
광고 효과로 보기 어렵다는 의견도 일부 있긴 하지만, 일반적으로 광고 효과를 측정하
는 가장 기본 개념으로 인식된다. 신문의 구독률, TV의 시청률, 라디오의 청취율, 옥외
광고의 유동 인구 등이 노출 효과 측정 범주에 포함된다.

(2) 인지

대표적인 인지 효과 측정 지표는 회상(recall)과 재인(recognition)이다. 회상은 소비
자가 특정 광고에 대한 지식을 내적 탐색을 통해 알아내는 것이다. 예를 들어, 특정 광
고에 노출된 소비자에게 일정 기간이 경과한 뒤, 특별한 자극 없이 해당 광고를 자발
적으로 기억하는지 확인하는 것이다. 재인은 회상보다 좀 더 쉬운 기억 과정으로, 외
적 자극과 축적된 지식을 대조할 수 있는지를 파악하는 것이다. 예를 들어, 특정 광고
를 다른 광고와 함께 보여 주고 일정 기간이 경과한 뒤, 특정 광고를 다시 보여 주고
나서 이를 본 적이 있는지 물어보는 것이다.

(3) 정서

특정 광고에 대한 소비자의 태도를 파악하여 이를 정서 효과로 측정한다. 보통 리커
트(likert) 척도, 의미 분별(semantic differential) 척도 등을 활용하여 해당 광고물에 대한
신뢰나 선호 등을 측정한다.

(4) 행동

통상적으로 구매, 추천 등의 구체적 행동을 통해 측정 가능하다. 최근에는 디지털
매체 소비나 소셜 미디어 활동이 활발해지면서 웹사이트 방문이나 페이스북 '좋아요

(like)' 클릭, 트위터 '리-트윗(re-tweet)' 클릭, 인스타그램 '하트' 클릭이나 '팔로우 수'
등을 통해 행동을 측정할 수 있다.

2) 다매체 시대의 광고 효과 측정 방법

디지털이 미디어 생활 전반으로 확대되고 다양한 매체가 등장하면서, 매체 환경이
복잡해지고 세분화되었다. 이러한 환경에서 점점 과거에 진행해 오던 광고 효과 측정
방식의 적절성, 이종 매체 간 상이한 측정 방식 등에 대해 의문이 생기고 있으나(이서
용, 2016), 디지털 광고 효과 측정에 대한 학계와 업계의 투자와 시도는 아직 부족한 실
정이다. 업계에서는 효과 측정 방식의 부재를 해결하고자 디지털 광고의 효과를 측정
할 수 있는 방법들을 고심하고 있으며, 이 중에서도 이종 매체 간 광고 효과를 측정하
는 '통합 노출 효과 측정 방법'을 개발하고자 노력을 기울이고 있다. '통합 노출 효과
측정 방법'을 활용하면 매체 간 미디어 믹스를 과학적으로 평가하고, 광고의 노출, 매
출 등의 마케팅 성과를 확인할 수 있기 때문이다. 이처럼 각 매체별로 적합한 효과 측
정 지표나 매체 통합적 효과 측정 지표를 개발하기 위해 노력하고 있다.

보통 전통적 매체인 TV의 광고 효과를 측정하기 위해서 '시청률'을 주요 지표로 활
용한다. 이와 유사한 지표로 볼 수 있는 것은 TV를 보유한 세대가 특정 시간에 TV를
이용하는 비율인 '가구 시청률(household using television)', 특정 시간에 TV를 시청하
고 있는 세대 중 특정 채널을 시청하고 있는 시대의 비율인 '시청자 점유율(share)', 해
당 프로그램 시청권역 내의 모든 TV 보유 세대 중 특정 시간에 특정 채널을 시청하는
비율인 '프로그램 시청률(ratings)' 등이다(조철회, 정일구, 류원, 2015). 방송통신위원회는
개별적으로 산출한 TV 시청률 조사의 문제점을 개선하고자, 다매체 시대에 적합한 통
합 시청률 측정 지표를 개발하기 위해 노력하였다(조철회 외 2인, 2015). [그림 10-11]은
방송통신위원회에서 개발한 통합 시청률 조사 방법을 보여 주고 있으며, TV, PC, 모바
일 등의 매체별로 시청률을 측정하여 통합 시청률을 산출하게 된다.

TV와 달리 온라인과 모바일은 데이터 축적이 용이하고 위치 추적이 가능하다는 장

매체		시청률 측정 방법			통합 시청률
TV	▷	피플미터 (시청률 자동 집계 기계)	실시간 시청 (전통적 시청률)	▷	통합 시청률
PC	▷	버추얼미터 (시청률 자동 집계 앱)	실시간 시청 + VOD (첫 조사)	▷	
모바일	▷			▷	
IPTV + 케이블	▷	VOD 판매 실적	첫 조사		

[그림 10-11] 통합 시청률 조사 개념 및 방법

출처: 조철회, 정일구, 류원(2015). 스마트 미디어 광고 서비스 및 관련 기술 동향. 한국전자통신연구원.

점이 있기 때문에 다양한 개념의 측정 지표를 개발할 수 있다. 대표적으로 '전환지수 (conversion)'는 구매 비용 지불, 웹사이트 등록, 팔로우 등을 통해 목표한 행동을 수행한 사람의 수를 의미한다. '관여지수(engagement)'는 '좋아요'와 같은 버튼을 누르거나, 공유(share), 코멘트(comment)와 같은 관심을 표현한 사람의 수를 의미한다. '방문수(Visits)'는 특정 웹페이지의 방문 횟수를 의미하는데, 중복 방문 수를 포함한 개념이다. 이 외에도 특정 웹페이지를 방문하자마자 떠난 사람의 수를 의미하는 '바운스지수 (bounce rate)', 포스팅한 메시지가 공유된 횟수인 '확대지수(amplification rate)' 등이 있다(박진성, 2016).

일반적인 광고 효과 지수 외에 업계에서는 자체적으로 광고 효과 측정 방법을 개발해서 사용하기도 한다. 글로벌 조사 회사인 입소스(ipsos)는 광고 효과 측정 과정을 마이다스(MIDAS)로 설명한다. 먼저 통합적인 광고 인지율을 측정(Measure the integrated reach power)하는데, 이는 여러 매체를 통해 광고를 노출함으로써 소비자에게 브랜드 상기를 높이고자 하는 단계이다. 둘째는 브랜드에 미친 영향력 측정(Impact on brand) 으로, 매체별로 브랜드에 미치는 효과를 측정하고 향후 방향을 설정하는 단계이다. 셋째는 감성 변화(Dig up Emotion) 단계로, 광고에 대해 소비자가 감정 변화를 일으켰는지를 확인하는 것이며, 변화 이후 추천과 같은 행동을 보이게 된다. 넷째는 구전 전파력 활성화(Activate Viral power) 단계인데, 전파와 확산은 광고 효과 측정에서 새롭게 대두되는 부분이므로 이를 야기할 수 있는 광고 콘셉트 설정이 필요하다. 다섯째는 온에어 이전 광고 전략을 점검(Seize the strategy before on-air)하는 단계이다. 광고 캠페인이 집행된 후 광고 효과를 측정하는 것이 가장 정확한 방법이나, 실패를 방지하고 비용 손실을 줄이기 위해 사전 조사의 필요성을 언급한다(김연미, 2016). 예를 들어, 여러 매체를 활용하여 광고 캠페인을 집행하기 전, 일부 또는 하나의 매체를 활용하여 광고를 집행함으로써 광고를 평가할 기회를 마련하는 것이다.

과거와 달리 다매체 시대에서 광고 효과를 측정하는 것은 여러 가지 어려움이 존재한다. 적절한 미디어 믹스 선정, 시기 등과 같은 고려 사항과 변수들이 증가했기 때문이다. 이러한 상황에서 광고 효과를 측정하기 위해서는 관련 데이터를 축적하고 분석한 뒤, 여러 광고 효과 측정 방법을 개발하는 과정을 통해 효과적인 광고 캠페인 전략 수행이 가능하도록 해야 한다.

5. 광고업계 변화 및 광고 산업 전망

1) 광고업계의 변화와 미래의 광고 캠페인

2017년 4차 산업혁명이 본격화되면서, 언제인가부터 광고계에 'Borderless'라는 용어가 대두되기 시작했다. 이는 광고 시장의 핵심 주자들이 변하면서 기존의 광고 생태계가 무너지고 있음을 뜻하는 것이다. 예전에는 광고주가 광고 대행사를 통해 자사의 제품을 광고하고 그 수수료를 광고 대행사에 지불해야만 했다. 하지만 최근에는 굳이 광고 대행사를 거치지 않고서도 소비자와 컨택할 수 있는 채널들이 늘어나면서 광고가 광고 대행사만의 전유물이 아니게 되었다. 최근 광고 산업을 둘러싼 경쟁 주자들 가운데 가장 주목받고 있는 기업은 구글과 페이스북 같은 플랫폼 기업이다. 그 외에 IBM이나 딜로이트같이 데이터 원천 기술이나 마케팅 솔루션을 가지고 있는 IT/컨설팅 기업, CJ E&M이나 SM 같은 전문 콘텐츠 기업 역시 광고 시장의 차세대 주자를 꿈

꾸며 광고 시장으로 몰려들고 있다. 더불어 코카콜라, 레드불, 현대카드 같은 기업들조차 자체적으로 브랜드 플랫폼을 제작하여 소비자와 직접 커뮤니케이션을 시도하는 중이다.

이러한 현상이 말해 주는 가장 중요한 변화는 광고(廣告)가 '미디어를 통한 메시지의 전달'에서 '콘텐츠를 통한 플랫폼에서의 확산'으로 바뀌고 있다는 것이다. 다시 말해, 광고의 본질이 '널리 알리는 것'에서 '스스로 퍼지게 하는 것'으로 변화하고 있다는 것을 의미한다. 그렇다면, 최근 광고업계에 불어온 변화의 흐름이 어떻게 나타나고 있는지 대표적인 광고 집행 요소인 '미디어(media)' '타깃(target)' '크리에이티브(creative)' '성과(performance)'의 측면에서 살펴보도록 하자.

(1) 미디어

미디어의 역할과 구조가 달라지고 있다. 과거의 매스 미디어 환경에서는 미디어가 제품을 대중에게 실어 나르는 도구로 기능하였는데, 최근의 디지털 환경에서는 개인이 자신의 네트워크를 통해 제품에 대한 경험을 확산시켜 나가면서 스스로 미디어가 되는 양상을 보인다. 즉, 마케팅 커뮤니케이션이 불특정 다수를 대상으로 한 매스 미디어에서 점점 개인화된 네트워크 플랫폼으로 옮겨 간다고 할 수 있다. 이에 따라 미디어는 이제 개별적이고 단편적인 채널로서의 도구가 아니라, 통합된 마케팅 플랫폼으로서 개인들이 서로 연결되어 있는 네트워크로 기능하게 된 것이다. 앞으로 광고는 대중이라는 거대한 사회적 그룹이 사라지고 개인이 미디어가 되는 세상, 서로의 콘텐츠가 연결되어 끝없이 네트워크를 만들고 확대해 나가는 세상, 연결된 세상에서 관계를 만드는 모든 네트워크를 의미하게 될 것이다.

(2) 타깃

타깃은 미디어와 연관되는 전략이므로 상당히 중요하다. 지금까지의 타깃은 '서울에 거주하는 도시적이고 트렌디한 성향을 지닌 20대 직장 여성' 같은 가상의 집단을 지칭하는 것이었다. 하지만 점점 개인의 취향과 스타일로 디지털 공간이 채워지고 있고, 파편화된 채널들을 넘나들며 각자의 구매 여정(purchase journey)이 복잡하게 형성되기 시작하면서, 과거처럼 시장을 유형화하기가 어려워졌다. 이제 마케터는 메시지를 내보낼 미디어를 고민하기보다, 메시지를 받을 사용자가 누구인지를 정확히 정의하고 이들을 찾아나서야 할 때가 된 것이다. 따라서 앞으로의 타깃팅은 개인의 위치 정보나 소비 패턴 등 소비자의 방대한 데이터를 수집하고 분석하는 개인화 마케팅의 기조로 흐른다고 할 수 있다. 이런 맥락을 담은 것이 리타깃팅(retargeting) 마케팅이다. 리타깃팅 마케팅은 광고주의 웹사이트를 방문했던 이용자의 기록을 태그로 심어 구매 여정을 따라다니며 각각 다른 메시지를 보내는 방식을 말한다.

(3) 크리에이티브

2016년에 열린 'Ad Age Digital Conference'의 주요 토픽 중 하나는 '애드 블로킹을 둘러싼 전쟁(The war over ad blocking)'이었다. 맥락 없이 때와 장소를 가리지 않고 끼어드는 광고들로 인해 소비자들의 피로감이 늘어나면서 소비자들은 광고 차단 소프트웨어를 이용하여 보기 싫은 광고를 적극적으로 차단하기 시작했다. 애드블로킹의 연간 성장 추이가 늘어나면서 이로 인한 글로벌 광고 시장의 연간 손실액도 증가하고 있으며, 이에 대한 대응은 점점 더 본격화될 예정이다. 이러한 소비자의 광고 회피를 극복하는 데 좋은 솔루션으로 각광받고 있는 것이 브랜디드 콘텐츠(branded contents)이다. '브랜디드 콘텐츠'란 브랜드의 메시지나 정보, 철학, 가치관을 담아 소비자에게 유통시키는 콘텐츠로, 직접적인 광고라기보다는 자연스럽게 소비자와 커뮤니케이션하는 형태의 모든 제작물을 일컫는다. 브랜디드 콘텐츠는 1인 미디어들이 제작하는 스낵 컬처형 콘텐츠로부터 웹드라마, 웹예능, 웹영화, 웹툰 음악까지 다양한 방식으로 제작될 수 있다.

(4) 광고 성과

앞으로는 캠페인의 변화된 모습에 따라 광고 목표도 달리 설정되어야 할 것이다. 지금까지의 마케팅은 구매 의사 결정의 앞 단계인 인지(awareness), 고려(consider), 구매

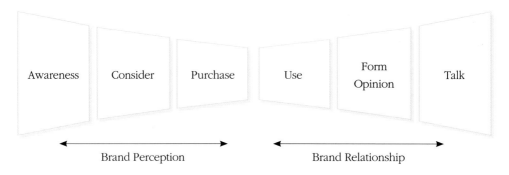

Awareness   Consider   Purchase   Use   Form Opinion   Talk

Brand Perception   Brand Relationship

[그림 10-12] 나비넥타이형 구매 의사 결정 과정

출처: 필립 코틀러, 허마원 카타자야, 이완 세티아완(2017). 마켓 4.0.

(purchase)에 치중하여 '브랜드 인식(brand perception)'을 만드는 작업에 집중해 왔다. 하지만 유기적 네트워크를 통해 개인화된 커뮤니케이션이 보편화된다면 브랜드 사용 이후의 의견 형성(form opinion)이나 확산(talk) 같은 '브랜드 관계(brand relationship)' 단계를 관리하는 것이 더 중요해질 것이다. 다시 말해, 브랜드 인식 단계는 TV를 중심으로 한 브랜드 이미지 형성(brand image making)에 유리하지만, 브랜드 관계 단계는 디지털 네트워크를 중심으로 소비자의 경험을 확산시켜 나가는 바이럴 마케팅(viral marketing)의 영역이라고 할 수 있다. 그래서 디지털에서는 많은 광고들이 바이럴 동영상으로 제작되는 것이고, 브랜디드 콘텐츠 역시 많은 사람들이 자발적으로 퍼뜨리게 만드는 것을 주된 목적으로 하는 것이다. 이런 관점에서 봤을 때, 앞으로 광고 효과 측정의 지표는 브랜드 인지도, 선호도, 구입 의향 등의 인지 지표에서 나아가 '좋아요'나 '리트윗' 등의 네트워크를 만드는 확산 지표의 개발에 힘써야 할 것이다.

2) 광고 산업 발전 및 진화 방향

2008년 광고 정보에 의하면 "광고주들은 광고의 효율성과 ROI를 높이는 데 많은 관심을 쓰고 있다. 미디어 환경이 바뀌면서 광고 자체의 패러다임이 변화하고 있기 때문이다. TV와 신문의 제작물을 만들고 방송국과 신문사에서 광고매체를 구매해 주는 대가로 수익을 내는 광고회사의 비즈니스 모델은 한계점에 와 있다. 전통적인 미디어에 광고만을 통해서 재원을 마련하고자 한다면 광고회사는 물론 미디어 회사, 미디어렙도 향후 몇 년 안에 비즈니스 수익 구조에 한계를 맞이하게 될 것이다"라는 전망이 나와 있다. 광고 산업의 역사상 가장 급진적인 변화가 최근 몇 년 사이에 일어나고 있는 것이다. 플랫폼 기업, IT/컨설팅 기업, 콘텐츠 기업, 다이렉트 마케팅 기업 등과 같은 '광고 산업 이외의' 업종이 광고와 마케팅 영역에까지 사업 범위를 확장하여, 종래형 광고 대행사의 입지를 위협하며 그 이상의 성장을 보이고 있다.

따라서 광고 대행사가 이러한 격변의 시대에 살아남기 위해서는, 디지털과 테크놀로지를 중심으로 고객의 행동을 추적하여 명확한 지표를 제시하고 앞으로의 행로를 예측하여 마케팅 캠페인을 기획하는 고도화된 기술과 안목을 갖춰야 한다. 더불어 기존의 광고 비즈니스 모델을 넘어서는 새로운 신규 수익 모델을 발굴하여 광고주의 만족도를 극대화할 수 있는 기회를 탐색하고 구축해 나가야 한다. 최근에는 이러한 흐름에 발맞춰 빅 데이터를 기반으로 하는 퍼포먼스 마케팅(performance marketing), 새로운 브랜드 플랫폼이 되기 위한 콘텐츠 마케팅(contents marketing), 광고와 커머스를 연결하는 O2O 마케팅(Online To Offline marketing) 등이 새롭게 시도되고 있는 중이다.

4차 산업혁명이 가져온 마켓 4.0의 시대는 "다양하고 새로운 콘텐츠 플랫폼들을 어떻게 창출할 것이고 어떻게 효과적으로 관리할 것인가"라는 새로운 과제를 던져 주었다. 즉, 콘텐츠들은 고객들의 취향을 제대로 저격할 수 있도록 디지털 기술을 기반으로 한 개인 맞춤형 솔루션으로 기획되어야 하고, 개인들이 구축한 네트워크를 통해 변형과 융합을 거듭하며 유기적으로 확산될 수 있어야 한다. 이런 역할을 광고주의 브랜드 마케팅팀에서 모두 효율적으로 컨트롤 한다는 것은 쉬운 일이 아니다. 이제 종합 광고 대행사(total advertising agency)는 기존의 서비스 영역을 뛰어넘어 종합 마케팅 솔루션 회사(total marketing solution company)로의 도약에 총력을 기울여야 할 전기를 맞고 있다.

고문헌

권중록(2005). 공익광고 캠페인 주제와 수용자 비용 및 유익성과의 관계: 인구통계학 변수 중식으로, 언론과학연구, 5(1), 5-42.

권혁남(2014). 미디어 정치 캠페인. 서울: 커뮤니케이션북스.

김동훈(1998). 지속적인 광고 캠페인이 황금 방망이를 만든다. 한국마케팅연구원.

김민기(2009). 우리나라 공익광고발전방안에 관한 연구, 정치커뮤니케이션연구, 14, 5-49.

김병희(2016). 공익광고의 정석. 서울: 커뮤니케이션북스.

김운한(2016). 브랜디드 콘텐츠: 광고다음의 광고. 경기: 나남출판.

김연미(2016). "다채널시대의 소비자 광고효과 조사, MIDAS". 오리콤저널 NO. 74.

김종민, 여인홍(2015). "콘텐츠 광고의 트랜스 커뮤니케이션 연구." 디지털디자인학 연구, 15(1), 195-204.

뉴시스(2015). "보드카 시장 14%↑ …앱솔루트 1위 스미노프 2위 '양강구도'.

디아이투데이(2014). "나이키, '즐기면 된다'새 'Just Do It'광고 캠페인 진행".

박진성(2016). "미디어 환경 변화와 광고효과 측정 접근법의 변화". 오리콤저널 NO. 74.

얼루어코리아(2015). "앱솔루트의 아트 마케팅".

이경렬(2016). 광고매체론. 서울경제경영출판사.

이두희(2008). 광고론. 서울: 학연사.

이민화(2016). 4차 산업혁명으로 가는 길. 창조경제연구회.

이명천(2010). 광고학개론. 서울: 커뮤니케이션북스.

이서용(2016). "TV와 디지털 매체의 통합노출효과 측정". 오리콤저널 NO.74.

이원재(2015). 인터넷광고. 푸른사상.

이창민(2016). 2020 미디어 트렌드. 서울: 한스미디어.

오창환(2012). 디지털 3.0 시대의 상식 사전. 이담북스.

요코야마 류지, 시카에다 히로후미(2015). 광고비즈니스 향후 10년. 북스타.

유종숙(2007). 광고기획의 기술. 서울: 커뮤니케이션북스.

윤지영(2016). 오가닉 미디어. 오가닉미디어렙.

위키트리(2014). "선거? 정치? 마케팅? 오바마 SNS 소통이 정답".

장동련, 장대련(2014). 트랜스 시대의 트랜스 브랜딩. 이야기나무.

전종우, 고경영(2008). "ATL 기획서와 BTL 기획서의 탐색적 연구." 광고PR실학연구, 1(1), 76-88.

조철회, 정일구, 류원(2015). "스마트미디어 광고서비스 및 관련 기술 동향." 한국 전자통신연구원.

조현인, 김유경(2013). TV 공익광고방송내용 분석: 유·무료와 광고주에 따른 주제 및 표현기법의 차이를 중심으로, 광고학연구, 24(3), 55-78.

진현석(2017). "Borderless, 디지털 광고시장에서 답을 구하다". 광고계동향.

필립 코틀러, 허마원 카타자야, 이완 세티아완(2017). 필립 코틀러의 마켓 4.0. 더 퀘스트.

함창대(2012). "디지털 시대 미국광고 캠페인의 전략적 변화." 광고계동향.

허웅, 김유경(2010). 불황기의 광고 캠페인 트렌드 고찰: 08년 4/4분기~09년 1/4분기 광고 캠페인 사례 분석, 광고학연구, 21(1), 147-161.

CHEIL WORLDWIDE(2017). "디지털 미디어 어떻게 활용할 것인가?".

Donald Parente & Kirsten L. Straushaugh-Hutchinson(2017). Advertising campaign strategy(5th ed.).

KAA저널(2016). "디지털 미디어가 대세−소비자에게 주목받으려면"

Ken, P. & Sue, P. (1994). Sales promotion a missed opportunity for services marketers? International Journal of Service Industry Management, 6(1), 22-39.

공공 커뮤니케이션 캠페인

과거에나 현재 그리고 앞으로도 공익을 위한 효과적인 커뮤니케이션 캠페인 활동은 '공공의 선'이라는 공통의 목표를 갖고 그 활동 범위와 영향력이 증대되고 있다.

이번 장에서는 공공의 이익과 사회적 공적 가치를 위해 때로는 엄청난 자원(예산 등)의 투입과 오랜 기간의 정책을 추진하고, 그러한 노력보다 때로는 강력한 효과를 나타낸 공공 커뮤니케이션 캠페인에 대한 정의와 유형 등 전반적인 개요와 관련 전략을 짚어 본다.

1. 공공 커뮤니케이션 캠페인의 개괄

오늘날 우리나라는 물론 전 세계는 사회 전체와 그 구성원들에 대한 공공의 이익,

고재영 질병관리본부 전문사무관, 이윤재 질병관리본부 책임연구원

즉 공익을 촉진시키기 위한 다양한 공공 커뮤니케이션 캠페인을 펼치고 있다.

공공 커뮤니케이션 캠페인의 영역은 매우 다양하다. 건강이나 환경, 에너지 문제, 재난 안전 등 다양한 영역에서 바람직한 사회를 실현하고자 지금 이 순간도 각 분야에서는 많은 캠페인 활동이 이루어지고 있다.

먼저 '공공 커뮤니케이션 캠페인'은 공공 캠페인, 공익 캠페인 등 다양한 용어로 연구되고 또 실무적 차원에서 불린다. 이 장에서는 많은 연구들에서 주로 사용하고 있는 '공공 커뮤니케이션 캠페인(public communication campaign)'이란 용어로 정리하여 기술하고자 한다.

공공 커뮤니케이션 캠페인이란 많은 사람들을 대상으로 일정 기간 내에 특정한 결과를 만들어 내기 위해 미디어를 활용하여 캠페인 메시지를 전달하는 일련의 커뮤니케이션 활동이라 정의할 수 있다(Rogers & Storey, 1987). 이 외에도 많은 연구자들은 공공 커뮤니케이션 캠페인의 정의에 대해 다양한 논의를 진행해 왔다.

먼저 백혜진(2015)의 『공공 커뮤니케이션 캠페인』에서는 공공 커뮤니케이션의 정의를 크게 두 가지 관점, 즉 목표 관점과 방법의 관점에서 서로 다르지만 보완적으로 사용된다고 기술하고 있다. 첫 번째로, 목표 관점에서의 정의는 한 집단이 다른 집단의 신념이나 행동을 변화시키려는 의지에 초점을 맞춘다. 이 정의의 가장 중요한 함의점은 '변화'라는 목표가 커뮤니케이션 캠페인뿐만 아니라 행동공학과 같은 비(非)커뮤니케이션 전략을 통해 성취될 수 있다는 점이다. 두 번째로, 방법의 관점에서 공공 커뮤니케이션 캠페인은 포스터나 광고, 브로슈어, 광고 또는 다른 종류의 커뮤니케이션 방법을 혼합하여 사용한다는 것이다. 오늘날 복잡한 커뮤니케이션 환경과 각기 다른 수용자들에 따라서 메시지를 전달하는 채널은 매우 다양하기 때문에 효과적인 방법들, 즉 채널에 대한 방법적 관점에서 공공 커뮤니케이션 캠페인은 논의될 수 있다.

한편, 김인숙(Kim, 2001)은 캠페인 목표대상자에게 공익을 촉진시키기 위한 메시지를 미디어를 통해 전달하는 과정에서 캠페인 대상들의 신념이나 행동에 영향을 미치고자 하는 일련의 활동이라고 설명하였으며, 이수범(Lee, 2003)은 인간 존중의 정신을 토대로 공익광고기구를 포함하여 기업이나 정부가 국민을 대상으로 일상생활의 문제들을 광고 커뮤니케이션 기법을 통해 설득적으로 소구해 공익을 실현하고자 수행하는 캠페인 활동이라 정의하였다. 안보섭과 임시우(2012)는 공공 커뮤니케이션 캠페인이란 "매스 미디어를 이용하여 공공의 이익을 실현하고자 대중을 대상으로 실시하는 캠페인 활동"이라 의미하는 것으로 사용하였다.

이와 같이 공공 커뮤니케이션 캠페인에 대한 정의는 많은 연구자들에 따라 조금씩 차이는 있지만, 공공의 이익을 위한 일련의 활동을 의미한다는 것에는 공통점이 있다. 한미정과 동료들(Han et al., 2005)은 공공의 목적을 가진 커뮤니케이터가 공공의 이익 실현을 위해 장기적 기간 동안 수용자의 신념 및 행동, 태도의 변화 유발을 위한 목적으로 펼치는 계획된 커뮤니케이션 활동이라고 기존 정의들에서 나타난 공통점을 주목하면서 요약 정의하기도 했다.

표 11-1   공공 커뮤니케이션 캠페인의 특징

과업	고려해야 할 이슈
① 목표청중의 관심 확보	• 목표청중의 정의 및 세분화 • 목표청중에게 도달할 수 있는 채널의 선택 • 목표청중의 충분한 관심 유발
② 이해하기 쉽고 신뢰감이 가는 메시지의 전달	• 정보원 신뢰도 • 메시지의 명료성 • 목표청중의 기존 지식과의 부합성 • 노출의 지속 기간
③ 목표청중의 신념 혹은 지식 구조에 영향을 줄 수 있는 메시지의 전달	• 정보의 제공 • 주의를 유발 • 규범의 활성화 • 기저의 가치와 선호도의 변화
④ 바람직한 결과를 도출해 낼 수 있는 사회적 맥락의 형성	• 관심의 대상이 되는 행동을 지배할 수 있는 외부의 압력을 이해하고 이를 활용

출처: 홍종필(2006). 공공 커뮤니케이션 캠페인 설계의 과학적 접근.

1) 공공 커뮤니케이션 캠페인의 유형

안보섭과 임시우(2012에서 재인용)는 공공 커뮤니케이션 캠페인의 유형에 대해 크게 개인의 행동 변화를 모색하는 캠페인과 공공의지 캠페인(public will)의 두 가지 유형으로 나누어 볼 수 있다고 설명한다.

먼저, 개인의 행동 변화를 모색하는 캠페인은 사회적 문제로 이어질 수 있는 개인의 행동을 변화시키거나 개인과 사회의 이익으로 이어질 수 있는 개인의 행동을 촉진하기 위해 노력을 기울인다. 예를 들면, 금연, 약물 남용 방지, 에이즈 예방을 위한 콘돔 사용, 재활용, 음주운전, 안전벨트 착용 등과 같이 개인의 행동 변화를 위한 캠페인이다. 행동 변화 캠페인에서는 개인의 행동 변화를 모색하는 다양한 전략과 이론을 활용하는데, 그 이론적 배경을 제공해 주는 학문적 분야로는 사회심리학적 접근에 기반을 둔 설득 이론과 태도 및 행동 변화 이론이 주류를 이룬다.

두 번째로, 공공의지 캠페인은 정책의 변화를 위한 개인의 행동에 동기를 부여하고 사회 구성원으로서 개인을 동기화(mobilization)하는 것이 목적이 된다. 공공의지 캠페인은 공중에게 사회적 이슈나 문제의 중요성을 알려 정책의 변화를 동기화시키려고 한다. 이러한 캠페인은 행동을 주체가 되는 개인에게 초점을 맞추기보다 행동 변화를 지원하는 것인데, 개인의 행동 변화를 위해 수용자들이 무엇인가를 하도록 수용자의 책임감을 강조하는 것에 더 초점을 맞춘다.

이러한 바람직한 행동에는 건강한 식습관, 음주의 절제, 재활용, 모유 수유, 아이에게 책 읽어 주기, 유방암 검진, 투표 참여, 자원봉사와 같은 것이 포함된다. 이러한 예에서 커뮤니케이션 캠페인이 추구하는 궁극적인 목표인 행동의 결과는 보다 건강한 개인, 가정 및 지역사회의 형태로 나타나거나 혹은 이런 결과를 야기할 수 있는 특정한 정책의 변화로 나타나게 된다. 캠페인이 성공할 수 있는 가능성을 극대화하기 위해서 캠페인 계획자는 매스 미디어를 통한 노력뿐만 아니라 다른 대인 관계 채널이나 지역사회에 기반을 둔 커뮤니케이션 채널을 적극적으로 활용한다. 단지 미디어 채널을 통한 커뮤니케이션 활동을 통해 공공 커뮤니케이션 캠페인이 전개되는 경우는 드물다

표 11-2   **공공 커뮤니케이션 캠페인의 두 가지 유형**

캠페인 유형/목적	개인의 행동 변화	공공의지(public will) 형성
목표	• 행동 및 행동에 따른 결과에 대한 개인의 신념과 지식에 영향 • 행동을 지원하기 위한 태도에 영향을 미치고 설득 • 개인의 동료들의 행동 수용성에 대한 지각된 사회적 규범에 영향 • 행동을 수행하고자 하는 의도에 영향 • 행동 변화를 야기(지원 프로그램이 병행되는 경우 더 용이)	• 사안의 가시성과 그 중요성을 증진 • 사회적 이슈의 지각에 영향을 미치고 책임질 당사자에게 영향 • 책임질 당사자에 기초하여 해결 방안에 대한 지식 증진 • 정책 결정에 사용되는 준거 및 정책 결정자에게 영향력 행사 • 서비스의 도입 및 공적 모금을 위해 무엇이 필요한가를 결정하도록 도움 • 후원자들이 행동을 취할 수 있도록 개입시키고 동원
표적 청중	행동의 변화가 필요로 되는 대상 공중의 세분 시장	동원되어질 일반 공중의 세분 시장 및 정책 결정자
전략	사회 마케팅(social marketing)	• 미디어 옹호(media advocacy) • 지역사회의 조직화 및 동원화
미디어 채널	공공서비스 프로그램: 신문, 잡지, 라디오, TV, 광고	뉴스 미디어: 신문, 잡지, 라디오, TV, 광고
사례	금연, 콘돔 사용, 음주운전 예방, 안전벨트 착용, 올바른 자녀 양육법 등	양질의 육아 정책, 방과 후의 교육 프로그램 구성, 의료 정책에 대한 지원 등

출처: 홍종필(2006). 공공 커뮤니케이션 캠페인 설계의 과학적 접근.

(홍종필, 2006).

한편, 공공 커뮤니케이션 캠페인의 유형에는 위의 두 가지 유형 이외에도 실행 주체와 주제별 유형으로 분류될 수 있다.

공공 캠페인을 분류하는 또 다른 유형으로는 실행 주체가 누구인가에 따라서 나뉠수 있는데, 이는 크게 정부와 기업, 개인으로 나누어 볼 수 있다. 정부가 주도하는 캠페인은 중앙 정부, 즉 보건복지부, 질병관리본부, 환경부 등과 같은 정부기관들이 직접 실행하기도 하고, 국가인권위원회와 국민권익위원회, 중앙선거관리위원회는 물론 대한적십자사, 협회 등 소속·산하 기관이나 단체 등이 주관하여 실행하기도 한다. 또 하나의 유형은 기업으로서, 기업의 사회적 책임과 긍정적 이미지 제고를 위한 사회 공헌 활동 등도 공공의 목적을 둔 공공 커뮤니케이션 캠페인의 활동이라고 볼 수 있다. 그리고 공공 커뮤니케이션 캠페인의 주제를 중심으로 분류가 가능하다.

1981년부터 2000년까지 20년간 노출된 공익광고의 주제를 분석한 연구 결과를 보면, 환경 보전, 경제, 사회 안정, 국가와 민족, 질서와 예절이 전체의 70%를 넘는 주요 주제였음을 알 수 있다(Kwon, 2002). 아울러 우리나라 해방 이후부터 2003년까지 한국 방송광고진흥공사(KOBACO)의 공익광고에 나타난 주제의 유형을 분석한 연구에 따르면, 기초 질서, 국민 화합, 환경 보전, 경제 활성화, 건강 보건, 건전한 국민상의 주제들이 주요했고, 시대적 상황별로 다양한 주제로 나타났음을 알 수 있다(한미정 외, 2005).

2) 적용 가능한 이론

위에서 살펴본 공공 커뮤니케이션 캠페인의 유형에 따라 적용 가능한 이론들은 다음과 같다.

먼저 개인 행동 변화 캠페인의 경우, 이와 관련한 이론들로서는 사회심리학적 관점의 설득 이론, 태도 및 행동 변화 이론이 있으며, 그 예로는 합리적 행동 이론(Theory of reasoned action)과 사회인지 이론(Social cognition theory), 건강신념 모형(Health belief model), 방어동기 이론(Protection motivation theory), 정교화 가능성 모형(Elaboration likelihood model), 변화의 단계 모형(Stages of change model) 등이 있다. 두 번째로 공공의지 캠페인과의 적용이 가능한 이론들로는 의제설정 이론(Agenda setting theory), 프레이밍 이론(Framing theory), 프라이밍 효과(Priming), 커뮤니케이션의 다단계 흐름 모형(Multi-step flow of communication model), 개혁확산 이론(Diffusion of innovation theory) 등이 있다(황성욱, 조윤용, 2014에서 재인용).

이 이론들 중 합리적 행동 이론은 특정 행동에 대한 태도적 신념을 사회적 맥락 내에서 타인의 기대에 대한 지각 과정과 결부시킴으로써 그 특정 행동이 수행될 의도를 예측하고자 하였고, 변화의 단계 모형은 행동의 변화 과정을 보다 더 잘 이해하기 위한 틀로 발전해 왔으며, 특히 흡연이나 약물 남용과 같은 중독 행동의 변화에 관심을 기울인다. 의제설정 이론은 특정 행동의 부정적/긍정적 결과와 같은 이슈가 미디어를 통해 현저하게 이슈로 다뤄지게 되는 과정을 연구하였고, 공중건강 학자들이 다른 관점에서 미디어 옹호(media advocacy)를 주장한 것과 맥을 같이한다고 볼 수 있다. 그리고 이와 유사하게 미디어 프레이밍 이론은 일반적으로 메시지 혹은 미디어 내에 정보가 어떻게 조직화되고 포장되느냐에 따라 그 정보에 대한 사람들의 지각이 영향을 받는데, 프레이밍의 개념은 사회과학과 행동과학, 그리고 인지과학 분야의 많은 연구에서 매우 포괄적으로 다루어진 개념이다(홍종필, 2006에서 재인용).

건강신념 모형은 1950년대 초 공중보건 문제를 연구하던 학자들에 의해 개인의 결핵 검진 행동과 관련된 행동 결정을 설명하기 위한 목적으로 개발된 모델로 지금까지 사회과학 연구 영역에서 폭넓게 사용되어 왔으며, 기대가치 이론을 기반으로 한 건강신념 모형이다(이병관 외, 2008).

2. 공공 커뮤니케이션 캠페인의 역사

개인 또는 사회의 변화라는 목표를 갖고 다양한 분야에 걸쳐 전략적으로 추진되고 있는 공공 커뮤니케이션 캠페인은 비단 오늘날에만 존재하는 새로운 현상은 아니다. 예로부터 모든 국가들에서 다양한 사회적 문제해결을 위해 법과 제도를 통해 공중의 행동을 제약하거나 강제성을 갖고 유도하는 장치를 사용하고 있지만, 많은 사회 문제나 '공공 선'의 영역을 제도로써 강제하는 것에는 분명 한계가 있다. 그리고 강제에 의해 형성된 비자발적인 태도와 행동은 그 지속성과 확산성, 참여의 정도가 현저히 약하다. 그렇기 때문에 정부 또는 공중 집단에서는 설득적인 커뮤니케이션 요소를 활용한 공공 캠페인을 사회 변화의 중요한 도구로 삼아 꾸준히 실행하고 있다.

1) 공공 커뮤니케이션 캠페인의 기원

한정호와 동료들(2014)의 『PR학 원론』에 따르면, 공공 캠페인의 기원이 정확히 언제, 어디서 태동되었는지는 알 수 없지만, 인류가 존재하면서부터 사회의 질서와 안녕을 위해 설득 커뮤니케이션을 사용해 왔고, 고대 그리스의 기록이나 수사학 발전 역사를 고려한다면 꽤 오래전부터 공공 캠페인이 존재했을 것이라고 주장하고 있다.

공공 커뮤니케이션 캠페인의 주제는 그 시대적 이슈와 한 사회가 지향하고자 하는 방향에 따라 캠페인 키워드가 달라지거나 오랫동안 지속되는 것을 볼 수 있는데, 17~18세기 영국, 프랑스, 미국 등의 국가로 연쇄적으로 촉발됐던 노예 해방과 관련된 공공 캠페인의 기원은 고대 그리스 로마 시대로까지 거슬러 올라간다. 또 18세기 이후 사회·경제 구조의 변화와 시민 의식의 향상도 공공 캠페인에 영향을 주었는데, 산업 혁명 당시 영국에서는 채무와 관련된 죄를 사면하기 위한 캠페인과 여성의 참정권 부여, 어린이들의 노동을 금지시키기 위한 다양한 공공 캠페인들이 실행된 사례가 있다 (김성훈, 양병화, 2005).

미국에서도 다양한 공공 캠페인이 전개됐는데, 1721년과 1722년에 보스턴에서 유행한 천연두 예방을 위해 코튼 매더(Cotton Mather) 목사는 예방 접종을 받지 않은 사람의 사망률이 9배 이상 높다는 전단을 만들어 캠페인을 실시했다. 이것이 설득적 기법을 사용한 미주 지역 최초의 공공 캠페인으로 여겨지고 있다.

우리나라의 경우도 한글이라는 독창적 문자의 보급으로 사회적 의제에 대한 공중의 의식이 대단히 높았으며, 또 식민 통치 시기 일본 제국주의에 저항하는 공중의 노력 등 공공 커뮤니케이션 캠페인이 오래전부터 있었을 것으로 추측할 수 있다. 예컨대, 구한말 일본 차관을 국민의 힘으로 갚아 국권을 회복하자는 국채보상운동이나 러시아 유학생과 동아일보 등이 중심이 되어 농촌 문맹 퇴치와 계몽·문화 운동인 '브나로드 운동'도 공중이 중심이 되어 사회적 인식과 문화에 크게 영향을 준 근대적 의미의 공공 캠페인이라 할 수 있다. 또 한국전쟁 이후 전쟁의 상흔이 어느 정도 회복된 1970~1980년에 접어들면서는 국가 주도의 공공 캠페인이 다양하게 추진되었다. 대표적인 캠페인으로

1차 산업 위주의 경제 구조에서 경제 성장의 저해 요인으로 손꼽힌 인구 증가를 막고자 실시한 산아 제한 운동, 국민 계몽 및 반공 이데올로기 시대의 국가관 강화 운동, 기초 질서 지키기, 환경 보건, 절약 등 다양한 주제의 공공 커뮤니케이션 캠페인이 추진되었다. 아울러 시민사회와 민주주의의 성숙으로 90년대 이후 민간 또는 시민사회단체가 주도하는 공공 커뮤니케이션 캠페인도 정책(또는 정당)에 영향력을 행사하거나, 공중의 동참을 통해 사회적 변화를 이끌어 가는 중요한 수단으로 자리 잡았다. 시민사회단체의 캠페인은 공공의지(public will) 형성 과정을 거쳐 향후 정책적 변화까지 이끌어 내는 형식을 갖는데, 대표적 캠페인으로 금융실명제 도입, 원자력발전 반대, 메니페스토 운동, 소비자 권익 보호 등 다양한 주제가 있다.

2) 공공 커뮤니케이션 캠페인의 확산

(1) 미디어의 보급

공공 커뮤니케이션 캠페인은 15세기 말 인쇄 기술의 개발로 시작된 다양한 저서, 출판물, 신문 등이 일반에 널리 보급되면서 확산의 촉매 역할을 담당했다. 캠페인을 전개하는 입장에서는 설득 기법을 활용해 다수의 사람들에게 태도와 행동에 영향을 미치는 매체가 만들어진 격이다. 공공 캠페인은 인쇄, 음성, 영상, 인터넷 등 매체의 발전과 궤를 함께 한다. 일부 연구자들은 다양한 매체 중에서도 20세기 초 공공 커뮤니케이션 캠페인에 가장 큰 영향을 준 것은 텔레비전의 보급이라고 평가하고 있다(한정호 외, 2014). 이는 근대화의 상징이기도 한 TV가 일방향적이기는 하지만 강력한 영상 자극물을 활용하고, 이에 노출된 정보와 이슈가 때로는 '마법의 탄환'처럼 수용자에게 강력한 설득 기제로 작용하기 때문일 것이다.

최근에는 인터넷과 스마트폰의 보급이 일반화되면서 과거의 공공 커뮤니케이션 캠페인에서는 볼 수 없던 이슈 흐름의 상호성이 서서히 자리 잡고 있는 상황이며, 1인 미디어의 등장 및 확산을 통해 전통 미디어가 공공의제를 독점하던 시대도 종말을 고하고 있다. 뉴 미디어의 확산은 정부가 주도하던 커뮤니케이션과 캠페인의 구조를 변화시키고, 물질적·공간적인 제약도 없애 '공론 형성'과 '공동의 선' 추구를 위한 공중들의 의지 결집과 관계 형성에도 구조적 변화의 바람이 불고 있다.

(2) 공익광고

"광고의 한 형태로서 일반 대중의 지배적인 의견을 수용하여 사회, 경제적으로 그들에게 이득이 되는 활동 또는 일을 지원하거나 실행할 것을 권장하는 커뮤니케이션"(IAA, 1980)

공익광고(Public Service Advertising: PSA)에 대한 다양한 정의가 있지만 공통적으로 포함되는 중요 개념은 국제광고협회(IAA)에 밝힌 정의에서 찾을 수 있다. 우선 공익광고에는 한 사회가 겪고 있는 '시대상'이 반영되는 특징이 있으며, 커뮤니케이션 활동의 결과는 특정 집단의 이익을 목적으로 하는 것이 아니라 '공공의 이익' 증진에 있다는 점이다. 공익광고 그 자체로 공공 커뮤니케이션 캠페인이라 할 수 있으며, 캠페인 전략 수립 및 결과의 전 과정에서 공중의 인식 증진과 연대 강화, 사회적 문제해결 및 공공의 이익 강화의 효과를 높이는 결정적 수단으로 활용되고 있다.

미국 공익광고의 역사는 1930년대 미국 대공황 이후 미국 정부에서 광고에 대한 강력한 규제 움직임이 있을 때, 상업 광고에 대한 비판을 면키 위한 방법으로 광고의 공익적 활용 방안으로 태동되었다. 1941년 록펠러재단과 관련학과 교수 등이 제품 광고에 활용하던 심리학적 이론을 공익광고에도 도입해 일반 대중을 위한 교육 사업을 전개한 것을 기원해, 1942년 일본의 진주만 공습을 계기로 만들어진 광고협의회를 중심을 발전해 왔다(한정호 외, 2014; 김병희, 2016).

국내에서는 1981년 한국방송광고공사가 공익출판방송광고 캠페인의 사회적 인식을 높이고 국민 의식 변화와 의견 수렴의 기구로서 방송광고향상자문위원회를 구성한 것에 역사를 두고 있으며, "저축으로 풍요로운 내일을"이라는 내용의 광고를 방영한 것이 국내 방송 공익광고의 효시로 볼 수 있다(KOBACO 홈페이지). 최근에도 다양한 사회적 문제를 공익광고의 형태로 공중에게 전달하려는 시도가 이어지고 있으며, 크게는 두 종류의 과정을 거친다. 먼저 국가와 지방자치단체 또는 비영리 기관이 공익을 목적으로 자체적으로 제작 송출하는 것이 있으며, 다른 하나는 한국방송광고진흥공사 공익광고협의회가 국민 여론조사 등을 통해 선정하여 제작한 광고를 방송광고법에 따라 방송사업자 등이 일정 비율 이상 송출하는 형식이다.

과거에 국민 의식 계몽이라는 목적 아래 엘리트 중심, 정부 주도 형식의 커뮤니케이션 환경이었다면, 최근에는 이해 공중이 점차 다원화되고 시민사회가 성숙함에 따라 정부와 공중의 상호 이해를 높이는 활동으로 커뮤니케이션 캠페인의 무게 중심이 옮겨가고 있는 현실이다. 공공 커뮤니케이션 캠페인도 이제 질적인 측면에서 콘텐츠 작품성이 높아지고 주제가 다양해지고 있으며, 다양하게 나뉜 타깃과 급변하는 미디어 환경에서 성공적인 캠페인으로 살아남기 위해 커뮤니케이션 이론 접목과 과학적 전략 수립은 필수적 요소로 자리 잡았다.

3. 공공 커뮤니케이션 캠페인 성공을 위한 전략

공공 커뮤니케이션 캠페인 분야는 오랜 기간 동안 효과적인 접근 방법과 전략이 발전하고 다양해졌다. 무엇보다 큰 변화는 공중에 대한 시각과 메시지를 전달하는 커뮤니케이션 채널의 변화일 것이다. 과거의 전략과는 달리 일방적인 메시지 전달 체계에서 벗어나 메시지 수용자에 대한 고민과 그에 맞는 메시지 유형으로 변화했다. 개인 혹은 사회 구성원을 변화시키려면 먼저 그들에 대한 이해가 필요했고, 그들이 반응할 수 있는 효과적인 메시지를 개발해서 설득해야 하는 커뮤니케이션 기술이 중요하게 요구된 것이다.

더불어 설득해야 할 메시지를 수용자에게 접근시키는 데 있어 적합한 효과적인 커뮤니케이션 채널이 다양해졌다. 지금 이 순간에도 채널은 변화하고 있고 진보하고 있다.

특히 모바일과 같은 이른바 '내 손 안의 채널'은 'First Mobile' 시대에서 'Mobile only' 시대로 전환되고 있음을 증명해 주듯 모바일 채널의 중요성이 급격하게 증대되고 있다. 이와 같이 캠페인 실행을 위해서는 목표대상에 대한 이해와 그들의 행동을 변화시킬 수 있는 설득적 메시지, 그리고 메시지를 전달하는 채널 등 다양한 영역에 대한 고민뿐만 아니라 전략을 수립하는 계획자(실무자)의 시행착오를 통한 경험적 성찰 등이 캠페인 성공에 영향을 미치는 변수이기도 하다.

이번 절에서는 공공 커뮤니케이션 캠페인에 관심이 있거나 혹은 실제 현장에서 실무를 실행하는 전문가들에게 캠페인에 대한 설계 방법과 기본적인 흐름을 제공하고자 한다.

1) 목표 설정

공공 커뮤니케이션 캠페인을 설계하고 실행할 때는 어떤 부분이 효과적인 캠페인을 진행하기 위해 필요한 구성 요인이며, 성공적인 캠페인은 또 무엇인가라는 본질적인 접근에서 초점을 맞출 필요가 있겠다. 어떤 문제의 해결을 위해 어떤 목표를 세우고, 캠페인 목표에 따른 결과나 효과가 어떻게 나타났느냐에 따라서 캠페인의 성공 여부를 판단할 수 있을 것이다. 그렇기 때문에 목표 설정 단계에서는 신중함이 필요하다.

공공 커뮤니케이션 캠페인의 설계 과정은 복잡하다. 목표를 정하고, 대상을 세분화하고, 그에 맞는 메시지 설계와 채널 선택, 예산 투입의 규모 설정, 그리고 캠페인의 결과 분석과 캠페인 평가 등 캠페인 실행과 관련한 일련의 단계는 캠페인의 성공 여부를 결정할 수 있는 중요한 단서들이다. 공공 커뮤니케이션 캠페인은 개인의 행동 변화나 정책, 사회 제도의 변화 등 뚜렷한 전략적 목표를 갖고 전개된다.

아울러 공공 커뮤니케이션 캠페인의 목적은 사회 문제에 대해 주의를 환기시키는 역할뿐 아니라, 궁극적으로는 사회 구성원들의 적극적인 실천을 통한 문제해결이라고 할 수 있다.

한편, 공공 커뮤니케이션 캠페인, 마케팅 그리고 헬스 캠페인 등 여러 분야에서 캠페인 목표를 설정함에 있어 '스마트한 목표'를 고려하여 활용하기도 한다. 스마트한 목표란 똑똑하다는 뜻의 스마트가 아닌 SMART 목표, 즉 Specific(구체적)하고,

Measurable(측정 가능)하고 Attainable(성취)이 가능하며, Relevant(연관성)하고 Time-sensitive(정해진 시간 내)한 목표를 말한다(백혜진, 2013에서 재인용).

이때 Specific은 타깃 수용자가 분명하고 어떤 행동에 대한 목표인지를 구체적으로 고려한다는 것이며, Measurable은 얼마나 목표를 달성했는지 수치화할 수 있어야 하고, Attainable은 그 수치화한 목표가 현실적으로 주어진 시간과 자원에 비추어 성취가 가능해야 한다는 것을 의미한다. 그리고 Relevant는 캠페인이 풀고자 하는 문제와 연관되어야 하고, 마지막으로 Time-sensitive는 언제까지 목표를 달성할 것인지 기간을 분명히 설정하는 것을 말한다. 미국의 질병통제센터의 경우에는 연관성 대신 현실성(Realistic)을 스마트 요인으로 포함하기도 한다. 무엇보다 스마트(SMART)하다는 의미에 E(evaluate)와 R(reevaluate)을 붙여 스마터(SMARTER)라고도 표현하는데, 이는 평가하고 또 평가한다는 뜻을 더해 평가의 중요성을 강조하기도 한다(백혜진, 2013).

캠페인 평가와 관련해서는 공공 커뮤니케이션 캠페인 실행에 있어 많은 조직과 실무자들에게 소홀하게 여겨지는 것 중 하나이기도 하다. 목표를 설정하고 목표에 대해 얼마나 효과적으로, 혹은 효율적으로 실행되었는지에 대한 캠페인의 평가는 매우 중요한 기획 과정 중 하나다. 캠페인 평가에 대한 부분은 뒤에서 별도로 다루고자 한다.

2) 수용자 세분화

공공 커뮤니케이션 캠페인 실행에 있어 과거에는 전통적으로 텔레비전, 라디오 등과 같은 대중매체 등을 활용해 타깃을 명확하게 세분화되지 않은 불특정 수용자들에게 메시지를 전달하기도 했다. 그러나 최근에는 캠페인의 효과와 자원(예산, 인력 등) 투입의 한계성 등을 고려하여 목표 수용자를 세분화하고, 그에 맞는 캠페인을 적절하게 설계하고 실행하는 사례를 많이 볼 수 있다.

수용자 세분화의 목적은 더 효과적이고 효율적인 커뮤니케이션을 하는 데 있다. '효과'란 캠페인 혹은 커뮤니케이션 활동의 결과 가운데 의도되었던 것은 물론 의도하지 않은 결과까지를 모두 포함하는 개념이며, '효율'은 의도한 커뮤니케이션의 결과를 비용과 대비하여 산출하게 된다. 예를 들어, 어떤 캠페인이 최소한의 비용을 들여 건강 주제에 관한 지식이나 관심을 높이고 태도를 우호적으로 바꾼다거나 행동 습관을 최대한으로 바꿀 수 있다면, 그 캠페인은 효율적이라고 말할 수 있다는 것이다. 그루닉은(Grunig)은 수용자 세분화의 기준을 다음과 같이 요약하고 있다(백혜진, 이혜규, 2013에서 재인용).

> "하부 집단은 정의될 수 있어야 하고, 다른 집단과 배제적이어야 하며, 측정 가능해야 하고, 접근이 용이해야 하고, 조직의 미션과 연관되어야 하고, 지나친 경제적 부담 없이 커뮤니케이션할 수 있어야 하고, 세분화에 드는 비용이 낭비가 아닐 만큼 집단이 커야 한다."

슬레이터(Slater)는 3∼4개의 변인을 사용하여 단계적으로 수용자를 세분화할 것을 권유하고 있다. 즉, 가장 기본적인 세분화 방법인 인구지리학적 접근(성별, 나이, 교육 수준, 경제적 여건 등)이나 정신심리학적 접근(삶의 가치, 성향 등)을 통해 1차적으로 집단을 세분화하고, 이를 다시 건강 행동에 관한 공통된 가치, 신념, 태도, 행동 등의 변인을 이용해 세분화할 것을 권유하고 있다(백혜진, 이혜규, 2013에서 재인용).

한편, 커뮤니케이션 캠페인의 수용자 세분화에는 어떤 과정으로 어떤 채널을 통해 사회 구성원들에게 개혁(innovations)이 전파되는지에 대해 설명하는 이론의 적용이 있다. 바로 개혁확산(Diffusion of innovations) 이론이다. 이 이론은 1962년에 로저스(E. Rogers)가 여러 학문 분야의 개혁확산 이론을 총괄하고 같은 이름의 책을 발간하면서 체계화됐다고 알려진다. 이는 특정 시점의 새로운 아이디어나 기술 등의 개혁이 어떻게, 왜, 또 어떤 속도로 전파되어 가는지를 설명하고 있다.

특정 시점에서 기술이나 신제품, 새로운 아이디어와 같은 개혁들이 누구에게 채택되고 있는지와 누구에게 확산될 수 있는지에 대해 설명해 주고 있기 때문에, 수용자 세분화에도 적용이 가능하다. 개혁확산 이론은 개인이 개혁을 채택하는 시점을 기준으로 수용자에 대해 5가지의 그룹으로 나눈다. 즉, 개혁자(innovator), 초기 수용자

(early adopter), 초기 다수 수용자(early majority), 후기 다수 사용자(late majority), 지각 수용자(laggards)로 나눈다.

이 중 개혁자는 새로운 아이디어나 제품이 나왔을 때 이를 가장 먼저 채택하는 그룹으로 전체 수용자의 약 2.5%에 해당한다. 이들은 새로운 것에 관심이 많고 불확실한 것을 수용해서 뒤따르는 위험을 감수하고 타인과 달라 보이려는 성향이 강하다.

초기 수용자는 개혁을 채택하는 그룹으로 전체 수용자의 약 13.5%에 해당하며, 이들은 소속된 집단에서 넓은 인맥을 형성하고 존경받거나 여론을 이끄는 지도자인 경우가 많다. 따라서 어떤 개혁이 대중에게 확산되려면 초기 수용자가 개혁을 채택해 다른 그룹의 역할 모델이 되는 것이 중요하다. 초기 다수 수용자는 전체 수용자의 34%에 해당하는데, 개혁자나 초기 수용자에게 새로운 물건이나 아이디어가 검증된 후 수용한다. 이들은 안전을 추구하고 결정을 신중하게 하는 경향이 있다. 후기 다수 수용자는 34%에 해당하는데, 이들은 초기 다수 수용자를 따라 개혁을 선택하는 사람으로

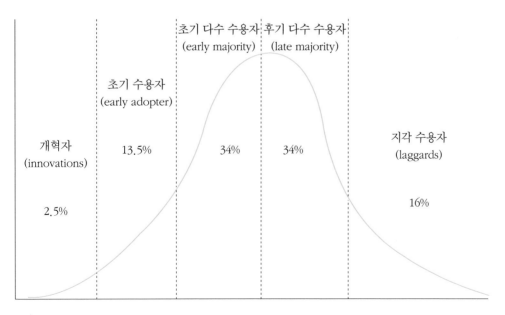

[그림 11-1] 개혁확산 이론의 수용자 세분화

출처: 백혜진, 이혜규(2013). 헬스커뮤니케이션의 메시지 · 수용자 · 미디어 전략.

의심하는 성향이 있으며 경제적 이유나 주변의 압력 때문에 개혁을 선택한다. 마지막으로 지각 수용자는 전체 수용자의 16%에 해당하는데, 이들은 타인에 의해 선택된 아이디어나 제품이 대중화된 다음에야 마지못해 선택하는 그룹이다. 대개 보수적이고 전통적 가치를 중시한다. 또한 자신과 비슷한 사람들과 교류하거나 사회적으로 고립된 경우가 많다(백혜진, 2013).

　공공 커뮤니케이션 캠페인 설계에 있어 수용자 세분화는 캠페인의 효과와 효율적인 측면을 고려할 때 매우 중요한 전략 수립 단계라고 할 수 있다. 앞서 언급한 바와 같이 캠페인을 설계하고 실행함에 있어 현실에서 중요하게 다뤄져야 할 부분은 바로 제한적인 자원의 감안에 있다. 캠페인을 실행하는 데 필요한 예산이나 인력, 그리고 시간과 내·외부 환경을 고려해야 한다.

　특히 예산은 캠페인의 실행에 있어 많은 영향을 미치기 때문에 수용자를 세분화하고 세분화된 수용자는 다시 우선순위를 통한 평가의 단계를 걸쳐 자원을 배분할 필요가 있다. 소셜 마케팅 학자인 앨런 안드리아슨(Alan R. Andreason)은 세분화된 수용자에 대해 우선적으로 고려할 사항에 대해 다음과 같이 제시하고 있다(백혜진, 2013에서 재인용).

(1) 세분화한 집단의 크기가 어느 정도인지
(2) 어느 정도의 문제 행동을 일으키는지
(3) 문제 행동 결과는 얼마나 심각한지
(4) 어느 정도가 자신을 돌볼 능력이 없으며 타인의 도움을 필요로 하는지
(5) 세분화를 위해 쉽게 구분되고 접근할 수 있는지
(6) 어느 정도가 캠페인에 반응 또는 반응할 능력이 있는지
(7) 집단이 행동 변화를 할 때 필요한 비용은 얼마고, 다른 세분화된 집단을 선택하는 것보다 그 비용이 효율적인지
(8) 주어진 메시지나 중재 프로그램에 긍정적이고 신속하게 반응할지
(9) 실무자가 가지고 있는 전문 지식이나 자원이 집단을 변화시키는 데 충분한지

3) 공공 커뮤니케이션 캠페인의 메시지 소구 유형

위트(Witte, 1995)에 따르면, 성공적인 공공 캠페인의 실행을 위해서 필요한 설득 메시지의 틀은 크게 2가지, 즉 핵심적(constant), 부수적(transient) 요인들로 구성된다고 설명한다. 핵심적인 요인에는 소구 방법과 유형, 메시지 단서 등이 해당되며, 부수적 요인에는 신념과 문화, 환경, 매체 선호 등이 포함된다. 수용자의 감정에 호소할 것인가 혹은 이성에 소구할 것인가에 대한 논의는 공공 커뮤니케이션 캠페인을 운영하는 실무자들에게 중요한 논의점이다. 메시지는 수용자의 반응을 일으키기 위해 어떻게 호소할지에 대한 구체화 전략으로, 캠페인 주제와 목표에 따라 메시지 내용이 달라질 수 있다. 무엇보다 중요한 것은 짧은 시간 동안 수용자를 설득해야 하는 과정에서 캠페인 메시지를 어떻게 어필하는가에 따라 캠페인의 효과는 달라질 수 있다. 보통 캠페인의 설득적 메시지가 추상적이거나 개념적일수록 행동을 변화시키는 데에 있어 설득력은 구체적인 메시지보다 부족해질 가능성이 높다.

공공 커뮤니케이션에서 가장 보편적으로 분류할 수 있는 것 혹은 가장 많은 전략에서 활용되고 있는 것은 이성적 소구, 감성적 소구 등으로 분류할 수 있을 것이다. 감성적 소구는 메시지를 통해 특정 수용자에가 감정을 갖도록 유도해 특정한 행동을 유도하기 위한 전략이며, 이성적 소구는 사실에 입각한 정보성 메시지나 데이터를 기반으로 통계 수치 등을 활용하여 메시지를 제공하고 행동을 유도하는 전략이라고 할 수 있다.

이 외에도 캠페인 메시지 효과를 높이기 위한 방법으로 널리 활용되고 있는 소구 유형 가운데 공포 소구 혹은 위협 소구와 유머 소구 방법 등이 있다. 특히 건강이나 환경 분야의 캠페인에서 가장 빈번하게 사용되고 있다.

공포 소구는 수용자들의 지각된 위험을 증가시켜 태도나 행동 변화를 유도하여 이끌어 내는 메시지 전략이다. 예를 들면, 에이즈 예방 캠페인, 금연 캠페인, 음주, 안전벨트 착용 등이다. 공포 소구 유형은 제시된 메시지를 이행하지 않는 것으로 인하여 다가올 건강 관련 위험이나 부정적 결과를 강조함으로써, 목표 수용자에게 위험 인식과 함께 해결책이나 행동 변화와 같은 문제해결 방법에 있어 효과를 높이게 할 수 있게 한다. 아울러 공포 소구는 메시지 권고 사항을 지키지 않았을 경우의 심각성을 메시지에 담고 있고, 캠페인에 노출된 목표 수용자는 메시지를 접했을 때 생성된 공포감이나 그로 인한 높은 심리적 각성을 통해 행동 변화를 일으키게 된다(Witte & Allen, 2000).

그러나 공포 수준이 과도하게 높을 경우, 수용자로 하여금 메시지를 회피하게 하거나 방어하게 하는 동기를 제공할 수 있는 등의 부작용이 뒤따를 수 있기 때문에 메시지 표현 등 메시지 수준에 대한 신중한 접근이 요구된다. 결과적으로 캠페인에 대한 의도하지 않은 효과로 이어지고 캠페인에 대한 반감 효과를 줄 수 있기 때문에 신중한 접근이 필요하다. 이를테면, 에이즈 등 감염병의 경우에는 메시지의 설정이 지나치게 과도한 설정으로 공포와 위협을 가한다면 환자에 대한 차별로 이어질 수 있기 때문에 캠페인 실무자들은 메시지에 대한 신중한 접근이 필요하다.

[그림 11-2] 공포 소구 메시지 유형: 증언형 금연 광고 캠페인(2017년)

출처: 보건복지부 보도 자료(2017. 5. 31.).

4) 캠페인 채널

공공 커뮤니케이션 캠페인을 실제 진행함에 있어 캠페인 채널은 개발된 메시지를 수용자에게 도달하게 하는 중요한 전략 중 하나이다. 좋은 메시지도 캠페인 채널을 통해 목표 수용자에게 제대로 전달되지 못한다면 목표를 달성하기 어렵고, 수용자들의 인식이나 태도, 행동 변화에 긍정의 영향을 미치는 데 한계가 있을 수밖에 없다.

공공 커뮤니케이션 캠페인 진행에 있어 수많은 채널이나 전달 방법들 중에서도 공익광고는 빈번하게 사용되는 도구 중 하나이다(이미나, 2015). 우리나라 정부 부처나 공익적 목적을 두고 캠페인을 진행하는 기관이나 단체 등은 공익광고를 제작하여 지상파 방송, 케이블 방송, 라디오, 신문 등 전통적 매스 미디어를 통해 메시지를 전달해 왔다. 대부분의 공공 커뮤니케이션 캠페인은 매스 미디어를 활용하여 보다 많은 사람들에게 보다 효과적으로 설득 메시지를 전달하려고 해 왔으며, 다양한 계층에 속한 다양한 특성을 가진 수많은 사람들에게 일반적으로 통용될 수 있는 내용이어야 하기 때문에 매우 추상적인 수준에서 보편적인 가치(e.g. 생명, 인권)를 강조하는 것이었다(김재휘 등, 2012에서 재인용). 그러나 이러한 방식의 커뮤니케이션이 언제나 캠페인의 성공을 보장해 주는 것은 아니다. 캠페인의 성패는 목표행동의 사회적 가치와 중요성을 사람들에게 인식시키는 것이 아니라, 실제로 얼마나 많은 사람들이 목표행동에 참여했는지에 달려 있기 때문이다(김재휘 등, 2012). 물론 공공 커뮤니케이션 캠페인의 궁극적인 목표 중 행동 변화가 중요한 목표이긴 하나, 사회 분위기를 환기시키고 사회적 현안에 대한 인식의 개선도 중요한 캠페인 목표가 될 수 있다.

최근에는 공공 커뮤니케이션 캠페인을 진행하는 정부나 기관, 단체, 기업 등에서 매스 커뮤니케이션 전략 이외에도 모바일 채널을 활용한 캠페인이나 소셜 미디어(social media) 채널을 통해 메시지와 콘텐츠 확산에 중점을 둔 공공 커뮤니케이션 캠페인을 많이 접할 수 있다. 소셜 미디어의 핵심적인 특징은 개인과 개인 간의 사회적 네트워크에 기반하는 커뮤니케이션 채널이라는 점인데, 네트워크의 형태나 상호작용 방식에 따라 소셜 미디어들 간에 다소 이질적인 측면도 존재하지만 거의 모든 소셜 미디어는

아이스 버킷 챌린지 캠페인

기침 예절 '좋아요' SNS 캠페인

[그림 11-3] 소셜 미디어를 통한 확산형 캠페인

출처: 위키백과(왼쪽), 질병관리본부(오른쪽).

개인 간 상호작용을 통해 정보가 소통된다는 공통점을 가지고 있다(김재휘 등, 2012에서 재인용). 그만큼 개인과 개인 간의 상호작용을 통해 메시지가 확산되고 공유되며 또 확산되는 일련의 과정들은 공공 커뮤니케이션 캠페인의 채널 전략에 있어 효율성을 확보할 가능성이 높다. 캠페인을 집행하는 기관이나 실무자 측면에서 볼 때, 캠페인 집행 예산 등 자원의 효율적 운영을 위해 소셜 미디어의 활용은 중요한 전략이기도 하다.

[그림 11-3]의 공통점은 모두 소셜 미디어 중 페이스북 채널을 통해 참여가 확산된 사례이다. 왼쪽은 소셜 미디어 채널로 전 세계적으로 확산된 근위축성 측생 경화증(이른바 루게릭병)에 대한 관심 환기와 기부 활성화와 관련된 '아이스 버킷 챌린지' 캠페인이다. 이 캠페인은 2014년 여름에 시작된 운동으로, 소셜 미디어를 통해 전 세계적으로 급격히 퍼져 나가면서 세계적인 유행이 되었다. 이 캠페인은 참가자가 얼음물을 뒤집어쓰는 방식으로 동영상을 촬영하고, 세 명의 사람을 지목하게 되는 방식의 캠페인으

로 사회적 유행이 되면서 확산되었다(위키백과). 오른쪽은 질병관리본부에서 2017년에 시작한 소셜 미디어를 통한 기침 예절(실천하면) '좋아요' 확산 캠페인으로, 참여자의 실제 기침 예절 모습을 촬영하여 페이스북에 올리고 세 사람을 지목하여 릴레이 방식으로 추진한 사례이다.

한편, 사람들이 집 밖을 나서면서 접하게 되는 모든 유형의 매체를 일컫는 미디어로서 공공 커뮤니케이션 분야에서 자주 활용하는 OOH(Out-Of-Home) 채널이 있다.

이미나(2015)는 OOH 미디어의 특성이 공공 커뮤니케이션 캠페인의 전략 실행에 있어 가지는 여러 이점을 제시하였는데, 먼저 다양한 공공기관 및 시설(구청, 동사무소, 보건소, 병원, 은행, 박물관, 도서관 등)에서 정보를 공유하는 키오스크(kiosk)를 설치하는 등 장소와 상황에 적합한 공공 커뮤니케이션 메시지를 제시할 수 있다고 설명한다. 그리고 기상 상황이나 교통정보 등 일반 공공정보와 긴급한 재난 상황에서의 정보 등 시간과 밀접한 관련이 있는 공공메시지들이 실시간으로 옥외매체를 통해 전파될 수 있다는 것이다.

공공 커뮤니케이션 캠페인 채널은 앞서 설명한 텔레비전, 라디오, 신문, 잡지 등과 같은 매스 미디어, 소셜 미디어, OOH 미디어, 인터넷은 물론 많은 기관이나 기업 등에서 커뮤니케이션 주체의 역할을 대신하여 활용하고 있는 홍보 대사도 중요한 채널로 볼 수 있다. 홍보 대사에는 사회적으로 인지도가 높은 유명인이나 연예인, 해당 분야의 전문가, 일반인 등 다양한 인적 구성원이 해당되며, 또한 2015~2016년까지 질병관리본부에서 위촉하였던 '꼬마버스 타요'와 같은 애니메이션 캐릭터도 홍보 대사로 활동하곤 한다. 이들은 수용자와 캠페인의 목표나 메시지 등을 고려하여 설득적인 의도를 갖고 활동한다는 점에서 유사하다.

5) 기획 단계

공공 커뮤니케이션 캠페인을 실행하기 위해서는 기획 과정 단계가 다양할 수 있겠으나, 실제 현장에서 캠페인 기획은 다음 [그림 11-4]의 범위와 수준에서 이루어지는

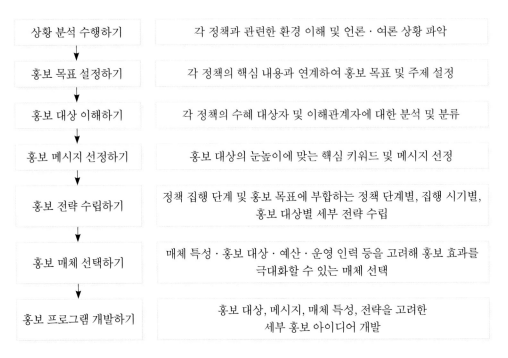

상황 분석 수행하기	각 정책과 관련한 환경 이해 및 언론·여론 상황 파악
홍보 목표 설정하기	각 정책의 핵심 내용과 연계하여 홍보 목표 및 주제 설정
홍보 대상 이해하기	각 정책의 수혜 대상자 및 이해관계자에 대한 분석 및 분류
홍보 메시지 선정하기	홍보 대상의 눈높이에 맞는 핵심 키워드 및 메시지 선정
홍보 전략 수립하기	정책 집행 단계 및 홍보 목표에 부합하는 정책 단계별, 집행 시기별, 홍보 대상별 세부 전략 수립
홍보 매체 선택하기	매체 특성·홍보 대상·예산·운영 인력 등을 고려해 홍보 효과를 극대화할 수 있는 매체 선택
홍보 프로그램 개발하기	홍보 대상, 메시지, 매체 특성, 전략을 고려한 세부 홍보 아이디어 개발

[그림 11-4] 홍보 기획 7단계

경우가 많다.

[그림 11-4]와 다음에 제시되는 세부 단계별 설명 내용은 보건복지부에서 2010년에 발간한 『보건복지인을 위한 실전 홍보 길라잡이 Love Me 정책 홍보』 책자에 소개된 홍보 기획 단계에 대한 내용이다.

(1) 상황 분석

정책을 둘러싸고 있는 정치·경제·사회·문화 등 다양한 요소에 대해 살펴본다. 여론조사 결과나 언론 보도 등의 내용이 있다면 관련 자료들을 검토하여 정책에 대한 이해에 참고한다. 특히 커뮤니케이션 대상이 지닌 특이 사항은 없는지, 유사한 수행 사례가 있었는지 총체적인 검토가 필요하다.

(2) 목표 설정하기

정책에 대한 홍보 환경, 가용할 수 있는 홍보 자원 및 예산 규모 등을 종합적으로 판단하여 현실적으로 달성 가능한 목표와 주제를 구체적으로 설정한다. 이를 위해서는 정책 목표와 연계시키고, 명확하고 구체적으로 설정하며, 우선순위를 고려하는 것이 중요하다.

(3) 타깃 이해하기

목표가 설정되면 누구를 대상으로 커뮤니케이션할 것인지에 대해 구체적으로 이해해야 한다. 일반적인 인구통계학적 분류 기준 등 외에도 정책 특성을 고려한 그룹별 세분화가 필요하다.

(4) 메시지 선정하기

세분화된 홍보 대상별 예상되는 이슈를 분석해 보고, 각각의 이슈에 대한 효과적인 설득 및 대응 논리를 홍보 대상의 눈높이에서 개발한다. 효과적인 메시지 개발을 위해서는 적절한 단어 선정 및 묘사하고자 하는 상황에 대한 분위기나 스타일의 톤앤매너를 고려하는 것이 중요하다.

(5) 전략 수립하기

정책의 인지도를 제고하는 것이 좋을지, 공감대를 확산해야 하는지, 또는 현재의 이슈를 다른 이슈로 환기시켜야 하는지 등 상황에 부합하는 전략 수립이 필요하다. 이때는 정책 집행 단계 및 홍보 대상의 정책에 대한 인지 및 이해 수준 등을 다양하게 고려하여 시기별로 세분화하여 수립하는 것이 중요하다.

(6) 채널(매체) 선택하기

커뮤니케이션해야 하는 정책, 예산 규모, 대상 특성에 따라 채널의 효과적인 선택이 중요하다. 인터넷 및 모바일 환경에 익숙한 20대를 대상으로 커뮤니케이션할 경우 트위터나 스마트폰과 같은 채널을 활용할 수 있겠지만, 60대 이상 노년층을 대상으로 홍보를 할 때는 트위터나 스마트폰은 적합한 매체가 될 수 없을 것이다.

(7) 홍보 프로그램 개발하기

홍보 목표 설정부터 홍보 매체 선택까지 완료되면 마지막으로 구체적인 실행 아이디어를 개발해야 한다. 예를 들어, '출산 장려 캠페인' 정책의 인지도 제고를 위해 주부를 대상으로 방송 프로그램에 PPL을 하기로 결정했다면, 저출산의 심각성에 대한 콘텐츠를 만들어 관련 오락 프로그램에 방송되도록 하겠다는 의사 결정 과정이 바로 홍보 프로그램을 개발하는 것이다.

4. 공공 커뮤니케이션 캠페인의 효과와 평가

1) 공공 커뮤니케이션 캠페인의 효과

공공 커뮤니케이션 캠페인의 목적은 궁극적으로 특정한 공적인 문제의 영역에 대한 사회 구성원들의 관심과 주목도를 높이는 것일 수 있고, 사회적으로 매우 중요하고 시급하게 해결해야 할 필요가 있는 공공의 이슈를 부각시키고, 나아가 그 문제에 대한 공감대 형성을 통한 참여와 행동을 실천하는 일일 것이다. 물론 사회적으로 해결하기 위한 목표행동(target behavior)을 실천하지 않고서는 문제가 해결되지 않기 때문에, 해결해야 하는 특정한 문제에 대한 인식 자체가 문제해결의 출발점이 될 수 있을 것이다.

중요한 것은 공공 커뮤니케이션 캠페인은 사람들에게 어떤 문제의 중요성을 단순히 알려 주는 수준을 넘어 그 문제를 해결할 수 있는 목표행동에 더 많은 노력이 필요하며, 그러한 일련의 활동에 대한 결과가 장기적으로 지속되고 문제해결에 대한 실현 가능성과 효과적인 측면이 충분히 고려되어야 한다는 것이다. 캠페인의 효과는 캠페인의 성공 여부와도 견주어 볼 수 있는데, 효과의 크기는 목표 설정에 따라 다른 결론이 나올 수 있으나 캠페인의 효과가 있었다는 것은 캠페인이 목표수준에 성공했다는 의미로 해석할 수 있을 것이다. 물론 캠페인의 효과와 성공 여부는 캠페인을 시작하기 전부터 목표와 메시지 설계, 캠페인 목적을 둘러싸고 있는 다양한 현안과 환경적 문제 등 생각보다 많은 요인들을 고려해야 한다. 즉, 캠페인 설계 시 고려해야 하는 다양한 수준들을 사전에 점검하는 것이 캠페인 성공 여부를 가늠할 수 있는 중요한 구성 요인이기도 한 것이다.

이병관과 이윤재(2014)의 캠페인 평가와 관련한 연구에서는 결핵 예방 텔레비전 공익광고에 노출된 사람들에 대한 결핵과 관련한 지식, 결핵에 대한 건강신념, 결핵 검진 의도 등에 대해 캠페인 효과를 평가한 결과, 텔레비전 공익광고가 여러 변인들에 긍정적인 영향을 미친 것으로 나타났다. 결핵 예방 캠페인에 노출된 사람들은 그렇지 않은 사람들에 비해 결핵 관련 지식 수준이 높게 나타났으며, 지각된 장애와 자기−효능감 그리고 결핵 검진 의도 등이 더 높게 나타났다.

공공 커뮤니케이션 캠페인에 대한 효과 평가는 구체적인 목표와 목적을 갖고, 그에 맞는 전략이 수립되고, 또 실제 캠페인 실행을 통해 당초 목표가 얼마만큼 어떻게 달성될지에 대한 사전 예측을 짐작할 수 있다. 캠페인 평가에 있어 중요한 점은 캠페인의 효과를 단발적이고 일회성에 그치는 것이 아니라, 지속적으로 평가하고 캠페인을 실행하는 일련의 과정들에 대한 경험을 축적하는 등 사전 예측을 위한 틀을 만들 수 있어야 한다는 점이다.

2) 공공 커뮤니케이션 캠페인의 평가

공공 커뮤니케이션 캠페인에 있어 평가는 반드시 고려되어야 하는 필수적인 요소이다. 평가란 설계, 이행, 커뮤니케이션 중재 등을 이해하기 위한 연구 절차를 체계적으로 적용하는 것인데, 평가 연구는 프로그램이 효과적인지, 목표를 성취하였는지, 또 효율적이었는지 등을 결정한다. 또한 평가는 프로그램이 어떻게 수용자에게 접근하고 그들에게 영향을 주었는지를 파악하는 데 기여한다(백혜진, 2013).

이병관과 이윤재(2014에서 재인용)는 캠페인의 평가와 관련해 실무자가 왜 평가를 중요하게 고려하고 수행해야 하는지에 대해 세 가지로 제시하고 있다.

먼저, 평가는 캠페인의 목표가 성취되었는지에 대한 실무자의 판단을 가능하게 한다. 둘째, 평가는 실행된 캠페인이 어떻게 혹은 왜 성공적이었는가에 대해 실무자와 연구자에게 이해를 제공한다. 이는 향후 캠페인 진행에 있어 성공과 실패를 반복, 피해 감으로써 캠페인의 성공 확률을 높일 수 있다. 마지막으로, 캠페인 평가는 향후 캠페인의 전반적인 계획 수립에 도움을 줄 수 있는 정보를 제공해 준다.

위와 같이 캠페인의 평가는 현재와 미래 캠페인 실행 시 시행착오의 확률을 줄일 수 있는 통찰력을 제공해 줄 것이다. 아마도 가장 중요한 평가의 기능은 캠페인 실무자 혹은 조직에게 캠페인의 목표와 목적을 보다 분명하게 해 주고, 캠페인의 효과와 효율 측면에 있어 미리 예측한 분석 내용을 통해 캠페인을 효과적으로 기획할 수 있게 하는 힘을 제공해 줄 수 있을 것이다. 캠페인 목적과 목표가 명확해지면 목적 달성을 위한 전략의 수립이 용이해지고, 전략에 있어 선택과 집중을 할 수 있도록 해 인력과 예산 등 자원의 투입을 보다 효율적으로 시행할 수 있다. 그럼에도 불구하고 캠페인 평가는 조직과 실무자에게 평가 수행에 지불해야 하는 비용과 시간의 제약, 평가에 대한 실무자의 낮은 인식, 방법론적 한계 등의 다양한 장애가 존재한다.

그렇기 때문에 평가에 대한 실제적인 실행은 국내 공공 캠페인 분야의 경우 많이 부족한 상황이며, 학술적 연구 분야에 있어서도 캠페인 평가를 주제로 한 연구는 소홀히 되고 있는 것이 현실이다.

아무쪼록 공공 캠페인 분야에 종사할 예비 실무자나 현재 관련 분야에 종사하고 있는 실무자는 캠페인 계획을 기획하고 수립할 때부터 캠페인 평가의 중요성을 인지한 후, 캠페인 평가를 설계하는 데 있어 시간과 자원 투입을 아끼지 말아야 한다.

또 실제 캠페인 평가가 얼마나 중요하고 필요한지에 대해 해당 조직이나 부서를 설득하고, 실제 평가가 이루어질 수 있도록 조치해야 한다. 이를 통해 공공 캠페인이 보다 과학적이고 이론에 근거한 전략 수립과 실행으로 '공공의 선'을 실천하는 데 기여하고, 나아가 공공 캠페인 분야가 거듭 발전할 수 있는 기틀을 만드는 데 있어 소홀히 하지 말아야 한다.

5. 공공 커뮤니케이션 캠페인 실행의 딜레마와 미래

공공 커뮤니케이션 캠페인 기획자라면 누구나 한 번쯤은 다음에 소개하는 몇 가지 딜레마에 빠져본 경험이 있을 것이다. 먼저, 현재 일어나고 있는 이 현상을 어떤 이론적 관점에서 접근해야 캠페인을 성공적으로 이끌 수 있을 것인가 하는 근원적 의문이 있었을 것이다. 또 하나, 캠페인 기획과 실행이 목표공중의 인지·정서·행동적 변화를 기대처럼 순차적으로 일으켜 준다면 더할 나위 없이 좋겠지만, 과연 복잡한 현실 세계에서 그것이 가능할까 하는 비관적 의문도 들었을 것이다. 그리고 아직 공공 캠페인에 대한 전략적 기획과 지원이 활발하지 않은 현실에서 기획자가 겪어야 하는 유무형의 한계 상황도 경험해 봤을 것이다. 예컨대, 시간, 예산 부족 같은 물리적인 장애는 물론이고, 많이 완화되긴 했지만 전통 언론 중심의(또는 전통 언론을 선호하는) 미디어(또는 조직 내부의) 환경, 그리고 기획·평가의 전문성 부족과 조직—공중의 거버넌스 부재 등과 같은 구조적인 한계들도 기획자가 경험하는 난관들 중 하나이다.

이번 절에서는 공공 커뮤니케이션 캠페인 현장에서 부딪히게 되는 환경적 문제점과 최근의 변화 흐름을 짚어 보고, '공공의 선'을 목적으로 앞으로 더욱 발전해 나갈 공공 캠페인 기획과 실행 과정에서 견지해야 할 몇 가지 커뮤니케이션 원칙에 대해 고찰해 보고자 한다.

1) 설득의 여정과 '이론'이라는 나침반

한 가지 공익적 주제를 갖고 공중의 태도와 행동을 변화시키는 과정에는 생각보다 복잡한 문제들로 가득하다. 자궁경부암 백신을 도입해 어린 청소년의 암 면역을 키우려는 보건 당국의 건강 캠페인을 예로 들어 보자. 우선 자녀의 백신 접종을 결정하는 보호자의 순응 동기를 높이기 위해 자궁경부암의 심각성을 알려야 하고, 한편으로는 한창 예민한 여학생들의 주사에 대한 공포감을 낮춰야 한다. 아울러 예방 접종이 보호자와 동행이 필요한 의료 행위이기 때문에 결손 가정 등 취약 계층에 대한 사회적 지지와 관심을 이끌어 내는 메시지가 필요하며, 백신 부작용을 강조하는 안티 그룹과는 갈등 관리 활동도 동시에 이루어져야 한다.

캠페인 기획자는 바람직한 행동을 견인하는 과정에서 발생하는 많은 공중의 지식과 태도의 문제점, 구조적·돌발적 상황의 장애 요인을 발견하고 해결해야 한다. 공중과의 긴 설득의 여정에 이제까지 연구된 많은 사회심리 그리고 행동 변화 이론들이 장애 요인을 확인하고 극복 가능한 전략을 제공하는 데 도움을 주고 있다. 예컨대, 건강 행동 변화의 대표 이론인 건강신념 모형(Health belief model)에서 제안하고 있는 질병에 대한 지각된 위협 인식(perceived threat)을 높이고 그 위협을 감소할 수 있는 행동에 대해 혜택(perceived benefits)을 충분히 알리는 캠페인을 설계한다면, 목표공중의 태도와 행동 변화를 이끌어 내는 데 효과를 기대할 수 있다(이병관 외, 2008). 또한 합리적 행동 이론(Theory of reasoned action)과 계획된 행동 이론(Theory of planned behavior)을 적용해 저명한 의료인이나 암에 걸린 환자가 등장하는 캠페인으로 주관적 규범(subjective norm)을 높이는 전략을 활용할 수도 있고, 예방 접종을 망설이는 공중의 지각된 통제감(perceived behavior control)을 측정해 장애를 제거하는 정책 개발도 추진해 갈 수 있을 것이다. 또 보건 당국의 백신 정책의 긍정적 측면을 선제적으로 미디어에 노출해 사회적 의제설정(agenda setting)을 이끌 수 있고, 미디어와 언론을 통해 백신에 대한 거부 움직임을 '무책임한 방임'이라는 식으로 틀 짓기(프레이밍 framing)를 해 부정적 견해를 약화시키는 전략 추진도 가능하다. 이렇듯 사회과학 이론은 캠페인의 다양한 문제점을 발견하고 그 해법의 좌표를 설정해 주는 귀한 역할을 담당한다.

하지만 각각의 이론은 각자 매우 특정한 관심사로부터 출발해 제한적인 연구 절차와 틀 안에서 검증·발전해 왔기 때문에 현실 적용의 범위 역시 제한적일 수밖에 없는 경우가 많다. 한 가지 사회 이슈 안에도 다양한 차원(문화, 지식, 태도, 행동의 수준 차이 등)의 이해관계자가 존재하며, 통제될 수 없는 현실적 문제점을 고려해서 추진돼야 하는 공공 캠페인에 특정한 하나의 이론을 적용할 경우(또는 특정 이론을 검증하기 위해 실행할 경우), 결과적으로 많은 현실적 측면을 외면하게 되거나 이슈 전반에 대한 통찰력이 흐려지는 우를 범할 수 있다. 캠페인 기획자의 역할은 캠페인의 능률화를 위해 가능한 한 많은 커뮤니케이션 방법론을 결합하는 것이므로, 그들이 한 가지 이론을 좇아 캠페인을 설계하기 어려운 이유가 여기에 있다.

이런 까닭에 일부 사회심리학자들도 각각의 이론들이 실제 현실의 문제들처럼 복잡하게 통합되지 않고 서로의 변인을 대체하지 못하는 이유를 들어, 공공 캠페인 기획과 평가에 있어 계획 전/후, 준비, 행동 등의 각 단계별로 적합한 각각의 이론을 적용하는 '변화의 단계 모형(Stages of change model)'이 효과적이라 제안하기도 했다(홍종필, 2006에서 재인용).

타인에게 영향을 미치고자 하는 모든 과정을 우리는 설득이라 부른다. 그것이 사익의 추구이건 공익의 실현이건 설득의 과정을 거치지 않고는 타인의 태도와 행동을 변화시키기 어렵다. 그 설득의 길은 사람의 수만큼이나 다양할지 모르겠지만, 최고의 캠페인 효과를 거두는 방법은 결국 성공의 가능성을 높이고 실패의 확률을 낮추는 것이다. 실전의 경험과 기지로 캠페인을 이끌 수 없는 것은 아니지만, 이론적 토대가 없는 실행은 사상누각에 불과하다. 인과관계를 밝히고, 현실의 문제점을 가정과 가설을 통해 예측하고, 그것을 검증해 보았을 때만이 실패 확률을 낮출 수 있다. 하나의 이론이 목표타깃의 행동을 모두 설명해 준다면 더 없이 좋겠지만, 그런 이론이 존재하지 않는다면 방법은 하나뿐이다. 결국 다양한 이론을 경험하고 복잡한 현실에 여러 이론을 스스로 접목하는 것. 나침반이 없이도 길을 나설 수는 있지만, 목적지를 찾고 싶은 자는 이론의 나침반을 반드시 준비해야 한다.

2) 이슈의 소비자 vs 거버넌스의 주체

공공 커뮤니케이션 캠페인이 다른 사회적 문제해결의 수단(법, 제도 등)과 가장 큰 차이가 있는 점은, 바람직한 결과 도출을 위해 강제적인 수단이 아닌 커뮤니케이션 기법을 활용한다는 점이다. 공공 커뮤니케이션 캠페인 정의에서도 언급하였지만 일부 기업의 사회 공헌 활동과 시민사회단체가 정책 변화를 이끌기 위해 주도하는 공공의지 변화 캠페인 일부를 제외한다면, 대부분의 공공 캠페인의 주체는 정부이다.

정부의 공공 커뮤니케이션 캠페인을 알아보기 위해서는 정부 PR을 먼저 살펴볼 필요가 있는데, 방정배와 최윤희(1989)는 정부 PR 수행 이유를 다음 세 가지로 꼽았다. 국가의 관심사로부터 국민을 계몽시키고자 하는 '국민 의식 관리'의 목적, 또 보편적인 이익의 관점에서 개인의 권익의 후퇴를 유도해 혼란스러운 충돌을 조정하려는 측면인 '사회 통합' 목적, 그리고 국민이 자발적으로 정부 시책과 결정에 동의해 참여하도록 하는 '권위의 획득'이 정부 PR의 목적이라고 언급하고 있다(한미정 외, 2005에서 재인용). 다분히 공급자 중심의 일방향적이고, 권위적인 느낌을 들게 하는 이 평가로부터 30년 가까이 지난 지금은 과연 어떤 목적을 갖고 캠페인이 실행되고 있을까.

실제로 해방 이후부터 2000대 초반까지 정부에서 추진된 공익광고를 Hunt & Grunig 이 제안한 PR 발전 4 모델의 틀에 대입해 분석한 한미정과 동료(2005)의 연구를 살펴보면, 정부 주도의 일방적이고 불균형적인 커뮤니케이션 흐름은 시간이 흘렀지만 큰 변화가 없는 것으로 밝혀졌다. 1960년대 이후 정부 주도 캠페인은 정부 시책에 대한 일방적 '선전'과 단순 '정보 확산'이 주를 이루었으며, 이러한 경향은 1980년대까지 지속된 것으로 나타났다. 1980년대 이후에서야 비로소 수용자의 태도나 행동에 관심을 갖는 '과학적 설득' 목적의 캠페인이 증가했지만, 이때도 조직과 공중 간의 상호 이해를 목적으로 하는 캠페인은 찾아보기 힘들었다. 1990년대와 2000년대 초반까지 공중을 사회문제해결의 동반자로 인식하고 권한을 부여하는 쌍방향 균형 캠페인은 전체 공공 캠페인에서 7%에도 미치지 못하는 것으로 조사됐다.

국내에서 실행된 공공 캠페인을 공익광고에만 국한해 분석한 것이 일부 제한점이 있긴 하지만, 과거 관 주도의 공공 캠페인이 조직과 공중의 균형 잡힌 소통에 초점이 맞춰지기보다는 통치 전략을 강화하고 국민 계몽의 목적으로 일방적 전달에 집중됐다는 점에 큰 이견이 없을 것이다. 과거를 답습하는 캠페인 방식으로는 현재의 복잡한 공공문제를 개선하고, 성숙한 시민사회의 에너지를 받아 안을 수 없다.

공중은 이제 단순히 '이슈의 소비자' 또는 '사회적 집합체'로서만 머물지 않는다. 네트워크의 연결과 시민 의식의 성숙은 과거 선전과 계몽의 대상에서 이제는 정부기관과 사회적 의제를 공동으로 점유하며, 때로는 캠페인의 기획과 확산을 주체적으로 이끌어 가는 수준으로까지 성장하였다. 일례로, 2016년 겨울 광화문을 달군 힘은 사회 변화에 있어 법과 제도의 영향력을 능가하는 공중의 자발적 행동이 가진 영향력을 극적으로 보여 준 일대 사건이라 하겠다. 다가올 미래 사회의 상충되는 갈등을 중재하고, 언제일지는 모르지만 반드시 다가오고야 말 환경, 건강, 양극화의 난제는 정부와 시장 그리고 시민사회의 협력이 아니면 풀어내기가 불가능한 상황에 처해 있다.

결국 공공 커뮤니케이션 캠페인의 이론적 모형과 실천의 본질적 방향은 협력·협치를 뜻하는 '거버넌스(governance)'를 지원하는 쪽으로 움직여 갈 것이다. 캠페인을 기획하고 실행하는 연구자와 실무자는 변화한 공중의 위상을 바로 인식해야 한다. 그리고 거버넌스를 통해 공중의 자발적 참여를 담보하고 지속성과 확산성을 높이는 방안에 대해 깊은 고민의 시간이 필요해졌다.

3) 미디어의 한계 vs 한계를 극복하는 미디어

공공 커뮤니케이션 캠페인은 일반적으로 공공의 이익 증진을 추구하는 정부 또는 단체들에 의해 실행되는 특징을 갖고 있고, 그 대상 역시 한 사회의 모든 구성원들을 포괄하기 때문에 광범위한 미디어 커버리지를 갖고 있는 매스 미디어 전략이 주로 구사된다. 매스 미디어를 활용한 전략은 다양한 계층의 공중들에게 공익광고나 설득적 메시지를 전달하는 데 큰 효과를 갖고 있지만, 동시에 엄청난 미디어 예산을 필요로 한다.

김재영(2009)은 공공 캠페인의 목적 달성에 가장 걸림돌이 되는 것은 미디어 활용의 제약에 있다고 주장한 바 있다. 물론 방송, 신문, 잡지, 인터넷, 모바일, 극장, 지하철 동영상 등의 다양한 미디어를 국가 예산 또는 공적 자금으로 구매해 미디어 전략을 수립할 수 있지만, 일반 기업의 상업 캠페인과는 비교할 수 없을 정도로 예산이 빈약하기 때문에 그 효율성을 장담할 수 없을 지경이라 밝히기도 했다. "Money talks"이라는 영어 표현이 있듯, 실제로 대부분의 공공 캠페인 기획자들이 미디어 구매 상황에서 공통적으로 느끼는 한계가 바로 그것이다. 공공 캠페인 실행에서 집행할 수 있는 예산은 늘 한정적이기 때문에, 그 범위 내에서 미디어 계획을 수립할 경우 실제로는 효과를 거의 기대할 수 없는 경우가 허다하다. 이는 법령 개정 등 강제적 조정 외에는 극복하기 어려운 구조적인 문제다. 미디어렙 혹은 신문·방송·인터넷 등 민영 미디어사에서 공익적 주제의 캠페인에 시간과 지면을 할애하는 정도가 해법이 될 수 있으나, 시장의 경쟁 심화로 자발적인 참여를 기대하기는 어려운 상황이다. 이 부분은 제도적 보완이 필요한 지점이라 하겠다. 미디어 커버리지 한계를 극복하는 방법은 모든 캠페인 기획자가 찾고 있는 숙제 중 하나인데, 독창적이고 화제성 있는 콘텐츠의 개발과 인터넷, 소셜 네크워크 서비스(SNS)를 통한 바이럴 확산, 대외 협력 채널의 활용 등이 미디어 활용의 한계를 보완해 주는 전략의 하나로 활용되고 있다.

또 다른 측면에서 미디어 활용의 한계점이 발견되기도 한다. 공공 커뮤니케이션 캠페인을 추진하는 한 축인 정부기관의 미디어 인식과 방송, 신문 중심의 전통 언론에 커뮤니케이션을 의존하는 현상이 바로 그것이다. 전통 언론이 여론을 형성하고 확산하는 데 중추적 역할을 담당하는 것은 맞지만, 최근 미디어 기술의 발달과 모바일 보급은 공중을 이슈의 소비자에서 더 나아가 정보와 이슈를 확산하는 주체로서 기능하게 만들었다. 그렇지만 정부기관의 미디어 활용의 관심은 여전히 언론 대응 수준에 머물러 있고, 대부분의 캠페인 예산도 전통 미디어 집행에 쏠려 있다. 최근의 사회적 이슈는 과거보다 빠르고, 광범위하게 확산하며, 이해관계자도 다양해졌다. 언론이라는 플랫폼을 거쳐 간접적으로 의제를 전달해서는 늦고 만다. 모바일의 '이동성'과 인터넷의 '개방성'을 공공 커뮤니케이션 캠페인에 접목해 조직과 공중 간에 제약 없는 커뮤니케이션이 가능하도록 관련 기능과 전문성을 키워야 할 시기이다.

불과 얼마 전까지는 정부기관에서 공공의제를 만들고, 몇몇 언론의 힘으로 여론을 형성해 캠페인을 추진하던 시대였다. 미디어의 힘을 빌리지 않고는 공중에 접근할 수도, 설득할 수도 없었지만 이제 그 한계가 무너지고 있다. 그리고 최근에는 빅 데이터와 인공지능(AI) 같은 미래 기술의 접목으로 커뮤니케이션과 과학기술 간의 경계도 의미가 없어졌다.

사회적 문제의 원인과 예측이 과학적으로 가능하고 미디어의 한계를 극복할 수 있는 뉴 미디어의 등장은, '공공의 이익 증진'이라는 캠페인의 궁극적 목표 달성을 지원하는 새로운 원동력으로 작용할 것이라 기대된다.

참고문헌

김병희(2016). 공익광고의 정석. 서울: 커뮤니케이션북스.

김성훈, 양병화(2005). 사회마케팅과 공익광고캠페인. 서울: 커뮤니케이션북스.

김재영(2009). 공익캠페인의 현재와 미래.

김재휘, 김희연, 부수현(2012). 소셜 미디어를 활용한 공공 캠페인 커뮤니케이션 전략: 해석수준 이론에 따른 메시지 구성과 미디어에 대한 사회적 거리를 중심으로. 광고학연구: 제23권 1호 (2012년).

박기순, 박정순, 최윤희(2004). 현대 PR이론과 실제. 서울: 커뮤니케이션북스.

백혜진, 이혜규(2013). 헬스커뮤니케이션의 메시지·수용자·미디어 전략. 서울: 커뮤니케이션북스.

백혜진 역(2015). 공공 커뮤니케이션 캠페인. 서울: 커뮤니케이션북스.

백혜진(2013). 소셜 마케팅. 서울: 커뮤니케이션북스.

보건복지부(2010). 보건복지인을 위한 실전 홍보 길라잡이 Love Me 정책홍보. 보건복지부.

안보섭, 임시우(2012). 공공 커뮤니케이션 캠페인 유형에 따른 홍보대사 속성이 수용자 태도에 미치는 영향. 광고연구, 2012년 겨울 95호, 283-317.

이미나(2015). 공공 커뮤니케이션 매체로서 OOH미디어의 활용 방안에 관한 연구. 옥외광고학연구: 제12권 1호.

이병관, 오현정, 신경아, 고재영(2008). 행위단서로서 미디어 캠페인이 인플루엔자 예방행동에 미치는 영향. 한국광고홍보학보, 제10권 4호, 108.

이병관, 이윤재(2014). 결핵 예방을 위한 텔레비전 공익 캠페인의 효과. 한국언론학보, 58권 4호 (2014년 8월), 158.

한미정, 이영애, 김현정(2005). 해방이후 공익광고를 통해 본 공공 캠페인 이슈 변천에 관한 분석. 한국광고홍보학보, 제7권 1호, 239-275.

한정호, 김병희 외(2014). PR학 원론. 서울: 커뮤니케이션북스.

홍종필(2006). 공공 커뮤니케이션 캠페인 설계의 과학적 접근: 미디어 효과, 설득 및 행동변화 이론의 통합화 모형의 활용. 한국심리학회지:소비자 · 광고, Vol. 7. No. 2, 249-276.

황성욱, 조윤용(2014). 문화를 활용한 정부의 공공 캠페인 확산 전략. *Journal of Public Relations, Vol. 18, No. 3*, Aug, 2014, 241-273.

Kim, I. S. (2001). Situational theory: Sexual harrassment campaign, *Journal of Public Relations,* 5(1), 62-84.

Kwon, J. (2002). Positioning the social problems carried on PSA(Public Service Advertising), *The Korean Journal of Advertising, 13*(4), 309-334.

Lee, S. B. (2003). An exploratory study on the public campaign for educational reform, *Journal of Public Relations, 7*(1), 143-173.

Rogers, E. M., & Storey, J. D. (1987). The handbook of communication science. In M. E. Roloff, C. R. Berger & D. R. Roskos-Ewoldsen(Eds.), *Communication Campaigns*(pp. 419-445). Newbury Park, CA: Sage.

Witte, K. (1995). Generating effective risk messages: How scary should your communication be? In B. R. Burleson(Ed.), *Communication yearbook Vol. 18*(pp. 229-254). Newbury Park, CA: Sage.

Witte, K. & Allen, M. (2000). A meta-analyis of fear apperls: Implications for effective public health campaigns. *Health education and Behvior, 27,* 591-615.

광고매체와 매체 기획

　매체의 특징이나 발전, 새로운 미디어 패러다임 등을 논할 때 많이 인용되는 것이 "매체는 메시지이다"라는 문장이다. 이 말은 캐나다의 미디어 이론가이자 문화 비평가인 마샬 맥루한(Marshall McLuhan)이 1964년에 저서『미디어의 이해(Understanding media)』에서 언급한 것이다. 이것은 '매체의 영향력'을 강조한 말이다. 매체는 단순히 메시지를 전달하는 도구로서의 역할에만 그치는 것이 아니라, 매체 자체가 메시지의 의미나 효과에 영향을 미칠 수 있다. 각각의 매체는 다른 매체로는 해낼 수 없는 독특한 특성과 고유한 기능 등이 있기 때문이다. 똑같은 메시지라고 할지라도 어떤 매체를 선택하느냐에 따라서 광고 표현이 달라지고, 소비자에게 전달되는 의미와 영향력도 다르게 나타날 수 있다. 그러므로 매체를 통해서 소비자에게 광고 메시지를 효과적으로 전달하고 싶다면, 무엇보다도 광고매체 자체와 특성 등에 대해서 이해할 필요가 있다.

* 김상준 사단법인 한국광고연구소 소장, 정차숙 서울여자대학교 언론영상학부 초빙교수

1. 광고매체의 개념

매체(media)의 어원은 라틴어 'midius'로서, 의미는 '중간(middle)' '중간에 있는 것'이다. 실제로 매체는 두 개 이상의 대상들 사이에 위치하면서 중간 촉매 역할, 중개 역할을 한다. 그리고 광고매체(advertising media)란 "광고주의 광고를 소비자에게 전달해 주는 도구"를 말한다. TV, 라디오, 신문, 잡지 등이 이에 해당한다. 이화자(2009)는 "광고주가 소비자에게 광고를 전달하기 위해 사용하는 매개체"라고 정의했고, 이경렬(2016)은 "광고주와 잠재 고객들 사이에서 중개의 역할을 하는 것"이라고 했다.

정의에서 짐작할 수 있듯이 광고매체의 역할은 광고를 표적청중(target audience, 목표청중)에게 노출 또는 전달하는 것이다. 광고가 아무리 창의적이라고 할지라도, 소비자에게 광고를 전달하지 않는다면 아무런 효과도 발생시킬 수 없다. 광고매체의 중요성으로, 첫째, 광고 효과 증대를 들 수 있다. 동일한 광고 메시지라 할지라도, 어떤 매체를 통해 소비자에게 전달하느냐에 따라 광고 효과가 상이하다. 매체의 특성, 매체 종류, 소비자의 매체 환경 등을 잘 고려한 광고물은 광고 효과가 높다. 둘째, 광고비를 절감할수 있다. 광고비의 대부분은 매체 비용이다. 매체 목표, 매체 예산, 매체 전략 및 전술 등을 합리적·과학적으로 수립하고 집행할 경우 광고 예산의 낭비를 막고, 비용 절감, 광고비 효율성을 극대화할 수 있다. 하지만 광고주, 광고회사가 합리적인 매체 기획 없이 충동적으로 매체를 구매해서 광고를 집행한다면 많은 광고비를 낭비하게 된다.

2. 광고매체의 종류[1]

주요 광고매체로 인쇄매체, 방송매체, 뉴 미디어를 꼽을 수 있다. 인쇄매체(printed

---

[1] 김운한, 정차숙(2016)의 『광고 크리에이티브』 중 '방송매체, 인쇄매체, 디지털 미디어와 크리에이티브'의 내용을 정리 및 발전시킨 것임.

media)란 광고주의 광고를 종이 등에 인쇄하여 소비자에게 전달하는 매체를 말한다. 신문이나 잡지, 카탈로그, 팸플릿 등이 이에 해당하며, 초기의 광고에서는 인쇄매체를 주로 사용하였다. 방송매체(broadcasting media)는 전파매체라고도 부르며, 광고주의 광고를 공중파나 위성신호와 같은 전파를 이용하여 소비자에게 전달하는 매체이다. 라디오나 TV 등이 방송매체에 속한다. 제2차 세계대전 이후 라디오와 TV의 보급이 확대되면서 인쇄매체를 제치고 중요한 광고매체가 되었다. 인쇄매체가 시각적 메시지만 전달이 가능했다면, 방송매체는 시각적 메시지뿐만 아니라 청각적 메시지와 동적인 영상 등까지 전달이 가능하여 광고 효과가 높았기 때문이다. 뉴 미디어(new media)는 단어 의미 그대로 새로운 전달매체를 말한다. 기존의 매체와는 다른, 새로운 특징을 지닌 미디어이다. 일본통상성은 "정보의 수집과 작성, 정보의 처리와 가공, 정보의 전송, 정보의 이용 가운데의 하나 또는 여러 부문에 혁신적인 변화를 가져온 미디어"라고 정의하였다. 뉴 미디어에는 모바일, 인터넷, 위성 방송, IPTV 등이 속한다.

이 중 신문, 잡지, TV, 라디오를 전통적인 4대 매체(Above The Line: ATL)라고 부른다. 인쇄매체 중에서 신문과 잡지를, 방송매체 가운데 TV와 라디오를, 그리고 뉴 미디어 중에서 인터넷에 대해 자세히 살펴보겠다.

1) 인쇄매체

(1) 신문매체

신문(newspaper media)은 가장 오랫동안 우리 사회의 중심적인 언론매체이자, 총광고비에서 2000년까지 1위를 차지했던 대표적인 광고매체이다. 새로운 매체의 등장과 인터넷 포털 사이트의 뉴스 콘텐츠 공급, 스마트폰 이용률의 증가 등으로 인해 독자 수 및 정기구독률, 매체 이용률이 감소했으며, 특히 젊은 층이 격감하여 독자 고령화 현상이 나타나고 있다. 광고주 이탈과 광고 수익의 감소에 따라 신문의 이윤이 하락했고, 광고매체로서도 위상이 많이 추락했다.

하지만 뉴스 콘텐츠 생산과 심층적인 보도 측면에서는 여전히 중요한 조직으로 저력이 유지되고 있다. 신문매체는 잡지처럼 전문화, 심층화를 통해 차별화를 시도하고, 주제별로 전문화된 섹션을 발행하며, 독자의 피드백 체제 강화, 변형 광고를 통한 광고주 유치, 인터넷, 모바일 같은 타 매체 이용 등을 통해 위기를 극복하고 새로운 활로를 적극 모색하고 있다.

① 신문매체의 장점

신문매체의 장점으로, 첫째, 정보성을 들 수 있다. 신문은 정보매체로, 제품과 브랜드, 기업 등에 대해 자세하고 심층적인 정보를 제공할 수 있다. 각종 자료와 근거를 제시하여 소비자를 이성적·논리적으로 설득할 수 있다. 이 때문에 고관여 이성적 제품의 광고매체로 적합하다. 또한 신문매체는 TV, 라디오매체와 달리 시간의 제한이 없다. 즉, 소비자가 원할 때까지 계속 볼 수 있기 때문에 자세한 정보를 싣는 것이 가능하다. 신문은 자세한 정보를 제공할 수 있다는 것이 방송매체와의 큰 차이점이자 가장 큰 장점이다.

둘째, 신문매체는 신뢰성이 있다. 신문은 우리 사회에서 오랫동안 보도의 기능을 담당했고 교양 및 시사의 기능 등을 수행해 오면서, 공신력 높은 매체로 인정을 받았다. 신문은 인터넷, 모바일매체보다 권위나 신뢰성이 더 부여되는 경향이 있다. 아울러 신문에 대한 신뢰도가 광고로도 전이되어, 신문광고도 신뢰성을 확보할 수 있다.

셋째, 안전성이 있다. 신문은 가장 계획적이고 안정적인 매체이다. 신문 독자의 대다수가 정기 구독자이고, 지역별 배달 부수나 배포 지역 등이 비교적 명확하다. 이로 인해 지역에 따라 안전하고 계획적으로 광고 계획을 수립 및 집행할 수 있다.

넷째, 기록성 및 보존성의 장점이 있다. 신문은 상세한 정보를 제공하는 동시에, 이를 기록하고 보존할 수 있다. TV 등의 방송매체는 전파를 이용하기 때문에 순간적으로 스쳐 지나가거나 다시 보기가 불편하다. 신문은 전파를 이용하는 것이 아니라 종이에 인쇄되고 문자를 매개로 한다는 매체의 특성상, 한 번 보고 사라지는 것이 아니고 자연스럽게 광고나 정보를 기록, 보존하는 것이 가능하다. 신문을 보관하거나 필요한 정보를 스크랩하면, 소비자가 마음대로 원할 때까지 반복해서 광고를 볼 수 있다.

다섯째, 신문매체는 시의성이 있다. 시점성, 즉시성이라고도 한다. 신문은 일정 간격을 두고 정기적으로 발행되는 매체이다(정기성). 따라서 타이밍에 맞는 즉각적인 광고를 집행할 수 있다. 보통 매일 발행이 되기 때문에 특정 일이나 사건, 이벤트 등에 맞는 정확한 시점 광고가 가능하고, 시점성과 속보성을 살린 표현이 가능하다. 시즌에 맞춘 세일 광고, 특정 일에 맞춘 판촉 행사 광고, 사과 광고, 의견 광고도 가능하다.

여섯째, 다양성이 있다. 우선, 신문은 다양한 지면을 가지고 있다. 신문의 정치, 경제, 사회 등 다양한 지면에 알맞게 다양한 내용의 광고를 배치할 수 있다. 기사와 관련된 광고를 게재해서 시너지 효과, 광고 효과를 증대할 수 있다. 다음, 다양한 형태의 광고가 가능하다. 신문은 변형 광고를 집행할 수 있는데, 변형 광고란 전형적인 신문광고의 형태를 탈피한 광고를 말한다. 보통 신문광고는 기사 아래 부분에 배치되는 것이 일반적이다. 이러한 룰을 깨고 광고 목적에 맞게 광고의 위치나 형태, 크기, 색상 등을 다양하게 변형하는 것이 가능하다. 변형 광고의 장점은 소비자들의 주의를 잘 끌고, 흥미나 관심을 효과적으로 유발할 수 있다는 것이다.

일곱째, 융통성 및 편리성이 있다. 신문은 광고 목표에 따라 광고 게재 면이나 횟수, 집행 날짜 등을 유연하게 조정할 수 있다. TV매체에 비해 편리하게 이용할 수 있기 때문에, 예산에 따른 광고 효과를 높일 수 있다. 광고 제작비가 상대적으로 저렴하고, 단시간 내에 광고 제작을 완료할 수 있으며, 돌발적인 상황, 사건에 신속하게 대처가 가능하기 때문에 융통성이 있다.

여덟째, 넓은 노출 범위의 장점이 있다. 신문은 높은 보급률로 인해 전국적으로 다양한 독자층에게 도달한다. 광범위한 도달 범위로, 광고 역시 노출할 수 있는 범위가 매우 넓다.

② 신문매체의 단점

신문의 단점으로 짧은 수명을 꼽을 수 있다. 지난 신문을 다시 읽는 독자는 드물다. 신문광고의 수명도 사실상 하루에 불과하여, 하루가 지나고 나면 광고가 읽혀질 가능성이 떨어진다. 소비자가 광고를 따로 스크랩하고 보관을 하지 않는 이상, 광고 효과가 사라진다. 잡지매체에 비해 회독률이 낮다는 것도 짧은 수명에 일조한다. 회독률은 신문 등을 돌려 읽는 비율을 말하는데, 회독률이 높을수록 매체 수명도 길어지고, 발행 부수보다 더 많은 독자들이 보기 때문에 광고 효과도 높아진다.

신문매체는 품질이 낮다는 문제점이 있다. 잡지에 비해 용지의 품질이 안 좋고, 인쇄 품질과 선명도도 나쁘다. 이로 인해 색깔을 정밀하고 아름답게 구현하기가 어렵고, 이미지나 분위기를 생생하게 전달할 수 없다. 실제 제품 그대로의 느낌, 질감을 살리지 못한다. 전반적으로 잡지광고에 비해서 완성도가 떨어지며, 화장품이나 보석, 음식, 의상 등 선명한 컬러를 제시해야 하는 제품의 광고에 적합하지 못하다.

또한 수용자 세분화가 어렵다. 신문은 잡지에 비해서 소비자 세분화가 어렵다. 자사 제품의 메인 타깃(main target)뿐만 아니라 다른 소비자들에게도 광고가 함께 전달되어 광고 비용이 낭비된다. 즉, 신문매체는 특정 소비자에게만 메시지를 전달하는 선별적 능력 면에서 취약하다.

클러터(clutter)가 심하다. 신문기사뿐만 아니라 광고가 너무 많이 실려 있어서 광고 클러터 현상이 심하다는 단점이 있다. 클러터는 클러터링(cluttering)이라고도 하며 '혼잡도'를 뜻한다. 소비자의 주의 집중을 방해하는 메시지의 혼잡 상태이다. 오늘날은 다매체, 다채널로 인해 소비자를 둘러싸고 있는 정보가 갈수록 증가하고 광고들의 경쟁도 치열해져서, 소비자의 주의 집중을 혼란시켜 메시지 전달을 방해하는 클러터 현상이 심화되었다. 신문매체는 각종 기사와 수많은 광고들로 인해 혼잡 현상이 심한데, 이로 인해 소비자들은 광고에 부정적인 태도를 갖게 되고 광고를 회피하게 되어서, 결국 개별 광고의 효과가 저하된다.

일부 집단에게는 노출될 가능성이 낮다. 신문광고는 문자 해독이 가능한 사람에게만 도달한다. 글을 읽지 못하는 문맹자 등에게는 광고가 제대로 도달하지 않을 수 있다. 또한 신문은 갈수록 독자 연령층이 고령화되고 있어서, 신문을 잘 읽지 않는 젊은층에게는 신문광고가 잘 도달하지 않는다는 단점이 있다.

신문매체는 시각적 요소만 이용 가능하다. 청각적 메시지나 역동적인 영상을 제시할 수 없으므로 광고 표현 방법에 한계가 있다. 전반적으로 주목도가 떨어져 광고 효과가 저하된다는 문제가 있다.

(2) 잡지매체

잡지매체(magazine media)는 1980년 언론 통폐합으로 위축되었다가, 1987년 6 · 29 선언 이후 언론 자유화의 바람을 타고 활발한 창간 붐을 이루면서 활성화되었다. 1997년 외환 위기 이후에는 독자 수 감소, 제작비 상승 등으로 광고 수입이 급감했다. 상당수의 잡지가 휴간, 폐간되면서 광고매체로서 위상이 흔들렸으나, 2000년대에 들어서 회복되었다.

잡지는 세분화 및 전문화되는 경향이 있다. 과거에는 대중 교양지(종합지)적인 성격이 강했는데, 사회와 독자의 관심 등이 갈수록 세분화됨에 따라 특정 연령, 성별, 취미 등이 공통된 소수 집단을 대상으로 전문화(세부 전문지)되었다. 예를 들어, 여성지의 경우 과거에는 주부지, 미혼지로만 단순 분류되었으나, 현재는 요리, 패션, 육아, 리빙, 뷰티 등으로 보다 세분화, 전문화되었다.

① 잡지매체의 장점

잡지매체의 장점으로, 첫째, 수용자 세분화가 가능하다는 점을 들 수 있다. 소비자 선택성, 선별성이 높은 매체라서, 대부분의 잡지가 세분화된 특정 독자층을 가지고 있다. 잡지는 공통의 라이프 스타일을 띤 세분화된 계층을 독자로 확보하여, 그 특정 독자층에게 배포된다. 비록 신문에 비해 도달 범위는 협소하지만, 보다 구매력과 구매 가능성이 높은 독자에게 배포된다. 잡지는 인구통계학적(demographic), 심리학적(psychographics) 세분화가 되어 있기 때문에 자사 제품의 소비자에게 맞는 광고를 집행할 수 있어서 광고비 대비 광고 효과가 높다. 잡지매체는 특정 계층에 광고를 노출시켜야 할 때 매우 유용한 매체이다.

둘째, 신뢰성이 있다. 잡지는 우리 사회의 사건, 사고 등에 대한 정보를 제공하고, 해설을 해 주며, 대처 방안, 해결 방안 등을 제시하기 때문에, 소비자들은 잡지에 대해 신뢰성을 갖고 있다. 특정 잡지를 정기 구독하는 사람들은 이미 그 잡지 자체를 신뢰하고 믿는 경향이 크다. 이러한 잡지의 신뢰성과 권위는 광고로도 전이된다.

셋째, 잡지는 표현성이 좋다. 신문매체에 비해 종이 질이 좋고, 다색 인쇄가 가능하며, 인쇄 품질이 뛰어나다. 따라서 실제 제품 그대로의 느낌이나 질감을 살릴 수 있고, 분위기, 이미지를 생생하게 전달할 수 있다. 무드 광고나 선명한 컬러를 제시해야 하는 화장품, 의류, 보석, 음식 등의 광고에 적합하다.

넷째, 긴 생명력도 잡지매체의 장점으로 꼽을 수 있다. 잡지는 긴 발행 간격, 보존성, 회독률 때문에 매체 생명력이 길다. 우선, 잡지매체는 주간, 월간, 계간 등 신문에 비해 발행 간격이 길어서 다음 호가 나올 때까지 매체 생명력을 유지한다. 이로 인해 소비자는 비교적 오랫동안 반복적으로 광고를 볼 수 있다. 다음, 잡지는 보존성이 있어서 버리지만 않으면 반영구적이다. 보관이 가능하기 때문에 소비자는 필요할 때, 원할 때 반복해서 광고를 접할 수 있다. 마지막으로, 잡지의 회독률도 생명력을 높이는 데 한몫을 한다. 회독률이란 잡지 등을 같은 기호, 취향의 독자가 돌려 읽는 비율을 말한다. 잡지는 혼자만 보고 버리는 것이 아니라 여러 사람들이 돌려 보며 읽을 수 있기 때문에, 원래 발행 부수보다 더 많은 사람들에게 노출되고 매체 생명력도 길어질 가능성이 높다.

다섯째, 다양성이 있다. 잡지매체는 다양한 길이, 여러 색채, 독창적인 기법 등 폭넓은 광고 방식이 가능하다. 광고 지면을 접어서 소비자의 주의를 끌 수 있고, 향기를 첨가할 수 있으며, 북마크 또는 필름 등을 부착할 수 있고, 샘플(화장품, 벽지, 차 티백 등)을 얇게 처리하여 광고에 부착, 배포할 수도 있다. 다양한 형식의 광고가 가능하기 때문에 설득력을 높일 수 있다.

여섯째, 잡지는 통합성의 장점이 있다. 잡지사들이 운영하는 웹사이트나 오프라인 이벤트 등과 잡지광고를 연계하여 프로모션을 통합적으로 집행할 수 있다. 이를 통해 광고주에게 입소문 유발, 광고 확산, 경제적 이윤 등의 혜택을 제공할 수 있다.

② 잡지매체의 단점

잡지는 클러터(clutter)가 심하다. 페이지 수가 많으며, 광고 지면이 한두 섹션에 집중적으로 몰려 있다. 광고가 연속적으로 게재되는 데다 광고량이 많다 보니, 소비자들이 특정 광고주의 광고를 못 보고 지나치는 경우가 많고 광고 효과도 저하된다. 일부 여성지의 경우에는 광고 지면 비율이 전체의 50% 이상을 차지하기도 한다. 아울러 잡지 구독자의 취미나 기호 등이 비슷하기 때문에 이들을 겨냥한 유사 업종, 경쟁 브랜드 등의 광고가 함께 집중적으로 집행되므로 클러터가 한층 가중된다.

융통성이 낮다는 단점이 있다. 잡지매체는 긴 발행주기와 광고 집행 시스템 때문에 최신 정보를 소비자에게 전달하는 시의성, 신속성이 떨어진다. 우선, 잡지는 발행주기가 길기 때문에 신속한 광고 게재가 어렵고, 광고 노출이 지연되며, 잘못되었을 때 즉각적인 수정 및 교체, 중단 등이 어렵다. 다음, 잡지광고는 사전에 광고 지면을 구매한 뒤, 미리 광고물을 제작해서 잡지사에 제출하는 시스템이다. 따라서 긴급한 광고 집행에 한계가 있다. 아울러 광고물에 대한 소비자 반응도 느리다.

낮은 도달률의 문제도 있다. 전체적으로 잡지광고의 도달률이 낮고, 특정 잡지의 독자가 신문이나 TV처럼 많지 않다. 잡지를 보는 소비자의 수가 적다 보니 광고가 노출되는 소비자의 숫자도 적다.

고비용의 단점이 있다. 잡지는 발행주기가 길어서 융통성이 떨어지고 도달률도 낮다는 여러 문제점에도 불구하고 광고비가 상대적으로 고가이다. 인기 있는 대중 잡지의 경우, 특히 광고단가가 높다.

2) 방송매체

(1) TV매체

지상파 TV는 소비자의 이용 시간과 매체 접촉률이 높고 광고 효과가 커서(한국방송광고진흥공사, 한국광고주협회, 2017), 광고매체로 각광을 받고 있다. 그러나 TV매체의 우위는 갈수록 서서히 감소하고 있다. 이는 뉴 미디어의 비약적인 성장과 더불어 소비자의 매체 소비 행태와 기업의 광고비 집행 패턴이 뉴 미디어로 변화하고 있기 때문이다. 하지만 지상파 TV는 앞으로도 일정 기간 동안은 사회적·경제적·정치적으로 여전히 중요한 지위와 역할을 담당할 것이다. 광고매체로서도 아직은 이용 시간 및 매체 접촉률이 높고 친밀성, 통일성 등의 장점이 많기 때문에, 향후 얼마간은 영향력 있는 광고매체로서의 지위를 유지할 것으로 보인다.

① TV매체의 장점

TV매체의 장점은, 첫째, 영향력이 크다. 4대 매체 중에서 유일하게 소비자의 시각, 청각을 동시에 자극하고 다각적 커뮤니케이션이 가능하기 때문에 가장 임팩트 (impact)가 강하고 영향력이 큰 매체이다. 우선, TV는 소비자의 주의, 주목을 잘 유도한다. 움직이는 영상, 고저가 있는 음성을 바탕으로 메시지를 생동감 있게 전달하여 주의를 잘 끈다. 다음, TV는 메시지의 전달력, 이해도, 기억률을 높인다. 시청각을 모두 활용하여 다양한 내용을 알기 쉽게 설명할 수 있기 때문에 이해도, 기억률을 제고할 수 있고 소구력이 뛰어나다.

둘째, 친밀성이 있다. TV는 현실을 반영하고 그럴듯하게 재현, 복제를 함으로써 소비자에게 친근감, 친밀성, 호감을 부여한다. 소비자들은 TV에서 현실 세계나 우리의 일상생활을 그대로 보는듯한 느낌을 받고, '유사성의 원칙'에 의해서 친근감, 친숙함을 느끼게 된다. 유사성의 원칙(the principle of similarity)이란 사람들이 자기 자신과 비슷한 사람, 대상에 대해 호감을 느끼는 것을 말한다.

셋째, 비용 효율성이 크다. TV매체는 긴 접촉 시간, 높은 TV 수상기 보급률로 거의 모든 사회 계층, 연령층, 지역 등에 도달한다. 광범위한 도달 범위로 인해 비용 대비 효율성이 높다.

넷째, 통일성이 있다. 보편성이라고도 하는데, 전국적인 네트워크를 통해 동일한 광고를 광범위한 지역에 동시에 대량으로 집행하게 되면, 광고의 내용이 보편성을 띠고 특정 제품, 브랜드, 기업에 통일된 이미지 및 일관된 인상이 형성된다. 따라서 TV매체는 단기간에 넓은 지역, 많은 소비자층에서 통일된 이미지를 형성하는 데 적합한 매체라고 할 수 있다.

② TV매체의 단점

TV매체는 고비용이라는 단점이 있다. 다른 매체에 비해서 상대적으로 광고 제작비나 광고 단가 등이 고가이다. 비용 효율성이 좋은 매체이긴 하지만, 광고를 제작하는 비용이나 개별 광고의 요금이 높기 때문에 광고 집행에 드는 절대 금액 측면에서는 한꺼번에 큰 비용이 필요하다. 이로 인해 중소 규모의 광고주가 TV매체에 광고를 하기에는 부담이 크다. 더욱이 TV는 저관여 매체이기 때문에 효과를 내기 위해서는 많은 반복 노출이 필요하며, 이로 인해 더욱 고비용이 된다.

낮은 융통성도 문제점이다. TV매체는 광고 제작과 집행 등에 융통성이 없다. 제작 및 운용에 완벽을 기해야 하며, 정해진 날짜, 시간에 광고를 집행해야 한다. 사건, 사고가 나더라도 신속하게 광고를 중단하고 광고를 수정하거나, 새로운 광고로 교체하는 것이 어렵다. TV는 사전에 광고 시간을 구매해야 하고, 광고 소재에 대한 사전 심의를 받아야 하는 등 복잡한 과정을 거쳐야 하기 때문에 융통성이 떨어진다.

수용자 세분화가 어렵다. TV에 광고를 하면 전국, 다양한 사회 계층, 모든 연령층에게 도달한다. 따라서 소비자를 세분화해서 자사 제품의 소비자에게만 광고하는 것이 잡지 등에 비해 상대적으로 어렵다.

TV매체는 클러터가 심하다. 독립적으로 하나의 광고만 소비자에게 제시되는 것이 아니라 드라마, 예능, 뉴스 등 각종 TV 프로그램과 수많은 광고들이 함께 제시되기 때문에 혼잡 현상이 매우 극심하다. 클러터가 심하면 소비자들은 광고에 대해 부정적인 태도를 갖게 되고 '재핑(zapping)' 현상이 나타나게 되어, 개별 광고의 효과가 감소될 수 있다. 재핑이란 TV에서 광고가 나타나면 채널을 바꾸거나 음향을 작게 함으로써 광고를 회피하는 행위를 말한다.

자세한 정보를 제공하는 것이 불가능하다. TV는 광고 전달 시간이 매우 짧다. 따라서 제품, 브랜드, 기업 등에 대해 자세하게 정보를 제공할 수 없고, 많은 정보를 통한 논리적·이성적인 설득이 힘들다.

엄격한 규제라는 단점이 있다. TV는 매체의 영향력 때문에 다른 매체에 비해 규제가 심하다. TV에 광고를 집행하기 위해서는 사전에 한국방송협회에서 광고 심의를 받아야 한다. 다시 말해, TV광고는 대중에게 끼치는 영향력이 크기 때문에 우리나라를 비롯하여 대부분의 국가에서 엄격하게 규제하며, 광고물에 대한 사전 심의 과정을 거쳐야지만 광고를 집행할 수 있다. 2008년까지는 방송통신위원회의 위탁을 받은 한국광고자율심의기구에서 법적 사전 심의를 했었고, 현재는 한국방송협회에서 사전 자율심의를 하고 있다. 제품에 따라서 TV광고 집행이 불가능한 품목이 있고, 세부 제한 규정이 있으며, 표현 방식 등에 따라서 광고 노출에 제한이 있다. 예를 들어, 주류 광고의 경우 알코올 성분 17도 이상의 술은 TV광고가 금지되며, 광고 모델은 19세 이상의 성인이어야 한다. 알코올 도수가 낮아서 TV광고가 허용된 주류라 하더라도 심야 시간에만 광고를 할 수 있고, 아침 7시부터 밤 22시까지는 광고를 할 수 없다(방송광고심의에 관한 규정, 제33조, 제43조).

③ TV광고의 종류

대표적인 TV광고의 유형으로 프로그램 광고, 토막 광고, 자막 광고, 시보 광고, 간접광고, 가상 광고를 들 수 있다(한국방송광고진흥공사). 프로그램 광고는 프로그램의 스폰서로 참여하여 본 방송 전후에 방송되는 광고이다. TV광고의 대부분은 프로그램 광고가 차지하는데, 총 광고 시간의 60~80%에 이른다. 프로그램 전에 하는 광고를 전 CM(Commercial Message), 프로그램이 끝난 다음에 하는 광고를 후 CM이라고 한다. 전 CM 중에 가장 끝인 프로그램 시작 직전에 하는 광고를 전 CM end, 후 CM 중에 가장 처음인 프로그램이 끝나자마자 하는 광고를 후 CM top이라고 부르며, 시청자들의 주목도가 높아서 광고 요금이 높다. 기본 초수는 15초지만, 판매율이 저조하거나 광고주의 요구가 있을 때는 다양한 길이의 프로그램 광고가 시도될 수 있다.

토막 광고는 프로그램과 프로그램 사이의 광고를 말한다. SPOT 광고, SB(Station Break)라고도 부르며, 초수는 20초, 30초로 프로그램 광고보다 길다.

자막 광고는 다음 방송 순서나 방송국 명칭을 고지할 때 화면 하단에 방송되는 자막 형태의 광고이다. 보통 자막이 나가는 화면 밑 부분에 위치하며, 직사각형 박스 안에 짧은 텍스트, 간단한 이미지 위주로 되어 있다. 곧이어 광고, ID 광고라고도 부른다. 초수는 10초이고, 크기는 화면의 1/4 이하이며, 프로그램, 토막 광고에 비해 가격이 저렴하다는 장점이 있다.

시보 광고는 현재 시간을 고지할 때 함께 방송되는 광고이다. 초수는 10초이며, 과거에는 시계 화면을 보여 주며 광고주를 거명하는 단순한 형태였으나, 점차 획일화된 방식에서 탈피하여 제품과 시간 정보를 연계하고 제품의 특징을 전달하는 창의적인 포맷으로 발전하였다.

간접 광고는 방송 프로그램 안에서 제품을 소품으로 활용하여 그 제품을 노출시키는 형태의 광고이다. 드라마, 예능 프로그램 등에 제품을 등장시켜 간접적으로 광고를 하는 기법이다. PPL(Product PLacement, 제품 배치)이라고도 하는데, 원래는 영화나 드라마를 제작할 때 소품 담당자가 영화 등에 사용할 소품들을 배치하는 업무를 뜻하는 용어였다. 간접 광고는 2009년까지 법적으로 사용이 금지되었으나, 2010년 「미디어법(방송법 시행령)」 개정을 통해 간접 광고를 공식적으로 허용하였다. 간접 광고의 길이는 전체 프로그램 시간의 5% 이내로, 만약 60분짜리 프로그램이면 3분을 넘어서는 안 된다. PPL이 가능한 프로그램은 오락(드라마, 예능)과 교양 분야 프로그램이며, 어린이 대상 프로그램과 보도 프로그램은 제외된다. 장점은 광고라는 인식을 주지 않고 자연스럽게 소비자에게 다가갈 수 있으며, 부지불식간에 제품, 브랜드 등의 인지도, 선호도, 회상률을 제고하고, 매출에 긍정적인 영향을 미친다. 단점은 지나친 간접 광고는 거부감이나 불쾌감을 유발한다는 점이다. 콘텐츠나 스토리 등과 관련 없이 지나치게 노골적으로 간접 광고를 하면 소비자의 부정적 반응을 유발하기 때문에 주의를 해야 한다.

가상 광고는 방송 프로그램에 컴퓨터 그래픽을 이용하여 만든 가상의 이미지를 삽입하는 형태의 광고이다. 2010년 「미디어법(방송법 시행령)」 개정을 통해 간접 광고와 함께 가상 광고가 허용되었고, 2015년 스포츠 중계방송 프로그램뿐만 아니라, 오락 프로그램과 스포츠 보도 프로그램에서도 가상 광고가 가능하게 되었다. 가상 광고의 길이는 전체 프로그램 시간의 5% 이내, 즉 60분짜리 프로그램이면 3분을 넘어서는 안 된다. 크기도 화면의 1/4을 넘을 수 없다.

이 외에도 비정기적으로 편성되는 특집 스포츠 중계 시 집행되는 스포츠 광고, 비정규 프로그램으로 편성된 특집 프로그램에 붙는 특집 광고, 프로그램 종료 부분에 협찬주만 밝히는 협찬 광고 등이 있다.

2015년 광고총량제가 실시되면서, 방송광고 종류에 따른 시간이나 횟수 등의 개별 규제가 풀렸다. 광고총량제는 방송광고의 전체 허용량을 법으로 정하고, 시간, 횟수,

방법 등에 관한 사항은 방송사 자율로 정하는 제도이다. 광고총량제가 집행된 이후 프로그램 광고, 토막 광고, 자막 광고, 시보 광고 등이, "방송 프로그램 편성 시간의 최대 18% 초과 금지, 채널별로 1일 동안 방송되는 방송 프로그램 편성 시간당 방송 광고 시간 비율의 평균이 15% 이하로, 총 용량만 규제"되었다(간접 광고, 가상 광고는 광고 총량제와는 별도). 즉, 60분짜리 프로그램의 경우 최대 10분 8초까지 광고가 가능하다. 다만 지상파 TV 프로그램 광고는 인기 프로그램의 광고 과잉을 방지하기 위해서 최대 허용 시간인 18% 중에서 15%를 넘지 않도록 상한선을 제한하였다(한국방송광고진흥공사).

(2) 라디오매체

1950년대 초까지 라디오매체는 전성기, 황금기를 구가했다. 뉴스의 주요 공급원이자 가정용 오락매체, 정치 선전 도구 등으로 활용되었으며, 중요한 광고매체였다. 그러나 TV가 등장하면서 라디오매체의 위상이 급락하였다. 1956년 본격적인 TV 방송이 시작되면서, 점차 청취자를 잠식당하고 광고주를 빼앗겨 위기에 처했다. TV는 라디오의 청각적 요소에 화려한 시각적 영상까지 가미되어 광고 효과가 컸기 때문에 광고주들이 TV를 더 선호했다. 이후 위성 TV, 케이블 TV, DMB 등이 오디오 방송 서비스를 제공하고, 모바일, 인터넷을 통한 다양한 형태의 오디오 방송이 활성화되면서 청취자가 분산되었으며, 광고 수입이 감소됨에 따라 라디오의 이윤이 하락하였다.

이러한 위기를 타개하기 위해 라디오매체만의 차별성이 있는 DJ 프로그램과 음악방송 등으로 특화, 전문화를 시도하고, 뉴 미디어를 활용하며, 청취자의 피드백과 참여를 강화하는 등 노력을 기울이고 있다. 라디오매체는 세분화된 청취층을 갖고 있으며, 개인매체의 효시이다. 따라서 주부와 같은 특정 타깃이나 출퇴근 등 특정한 시간대와 같이 나름의 틈새를 잘 이용하면, 라디오는 저렴한 비용으로 큰 광고 효과를 볼 수 있는 효율적인 광고매체이다.

① 라디오매체의 장점

라디오의 장점으로, 첫째, 병행성과 수용성을 꼽을 수 있다. 라디오는 배경적 매체

(back-ground media)로, 다른 일을 하면서도 청취를 병행할 수 있다. 집안일이나 자동차 운전, 업무, 공부 등을 하면서도 광고 청취가 가능하다. 자신의 업무를 방해받지 않으면서도 청취할 수 있기 때문에 광고에 대한 거부감과 저항이 낮고, 수용도가 높은 편이다.

둘째, 개인성, 친밀성이 높다. 라디오는 개인적 매체의 효시이며, 혼자 개인적으로 듣는 경우가 많다. 이런 청취 행태로 인해서 라디오는 청취자 한 명 한 명에게 직접 말을 걸듯이 접근한다. 광고에서 청취자와 1:1로 만나는 듯한 내용이나 '당신' '그대' 등의 2인칭 용어를 사용하기도 한다. 이로 인해 친밀성이 높다.

셋째, 수용자 세분화의 장점이 있다. 라디오매체는 소비자 선별성, 선택성이 높은 매체이다. 프로그램이나 시간대, 채널 등에 따라 청취자가 정확하게 구분되기 때문에 소비자 세분화가 가능하고, 자사 제품의 타깃에게 맞는 특성화, 전문화된 광고 제작 및 집행이 용이하다. 광고를 노출시키고자 하는 표적청중에게 도달하기가 쉽다.

넷째, 융통성이 있다. 라디오는 사태 변화에 순발력 있는 대처가 가능한 매체다. 광고제작 절차나 시스템 등이 비교적 간단하기 때문에 짧은 시간에 신속하게 광고를 제작할 수 있다. TV광고에 비해 광고물의 수정도 빠르고, 새 광고로의 교체가 용이하다. 따라서 위기상황, 급박한 사건 발생 시 즉각적으로 대처할 수 있다. 또한 적시에 이벤트성 판촉 행사 광고도 가능하다.

다섯째, 상대적 저비용의 장점이 있다. 라디오매체는 광고 제작비와 광고 단가가 저렴하다. 우선, 영상을 제작해야 하는 TV광고보다 제작비가 적게 든다. 녹음비나 프로덕션 사용료, 성우료, 음악 사용료 등 몇 백만 원 정도면 충분하다. 다음, 광고 단가가 저렴하다. 이로 인해 전국 광고 및 지역 광고의 집행이 용이하고, 저렴한 비용으로 많은 양의 광고 시간을 구매하여 광고를 반복적으로 노출시킬 수 있다. 라디오는 비용이 저렴하기 때문에 반복 노출을 통해 TV광고의 효과를 높이기 위한 보조적 매체(secondary media, supporting media)로 많이 활용된다.

여섯째, 상상력을 자극할 수 있다. 라디오는 상상의 매체다. 4대 매체 중에서 유일하게 청각만을 사용하는 매체이기 때문에 소리를 통해서 청취자의 상상력을 자극할 수 있다. 소비자는 라디오를 듣고 상상을 통해 머릿속에 그림이나 영상을 펼치게 된다. 소비자의 능동적 참여를 통해 라디오매체는 강한 인상을 주고 기억률을 높일 수 있다. 찰스 오스굿(C. Osgood)은 이러한 라디오의 특성을 "마음의 극장(theater of the mind)"이라고 표현했다.

② 라디오매체의 단점

라디오매체의 치명적인 단점은 시각적 요소(visual)의 결여이다. 청각에만 의지하고 비주얼이 없기 때문에 정보가 명확하게 전달되지 않으며, 광고 메시지의 이해도, 설득력, 기억률이 낮다. 라디오광고는 오해나 오인이 많이 일어난다. '백문이 불여일견(百聞不如一見)'이라는 말도 있듯이, 듣는 것은 보는 것만큼 정보가 빨리 전달되지 못하고, 또 많이 수용되지도 못한다. 비주얼이 없으므로 크리에이티브의 제약이 있다. 오로지 청각에만 호소해야 하고, 시각적 메시지 전달이 필요한 광고에는 사용할 수 없으며, 실연(demonstration), 증명 등의 광고도 하기 어렵다.

낮은 주목도의 문제점이 있다. 라디오는 배경적 매체이다 보니 청취자들이 라디오의 내용에 집중하기보다는 자신의 업무를 보면서 반의식적 상태에서 청취한다. 이 때문에 광고에 대한 주의력이 타 매체에 비해 낮다. 또한 청각에만 의존하기 때문에 광고가 주의를 끌지 못하고 그냥 지나쳐 버릴 가능성이 크고, 청취자의 기억에 오래 남지 못한다. 따라서 많은 반복이 필요하다.

라디오매체는 클러터가 심하다. 라디오는 많은 경쟁 광고와 프로그램 등이 함께 노출되기 때문에 광고 혼잡 상태가 심하다. 클러터가 심하면 소비자들이 광고에 대해 부정적인 태도를 갖게 되고 광고 효과가 저하된다.

일회성의 문제가 있다. 라디오는 전파를 이용해서 광고를 전달하기 때문에 인쇄광고와는 달리 소비자가 원할 때 다시 반복해서 접하기가 어렵다. 요즘은 인터넷, 모바일 등의 뉴 미디어를 활용해서 본 문제를 해결하고 있지만, 라디오 고유의 전통적 특성 측면에서는 전파를 이용하기 때문에 일회적이라는 한계가 있다.

낮은 도달률의 단점이 있다. 라디오는 다른 매체들에 비해 도달률이 낮은 매체이다. TV는 말할 것도 없이 인터넷, 모바일, 케이블 TV보다 라디오를 듣는 소비자의 수가 적다. 이로 인해 광고가 노출되는 소비자의 숫자도 적다.

라디오는 자세한 정보를 제공하는 것이 불가능하다. 광고 전달 시간이 10초, 20초로 매우 짧다. 인쇄매체와는 달리 라디오매체는 전달 시간이 짧기 때문에 제품, 브랜드에 대한 자세한 정보를 제공하기가 힘들다.

3) 뉴 미디어: 인터넷매체

(1) 인터넷매체

"단 한 명의 '인터넷' 이용자가 어떤 제품을 파멸시킴은 물론 회사 전체를 망하게 할 수도 있다." 미국의 경영학자인 필립 코틀러(Philip Kotler)가 한 말로, 인터넷매체의 영향력을 잘 설명한다. 실제로 인터넷은 쇼핑이나 금융 거래, 예약 및 예매, 우편 등 여러 측면에서 단기간에 사람들의 생활을 크게 변화시켰고, 매체 이용 행태도 바꿔 놓았으며, 소비자들의 삶에 커다란 영향을 미쳤다.

인터넷이란 나라별, 지역별 혹은 단체별로 운영되는 통신망을 거대한 네트워크로 다시 연결한 것을 말한다. '전 세계의 네트워크를 연결한 네트워크(network of network)'이다. 전 세계를 망라하는 세계 최대 규모의 통신망이기 때문에 자유롭게 정보를 습득하고 교환하는 것이 가능하다. 우리나라의 경우 인터넷매체(internet media)는 1991년부터 시작되었고, 1990년대 말에 대중화되었다. 당시 정부 주도로 초고속 인터넷망 등의 인프라를 단기간에 구축했고, 아파트가 많아서 인터넷망 등을 쉽게 설치할 수 있었으며, 부모들의 교육열, 새로운 것을 빨리 받아들이는 우리나라 사람들의 특성 등이 맞물리면서 급격하게 대중화되었다. 인터넷매체는 상호작용성, 세분화, 저비용, 효율성, 융통성 등의 장점을 바탕으로 매년 큰 폭으로 성장하였고, 심지어 1997년 외환 위기라는 특수한 상황에서도 성장하였다.

인터넷광고비 또한 해마다 급속도로 증가했으며, 총 광고비 내에서의 점유율도 급증했다. 인터넷매체의 광고비는 라디오, 잡지에 이어 2011년 신문매체를 앞질렀을 정도로 급성장했으며, 2012년에는 지상파 TV마저 넘어섰다. 현재 국민들의 인터넷 이용

행태는 PC에서 모바일 중심으로 급격히 변하고 있다. 2014년 인터넷광고비는 처음으로 감소했는데, 이는 스마트폰 보급 확대에 따라 모바일광고 시장이 급성장했기 때문이었다. 최근 젊은 계층은 TV나 신문 이용률이 줄어드는 대신, 인터넷 사용 시간은 지속적으로 늘어나고 있다. 미디어 재벌 '루퍼트 머독(Rupert Murdoch)'은 2005년 ASENE 연설에서 "우리 세대가 커피 한잔에 신문으로 하루를 시작했다면, 요즘 젊은 세대는 커피 한잔에 '온라인'으로 하루를 시작한다"고 말했을 정도로, 인터넷매체는 젊은이들의 삶 깊숙이 자리 잡고 있다. 현재 인터넷매체는 젊은 층에 도달하기 위한 효과적인 광고매체로 평가되고 있다.

① 인터넷매체의 장점

첫째, 인터넷매체의 장점으로 상호작용성(interaction)을 들 수 있다. 인터넷은 광고주와 소비자 간의 쌍방향 커뮤니케이션(two-way communication)을 가능하게 한다. 과거 TV나 신문 등의 전통적 매체는 일방적 커뮤니케이션(one-way communication)이었지만, 인터넷매체는 1:1 형태의 커뮤니케이션이 가능하다. 소비자는 광고를 본 뒤에 SNS나 댓글, 게시판, 방명록, 이메일 등을 활용해서 광고주에게 의견을 개진한다. 광고주는 인터넷매체를 통해 손쉽게 소비자 반응을 파악할 수 있고, 소비자와 의견을 교환하며, 소비자의 제안을 광고에 반영하는 등 상호작용을 한다.

둘째, 세분화가 가능하다. 인터넷매체는 선별적·선택적인 매체이다. TV나 신문매체처럼 자사 제품의 타깃이 아닌 불특정 다수에게도 정보를 전달하는 것이 아니라, 특정화된 표적청중에게 광고를 노출시킬 수 있다. 즉, 소비자를 세분화시켜서 자사 제품의 핵심 소비자나 잠재 소비자에게만 광고를 집행할 수 있다. 회원 등록, 쿠키(cookie), 로그인(login), 메일 등의 방식을 활용하여 타깃에게 적합한 광고 메시지를 노출시켜 광고 효과를 증대한다. 인터넷매체는 불필요하거나 과도한 광고 노출도 방지할 수 있다. 자사 제품, 서비스에 관심 없는 소비자에게는 광고를 자제하고, 효과적인 소비자에게만 광고를 집행하는 것이 가능하다.

셋째, 저비용의 장점이 있다. 인터넷매체는 광고 제작비나 광고 단가가 저렴하다.

방송매체, 인쇄매체에 비해 상대적으로 적은 비용으로 광고를 제작하여 소비자에게 광고를 노출시킬 수 있다. 만약 자사의 홈페이지에 광고를 게재한다면 광고 횟수, 양에 따른 광고 비용이 거의 들지 않고, 전 세계의 소비자를 대상으로 24시간, 365일 지속적으로 광고를 집행할 수 있다.

넷째, 통합성이 있다. 인터넷매체는 신문, 라디오, TV, 잡지 등 전통적 매체의 기능을 통합한 토탈 미디어(total media)이다. 기존 매체에 비해서 매체 간 융합이라는 멀티미디어적인 특성을 갖추고 있다. 따라서 텍스트, 오디오, 동영상 등 멀티미디어적 요소를 이용한 다양한 인터넷광고를 제작해서 집행하는 것이 가능하다.

다섯째, 융통성, 편리성이 있다. 광고주는 광고를 기업의 상황, 사건 변화에 맞춰 신속하게 집행을 중단하거나 수정, 새로운 광고로 교체, 실시간 통제 등을 할 수 있어서 융통성이 뛰어나다. 광고주는 광고의 양, 형식 등에 크게 구애받지 않고 전달이 가능하기 때문에 편리하다. 소비자가 원하기만 한다면 아무리 많은 양이라도 정보를 제공할 수 있다. 광고 시간, 지면 등을 쉽게 확보할 수 있고, 인터넷상에서 바로 구매를 유도할 수 있으며, 유통비도 절감할 수 있다. 또한 소비자는 광고를 보고 싶을 때, 필요할 때 볼 수 있다. 시간적·공간적 제약을 극복할 수 있기 때문에 편리하다.

② 인터넷매체의 단점

인터넷매체는 공신력 문제가 있다. 인터넷에서는 누구나 검증 없이 광고를 할 수 있다. 어떤 행위를 한 사람이 누구인지 드러나지 않는 '익명성'의 특성을 지닌 탓에 인터넷에서는 사기나 과장 광고, 허위 광고가 많다.

인터넷은 개인정보 노출, 상업화라는 단점이 있다. 요즘은 해킹 기술이 발달하여 수많은 개인정보가 전 세계적으로 유통될 수 있으며, 해킹 절차도 간단하고 흔적도 잘 남지 않는다. 또한 유출한 소비자 개인정보를 의도적으로 악용하여 원하지 않는 광고를 개인 메일로 보내는 등 상업화에 이용한다. 따라서 광고주들은 이벤트, 회원 등록 등을 통해 획득한 소비자의 개인정보를 철저하게 보안해야 한다.

관련 법규가 불명확하다. 역사가 짧은 인터넷매체는 방송매체, 인쇄매체에 비해서 상대적으로 관계 법령이 명확하게 정립되어 있지 않고, 서로의 이해가 얽혀 있어 완벽하게 질서가 확립돼 있지 않다. 사고가 난 후에 상황에 맞춰 법을 제정하고 시행하는 '법적 절차' 때문이다.

낮은 노출률도 문제점이다. 인터넷광고는 몇 번의 반복 노출 후에는 클릭률이 급격하게 감소한다. 일반적인 배너 광고의 경우, 한광석과 백승록(2012)은 "평균 클릭률이 1% 안팎일 정도로 매우 낮다"고 했고, 양윤직(2010)은 "평균 클릭률이 0.2%를 넘지 못한다"고 했다. 또한 인터넷광고량이 갈수록 증가함에 따라 광고에 대한 회피가 늘어나며, 광고 주목도가 낮아지고 있다. 아울러 일부 계층에게는 광고의 노출이 낮다. 노인층의 경우 인터넷 이용률이 낮아서 상대적으로 인터넷광고가 적게 도달한다. 인터넷은 TV나 신문에 비해 고연령층에게 광고를 하기에는 적합하지 않다.

인터넷매체의 큰 단점으로 '지각된 침입성(perceived intrusiveness)'을 들 수 있다. 이는 "소비자의 인지적 처리가 방해받을 때 발생하는 인식 또는 심리적 결과"를 말한다. 소비자들이 미디어 콘텐츠를 처리하려고 할 때 광고가 소비자의 정보 처리를 방해한다면, 소비자는 광고를 침입적인 것으로 간주하고 짜증을 일으키게 된다(이명천, 김요한, 2016). 다시 말해, 인터넷매체를 이용하는 사람들은 일반적으로 정보를 수집하거나 커뮤니티에서 활동하거나 이메일을 확인하는 등의 특정 목적을 가지고 있다. 이러한 인터넷 이용을 방해하는 광고에 대해서는 침입적인 것으로 간주하고 짜증을 내게 되는데, 이것이 바로 지각된 침입성이다. 침입성으로 인한 짜증이 발생하면, 인터넷 이용자들은 광고에 대해 부정적인 태도를 갖고 회피를 하기 때문에 광고 효과가 저하된다.

3. 매체 기획

1) 매체 기획의 정의

"광고회사들이 그들의 역할을 마케팅이 아니라 광고로 제품 카테고리에서 지위를 구축할 수 있는 전략을 수립하는 것이 아니라, 좋은 크리에이티브 제작물을 만드는 것으로 너무 좁게 제한하고 있다는 것입니다. 나는 크리에이티브 아이디어보다 '미디어 기획'이 더 훌륭하게 소비자 접촉점을 결합할 수 있다는 것을 이해하기 시작했습니다." 광고회사 영 앤 루비컴을 비롯하여 코카콜라, 스타우드 호텔 등의 사장을 지냈던 스티븐 헤이어 (Steven J. Heyer)가 2002년 광고 컨퍼런스에서 한 말이다. 흔히 광고에서 크리에이티브 아이디어를 중시하기 마련인데, 스티븐 헤이어는 소비자와 접촉하는 측면에서는 매체 기획이 더 중요하다고 강조했다. 광고 예산에서 매체비가 차지하는 비용은 가장 크다. 따라서 과학적·합리적으로 매체 기획을 하지 않으면 소비자에게 제대로 접촉하지 못 해서 비효율적이 된다. 제한된 광고 예산의 범위 내에서 광고 목적이 최대한 달성될 수 있도록 최소의 비용으로 가장 효율적인 매체를 선택, 집행하는 매체 기획이 중요하다.

매체 기획(media planning)에 대해 시저스와 배런(Scissors & Barron, 2002)은 "특정 브랜드나 서비스의 예상 구매 고객에게 광고물을 가장 효율적으로 전달하기 위한 일련의 의

표 12-1   매체 기획의 정의들

연구자	정의
김희진, 이혜갑, 조정식(2007)	효율적 구매를 전제로 하여, 표적청중에게 노출을 통한 마케팅 커뮤니케이션을 효과적으로 달성하기 위해 매체의 지면과 시간을 구매하는 과정이다.
이경렬 (1999)	마케팅 목적을 달성하는 환경을 조성하기 위하여 광고매체의 지면과 시간을 어떻게 구성할 것인가를 계획하는 일련의 과정이다.
이명천, 김요한 (2016)	마케팅 목표, 광고 목표를 달성하기 위하여 광고매체의 지면과 시간을 어떻게 구매할 것인가를 계획하는 과정이다. 즉, 매체 기획은 광고주가 통제할 수 없는 여러 가지 제약 요인들을 전제로 하여 매체 목표를 설정하고, 효율적으로 표적 소비자에게 광고 메시지를 전달할 매체를 선택하며, 광고의 집행 시기를 결정하는 것이다.
Donnelly (1996)	광고 메시지가 실릴 매스 커뮤니케이션 비히클을 선택하고, 시간과 지면을 구매하고, 광고 메시지가 구매된 대로 집행되는 것을 보장해 주는 과정이다.
Scissors & Barron (2002)	특정 브랜드나 서비스의 예상 구매 고객에게 광고물을 가장 효율적으로 전달하기 위한 일련의 의사 결정 과정이다.

사 결정 과정이다"라고 정의했다. 이명천과 김요한(2016)은 "마케팅 목표, 광고 목표를 달성하기 위하여 광고매체의 지면과 시간을 어떻게 구매할 것인가를 계획하는 과정이다. 즉, 매체 기획은 광고주가 통제할 수 없는 여러 가지 제약 요인들을 전제로 하여 매체 목표를 설정하고, 효율적으로 표적 소비자에게 광고 메시지를 전달할 매체를 선택하며, 광고의 집행 시기를 결정하는 것이다"라고 하였다. 정리하면 매체 기획은 "광고를 소비자에게 가장 효율적으로 전달하기 위해 광고매체의 지면, 시간을 구성하는 의사 결정 과정으로, 매체 목표 설정, 매체 선택, 광고 집행 시기 결정 등을 하는 것"을 말한다.

2) 매체 기획의 과정

매체 기획의 과정(process)은 크게 환경 분석, 매체 목표 설정, 매체 전략 및 전술 설정, 결과 평가의 5단계로 구분된다. 1단계 환경 분석은 매체 기획의 의사 결정 과정에 영향을 줄 수 있는 내용들을 살피고 분석하는 부분이다. 2단계 매체 목표 설정은 환경 분석을 통해 도출된 내용을 바탕으로 매체 부분의 목표를 제시하는 단계이다. 매체를 집행하는 방향이자 하나의 큰 가이드라인이 된다. 3단계 매체 전략 및 전술 설정은 매

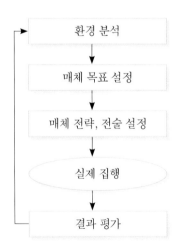

[그림 12-1] 매체 기획 과정

체 목표 달성을 위한 구체적인 액션 플랜을 설정하는 단계이다. 매체 전략으로 매체 선택 전략, 미디어 믹스, 매체 스케줄링 전략 등을 수립하고, 매체 전술로 광고 삽입 수나 매체별 매체 비용 계산 등을 결정한다. 4단계 실제 집행은 계획된 대로 광고물 집행을 하는 단계이다. 이를 통해 소비자들에게 TV, 라디오, 신문, 잡지 등의 매체를 통한 광고 노출이 이루어진다. 5단계 결과 평가는 광고를 노출한 후 효과를 평가하는 단계이다. 전체적인 성과 및 효율성, 매체 목표 달성 여부, 문제점 등을 분석한 뒤, 다음 매체 기획에 참고 자료로 활용한다.

(1) 환경 분석

환경 분석은 매체 기획의 출발점으로, 미디어 플래닝의 의사 결정에 영향을 미칠 수 있는 환경적 요인들을 탐색, 수집하여 분석하는 단계이다. 환경 분석은 매체 목표와 매체 전략, 매체 전술 수립 등의 근거이자 초석이 된다. 환경 분석이 잘못되었을 경우 이후의 매체 목표나 매체 전략 등이 실패할 확률이 높아지기 때문에, 미디어 플래너는 많은 노력과 시간을 투자해야 한다. 단순한 분석으로 끝나서는 안 되며, 단점, 장점, 기회 요인 등을 통찰력 있게 파악하여, 이를 토대로 매체 목표, 매체 전략 및 전술 등을 수립해야 한다. 환경 분석 부분에서 자주 분석되는 대표적인 환경 요인에는 마케팅 환경, 마케팅 믹스, 통제 불가 요인 등이 있다.

① 마케팅 환경

매체는 마케팅 활동의 일부분이기 때문에 마케팅을 둘러싼 여러 환경 요인이 영향을 미친다. 매체에 영향을 주는 마케팅 환경에는 소비자 환경, 경쟁 환경, 시장 환경 등이 있으며, 이러한 환경들은 매체 목표 설정, 매체 전략, 매체 전술 설정 등 매체 기획의 전 과정에 직접적·간접적으로 영향을 미친다.

A. 소비자 분석(Consumer analysis)

매체 기획을 할 때 "표적청중(target audience, 목표청중)이 누구인가?"를 제일 먼저 파악해야 한다. 누가, 언제, 얼마나 많이 우리 제품을 구매하는가 등을 안다면, 어떤 매체를 선택할 것인지, 언제 광고를 집행할 것인지 등을 제대로 결정할 수 있다. 즉, 표적청중을 명확하게 파악하면 적합한 매체 기획을 할 수 있다. 소비자 분석에서는, "누가 우리 제품을 사용하는가(Who)? 우리 제품을 언제 구매하는가(When)? 우리 제품을 어디에서 구매하는가(Where)? 우리 제품을 어떻게 구매하며 사용하는가(How)? 우리 제품을 얼마나 구매하며 사용하는가(How much)? 그들이 이용하는 매체는 무엇인가? 그들은 우리 제품을 구매하기 전 어떤 정보 처리 과정을 거쳐 의사 결정을 내리는가?" 등을 분석한다.

B. 경쟁자 분석(Competition analysis)

매체 기획 시 경쟁자의 매체 전략을 파악하는 것이 필요하다. 경쟁자들이 어떤 매체를 사용하는지, 어떤 표적청중을 목표로 하는지 등을 파악하면 대응 전략을 효과적으로 수립할 수 있기 때문이다. 경쟁자의 매체 전략이 우수하다면 그것을 그대로 모방하는 벤치마킹 전략을 취할 수 있고, 경쟁자의 매체 활동이 부족하다면 그들과 다른 매체를 선택하거나 다른 스케줄링 전략을 취하는 차별화 전략을 채택할 수 있다. 경쟁자 분석에서는, "경쟁자들은 어떤 매체를 이용하는가? 경쟁자들의 미디어 믹스 전략(Media mix strategy)은 무엇인가? 경쟁사들의 매체 스케줄링 전략은? 경쟁자들의 매체 예산은 얼마인가?" 등을 분석한다.

C. 시장 분석(Market analysis)

시장 환경은 매체 기획 시 중요한 고려 요인이 된다. 생물학자 찰스 다윈(Charles Robert Darwin)은 저서 『종의 기원』에서 "변화에 적응하는 종만이 살아남는다"고 했다. "결국 살아남는 종은 강인한 종도 아니고, 지적 능력이 뛰어난 종도 아니다. 종국에 살아남는 것은 변화에 가장 잘 대응하는 종이다"라고 하여, 변화하는 환경에 적응하는 것의 중요성을 강조했다. 광고매체 역시 마찬가지다. 현재 자사 제품을 둘러싼 시장 환경이 어떤지, 앞으로 시장에 어떤 변화가 일어날 것인지 등을 파악하여 매체 기획에 반영하고 대처하는 것이 필요하다. 시장의 변화에 적극 대응할 때 시장에서 살아남을

수 있다. 시장 분석에서는, "시장의 잠재적 규모는 어떠한가? 시장의 흐름, 유행은 무
엇인가? 향후 시장의 변화는? 현재의 시장 점유율 및 지난 몇 년간 시장 점유율의 변화
는? 경쟁자의 시장 점유율 및 지난 몇 년간 시장 점유율의 변화는?" 등을 분석한다.

D. 제품 분석(Product analysis)

제품은 미디어 플래닝에 직접적으로 영향을 미치는 요인이다. 제품을 잘 파악하면
매체 기획 시 어떤 매체에 초점을 맞춰야 하는지 등을 알 수 있다. 제품은 마케팅 믹스
의 한 요소로서도 매체 기획에 포함된다. 제품 분석에서는, "제품의 특성은 무엇인가?
제품 수명주기의 어떤 단계에 해당하는가? 자사 제품의 재구매주기는 어떠한가? 제품
의 유형은 무엇인가?" 등을 분석한다.

② 마케팅 믹스(Marketing mix)

마케팅 믹스란 기업이 마케팅 목표를 달성하기 위해 마케팅에 관한 각종 전략, 전술
을 종합적으로 실시하는 것을 말한다. 통제 가능한 마케팅 요소인 제품(product), 유통
(place), 가격(price), 촉진(promotion) 등 이른바 4P를 합리적으로 결합시켜 의사 결정을
한다. 미디어 플래너는 마케팅 믹스 분석을 통해 제품, 가격, 유통, 촉진 요소들이 매체
기획에 어떤 영향을 미칠지를 파악하고, 적합한 매체 전략, 전술을 수립해야 한다.

A. 제품(Product)

제품은 마케팅 믹스의 4요인 중에서 매체 기획에 가장 직접적인 영향을 미치는 요
소이다. 미디어 플래너는 제품 특성이나 제품 수명주기, 재구매주기 등을 분석한다.
첫째, 제품 특성에서는 제품의 장점, 속성, 혜택, 가치 등을 파악한다. 제품의 특성은
광고 메시지의 주제가 되고, 이것에 소비자가 관심을 갖느냐에 따라 매체 효과가 달라
지기 때문에 상당히 중요하다. 만약 자사 제품이 경쟁사 제품에 비해 상대적으로 우월
하다면 매체 노출이 적더라도 광고 효과가 클 것이다. 이럴 경우 매체 활동의 수준은
그렇지 않은 경우에 비해 낮아도 괜찮다. 아울러 제품의 특징, 속성은 매체 선택에 직

접적인 영향을 미친다. 햄버거, 라면 등의 '식품' 광고는 먹음직스럽게 보이는 것이 관건이다. 식욕을 자극하고 맛있게 보이기 위해서는 컬러 재생력과 선명도가 뛰어난 잡지매체를 선택하는 것이 바람직하다. 또한 먹음직스럽게 보이기 위해서는 식품이 정지되어 있는 것보다는 식품 자체에 움직임을 주는 것이 효과적이다. 따라서 TV매체를 선택하여 식품이 움직이는 장면을 제시함으로써 소비자의 식욕을 자극하고 입맛을 불러일으키는 것이 좋다.

둘째, 제품 수명주기를 분석한다. 제품 수명주기(Product Life Cycle: PLC)란 특정 제품이 시장에 출시되어 도입, 성장, 성숙, 쇠퇴의 단계를 거쳐 시장에서 철수되는 일련의 과정을 말한다. 제품 생명주기라고도 하며, 테오도르 레빗(Theodore Levitt)이 1965년 HBR(Harvard Business Review) 논문에서 제안하였다. 제품 수명주기는 미디어 플래닝에 많은 영향을 미치며, 자사의 제품이 PLC의 어느 부분에 있느냐에 따라서 매체 기획이 달라진다. 우선, 도입기(introduction stage)는 제품이 시장에 출시되고, 판매량이 완만하게 증가하는 시기이다. 도입기에 있는 신제품의 경우 무엇보다 제품을 알리는 것이 중요하다. 따라서 매체 기획 시 도달률[2]을 극대화하여 인지율을 높이는 전략을 세워야 한다. 다음, 성장기(growth stage)는 제품이 시장에서 성장하는 단계이다. 경쟁 기업들이 시장에 진입하고 시장 자체가 전체적으로 확대된다. 만약 제품이 출시된 후 긍정적인 평가를 받기 시작하면 대개 성장기에 판매량이 급속하게 증가한다. 매체 기획 시 소비자들에게 제품의 특성, 가치 등을 확실히 이해시키고 호의도를 높일 수 있도록, 빈도[3]에 포커스를 맞춘다. 물론 아직 자사 제품을 모르는 소비자들도 있기 때문에 도달률이 여전히 중요하다. 하지만 제품의 장점을 알리고 호감도를 증대시키며 경쟁자들과 차별화하기 위해서는 무엇보다 제품의 빈도가 중요하기 때문에, 주로 빈도를 높이는 매체 기획을 한다. 성숙기(maturity stage)는 제품이 시장 내에서 성숙하여 자

---

2) 도달률(reach)이란 "일정 광고 캠페인 기간 동안 집행된 매체 스케줄에 최소한 한 번 이상 노출된 사람들의 백분율"을 의미함

3) 빈도란 "일정 광고 캠페인 기간 동안 광고 집행안에 노출된 표적청중의 평균 노출 횟수"를 말함(김희진, 이혜갑, 조정식, 2007)

리를 잡고, 판매량이 최대가 돼서 이윤을 많이 남기게 되는 시기이다. 하지만 경쟁 기업들 간의 경쟁이 치열하고, 시장이 혼탁해지며, 전체적인 시장 성장은 물론이고 자사 제품의 판매 성장률도 점차 둔화되는 단계이다. 소비자들이 제품이나 브랜드를 잊

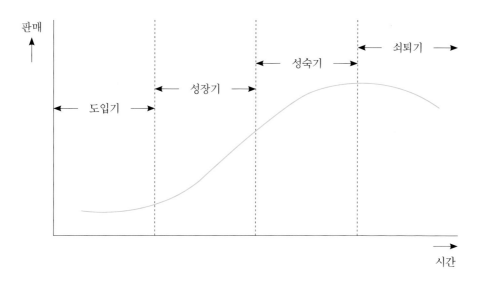

제품 수명 단계		도입기	성장기	성숙기	쇠퇴기
시장특성	판매	저조	급성장	최대	쇠퇴
	단위 비용	고비용	평균	저비용	저비용
	이윤	마이너스	증가	최대-감소 시작	감소
	고객	Innovators	Early Adopters	Middle Majority	Leggards
	경쟁자	소수	증가	감소 시작	감소
마케팅 목표		제품 인지 구매 시도 창출	시장 점유율 극대화	시장 점유율 고수 이윤 극대화	경비 절감
광고 목표		인지도	인지도 호의도	브랜드 차별 상기도 제고	판촉 지원
매체 기획 목표		도달률	빈도	빈도	판촉 지원

[그림 12-2] 제품 수명주기와 매체 기획

출처: 김희진, 이혜갑, 조정식(2007).

어버리지 않도록 회상 및 상기를 지속적으로 해 주는 매체 기획이 필요하다. 반복 광고가 필수적이기 때문에 빈도가 중요하다. 경쟁사보다 나은 매체 기획을 통해서 경쟁사의 시장 점유율을 빼앗거나 지켜야 한다. 마지막 쇠퇴기(decline stage)는 제품의 판매량 및 기업의 매출이 점차적으로 감소하는 시기이다. 이 시기에는 소비자들이 제품을 필요 없는 것, 쓸모없는 것으로 지각한다. 매출 감소의 원인을 파악하여 대응하는 전략을 수립해야 한다. '잔존 전략'의 경우, 제품군의 새로운 용도 제시나 새로운 의미 고지 등을 통해 제품군의 붐업(boom-up)을 꾀하는 매체 기획을 한다. '철수 전략'의 경우, 만약 시장에서 철수하기로 결정했다면 광고는 재고 처리를 위한 판촉 지원으로서 최소한으로 집행한다. 매체 기획 시 특정 기간에 광고량을 집중하는 집중형(burst, blitz) 매체 스케줄링 전략을 수립한다.

셋째, 제품 특성에서 분석해야 할 것 중의 하나가 재구매주기이다. 재구매주기(repurchase cycle)란 소비자가 제품을 구매한 후 다음에 다시 구매할 때까지 걸리는 평균 기간을 말한다. 예를 들어, 비누를 사서 이용한 후 평균적으로 한 달 만에 다시 비누를 산다면 재구매주기는 한 달이다. 광고가 전달되어야 하는 적기가 바로 소비자가 제품을 구매하려는 시점이기 때문에 재구매주기가 매체 기획에 영향을 주게 된다. 미디어 플래너는 제품의 재구매주기를 파악해서 효과적인 매체 노출 시점과 횟수 등을 결정해야 한다. 재구매주기가 짧은 라면, 과자 같은 제품은 짧은 기간에 집중적인 광고 활동을 펼치고 끝내는 전략보다는 꾸준하게 광고하는 지속형(continuity, continuous) 매체 스케줄링 전략이 적합하다. 반면, 재구매주기가 긴 에어컨 같은 제품은 소비자들은 평상시에는 별 관심을 보이지 않다가 구매 시점에 즈음하여 활발한 정보 탐색 활동을 하는 것이 일반적이다. 따라서 특정 시점에 집중적으로 광고 활동을 펼치는 집중형 매체 스케줄링 전략이 바람직하다.

B. 가격(Price)

마케팅 믹스의 4요인 중에서 가격 역시 매체 기획에 영향을 미친다. 즉, 광고주가 고가정책을 쓰는지, 저가정책을 쓰는지의 여부가 매체 기획에 영향을 주기 때문에 분석할 필요가 있다. 고가정책의 제품인 경우, 고급스러운 이미지를 제공해야 하기 때문에 매체, 비히클 선정에 있어서 효율성뿐만 아니라 매체 자체가 가지는 이미지적인 측면을 고려해야 한다. 벤츠나 BMW 등의 고가의 수입차 브랜드는 일반적인 매체보다도 상류층을 겨냥한 명품 잡지에 광고를 하는 것이 고급스러운 이미지를 줄 수 있어서 적합하다.

C. 유통(Place)

유통은 광고에 대한 매출의 영향력을 크게 좌지우지하는 요소이다. 소비자들이 광고를 보고 제품을 구매하려는 의도가 생겼다고 할지라도 상점에 그 제품이 없으면 구매를 할 수가 없어서 기업의 매출이 증대되지 않는다. 따라서 미디어 플래너는 자사 제품이 동네 슈퍼마켓에까지 유통되는지, 아니면 백화점을 위주로 유통되는지 유통 환경을 반드시 분석해야 한다. 유통력에 따라 매체 선택이 달라져야 한다. 특정 지역을 대상으로 제품을 유통시킨다면 매체 선택 시 전국적인 매체보다 해당 지역에만 도달하는 지역 매체를 선정하는 것이 비용 면에서 효율적이다. 예를 들어, '대선'은 부산, 경남 지역에서 판매되는 지역 소주로 그 지역에 가지 않으면 접하기가 힘들다. 지역 소주처럼 전국에 유통되는 것이 아니라 특정 지역에만 유통된다면, 매체 선택도 해당 지역에만 도달하는 매체를 선정하는 것이 광고 비용을 절약할 수 있어서 효과적이다.

D. 촉진(Promotion)

촉진의 한 수단이 광고이고 광고의 하위 요소가 매체이기 때문에 매체는 촉진 전략의 영향을 받는다. 광고주의 마케팅 전략, 광고 크리에이티브, 광고 목표 등에 따라 매체 기획이 달라지기 때문에 사전에 살펴봐야 한다.

우선, 광고주가 주로 푸시 전략을 사용하는지 풀 전략을 사용하는지를 분석한다. 푸시 전략(Push strategy)은 중간 도매상, 소매점 등 유통망을 압박하여 판매를 촉진하는 전략을 말한다. 푸시 전략은 소비자가 아닌 중간상을 표적으로 한다. 따라서 일반적인 대중매체보다는 중간상들이 보는 업계지를 선택해서 광고를 하고, 인적 판매(Personal Selling: PS)를 실시하는 것이 유리할 수 있다. 풀 전략(Pull strategy)은 소비자로 하여금 구매를 하도록 유도하는 전략이다. 중간상이 아닌 일반 소비자를 표적으로 하기 때문에 광고 예산 배분, 비히클 선택 등에 있어서 일반 소비자들이 많이 보는 대중매체에 치중한다.

다음, 광고 크리에이티브를 살펴봐야 한다. 광고 제작물의 질, 내용, 소구법 등에 따라 매체 기획의 방향이 변경된다. 미디어 플래너는 사전에 광고물의 제작 방향이나 시안, 만들어지는 과정을 살펴보고, 특정 광고의 목적을 정확히 파악하여 목적이 달성될 수 있도록 매체, 집행 시간, 광고량, 스케줄링 등을 결정한다. 만약 이성적 소구를 이용하는 광고라면 정보 전달이 용이한 신문매체를 선택하는 것이 적합하고, 감성적 소구를 이용한 광고라면 TV나 잡지매체를 선택하는 것이 효과적이다.

마지막, 광고 목표를 고려한다. 광고 목표는 매체 기획에 직접적·간접적으로 커다란 영향을 미친다. 이에 따라 매체의 노출 양부터 매체 전략, 매체 전술 등이 다 달라진다. 광고 목표가 인지율 상승이라면 TV나 신문 등의 대중매체를 이용하는 것이 바람직하고, 직접적인 구매 유발이 목표라면 구매 시점 광고(Point Of Purchase: POP), 판매 촉진 광고가 효과적이다.

③ 통제 불가 요인(Uncontrollable factor)

매체 기획에 영향을 미치는 요인들 중 미디어 플래너가 통제할 수 없는 요인들이 있다. 이러한 통제 불가 요인들도 환경 분석의 고려 대상이 되며, 미디어 플래너들은 이에 미리 대처할 수 있는 전략을 고안하거나 사전에 숙지해서 매체 구매, 집행의 오류를 예방해야 한다.

통제 불가 요인들에는 외부적 요인으로 자연환경, 매체 환경, 경쟁, 경제적 요인, 법적·정치적 요인, 문화적 요인 등이 있고, 내부적 요인으로 경영 요인 등이 있다. 자연환경에서는 날씨나 천재지변 등을 파악하고, 매체 환경에서는 클러터, 부정적인 기사, 프로그램 내용, 뉴 미디어 등을 고려하며, 경쟁에서는 경쟁사의 광고 활동 등을, 경제적 요인에서는 불황, 인플레이션 등을, 법적·정치적 요인에서는 제품, 서비스, 광고 자체에 대한 제약을 포함하는 법적·정치적 요인들을, 문화적 요인에서는 문화의 흐름, 문화 차이 등에 대해 파악한다. 경영 요인에서는 기업의 경영 방침과 경영 목표, 예산 할당, 브랜드 가격 정책 등을 분석한다.

(2) 매체 목표 설정

매체 목표 설정 단계에서는 환경 분석을 통해 도출된 내용을 기초로 해서, 매체 부문의 목표를 제시한다. 매체 목표란 "광고 캠페인 기간 동안 매체 집행을 통하여 달성하고자 하는 바(김희진, 이혜갑, 조정식, 2007)"를 말한다. 매체 집행을 통해서 광고 메시지를 표적청중들에게 어느 정도 노출시킬 것인지에 대한 내용이다. 매체 목표는 매체를 집행하는 방향이자 하나의 큰 가이드라인으로서, 매체 목표를 설정한 뒤 이에 맞춰서 어떤 매체를 선택할 것인지, 미디어 믹스는 어떻게 할 것인지, 언제, 얼마나 오랫동안 광고를 할 것인지 등을 결정한다.

매체 목표는 '진술문'의 형태로, "삼성전자 광고 캠페인 초기 1분기 내에, 잠재 소비자 중 최소 70%에게 메시지를 도달시키며, 광고 메시지를 최소한 평균 네 번 이상 노출시킨다"와 같이 설정한다. 매체 목표의 역할은 매체 전략, 전술의 방향을 제시하고, 광고 캠페인이 일관성과 지속성을 유지하도록 하며, 캠페인을 평가하는 기준이 된다. 매체 목표를 설정할 때는 상위의 마케팅 목표, 광고 목표의 틀 안에서 수립해야 한다. 가능한 계량적인 수치를 이용해서 구체적으로 설정해야 하고, 현실적으로 측정할 수 있게 수립해야 하며, 광고 예산의 범위 내에서 충분히 달성할 수 있는 실용적인 목표를 세워야 한다. 매체 목표의 요소는 '표적청중(Who, 누구에게)' '광고 집행 지역(Where, 어디에)' '광고 캠페인 기간(When, 언제) 및 광고 캠페인 지속 기간(How long, 얼마나 오래, 지속성)' '도달률(How many people, 얼마나 많은 사람들에게), 빈도(How often, 얼마나 자주 전달할 것인가)' '유효빈도, 유효도달률' 'GRP' 등이 있다. 이 중에서 도달률(reach), 빈도(frequency), 지속성(continuity)을 매체 목표의 기본 3요소라고 한다.

① 표적청중(Who, 누구에게)
매체 목표 설정의 첫 번째 단계는 표적청중의 정의이다. 표적청중을 정확하게 정의하게 되면, 표적청중에게 보다 효과적으로 도달할 수 있는 매체, 비히클을 선택할 수 있다. 그리고 광고를 도달시킬 수 없는 매체, 비히클을 피할 수 있고, 자사의 제품을 사용하지 않는 표적청중에게 광고가 도달하게 되는 것을 방지할 수 있다. 예를 들어, 어린이들이 표적청중이라면 신문매체는 부적당하다.

보통 매체의 표적청중은 마케팅 표적청중과 일치하는 경우가 많다. 그러나 매체의 표적청중이 마케팅의 표적청중보다 더 좁게 정의될 수도 있다. 표적청중의 정의에 많이 사용되는 기준에는, 인구통계학적(demographic) 특징, 심리학적(psychographics) 특징, 제품 사용량(product usage) 등이 있다.

② 광고 집행 지역(Where, 어디에)

매체 목표 설정 시 "어느 지역에 광고를 집행할 것인가"를 결정한다. 광고 예산이 제한되어 있기 때문에 각 지역별 시장의 크기 및 잠재력 등에 따라 광고 자원, 노력을 배분해야 한다. 보통 인구가 밀집된 대도시 지역, 특정 브랜드 및 제품 카테고리에 대한 수요가 증가하는 지역, 시장 점유율이 높은 지역에 광고를 집행하는 것이 효율적이다.

③ 광고 캠페인 기간(When)과 광고 캠페인 지속 기간(How long: 지속성)

광고 캠페인 기간과 캠페인 지속 기간을 정해야 한다. 매체 목표를 설정할 때 "광고를 언제, 얼마나 오래 할 것인가"를 결정해야 하며, 이것은 매체 스케줄링(media scheduling)에 관련된 문제이다. 매체 스케줄링 종류에는 지속형(continuity, continuous), 집중형(burst, blitz), 비월형(flighting), 맥동형(pulsing) 등이 있다.

④ 도달률(How many people, 얼마나 많은 사람들에게)과 빈도(How often, 얼마나 자주)

매체 목표 설정 시 도달률과 빈도를 정한다. 도달률(reach)이란 "일정 광고 캠페인 기간 동안 집행된 매체 스케줄에 최소한 한 번 이상 노출된 사람들의 백분율(김희진, 이혜갑, 조정식, 2007)"을 말한다. "얼마나 많은 표적청중들에게 광고를 노출시킬 것인가"에 대한 것이다. 도달률은 한 사람이 자사 광고에 여러 번 노출된 경우라도 한 번으로 계산

한다. 따라서 한 사람이 몇 번 보았는가를 나타내는 중복(반복) 노출은 계산에 포함하지 않는다. 도달률은 최대치가 100%를 넘지 않는다. 도달률 100%란 말은 모든 표적청중이 한 명도 빼놓지 않고 자사 광고를 모두 다 보았을 경우를 말한다. 가령, 신문매체에 광고를 집행한다고 했을 때 아무리 많은 예산을 신문광고에 투입해도 신문을 읽지 않는 소비자에게는 광고가 전달되지 않기 때문에 도달률 100%에 이르기는 힘들다.

빈도(frequency)는 "일정 광고 캠페인 기간 동안 광고 집행안에 노출된 표적청중의 평균 노출 횟수(김희진, 이혜갑, 조정식, 2007)"다. 평균적으로 광고를 본 횟수를 의미하며, 보통 1개월을 기준으로 계산하기 때문에 빈도가 5회라면 한 소비자가 월 5회 정도 자사 광고를 보았다는 것이다.

도달률과 빈도는 서로 역상관관계(trade-off)에 있다. 주어진 광고 예산(또는 GRP) 하에서 도달률을 일정 비율 높이면 빈도를 일정 비율 낮추어야 하고, 반대로 빈도를 일정 비율 높이면 도달률을 일정 비율 낮추어야 한다. 따라서 매체 목표를 설정할 때 광고 목표를 고려해서 도달률과 빈도 중 어느 것을 강조할지를 결정한다. 도달률은 인지도와 관계되어 있고, 빈도는 호감도, 친숙감, 구매 의도 등과 밀접한 관련이 있다. 광고 목표가 제품의 인지도를 증가시키는 것이라면, 매체 목표는 도달률에 초점을 맞추어야 한다. 그러나 광고 목표가 호감도와 구매 의도 등 태도적·행동적 요소들이라면, 매체 목표는 빈도에 초점을 맞추어야 한다.

⑤ 유효빈도와 유효도달률

도달률, 빈도 이외에도 유효빈도, 유효도달률을 매체 목표로서 많이 사용한다. 유효빈도(effective frequency, 효과적 빈도, 효과빈도수)란 "광고 캠페인 기간 동안 특정 커뮤니케이션 효과를 발생시키기 위해 필요한 횟수(이경렬, 2016)"를 말한다. 커뮤니케이션 효과(인지, 선호 등)를 얻기 위해서 필요한 반복 노출의 빈도다. 단순히 소비자들이 광고를 보기만 한 것이 아니라, 브랜드를 인지하고, 호감도가 형성되고, 구매 의도를 갖는 등 실질적인 효과가 나타나는 광고 노출 횟수가 유효 빈도이다.

유효도달률(effective reach, 효과적 도달률, 효과도달률)은 "광고 캠페인에 사용된 매체 비히클에 효과적으로 노출된 사람들의 백분율(김희진, 이혜갑, 조정식, 2007)"을 뜻한다. 여기서 '효과적'이라는 말은 커뮤니케이션 효과를 말하며, 광고가 집행된 비히클에 물리적으로 노출된 사람들이 아니라, 인지, 태도, 구매 의도 등의 커뮤니케이션 효과가 나타난 사람들이 유효도달률에 포함된다. 유효도달률을 "유효빈도 이상 매체 비히클에 노출된 표적청중의 비율(박현수, 2013)"이라고도 정의한다. 이 정의에서 짐작할 수 있듯이 유효도달률을 측정하기 위해서는 광고에 몇 번 노출되어야 커뮤니케이션 효과가 발생될 것인지, 즉 유효빈도에 대한 의사 결정이 전제되어야 한다. 유효빈도를 결정하지 않고 유효도달률을 산출할 수 없으며, 유효도달률은 유효빈도를 얼마로 하느냐에 따라 달라진다.

업계에서는 보통 유효빈도를 3회 또는 3~10회 사이로 잡고 있으며, 매체 목표 설정 시 마케팅 요인(시장 점유율, 브랜드 충성도, 시장 지위, 경쟁 상황 등), 광고 메시지 요인(광고의 복잡성, 독특성, 캠페인 유형 등) 등의 다양한 변수를 고려해서 설정한다. 대체로 불리하면 유효빈도를 높게 잡고, 유리하면 유효빈도를 낮게 잡는다. 만약 시장에서 경쟁이 치열하고 시장 점유율이 낮다면, 유효빈도를 3회보다 더 높게 설정할 수 있다. 반면, 경쟁이 치열하지 않거나 광고가 독특하고 크리에이티브가 뛰어날 경우, 유효빈도를 1회 또는 2회로 낮게 설정할 수 있다.

⑥ GRP(Gross Rating Points: GRPs)

GRP는 '광고의 총 노출량'이다. 매체 스케줄에 포함된 모든 매체 비히클에 노출된 사람들의 비율을 모두 합한 값이다. 도달률과 달리 GRP는 중복 노출도 계산에 포함한다. 각각의 표적청중이 광고 캠페인 기간 동안 사용된 모든 매체 비히클에 노출된 횟수를 모두 다 포함한다. 수치상으로 100%를 넘어갈 수 있으며 상한치가 없다.

매체 목표를 설정할 때 얼마만큼의 광고량을 내보낼 것인가를 결정한다. 광고를 많이 하면 좋지만, 그만큼 많은 비용이 필요하다. 광고 예산이 한정되어 있는 광고주의 입장에서는 무조건 광고의 총 노출량을 늘릴 수는 없다. 미디어 플래너는 지나치지도 않고 모자라지도 않는 수준에서 광고의 총 노출량을 결정해야 한다.

(3) 매체 전략 · 전술 설정

매체 전략은 매체 목표 달성을 위한 구체적 액션 플랜(action plan)으로, 미디어 플래너는 매체 목표를 어떤 방법으로 달성할 것인지에 대한 구체적인 실행안을 설정해야 한다. 매체 전략 부분에서 매체 선택 전략, 미디어 믹스, 매체 스케줄링 전략 등을 수립한다.

매체 전략을 결정하고 나면 매체 전술, 즉 비히클 선정 및 광고 삽입 수는 어떻게 할 것이며, 매체의 지면, 시간은 어떻게 구매해야 하는지, 매체 비용은 어떻게 계산하고 지불할 것인지 등을 결정한다.

① 매체 선택 전략(Media selection strategy)

매체 선택 전략은 "매체 목표를 달성하기 위하여 필요한 매체를 선택하는 과정(이경렬, 1999)"이다. 실제로 광고가 노출되어지는 매체를 선정하는 것이다. 매체비가 광고 예산의 대부분(70~80% 또는 90%)을 차지하기 때문에, 최소의 비용으로 매체 목표를 달성할 수 있는 매체의 선택은 상당히 중요하다.

매체 선택 단계는 매체 클래스 선택, 매체 비히클 선택, 매체 유닛 선택의 3단계로 구성된다. 매체 클래스(media class, media type)는 매체를 가장 크게 구분하였을 때 사용되는 용어로, 일반적인 매체의 유형, 종류를 말한다. TV, 라디오, 신문, 잡지 등이 매체 클래스이다. 매체 비히클(media vehicle)은 각 매체 안에 존재하는 개별적인 운반체로

[그림 12-3] 매체 선택의 단계

서, 광고물이 게재, 집행되는 구체적인 프로그램이나 종류를 말한다. TV와 라디오의 경우 프로그램으로 SBS 8 뉴스, 가요무대 등이며, 신문과 잡지의 경우는 조선일보, 동아일보, 보그, 여성중앙 등이 매체 비히클이다. 매체 유닛(media unit)은 비히클에 게재, 운행되는 광고의 크기, 길이, 게재 위치 등이다. TV의 경우 광고의 길이인 15초, 20초, 30초가 매체 유닛이다.

미디어 믹스 전략(Media mix strategy)은 "둘 혹은 그 이상의 다른 종류의 매체를 복합적으로 섞어 사용하는 것"이다. 광고 예산 내에서 광고 목표를 달성하기 위해 둘 이상의 매체를 혼합해서 이용한다. 미디어 믹스의 이유는, 첫째, 도달률의 확보다. 매체를 한 개만 이용하는 것보다 여러 개의 매체를 사용하는 것이 표적청중에 대한 도달 범위를 넓힐 수 있다. 만약 표적청중이 다양하면 각각의 표적청중의 매체 습관, 매체 접촉 형태도 다양하다. 이런 경우 매체를 하나만 사용하는 것보다 TV, 라디오, 신문, 인터넷 등 다양한 매체를 사용하는 것이 매체 습관이 각각 다른 다양한 소비자들에게 접근할 수 있다. 둘째, 빈도의 균일성을 확보하기 위해서이다. 미디어 믹스는 빈도가 지나치게 한쪽으로 몰리는 것을 최소화하고 골고루 분포되게 만든다. 한 개의 매체에만 광고를 할 경우 표적청중의 일부에게만 노출이 집중되고 나머지 표적청중에게는 노출이 부족하게 되는데, 미디어 믹스는 이를 막아 준다. 셋째, 시너지 효과(synergy effect)를 극대화하기 위해서이다. 여러 매체를 복합적으로 섞어 이용하면 표적청중에게 시각, 청각, 후각적으로 다양한 자극을 주어 기억률을 제고할 수 있고, 각 매체의 단점을 다른 매체가 보완할 수 있다. 인쇄매체의 긴 카피, 방송매체의 영상, 음악, 강한 임팩트 등 각 매체의 장점, 고유한 특성을 동시에 활용할 수 있기 때문에 시너지 효과를 극대화할 수 있다.

② 매체 스케줄링 전략(Media scheduling strategy)
매체 스케줄링 전략이란 "광고를 언제, 어떤 패턴으로, 얼마나 오래 노출시킬 것인가 등에 대한 계획"을 말한다. 구체적으로 광고 캠페인 기간(timing), 광고 집행 패턴, 노출 기간, 광고 예산 또는 광고량, 광고 집행 간격(interval) 등을 결정한다. 매체 스케줄링을 어떻게 하느냐에 따라 광고비의 효율성을 극대화하고 불필요한 광고 예산의

낭비도 막을 수 있기 때문에, 제한된 광고 예산을 가지고 광고를 집행하는 광고주들에게 상당히 중요한 문제이다. 효과적으로 전략을 수립하기 위해 광고 예산, 판매주기, 경쟁 상황, 마케팅 목표 등의 요인들을 고려해야 한다.

매체 스케줄링의 종류로 지속형, 집중형, 비월형, 맥동형을 들 수 있으며, 이는 광고 캠페인 기간의 매체 물량을 중심으로 구분한 것이다. 첫째, 지속형(continuity, continuous, 연속형)은 일정한 비율의 광고량을 계획된 광고 캠페인 기간 동안 지속적으로 집행하는 것이다. 캠페인 기간 내내 일정량의 광고를 계속 집행하는 패턴이다. 장점은 광고 캠페인 기간 내내 꾸준하게 광고를 집행하기 때문에 소비자에게 광고를 항상 노출시킬 수 있다. 광고의 지속성을 도모할 수 있고 브랜드, 제품 등에 대한 기억을 유지시킬 수 있다. 연속적으로 매체를 집행하기 때문에 다른 유형보다 광고매체, 광고의 시간 및 지면을 구매하는 것이 상대적으로 유리하고, 경쟁사의 공격에 대응하기 쉽다. 단점은 광고 캠페인 기간 동안 끊어짐 없이 광고를 하기 때문에 높은 비용이 든다는 점이다. 광고 예산, 광고량이 지나치게 분산되어 어느 한 시점에도 충분한 힘을 발휘하기가 어려울 수가 있으며, 매출의 변화에 민감하게 대응하지 못한다. 광고의 반복 노출에 따른 광고 효과의 wear-out이 발생할 수 있다. wear-out은 광고 효과의 감퇴 현상(소멸 현상, 기억 소멸, 싫증 효과, 마모 효과, 짜증 효과)으로, 소비자가 같은 광고에 과다하게 노출됨으로써 광고에 더 이상 반응을 보이지 않거나, 경우에 따라 싫증, 짜증, 불쾌함 등 부정적인 반응을 보이는 것을 말한다. 지속형 스케줄링은 광고 예산이 많은 경우나, 제품 수명주기에서 성장기 또는 제품이 성숙기에 접어들어 단순한 회상만으로도 충분한 매출을 올릴 수 있는 경우에 사용한다.

둘째, 집중형(burst, blitz)은 광고량, 광고비를 특정 기간에 집중시키는 것이다. 광고하는 시점에는 대단히 활발한 광고 활동이 전개되지만, 나머지 기간에는 광고를 하지 않는다. 단기간에 모든 광고 집행을 몰아서 실시하는 패턴이다. 장점은 광고가 집행되는 기간에는 다른 브랜드에 비해 강한 효과를 기대할 수 있다. 소비자의 높은 주목률을 유도하고, 강한 인상을 심어줄 수 있으며, 단기적 효과의 극대화를 꾀할 수 있다. 단점은 광고가 중지된 시점에 소비자들이 광고 내용을 잊어버릴 가능성이 크며, 경쟁사들의 공격에 취약하다는 것이다. 집중형 스케줄링은 광고 예산이 적은 경우나 매출이 어느 특정 기간에 집중되는 경우(판매의 계절성), 단기적으로 제품 판매가 필요한 경우에 사용한다. 특정 기간에 경쟁 브랜드를 압도하는 광고 물량을 집중하여 충분한 노출 범위와 노출 빈도를 한꺼번에 성취하고자 할 때, 신제품을 시장에 출시하면서 단기간에 소비자의 인지도를 높이고자 할 때(제품 수명주기의 도입기) 집중형을 채택한다.

셋째, 비월형(flighting)은 광고 캠페인 기간 중에 휴지기(hiatus)와 집행기(flight)를 번갈아 가면서 실시하는 것이다. 집중형을 여러 번 나누어 실시하는 패턴이다. 장점은 비용 효율성이 높다는 것이다. 휴지기에 광고 예산을 아껴 두었다가 집행기에 사용함으로써 비용 대비 효과를 높일 수 있다. 단점은 광고를 하지 않는 동안 소비자의 관심 및 기억률이 저하되는 등 집행기에 쌓아 둔 광고 효과가 감소한다. 휴지기에 경쟁자가 소비자의 마음속에 침투해 들어와 소비자를 빼앗아 갈 가능성이 있다. 비월형 스케줄링은 광고 예산이 적은 경우나 시장에서 브랜드 포지셔닝이 확고할 경우, 광고를 줄여도 매출에 큰 장애가 되지 않을 경우, 이월 효과가 큰 경우에 많이 사용한다. 이월 효과(carry-over effect)란 과거에 집행된 광고의 효과가 계속해서 영향을 미치는 것을 말한다(주대홍, 정차숙, 한상필, 2007). 광고 효과의 누적으로 전월에서 광고 효과가 넘어왔기 때문에 광고를 하지 않는 휴지기를 가지는 것이다.

넷째, 맥동형(pulsing, 파동형)은 지속형과 비월형의 혼합 형태로, 광고는 지속적으로 집행하되 광고량에 변화를 주는 것이다. 즉, 광고 캠페인 기간 내내 어느 정도의 광고 노출을 지속적으로 하면서 성수기나 경쟁사 대응 등 필요한 시점에 추가적인 가중치를 둔다. 매체 스케줄링의 유형 중에서 가장 이상적인 방법이다. 장점은 판매의 효율성이 높은 시점에 광고비를 집중시켜 효율성을 극대화시키고, 나머지 기간에도 광고비를 배분하여 지속적인 광고 효과를 노릴 수 있다. 꾸준히 광고를 하기 때문에 제품, 브랜드에 대한 소비자 기억의 극대화를 도모할 수 있다. 계절성, 구매주기의 고려가 가능하고, 경쟁사의 광고 활동에 유연하게 대응할 수 있다. 단점은 캠페인 기간 동안 광고를 지속하면서 필요할 때는 광고량을 증대시키기 때문에 비용이 가장 많이 든다는 점이다. 경쟁자의 광고 스케줄링에 영향을 받으며, 추가적인 광고 물량을 집행하려고 할 때

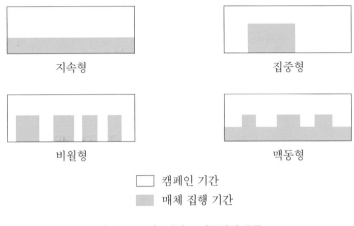

[그림 12-4] 매체 스케줄링의 종류

출처: 김희진, 이혜갑, 조정식(2007).

매체와 광고의 시간, 지면을 확보하는 데 어려움이 있다. 광고 효과가 높은 매체일수록 수요가 많기 때문에 필요한 시기에 계획한 물량만큼 매체, 광고의 시간 및 지면 등을 확보하기가 어렵다. 맥동형 스케줄링의 사용은 광고 예산이 넉넉할 경우나 지속적인 광고가 필요하면서 특정 기간에 광고를 집중할 필요가 있는 제품에 적합하다.

"어떤 종류의 스케줄링을 선택할 것인가"는 다음과 같은 요소들을 고려하여야 한다. 광고 예산의 제약과 판매주기(계절성), 경쟁사의 광고 활동, 마케팅 목표, 제품의 재고 여부, 프로모션 활동과의 연계, 제품 수명주기, 제품 재구매주기 등이다. 이 중 가장 중요한 고려 요인은 '광고 예산(budget)' '계절성(seasonality)' '경쟁(competition)'이다. 광고 예산이 충분하다면 지속형이나 맥동형이 바람직하다. 제품 판매가 계절성을 띤다면 집중형 또는 맥동형이 적합하며, 그 외에 경쟁사의 광고 활동과 노출 패턴 등을 고려해서 매체 스케줄링 종류를 선택한다.

(4) 실제 집행

이상의 결정들이 이루어지고 나면 계획한 대로 매체에 광고물 집행을 하게 되고, 이를 통해 소비자들에게 광고의 노출이 발생한다. 구체적으로, 본 실행(media execution)

단계는 매체 기획 결과 최종적으로 구성된 매체 계획 혹은 매체 스케줄을 '구매'하고 '집행'하는 과정이다. 매체 구매(media buy)는 매체 기획의 결과 최종 결정된 광고 스케줄을 구매하는 것을 말한다. 매체 집행(media execution)은 구매한 매체를 실제로 집행하는 것으로, 광고를 구매한 지면과 시간대에 내보내는 것을 뜻한다.

(5) 결과 평가

평가(analysis) 혹은 사후 기획(post-planning) 단계라고도 한다. 광고 노출 후 효과를 평가한다. 광고 캠페인이 끝난 후 계획한 대로 매체 목표가 달성되었는지, 매체 전략에 따라 광고가 집행되었는지, 문제가 있는지, 전체적인 성과 및 효율성 등은 어떤지 등을 분석한다. 이후 다음 매체 기획에 참고 자료로 활용한다. 문제점 등을 찾아내어 차기 매체 기획에서 보완하고, 사후 평가 결과를 향후 매체 기획에서 참고 자료로서 이용한다.

4. 디지털 미디어 시대와 광고매체의 미래

1) 디지털 시대와 매체

디지털 미디어 시대의 특징으로 다음과 같은 3개의 변화를 들 수 있다. 첫째, 콘텐츠의 OSMU(One Source Multi Use) 현상이다. TV 콘텐츠는 TV매체만을 위한 콘텐츠를 의미하거나 또는 케이블 TV 콘텐츠는 케이블 TV매체만을 위한 콘텐츠 개념이 아닌 것이다. 콘텐츠는 다양한 매체에서 유통 가능한 콘텐츠로 변화한다. 방송 산업에서 OSMU란 "최초의 방송 콘텐츠 방영 혹은 방영 후 파생되는 모든 융합 콘텐츠(비즈니스 또는 제품)의 기획, 생산, 판매, 관리를 통해 수익을 극대화하는 활동이자, 융합된 방송 콘텐츠의 저작권 마케팅"이라고 정의할 수 있다. 이는 곧 "방송 콘텐츠의 산업적 효과를 극대화하기 위하여 저작권의 효율적 활용을 기반으로 파생 제품의 기획, 생산, 판매 등의 제반을 관리하는 종합적인 마케팅 활동"이라고 설명할 수 있다(조성룡 외, 2007).

둘째, 매체들의 O2O 플랫폼으로의 진화이다. O2O(Online To Offline, 또는 Offline To Online)는 온라인과 오프라인 시장의 유기적 융합을 꾀한 서비스를 말한다. ICT (Information and Communications Technologies: 정보 통신 기술)를 기반으로 온라인 고객을 유치하고 오프라인으로 소비자를 유도하는 방식을 주로 이야기하며, 온라인에서 제품의 구매가 이뤄지고 실제 서비스를 받는 것은 오프라인을 통해 이뤄지는 형태를 통칭한다. 온라인을 통해 오프라인으로, 오프라인에서 온라인으로 소비자를 유도하는 쌍방향 광고 기법으로도 O2O 플랫폼이 거론되기도 한다. 디지털 시대에 맞춰 매체 서비스들은 진화를 거듭하고 있다. 매체들의 주목을 받은 새로운 서비스들은 대다수 O2O 서비스들이었다. 그리고 미디어 플랫폼들은 새로운 O2O 서비스들의 광고를 통한 수익 창출을 꾀하고 있다.

셋째, 적극적인 수용자들의 등장이다. 소비자들이 기존의 수동적인 미디어 콘텐츠 수용자가 아니라 적극적으로 정보를 찾고 조합하고 이용하고 연결하며 전달하는 새로운 소비 주체, 다시 말해 스마트 이용자가 되었다. 그동안 광고 메시지를 수동적으로 받고 이에 반응하던 전통적인 커뮤니케이션 이용자가, 이제는 스스로 광고 메시지를 생산하는 한편, 취사선택하고 재조합하는 주체로 나서게 된 것이다.

이러한 디지털 미디어 시대에서 광고매체를 구분하는 여러 가지 시각이 있다. 첫 번째는 플랫폼 관점에서의 매체이다. 말 그대로 광고매체를 플랫폼의 시각에서 바라보는 것으로, 특히 전통적 매체들의 콘텐츠 플랫폼으로의 진화는 해당 매체의 생존과 직결되어 있는 상황이다. 두 번째는 메시지 주도권 관점에서의 매체이다. 메시지의 주도권을 누가 가지고 있는가에 따라 매체를 구분하는 것이다. 즉, 콘텐츠의 내용을 누가 결정하는가를 기준으로 언드 미디어(earned media), 페이드 미디어(paid media), 온드 미디어(owned media)로 나눈다. 세 번째는 광고회사 재무적 관점에서의 매체이다. 광고 대행사들의 재무적 관점에서 ATL과 BTL 매체로 구분하는 것이다. 네 번째는 유기체적 관점에서의 매체이다. 광고매체를 마치 살아 있는 유기체적 관점에서 바라보는 것이다. 이에 대해 자세히 살펴보겠다.

(1) 플랫폼 관점에서의 매체: 플랫폼 미디어(Platform media)

미디어 투자기업 '디지 캐피틸(Digi-Capital)'은 디지털 플랫폼의 진화를 4단계로 설정한다. 1단계는 '컴퓨터'가 플랫폼으로 작용했던 시기로 IBM, HP, 컴팩, 마이크로소프트 등의 기업이 개인용 컴퓨터(PC) 제조업과 운영 체제 사업을 주도했다. 2단계는 '인터넷'이 주요 플랫폼으로 작용했던 시기로 구글, 아마존, 이베이, 야후 등의 기업이 인터넷을 기반으로 검색, 전자상거래 등 새로운 유형의 서비스를 제공하면서 성장했다. 3단계는 '모바일' 플랫폼이 주도하는 시기로 페이스북, 카카오톡 같은 사회관계망 서비스 또는 우버 택시 같은 O2O 사업자가 부상한 시기다. 4단계는 '가상현실, 증강현실'이 부상하는 시기로 페이스북 이외에도 HTC, 소니, 마이크로소프트, 고프로, 삼성 같은 기업들이 디지털 이용자들에게 새로운 경험을 제공하고 신 시장을 개척하기 위해 가상현실 기술 고도화와 생태계 구축에 박차를 가하는 시기다.

① 방송 플랫폼의 진화

방송은 전송망뿐만 아니라 플랫폼에 따라 구분할 수 있다. 플랫폼이란 다양한 서비스와 콘텐츠가 제공되는 접점이다. 많은 사용자들이 오가며 원하는 것을 사용하고 거래하는 공간을 의미한다. 방송의 경우 프로그램과 광고를 제공하는 플랫폼은 지상파 방송 플랫폼, 케이블 방송 플랫폼, 위성 방송 플랫폼, IPTV 플랫폼 등이 있다.

인터넷을 이용한 다양한 방송 플랫폼이 새로운 경쟁자 및 콘텐츠 유통 창구로 부각되고 있다. 즉, 인터넷으로 볼 수 있는 TV 서비스인 OTT(Over The Top)를 이용해 플랫폼을 개발, 진화시켜서 새로운 이용자를 모은다.

② 신문 플랫폼의 진화

영국의 일간지 인디펜던트가 2017년 7월 26일자를 끝으로 종이 신문을 폐간하고, 온라인으로만 발행하기 시작했다. 신문 구독자가 크게 감소하면서 경영이 어려워졌기 때문이다. 1986년 창간한 인디펜던트는 한때 유료 부수가 40만 부에 이르렀지만, 2017년 6월에는 5만 4천 부까지 떨어졌다. 따라서 변화된 뉴스 소비 방식에 맞춰 종이 신문 발행을 중단하고, 인터넷, 모바일 서비스를 강화하기로 한 것이다.

종이 신문의 위기는 어제 오늘의 일도 아니고, 우리나라도 별반 예외가 아니다. 신문사들은 새로운 기술을 적극 활용해 미디어 플랫폼으로 변모하고 서비스를 업그레이드하는 등 필사적인 노력을 하고 있다. 1990년대 월드와이드웹(WWW: World Wide Web)이 등장하면서 대부분의 신문사는 종이 신문의 내용을 웹으로도 제공하는 인터넷 신문을 발행했다. 처음에는 단순히 종이 신문의 보조적 기능이었던 인터넷 신문이, 최근에는 모바일 신문과 함께 종이 신문의 디지털 버전을 넘어서 콘텐츠 유통 플랫폼으로 진화하고 있다.『뉴욕 타임스』등의 신문사들은 온라인과 모바일 중심으로 신문의 독자층을 유지, 증가시킬 전략을 추진하고 있다. 디지털 독자에 부응하는 뉴스 생산을 위해 기존의 뉴스 룸과 차별화된 디지털 뉴스 룸을 완비하고자 변화를 추구하고 있다. 전통 신문의 서비스 내용도, 이를 위한 운영 체제(operating system)도 변화를 모색하려는 것이다(김영석 외, 2017). 독자와 공존하는 생태계, 즉 미디어 플랫폼을 구축하려 노력하고 있다.

③ 개인 미디어 플랫폼, MCN(Multi Channel Network)의 등장

1인 동영상 창작자(크리에이터)와 MCN업체들은 무섭게 성장하며 기존 매체들을 위협하고 있다. 스마트폰 하나만 있으면 누구나 미디어가 될 수 있고, 여기에 MCN업체들이 가세하면서 1인 창작자도 대형 제작사에 버금가는 양질의 콘텐츠를 제작할 수 있게 됐기 때문이다. 다중 채널 네트워크 혹은 멀티 채널 네트워크는 여러 개의 동영상 채널들을 묶어 관리하는 업체로, 2007년 구글의 동영상 플랫폼인 유튜브가 도입한 개념이다. 유튜브 내에서 인기와 수익이 많아지는 크리에이터들이 생겨나자, 마치 연예기획사처럼 관리해 주는 곳이 생긴 것이 시초이다. MCN업체들은 크리에이터들과 제휴를 맺고 콘텐츠 제작부터 기획, 제품, 프로모션, 파트너 관리, 디지털 저작권 관리, 판매, 결제, 수익 창출, 잠재 고객 개발 등의 영역을 크리에이터에게 지원하고, 광고의 수익 등을 나눠 갖는다. MCN은 빅 데이터, SNS 등을 활용해 이용자 선호를 분석하고 콘텐츠를 맞춤형으로 사전 제공하여 콘텐츠 이용을 적극적으로 제안할 수 있게 될 것이다. 타깃 고객에 대한 콘텐츠 제공으로 광고 수익 외에도 유료화 등 다양한 분야로 사업 영역이 확장될 것이다. 기존 미디어 기업들도 점점 TV에서 멀어지는 세대에 접근하기 위해서는 MCN이 가지고 있는 오디언스를 확보해야 하는 상황이다.

(2) 메시지 주도권 관점의 매체: 트리플 미디어(Triple media)

트리플 미디어라는 분류법은 콘텐츠 오너가 누구인가를 기준으로 매체를 구분한 분류법이다. '콘텐츠의 내용을 누가 결정하는가?'를 기준으로 언드 미디어와 페이드 미디어, 온드 미디어로 구분한다. 언드 미디어(earned media)란 콘텐츠 내용의 결정에 기업이 관여할 수 없는 매체를 말한다. 사례로 신문이나 잡지 매체의 사설, 트랜드나 제품에 대한 매체의 독립적인 분석 기사, 리뷰 전문 사이트에 게재된 전문가 및 일반 소비자들의 리뷰 기사 등을 들 수 있다. 이것들은 기업이 그 콘텐츠 내용의 결정에 영향을 미칠 수 없으나 기업과 관련된 콘텐츠가 게재되고 있으므로 언드 미디어라고 한다.

페이드 미디어(paid media)는 '기업'이 돈을 지급함으로써 매체에 게재되는 콘텐츠 내용을 컨트롤하는 경우의 매체이다. 사례로, TV, 라디오, 신문, 잡지 등 전통적인 광고매체를 들 수 있다. 그러나 페이드 미디어에는 기업이 광고를 만들어 이를 실을 공간만 제공받는 형태만 속하지는 않는다. 최근에는 언드 미디어와 페이드 미디어의 중간 형태라고 할 수 있는 새로운 페이드 미디어들이 출현하여 페이드 미디어의 영역을 확장하고 있다.

온드 미디어(owned media)란 '매체의 운영자'에게 콘텐츠 내용의 결정 권한이 있으면, 운영 주체인 기업의 입장에서 해당 매체를 온드 미디어라고 한다. 흔히 자사 매체, 자사 채널이라고도 불리는 기업 홈페이지, 기업 공식 블로그, 기업 직영 전자상거래 사이트, SNS 안에서 기업이 직접 운영하는 공식 채널 등이 온드 미디어의 사례라고 할 수 있다. 광고주들은 온드 미디어를 통해 잠재 고객을 고객으로 육성하고 장기적인 관계를 형성하려고 한다(최환진 외, 2016).

(3) 광고회사 재무적 관점의 매체: ATL과 BTL 미디어

광고 캠페인에서 통합적 마케팅 커뮤니케이션(IMC)에 대한 요구가 증가하면서 광고

매체가 단순히 광고를 전달하는 역할뿐 아니라 PR, 프로모션, 이벤트 등을 지원하기 위한 도구로 활용되었다. 광고회사들은 광고 캠페인에서 광고매체의 역할과 특성에 따라 광고매체를 ATL과 BTL로 구분하기 시작하였다.

 ATL(Above The Line)이란 대중매체를 활용한 비대인 커뮤니케이션 활동을 말한다. 반면에 BTL(Below The Line)은 ATL을 제외한, 주로 대인 커뮤니케이션 방법을 활용하는 비대중적 커뮤니케이션(non mass media communication) 활동을 말한다. 재무적 관점과 매체 대행 업무를 기준으로 광고회사는 커미션(commission) 기반의 매체들을 ATL매체로, 피(fee) 기반의 매체들을 BTL매체로 구분한다. 다시 말해, 광고회사들이 대행 수수료로서 커미션을 받는 4대 매체를 ATL이라고 하며, 그 외의 매체들을 BTL이라고 한다. ATL매체에는 TV, 라디오, 신문, 잡지 등이 속하고, BTL매체에는 모바일, IPTV, 소셜 미디어 등이 포함된다(이경렬, 2016).

(4) 유기체적 관점의 매체: 오가닉 미디어(Organic media)

 매체는 인터넷의 대중화와 함께 갑자기 네트워크의 유형으로 변모한 것이 아니다. 매체의 속성 자체는 본래 '네트워크'를 내포해 왔다. 다만 이것이 현대사회에서 사회적·기술적 요소들과 적극적으로 결합되면서 현상적으로 두드러지기 시작한 것이다. 모든 커뮤니케이션 수단이 곧 매체라는 관점에서 보면 매체는 태생적으로 네트워크라 할 수 있다.

 '스스로 유기적으로 진화하는 네트워크'에 기반을 둔 매체를 오가닉 미디어(organic media)라고 정의한다. 사용자의 참여를 기반으로 작동하는 커뮤니케이션 도구이자 네트워크이다. 기존의 매체 개념은 '메시지의 전달(방식)'에 초점이 맞춰져 왔다. 반면, 우리가 목격하는 것은 인터넷 공간 자체가 실제로 거대한 소셜 네트워크로 연결되고 있는 현상이다. 여기에는 단순히 페이스북, 트위터와 같은 소셜 미디어만 해당하지 않는다. 상거래, 검색 등 분야에 관계없이 현상은 동일하다. 매체가 마치 살아 있는 유기체처럼 기계적으로 정리되거나 통제되지 않고, 그 영향 범위가 순식간에 커지기도 한다(윤지영, 2016).

2) 광고매체의 미래 전망

그동안 광고 산업을 견인하던 방송매체와 인쇄매체의 비중이 줄어들고, 인터넷, 모바일 등 뉴 미디어의 비중이 증대되고 있다. 또한 광고 산업의 중심인 광고회사의 수입 역시 TV광고와 신문광고 등의 커미션 베이스 중심에서, 인터넷광고, 모바일광고 등의 피 베이스 중심으로 바뀌고 있다. 그간 종합광고회사들은 대형 광고주들의 TV광고를 방송하는 브로드 캐스팅 중심의 커미션이 주 수입원이었다. 이제는 광고주들의 크리에이티브 서비스나 SNS 등의 내로우 캐스팅 중심의 피 수수료 체계로 전환되고 있는 것이다. 광고회사들은 광고주들의 마케팅이나 커뮤니케이션 솔루션을 제공해 주는 마켓 솔루션 집단으로 업무 영역이 확대되고 있다. 수많은 매체들이 등장하고, 매체 수용자들과 다양한 접점을 가지며, 적극적으로 미디어 콘텐츠를 생산해 내고 있는 환경이기 때문에 광고회사의 업무 영역이 확대될 수밖에 없는 것이다.

(1) 인게이지먼트가 광고매체의 필수

상호작용적 특성을 가진 뉴 미디어들이 등장하고 소비자들의 광고에 대한 통제권이 증가하면서, 매체 효과도 대중매체 중심의 수동적인 노출에서 벗어나서 소비자를 광고에 적극적으로 몰입시키는 '인게이지먼트(engagement)' 개념으로 확장하고 있다. 광고에서 인게이지먼트란 광고매체 또는 광고 메시지 등에 노출된 사람들이 정보를 이해하고, 몰입하고, 집중한 정도를 말한다. 인게이지먼트는 단순히 매체 혹은 메시지에 노출된 사람의 수(How many)보다, 매체 혹은 메시지와 접촉한 순간 소비자들이 얼마나 깊이(How deeply) 있게 정보를 이해(Understand)하고, 몰입(Engage)하고, 집중(Attentive)하였는가와 같은 정성적인 효과를 말한다.

인게이지먼트 소비자 시대가 탄생하게 된 배경에는 모두가 연결되는 네트워크 혁명이 자리 잡고 있다. 인게이지먼트 소비자의 특성으로, 우선, 즉시성을 들 수 있다. 즉시성은 모바일 시대의 도래와 함께 생겨났다. 소비자들은 스마트폰을 통해 원하는 물건의 가격을 즉시 비교하는 것 등의 '시간의 즉시성'과, 쿠폰, 무료 샘플을 즉석에서 받아볼 수 있는 '편익의 즉시성'을 누릴 수 있게 되었다. 다음, 다양성의 특성이 있다. 다양성은 초연결 네트워크 환경의 많은 멀티 플랫폼, 멀티 스크린 등에 의해서 생긴 특성이다. 다양한 매체들이 등장함에 따라 소비자는 한 개의 매체에 고정할 필요가 없어졌다. 자신이 선호하는 제품이 있을 경우 페이스북 '좋아요'를 눌러도 되고, 트위터 리트윗으로 퍼트릴 수도 있는 등 다양성을 추구할 수 있게 되었다. 마지막, 경험성이다. 가상공간, 증강현실의 범용화로 생긴 특성이다. 인게이지먼트 소비자는 자신이 직접 체험하면서 브랜드 로열티를 갖는다. 소비자들이 스스로 퍼트리는 제품은 놀랍거나 즐거운 경험을 주는 브랜드이다(박진한, 2013).

이런 특성을 감안할 때 소비자를 광고에 적극 몰입시키는 인게이지먼트가 광고매체에도 더욱 요구될 것이다.

(2) 인공지능과 광고 크리에이티브

로봇 저널리즘(robot journalism)은 컴퓨터 기계장치를 뜻하는 '로봇'과 언론을 뜻하는 '저널리즘'이 합쳐진 말로, 컴퓨터 소프트웨어 등을 활용해 기사를 자동으로 작성하는 것을 말한다. 『로스앤젤레스 타임스』 『로이터』 등은 속보 기사 작성의 일부를 로봇으로 대체해서 비용 절감과 속보 처리에 효과를 보았다.

인간과 기계가 뚜렷하게 구분될 수 있다고 보는 창조 능력인 크리에이티브(creative)를 주업으로 하는 광고 분야에서도, 로봇 저널리즘과 같은 인공지능(Artificial Intelligence: AI)이 활용될 것으로 보인다. 2016년 일본에서 인공지능과 인간 간의 광고 대결이 있었다. 맥캔 에릭슨의 인공지능 크리에이티브 디렉터인 'AI-CD β'와 유명한 광고 기획자 겸 방송작가 '쿠라모토 미츠루(倉本美津留)'는 몬델레즈 재팬의 '클로렛츠 민트 탭(Clorets mint tab)'이라는 제품의 광고를 기획, 제작하였다. 이후 3개월 동안 홈페이지를 통해, 누가 만든 광고인지를 감추고 광고 선호도를 조사하는 블라인드 투표를 진행했다. 그 결과 54% 대 46%로, 근소하게 인간 광고 기획자가 승리하였다. 아직은 인간의 광고가 우위를 점하고 있다고 할 수 있지만, 조만간 광고 분야에서도 인공지능의 활용이 불가피할 것으로 예상된다(류채원, 2018). 향후 빅 데이터를 활용하여

[그림 12-5] 인공지능 제작 광고(좌)와 인간 광고 기획자 제작 광고(우)

출처: KBS 명견만리 화면 캡처.

소비자의 욕구를 잘 충족하는 인공지능 광고와 이를 뒷받침하는 광고매체가 결합되면 광고 효과가 더욱 증대될 것이다.

(3) 미래를 위한 새로운 거버넌스 필요

빅 데이터, 사물 인터넷 등 4차 산업혁명에 대비한 법, 제도의 개선과 규제 완화가 다른 나라들보다 부진한 편이다. 우리나라의 법과 제도가 기술의 발달을 쫓아가지 못하고 있다. 정부나 기업, 전문가들이 몰라서 못하는 것이 아니라 오랫동안 정착되어 온 제도나 관행, 규제와 충돌하고, 자기 분야의 이익을 우선하는 집단이기주의 때문이다. 세계를 선도할 수 있는 신유형의 광고가 하루가 다르게 쏟아지고 있는데 법에 저촉되어 사장되고 있는 현실이 안타깝다.

사물 인터넷과 빅 데이터 등을 광고에서 적극 활용하기 위해서는 개인의 정보 보호 문제해결이 필요하다. 그런데 새로운 산업 분야에서는 정보의 주체에게 사전에 고지하고 동의를 받기 어려운 경우가 많다. 사물 인터넷의 경우, 특정 시스템에서 개인정보와 위치정보를 구분해 일일이 수집 및 이용 동의를 받는다는 것은 거의 불가능하기 때문에, 개인정보에 대한 개념과 원칙을 새로이 재정립할 필요가 있다.

이제는 광고매체나 광고 규제를 포지티브 방식에서 네거티브 방식으로 바꿔야 한다. 광고주와 광고인들이 새로운 기회를 활용할 수 있도록 해야 한다. 원칙적으로 자유롭게 허용하고, 예외적으로만 규제하는 방식이어야 한다.

그리스어로 시간을 뜻하는 말에는 두 가지가 있다. 자연스럽게 흘러가는 물리적 시간인 '크로노스(chronos)'와 특별한 의미가 부여된 시간인 '카이로스(kairos)'다. 크로노스가 모두에게 동일하게 적용되는 객관적 시간이라면, 카이로스는 사람들에게 각각 다른 의미로 적용되는 주관적 시간이다. 구체적 사건 속에 놀라운 변화를 체험하게 되는 시간을 가리켜 그리스인들은 카이로스라 부른다. "순간의 선택이 10년을 좌우합니다"라는 1980년대 유명한 광고 카피가 카이로스적 시간을 말한다.

『특이점이 온다』라는 저서로 유명한 미래학자 레이 커즈와일(Ray Kurzweil)은 "오는 2045년 인공지능이 생물학적인 진화를 추월하는 순간이 온다. 특이점이 오면 인공지능의 컴퓨팅 파워는 인간의 지능보다 10억 배 정도 높아질 것"이라고 예측하였다(Kurzweil, 2005). 앞으로 다가올 미래는 물리적인 시간의 크로노스보다는, 만물의 무한한 변화 속에서 기회와 위기가 교차하는 대전환의 시간인 카이로스로서의 의미가 더 클 것이다. 특히 우리가 어떻게 판단하고, 결정하고, 실행하는가에 따라 천양지차로 다르게 다가올 질적인 시간이다. 향후의 사회에서는 모든 사물이 미디어이고, 광고매체로 활용될 수 있다. 커뮤니케이션 테크놀로지가 발전하면서 사물과 인간이 소통하게 됨에 따라 '만물이 미디어'인 세상이 도래할 때, 어떻게 광고매체로 활용할지 미리 준비하고 대처해야 카이로스적 시간이 될 것이다.

참고문헌

김영석, 권상희, 김관규, 김도연, 나은영, 문상현, 문재완, 송종길, 양승찬, 이상식, 이상우, 이준웅, 전범수, 조성호, 황용석(2017). 디지털 시대의 미디어와 사회. 경기: 나남출판.

김운한, 정차숙(2016). 광고 크리에이티브. 서울: 서울경제경영.

김희진, 이혜갑, 조정식(2007). 광고매체 기획론. 경기: 학현사.

류채원(2018). "AI 기획 광고에 대한 내용 분석: 일본 〈Clorets〉 광고를 중심으로". 한양대학교 석사학위논문.

박진한(2013). "고객 경험을 디자인하라 인게이지먼트 시대 생존 전략" KAA 저널. 5월 6월호, 10-14.

박현수(2013). 광고매체 기획론. 서울: 한경사.

방송통신심의위원회. 방송광고심의에 관한 규정(2016.12.22 개정). 〈http://www.kocsc.or.kr〉.

양윤직(2010). 디지털 시대의 광고미디어 전략. 서울: 커뮤니케이션북스.

윤지영(2016). 오가닉 미디어. 성남: 오가닉미디어랩.

이경렬(1999). 광고매체. 〈http://edu.adic.co.kr〉.

이경렬(2016). 광고매체론. 서울: 서울경제경영.

이명천 · 김요한(2016). 광고학개론. 서울: 커뮤니케이션북스.

이화자(2009). 크리에이티브 내비게이터: 광고제작의 이론과 실제. 서울: 한경사.

조성룡, 신호, 장예빛, 이성업, 한민우, 구본철(2007). "사례 분석을 통한 방송콘텐츠 OSMU의 고찰: OSMU 이론적 정립 및 비즈니스 분류를 중심으로". 방송공학회논문지, 12(5), 423-434.

주대홍, 정차숙, 한상필(2007). "정보제시형 텔레비전광고와 이미지제시형 텔레비전광고간의 광고효과 이월률 차이에 관한 실증적 연구". 광고학연구, 18(3), 53-71.

최환진, 조용석, 한규훈, 박승배, 엄남현, 김찬석, 김효숙, 지준형, 이상열(2016).(제일기획 출신 교수들이 직접 쓴) 트리플 미디어 마케팅과 광고기획. 서울: 중앙북스.

한광석, 백승록(2012). 광고론. 서울: 글로벌.

한국방송광고진흥공사, 한국광고주협회(2017). 2017 소비자행태조사 보고서(MCR: Media & Consumer Research. 서울: 한국방송광고진흥공사.

한국방송광고진흥공사. 방송광고유형. 〈http://www.kobaco.co.kr〉.

Donnelly, W. J.(1996). Planning media: Strategy and imagination. *Upper Saddle River*. NJ: Prentice Hall.

Kurzweil, R.(2005). The Singularity is near: When humans transcend biology. NY: Viking; 김명남, 장시형(2007).(기술이 인간을 초월하는 순간) 특이점이 온다. 경기: 김영사.

Scissors, J. Z., & Barron, R.(2002). Advertising media planning?. NY: McGraw Hill.

통합 마케팅 커뮤니케이션

1. 21세기는 통섭의 시대

　20세기 매스 미디어 시대를 지나 21세기는 다양한 미디어가 공존하는 통섭(con-silience)의 시대라고 할 수 있다. 통섭(統攝, consilience)은 1840년 윌리엄 휘엘(Wiliam Whewell)의 귀납적 과학이라는 책에서 처음 언급한 용어로 20세기 말까지 널리 알려지지 않았으나, 최근 에드워드 오스본 윌슨(Edward Osborne Wilson)의 1998년 저서『통섭, 지식의 대통합』을 통해 다시 알려지기 시작했다. 통섭이란 서로 다른 요소와 지식들이 한데 모여 새로운 단위로 거듭남을 뜻한다. 서로 다른 요소와 지식들이 거듭나는 통섭의 사례는 주변에서 나타나고 있다. 우리는 '창의와 혁신이 극대화된 시대(Age of greatest creativity and innovation)'에 살고 있다고 한다(『타임』, 2006년 3월). 통섭은 체계적인 전략과 창의적인 아이디어를 절묘하게 결합하는 광고업과 잘 맞는 개념이다. 서

* 지원배 한신대학교 미디어영상광고홍보학부 교수, 유현중 가톨릭관동대학교 광고홍보학과 교수

로 다르다고 치부하거나 영향력이 없다고 판단했던 분야들을 결합해 새로운 아이디어와 창조물을 얻어 내는 것을 의미한다. 미디어의 통섭 역시 마찬가지 의미이다.

최근 들어 우리 사회의 변화 중 가장 빠르게 변화하고 있는 것은 미디어라고 할 수 있다. 이는 소비자와 소통할 수 있는 통로가 증가했다는 의미일 수도 있다. 이러한 미디어의 증가로 인해 소비자들이 다양한 경로를 통하여 정보를 습득하고 누구든지 이를 공유할 수 있다는 것을 의미한다. 아울러 메시지를 전달하는 주체와 상호작용할 수 있다는 것을 의미한다. 또한 소비자의 미디어 이용 시간에도 변화를 가져왔다. 왜 이러한 일이 벌어지는 것인가? 한마디로 이야기하면 디지털 기술의 발전으로 소비자가 변하고 있고, 광고주의 입장에서는 기존의 수동적 소비자와는 다른 소비자를 상대하고 있다는 것이다. 정보는 더 흔해지고, 무엇을 중요하게 생각하는지 그것을 알아내야 할 것이다. 미국의 유명한 사회학자이자 심리학자 허버트 사이먼(Herbuert Simon)은 관심 경제 이론의 시초가 되는 이야기를 하며, 정보가 너무 많이 돌아다니기에 관심이 점차 떨어지고 있으며, 우리의 핵심은 그 관심을 어떻게 잡느냐에 있다고 했다. 이것이 광고를 만드는 사람들이 가져야 할 가장 중요한 화두라고 볼 수 있다. 우리를 둘러싸고 있는 세상의 진실을 알기 위해 우리는 무엇을 해야 하는가? 또한 광고에 대한 반응이 무뎌진 소비자에게 무엇을 해야 하는가? 시장이 너무 빨리 변해 가는 것을 따라잡기 힘들다는 말들을 한다. 즉, 마케팅의 주도권이 소비자에게 넘어 갔음을 의미하고 있고, 마케터가 마음대로 소비자를 움직일 수 있다는 것은 난센스라고 이야기한다.

디지털 기술로 인한 소비자의 변화를 살펴보면, 1999년부터 2009년까지 단 10년의 세월이지만 1990년대만 해도 4매체 이외에는 크게 두각을 보이지 않았다. 그러나 2000년대로 넘어오면서 인터넷 기반의 디스플레이광고나 검색광고가 시작되었다. 불과 2~3년 후에 커뮤니티·체험 마케팅·UCC·블로그를 이야기하고, 인터넷 기반뿐만 아니라 인터랙티브 기능이 강화된 새로운 광고에 대한 툴이 나와 매체로 활용되고 있다. 이제는 개인화가 진전되면서 위젯·마이크로 블로그·디지털 OOH에 대한 얘기가 나오고 있다. 이렇게 새로운 매체가 점점 더 빠르고 다양하게 등장하면서 소비자가 경험하는 접점이, 마케팅 툴로 활용할 터치 포인트가 엄청나게 확장됐다. 그중에서, 특히 현대는 소셜 미디어(social media)의 시대라고 이야기한다. 새로운 서비스가 계속 나오고 있지만 글로벌 시장에서 가장 관심을 갖는 것은 페이스북(Facebook)과 트위터(Twitter)이다. 소셜 미디어의 심벌로 여겨지는 페이스북, 트위터는 여태껏 경험해 보지 못한 속도로 사용자가 빠르게 증가하고 있다. 특히나 트위터는 항공기 추락 사건이나 이란의 유혈 시위 사태 중계로 유명해졌으며, 간혹 CNN보다 빠른 뉴스 전송 속도를 보이고 있다. 개인이 사용하는 매체가 기존의 중앙집권적인 전통 미디어보다 큰 위력을 발휘한 대표적인 사례라고 할 수 있다. 이렇듯 정보는 곳곳에서 넘쳐 난다. 우리가 접근할 수 있는 양보다, 우리가 필요로 하는 양보다, 무척이나 많은 정보들이 흘러 넘치고 있는 것이다.

이렇게 우리가 프로세스할 수 있는 양보다 엄청난 정보들이 유통되고 있고 유통된 정보들은 공유되고 재확산된다. 한마디로, 소비자가 곧 미디어가 된다. 소비자 하나하나가 블로그를 소유할 수 있으며, 그것을 통해 다른 이들과 밀접하게 연결되고 있다. 그 미디어 안에서 창작과 공유를 통해서 나를 표현한다. 서로 의견을 나눌 수 있는 소셜 미디어를 통해서 문화 결속 공동체를 형성한다. 네트워크를 통한 인터랙션으로 얻게 된 지식의 합이라 일컬어지는 집단 지성의 규모가 점점 더 커지고 있는 것이다. 마케터의 입장에서는 상대해야 할 소비자들의 규모와 영향력이 점점 거대해지고 있음을 의미한다. 정리해 보면, 디지털 기술의 발전으로 발생한 매체의 변화가 소비자의 변화를 가져오고 마케팅 환경 변화로 이어진 것이며, 그로 말미암아 마케팅 이론 역시 달라졌다. 제품이 아니라 제품을 사용하는 소비자가 더 중요하게 되었다. 이제 마케팅의 화두는 변화된 소비자이며, 그들이 누구이고 그들을 이해하고 설득하는 일이 중요한 일이 되었다.

기존의 마케팅에 대한 정의를 살펴보면 다음과 같다. 마케팅이란 소비자들에게 가치를 창안해 내는 커뮤니케이션을 하고 전달하는 것과, 조직과 그 관계자들이 혜택을 받을 수 있는 방법으로 소비자 관리를 하기 위한 조직적 기능이자 일련의 과정이라고 한다(미국마케팅협회, 2004). 일반적으로 마케팅은 소비자의 필요를 충족시킬 제품이나 서비스를 개발하여 구매를 유도하고 판매 촉진을 위한 과정으로 생각하였다. 그러나 급변해 가는 미디어 환경의 변화와 소비자의 미디어 이용 형태의 변화에 따른 마케팅 커뮤니케이션 패러다임의 변화가 필요한 때라고 이야기하고 있다. 또한 소비자의 라이프 스타일의 변화도 기존의 마케팅에 변화가 필요하다는 것을 보여 주고 있다. 최근 미디어 소비의 개인화 경향을 보이고 있는데, 이러한 수용자의 변화는 개인주의 라이프 스타일을 추구하는 개인이 미디어 소비도 개인화하는 경향을 보이고 있으며, 이러한 변화와 기술의 발전은 개인 미디어를 활용한 능동적 주체의 소비자로 변화하고 있다. 미디어 이용자는 미디어 이용의 다양과 분극화를 그 특징으로 다중 매체의 동시적이며 복합적인 소비 경향을 보이고 있다. 특히 기존 4대 매체의 이용 감소 및 신규 미디어의 이용 증가, 소비자 접점에서의 광고 노출 중요성 증대 등의 마케팅 패러다임 변화는 광고주의 미디어 크리에이티비티에 대한 관심 증가와 다양하고 특이한 형식의 광고를 집행하고자 하는 의지를 강화시키게 되었다. 또한 광고를 엔터테인먼트 수단으로 활용하는 능동적이며 생산적인 미디어 이용자의 특성은 미디어의 콘텐츠와 광고 메시지를 결합하거나, 혹은 미디어와 광고주의 협업(co-creation)의 형태로 미디어 크리에이티비티의 영역을 확대시키고 있다.

2. 통합적 마케팅은 무엇인가?

통합적 마케팅 커뮤니케이션 관리(IMC)라는 용어는 1990년대 후반 처음 등장해 지금까지 기업의 마케팅 커뮤니케이션 활동 지침서로 활용되고 있다. 기업의 IMC 활동은 브랜드 아이덴티티(brand identity) 구현을 위해 조화로운 활동과 일관성이 요구된다는 것이다. IMC(Integrated Marketing Communication)는 미국광고업협회의 정의처럼, "광고, DM, SP와 PR 등 다양한 커뮤니케이션 수단들의 전략적인 역할을 비교 검토하고, 명료성과 일관성을 높여 최대의 커뮤니케이션 효과를 제공하기 위해 이들 다양한 수단들을 통합하는 총괄적 계획의 부가가치를 인식하는 마케팅 커뮤니케이션"이다. IMC는 marketing mix 가운데 하나인 프로모션(promotion)에 속하는 것들을 나열하고 있어 프로모션에 역점을 둔 좁은 의미의 IMC로 받아들여질 수도 있지만, 그 핵심 내용을 살펴보면 포괄적인 의미도 담겨져 있는데, 다음의 4가지로 요약할 수 있다.

첫째, 다양한 커뮤니케이션 수단을 사용한다는 것이다.

둘째, 이들 다양한 커뮤니케이션 수단을 통합한다는 것이며, 이 두 가지 조건이 동시에 충족되어야 IMC가 된다는 것을 의미한다.

셋째, 다양한 커뮤니케이션 수단의 전략적인 역할을 비교 분석하는 Strategic Decision Making이라는 것이다.

넷째, 마케팅 커뮤니케이션 플래닝이라는 개념이다.

Belch & Belch(1995)에 의하면 IMC는 'Big Picture'를 필요로 한다고 주장하고 있으며, 기업으로 하여금 marketing mix의 하나인 프로모션뿐만 아니라 기업의 모든 마케팅 활동이 그 기업의 소비자들과 어떻게 커뮤니케이트하는지를 인식하고, 더불어 모든 마케팅 활동이 조리 있고 일관성 있는 이미지를 소비자들에게 전달해 주어야 한다고 주장한다. IMC의 특징을 살펴보면 다음과 같다. 첫 번째, 소비자의 행동에 영향을 미친다. 마케팅 커뮤니케이션이 단순히 브랜드 인지도에 영향을 주고 브랜드에 대한 소비자의 태도를 강화하는 것을 넘어서서, 제품 구매와 같은 특정한 행동 반응을 이끌어 낼 수 있도록 수행되어야 한다는 것이다. 두 번째는, 모든 접촉 수단을 활용해야 한다. 단순히 광고와 같은 단순한 커뮤니케이션 수단에만 의존하지 않고 표적공중에게 도달하는 데 있어 가장 효과적일 수 있는 매체나 접촉 수단을 적극적으로 사용한다는 것이다. 세 번째로, 소비자 혹은 유망 소비자로부터 출발해야 하는데, 시장을 소비자의 눈으로 바라보는 것이 아니라 소비자나 유망 소비자의 욕구를 파악하는 것부터 시작해야 한다는 점이다. 네 번째는, 시너지 효과의 달성으로 IMC의 핵심 부분이라고 할 수 있는데, 이를 위하여 강력하고 통일된 브랜드 이미지를 구축하고 소비자를 구매 행동으로 이끌기 위해 각 커뮤니케이션 도구의 역할에 대한 조정을 필요로 한다. 다섯 번째, 관계 구축으로 성공적인 마케팅 커뮤니케이션이 되기 위해 소비자 간의 관계 구축이 필요하다는 것이다. 지속적인 관계의 구축을 위해 반복 구매와 브랜드 애호도를 실현할 수 있다. IMC 전략은 쉽게 말해서 마케팅 전반에 걸친 통합 관리 서비스라고 할 수 있다. 즉, 하나의 커뮤니케이션 메시지를 결정한 후, 미디어 믹스를 통해 일관되고 지속적인 커뮤니케이션 전략을 구사한다는 것이다.

　언뜻 보면 통섭적인 의미를 내포하고 있는 듯하지만, IMC는 크리에이티브 전술이라기보다는 미디어 통합 전략에 가깝다고 할 수 있다. 하지만 통섭이 의미하는 것은 보다 포괄적이면서도 깊이 있는 관찰을 통해 전체를 관통할 핵심 아이디어를 추출하고, 그것으로 미디어 전체를 다스리는 것이라 할 수 있다. 즉, IMC보다 더 본질적이고 고차원적인 의미를 담고 있는 것이다. 기존의 IMC가 '한 목소리'의 통합을 강조하며 위에서 아래로의 물리적인 통합을 강조했었다면, 현재의 IMC는 이미 상호작용적인 조화와 시너지를 강조하고 있다. 이러한 변화는 필연적인 것이며, 이는 각각의 매체들과 분야가 협력하지 않으면 점점 복잡해지는 소비자에 대한 이해와 관계 형성이라는 과제를 해결할 수 없기 때문이다. IMC를 바탕으로 소비자와의 모든 접점에 대한 전략은 이미 각 광고회사별로 체계적으로 갖추어져 있다. 이제 IMC 전략에 통섭을 접목시켜야 할 당위성이 더해지고 있다. IMC 광고 전략이 통합의 개념을 갖고 있는 것은 분명한 사실이다. 즉, 광고주 서비스 차원에서 미디어를 통합 관리하겠다는 의미이고, 브랜드의 일관된 소구를 위한 크리에이티브의 매니지먼트이기도 하다. 그러나 IMC 이론이 탄생한 시점은 미디어의 통합이 이루어지기 전이었다. 따라서 지금처럼 미디어 환경이 복잡하게 변화되고 있는 시점에서는 통섭이라는 개념과는 사뭇 다른 차원의 이론인 것이다. 또한 일반적으로 IMC 전략에서는 크리에이티브가 열외로 취급되거나 별도의 개념으로 이해되는 듯 보인다. 즉, IMC 전략이 주는 뉘앙스는 관리적인 느낌이 크다고 볼 수 있다. 특히 미디어 부분에 있어서 통합적으로 관리한다는 의미가 지배적인 것이다. 물론 광고회사의 서비스 중에 상당 부분을 차지하고 있는 것이지만, 광고회사 서비스의 본질이며 핵심인 크리에이티브가 소홀히 다뤄져 왔거나 혹은 별도의 개념으로 보았던 것이다. Stewart(1996)는 IMC가 성공하기 위해서는 단순히 상이한 커뮤니케이션 수단을 통해 전달되는 메시지를 통합하는 문제가 아니라, 소비자를 위한 가치를 창출하고 소비자를 중심으로 기업 활동을 조직하는 시장 환원적 (market-back) 접근이 본질적으로 요구된다고 보고 있다. 둘째, IMC는 소비자와의 상호작용 및 쌍방향 커뮤니케이션을 강조한다는 점에서 전통적인 마케팅 접근 방법과 차이를 보인다. 마케팅 관점에서 광고나 프로모션의 역할이 소비자의 제품에 대한 태도 변화에 초점을 맞추는 일방향 커뮤니케이션의 성격이 강하였다면, IMC에서는 기업과 소비자의 상호작용에 따른 소비자와 공감대 및 관계 형성이라는 쌍방향 커뮤니케이션으로 확대된다(Shimp, 1997). Lauterborn(1990)은 4P를 대체하는 개념으로 4C를 제안하면서, 프로모션은 조작적(manipulative)이며 커뮤니케이션은 소비자 내부로부터 출발하며 협동적(cooperative)이라고 주장한다. 상호작용성은, 특히 상호작용적 매체의 등장 및 활용의 필요성과 관련하여 강조되고 있다(Peltier et al., 2003). 셋째, IMC는 최종적인 구매 행동과 보다 직접적으로 연계된다. 마케팅 관점에서 광고나 프로모션의 효과는 제품에 대한 태도 변화에 국한되었다. 그러나 IMC 관점에서는 이전에 고려되지 않았던 제품, 가격, 유통과 관련된 커뮤니케이션 요소들도 종합적으로 활용하게 됨으로써 소비자의 구매 행동 및 매출과 직접적으로 연계될 수 있게 된다(Schultz et al., 1993; Shimp, 1996).

IMC로 가기 위한 4가지 단계는 다음과 같다.

- 1단계: IMC를 전략적인 관점에서 보는 시각에서 IMC는 시작된다.
- 2단계: 기업 내·외부 모든 조직·파트너와 함께 공유해야 한다.
- 3단계: 분명한 목표하에 개발, 평가되어야 한다.
- 4단계: 지속적으로 진행되어야 한다.

IMC는 광고 이외의 프로모션 활동의 중요성이 증가하고 있고, 세분화된 소비자층의 등장과 매체 시장의 세분화 현상으로 더욱이 중요하게 생각되고 있으며, 유통업의 발달로 소매업자의 역할이 중요해졌기 때문에 중간상들에 대한 다양한 촉진 활동이 요구되고, 데이터베이스 마케팅의 등장으로 소비자와 개별적인 관계 구축의 중요성이 절실해졌기 때문에 그 필요성을 이야기하고 있다. 이러한 IMC를 성공적으로 이끌기 위해 필요한 단계별 진화 과정(Duncan & Caywood, 1998)은 다음과 같다.

첫째, 필요성 인지 단계로, 환경과 변화에 대한 인식과 새로운 경영 시스템을 요구한다. 마케팅 커뮤니케이션을 통합할 필요성을 인식하는 단계이다. 둘째, 이미지 단계는 일관된 메시지와 관점을 견지하는 것의 가치를 이해하는 것으로, 메시지와 매체의 일관성을 확보하기 위한 의사 결정이 포함되어야 한다. 셋째, 기능적 단계는 광고 PR 프로모션 등의 기능적 커뮤니케이션 분야의 강점과 단점에 대한 전략적인 분석이 필요한 단계로, 다양한 마케팅 커뮤니케이션 프로그램이 수립되는 과정이 포함되어야 한다. 넷째, 각각의 기능적 커뮤니케이션은 마케팅 활동에 기여할 잠재력을 보유하는 것으로 조정된 통합 단계로, 인적 판매 기능이 마케팅 커뮤니케이션 요소와 직접 통합되는 단계이다. 다섯째, 소비자 기초 단계는 목표 소비자에게 가장 효과적으로 도달할 수 있는 채널을 선택하는 단계로, 소비자의 욕구를 이해하고 일정한 소비자를 표적으로 선정하여 표적 소비자들에게 제품을 효과적으로 포지셔닝하는 마케팅 전략이 수립되는 단계이다. 여섯째, 관계자 기초 단계는 단순한 프로모션에서 벗어나 각 기능들을 관계자들과의 커뮤니케이션으로 폭넓게 정의하는 단계이다. 이해관계자의 범위에 표적 소비자 이외의 지역사회나 정부기관뿐만 아니라 기업의 종업원, 원자재 공급업체, 유통업자 및 주주 등도 포함되어야 한다는 것이다. 일곱째, 관계 관리 단계는 관계자들과 원활한 커뮤니케이션을 수행함으로써 기업의 관리 기능을 비롯한 다른 복잡한 조직들과 다방면에 걸쳐 직접적으로 접촉하는 단계이다.

이러한 IMC의 기본 원칙은 다음과 같이 설명할 수 있다.

첫째, Outside-in Plan이다. 커뮤니케이션 전략은 송신자(생산자)−수신자(소비자)가 아닌 수신자−송신자의 방향으로 구축되어야 한다. 기존의 마케터는 소비자가 그들이 무엇을 원하는지 알지 못하고, 소비자에게 일방적으로 제품을 팔려고 하였다. 그저 대중매체를 이용하여 소비자에게 좀더 많은 정보를 전달해 제품의 인지도를 높이고, 관심을 유발하며, 소비자의 구매를 높이려고 하였다. 하지만 소비자의 다양한 매체 환경의 변화에 대처하기 위해 소비자의 데이터베이스와 프로필을 바탕으로 언제, 어디서, 어떻게 어떤 물건을 얼마큼 왜 구입하는지 파악하며, 소비자들이 어떤 미디어로부터 어떤 메시지를 받는지 알 수 있게 되었기 때문에, 소비자를 중심으로 전략을 수립할 수 있게 되었다.

둘째, 수직적 플래닝에서 수평적 플래닝으로 변화하였다. 소비자가 다양하게 받는 정보를 평면적으로 소화하는 소비자에게 메시지를 전달함에 있어 통합된 메시지로 전달해야 한다. 즉, 효과적인 커뮤니케이션 툴을 선택하여 전략적인 메시지를 전달할 수 있어야 한다는 것이다. 제품의 브랜드와의 접촉점을 찾을 수 있어야 한다.

셋째, 마케터의 인식이 아닌 소비자의 실제 행동을 파악하는 것이 중요하다. 소비자의 데이터베이스를 바탕으로 소비자의 행동을 파악하고 이를 예측할 수 있어야 한다.

넷째, 소비자행동에 대한 데이터베이스를 파악하는 것이 중요하다. 기술의 발전으로 소비자의 데이터베이스를 통해 구매 행동에 필요한 정보를 파악하여 자신들의 소비자를 파악하는 것이 필요하다. 이를 바탕으로 같은 제품이라도 제각기 다른 소비자로 간주하여 별도의 커뮤니케이션 전략을 활용할 수 있어야 한다. 이를 바탕으로 특정 제품에 관심이 있는 사람들을 찾아내어 그들의 욕구를 만족시킬 수 있어야 한다.

다섯째, 브랜드 접촉 과정을 파악할 수 있다. 소비자와 브랜드의 접촉이 어떻게 이루어지고 있는지 파악하여, 브랜드 접촉 시 가장 중요한 이미지를 어떻게 가지고 갈 것인지, 그리고 브랜드 이미지와 함께 기업의 종합적인 이미지를 일관성 있게 가지고 갈 수 있을지 파악해야 한다.

여섯째, 커뮤니케이션의 통합적 관리가 중요하다. 소비자와 커뮤니케이션은 제품의 기획, 디자인 단계에서부터 소비자 관리에 이르는 전 단계에서 통합적으로 이루어져야 한다. 모든 커뮤니케이션 과정을 통합적으로 관리, 유지하는 것은 제품의 이미지 관리에 영향을 미칠 수 있다. 따라서 소비자의 소비자 관리뿐만 아니라 소매점과의 관계 유지를 위해서도 통합적인 메시지 관리가 중요하다고 할 수 있다.

일곱째, 리채널 멘탈 네트워크이다. 소비자들이 기억할 만한 광고를 만드기 위해 노력하는 것이 아니라, 소비자들의 마음과 제품의 브랜드를 연결시킬 수 있도록 노력하는 것이다. 소비자의 입장에서 생각하고, 소비자가 메시지를 받을 때 고려하는 것을 파악하여 소비자 인식에 초점을 두는 것이 필요하다.

여덟째, 제로베이스 플래닝이다. IMC는 소비자에 대한 폭넓은 이해를 바탕으로 소비자의 어떤 행동을 자극할 것인지 고민하고, 그들과 어떻게 의사소통할 것인가를 모색하는 것이다. 이를 위해서 예산의 획득은 가장 마지막에 이루어져야 할 것이다.

마지막으로, 어카운터빌리티(accountability)이다. 이는 어떤 행위의 결과에 대해 책임을 지는 것이다. IMC는 ROI를 통해 투자에 대한 수치적 회수를 지향하고 있다. 따라서 지금까지 효과 측정에 대한 어려움이 있었던 커뮤니케이션의 노력과 돈을 통합 관리함으로써 낭비를 줄일 수 있다는 것이다.

결론적으로, IMC는 현재의 소비자 정보를 축적하고 그와 비슷한 새로운 소비자를 찾아나서는 것에 기본을 두고 있다. 막연한 추측에서 비롯된 상상의 소비자가 아니라, 실제의 소비자를 찾아 나서고 그들과의 관계를 유지하기 위한 적극적인 마케팅 과정이다.

3. 마케팅 커뮤니케이션 환경의 변화

현재 우리 사회의 마케팅 커뮤니케이션의 변화 과정은 다음과 같이 살펴볼 수 있다.

1) 소비자와 구매 채널의 변화로 인한 유통의 변화이다

유통 산업은 50년마다 커다란 변화가 일어났다. 초기의 지역 상점 및 카탈로그 판매 방식에서, 백화점이 등장하면서 본격적인 유통 시장이 형성되었다. 1910년대 도시 외곽에 대규모 쇼핑몰이 들어서고, 그다음에 대형 할인마트가 등장했으며, 2000년대 초 인터넷의 등장으로 인터넷 쇼핑몰이 활성화 되었다. 현재는 스마트폰의 보급 확대와

[그림 13-1] **유통 산업의 구조의 변화**

출처: 2016 쇼핑 시장의 현황과 전망(DMC미디어, 2016년 1월).

기존 온·오프라인을 넘나드는 크로스오버(cross over)로 구매 패턴의 변화가 일어나고 있는데, 이는 인터넷 쇼핑몰 다음의 유통 패러다임을 변화시키는 커다란 요인이라고 볼 수 있다. 국내 유통은 경기 침체와 저출산으로 소비가 감소하고, 대형마트와 기업형 슈퍼마켓에 대한 영업 규제와 오프라인 유통 채널의 신규 출점 둔화로 성장세가 악화됐다. 온라인 유통 기업의 오프라인 시장 진출에 따른 시장 장악력이 약화되면서 기존 채널에 관한 정비 및 차별화된 전략 접근 모색이 필요하게 되었다.

2) 소비자의 변화이다

소비자가 단일화된 쇼핑 채널에서 제품을 인지하고 최종 구매까지 이어지는 정형화된 구매 패턴에서 벗어나, 다양한 유통 채널을 활용하여 자신이 원하는 조건에 부합하는 채널에서 구매하는 합리적인 성향이 나타나기 시작했다. 즉, 제품을 구매하기 전 온라인을 활용해 미리 가격 비교 및 구매에 관한 세부적인 정보를 획득한 뒤, 오프라인 매장을 방문하여 제품의 기능 및 성능, 품질 등을 꼼꼼하게 따져 최종 구매 시 합리적인 가격과 최적화된 서비스를 제공하는 채널을 선택하는 구매 패턴으로 변화하고 있다.

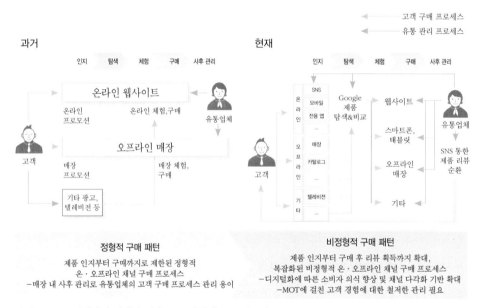

출처: 2016 쇼핑시장의 현황과 전망(DMC미디어, 2016년 1월).

칸타월드 패널의 조사에 따르면, 국내 소비자의 경우 구매 시 이용하는 채널은 연간 평균 4.43개이며, 과거부터 현재까지 증가 추이를 볼 때 그 수치는 계속 늘어날 것으로 전망하고 있다. 다양한 온·오프라인 채널을 활용하는 멀티 채널 소비자의 비중도 꾸준히 늘어나 70% 이상을 차지하고 있다.

3) 채널의 변화이다

일반 소비재에서 서비스에 이르기까지 소비자의 구매 패턴이 변화되면서 다양한 유통 채널이 늘어나기 시작했다. 기존에 판매하는 제품 및 서비스 특성에 따라 하나의 채널에 집중하는 전략에서, 세분화된 소비자와의 구매 접점을 강화하기 위해 멀티 채널로 확장하고 있다. 현재 기업의 유통 채널 전략은 '싱글 채널(single channel)'과 '멀티 채널(multi channel)'을 넘어서 '옴니 채널(omni channel)'로 진화하고 있다.

싱글 채널은 기업이 주력으로 하는 온라인과 오프라인 매장 중 하나의 채널만 운영하는 전략이다. 단일 채널에 집중하면서 효율적인 매장 관리와 원활한 소비자 커뮤니케이션을 할 수 있다는 장점이 있다. 그러나 제한된 채널 제공과 소비자 접점 및 다양한 구매 기회 제공이 불가능하다는 한계가 있다.

멀티 채널은 온·오프라인에 한 개 이상의 채널을 구축하는 채널 확장 전략이다. 오프라인 매장과 온라인 채널을 구축하는 게 일반적이며, 주력 채널 외의 다양한 온·오프라인 채널을 신규로 개설하는 것이다. 채널 확장을 통해 채널 간 경쟁을 유도하고, 다양한 소비자 접점을 통해 소비자 유입 강화와 매출 확대 기회를 얻을 수 있다. 기업들은 멀티 채널을 위해 온·오프라인에 신규 채널을 개설하거나, 다른 채널과 제휴하여 입점하는 형태로 채널 확장을 전개하고 있다.

옴니 채널은 멀티 채널의 한계를 극복하기 위한 대안으로 나온 채널 전략이다. 멀티 채널은 개별 채널이 독립적으로 운영되어 채널 간의 연계와 일관된 소비자 경험을 제공하는 데 한계가 있다. 그러나 옴니 채널은 온·오프라인 채널 간의 통합과 연결을 통해 소비자 구매 프로세스 전 과정에 일관된 소비자 경험을 제공할 수 있다. 멀티 채널에서 채널 간의 경쟁이 이루어졌다면, 옴니 채널은 채널 간의 유기적인 연계를 통해 동일한 소비자가 어떤 채널을 방문하더라도 동일한 서비스와 혜택을 받을 수 있다.

4. 성공적인 통합 마케팅을 위한 과제

최근 인문학이나 여러 분야에서도 사람에 대한 관심이 높아지고 있다. 우리가 이해해야 할 사람들은 네트워크를 통해 커다란 힘과 지성을 갖고 있기 때문에, 그들을 이해하기 위해서는 기존의 방법과 다른 다양한 지식과 관점, 경험에 기초한 통찰력이 요구되고 있다. 즉, 그들을 이해하기 위한 통섭의 필요성이 여기에 있다고 할 수 있다. 혼자서 연구하고 기존의 방식으로 학습하는 것으로는 어려워졌기에 통섭적인 접근이 필요하다는 것이다. 통섭이란 다양한 학문 분야를 넘나들며 사실과 그 사실에 기초한 이론들을 한데 묶어 하나의 설명 체계를 이끌어 내는 것을 말한다. "큰 맥(脈)을 잡는다"고 해석하기도 한다. 마케팅에서의 통섭은 다양한 지식·관점·경험을 바탕으로 소비자를 더 잘 이해하고 설득하여 지속적이고 차별화된 마케팅 성과를 실현하는 것으로, 변화된 소비자에 대한 인사이트를 확보하고 마케팅의 큰 맥을 잡는 일이라고 정리할 수 있다. 통섭과 유사한 개념들 사이에는 어떤 차이가 있는지 알아보자. 통합 (integration)은 완성물의 연결이고 융합(convergence)은 속성의 결합, 통섭(consilience)은 무형의 시너지를 의미한다. 각각 추구하는 바가 다른데, 통합이 효과를 따진다면 융합은 편리성·효율성, 통섭은 얼마나 더 스마트한가를 목적으로 작업한다. 작은 것으로부터 모여서 점점 더 큰 것을 만들어 가야 하는 추상적인 개념이지만 왜 이런 추상적인 개념에 주목할 수밖에 없는가에 답하자면, 광고라는 업이 사람을 다루고 사람을 이해하는 일이기 때문에 사람의 근간을 알려면 추상적으로 접근할 수밖에 없기 때문이다.

5. 통섭의 다양한 시도

최적의 커뮤니케이션을 위해 아이디어 발상에서부터 집행까지 다양한 분야에서 각 분야를 통합 활용하는 것뿐만 아니라, 아이디어 발상 과정이 소비자를 먼저 이해하는 부분으로 확장되어야 하는 것이다. 실행하는 과정에서도 소비자 접점과 소비자와 소통에 따른 메시지의 구조를 구성하는 방향으로 나아가야 한다. 그러기 위해서는 각 매체와 분야마다 역할이 매우 중요하다. 만약 한 분야에서만 아이디어를 생산하게 된다면, 어떠한 특정 분야의 개념만을 부각시키거나 특정 방향으로만 나아가게 되는 아이디어가 만들어진다. 그러나 다양한 분야들이 한곳에서 만나는 부분에서 수많은 개념들을 결합시키면서 아이디어를 만들어 내게 되면, 모든 사람들에게 접목이 가능하며 혁신적인 발상을 가능케 할 것이다. 물론 이를 위해서는 많은 영역에 대한 포괄적인 지식이 필요하다. 그 지식은 넓으면서도 상당한 깊이를 요구한다. 어느 누구 하나가, 혹은 어느 한 매체나 분야가 할 수 있는 것이 아니며, 서로 이해하고 협력해야만 가능하다. 이것이 소비자를 이해하고 나아가 사람을 이해하기 위한 가장 좋은 방법이며, IMC 효과의 극대화이다.

통섭의 개념이 확장되면 서로를 이해하는 것에서 더 나아가 '알게' 되고 '사랑하게' 된다. 이는 우리 시대가 요구하거나, 혹은 사람들의 마음속에 웅크리고 있다가 이제 막 기지개를 켠 생각이나 가치이며, 소통과 어울림에 대한 목마름이다. 통섭을 통한 IMC는 소비자를 이해하는 것에서 시작되어 소비자를 알게 되고, 그들과의 관계 맺음을 통해 소통하고 사랑하게 되는 것이다. 그 과정에서 각 분야와 매체 간에도 통섭을 통한 관계 맺기가 나타나게 되면 더욱 큰 시너지 효과를 만들게 된다. 요즈음의 광고 캠페인은 IMC를 바탕으로 활용 가능한 매체를 모두 동원하는 형태로 이루어진다. 그러나 성공하는 광고 캠페인은 모든 매체를 다 활용했더라도 모두 같은 메시지를 전달하지는 않는다. 각 매체의 특성에 맞춘 메시지를 담았고, 그 매체들을 통해 궁극적으로 소비자에게 전달하고자 하는 핵심 메시지로 소비자를 집합하게 만드는 것이다.

이렇게 성공한 광고 캠페인은 인간의 본성에 대한 통찰력 있는 이해를 바탕으로 하여, 전 과정이 하나의 핵심 아이디어를 중심으로 각 매체의 장점을 살려 일관성 있게 펼쳐진 것이다. 마치 가지가 모두 하늘을 향해 뻗어 있지만 줄기는 하나이며, 뿌리는 땅에 기반을 두고 있는 잘 자란 나무와 같다. 마케팅에서의 통섭은 다양한 매체들을 넓고 깊게 활용하는 데 있어 조율하는 방법이기도 하다. 현재 마케팅을 둘러싼 수많은 자원들이 있다. 그 많은 자원들을 조화롭게 활용하기 위해 실무에 맞는 매뉴얼이 필요하며, 각자 자신의 회사 여건에 맞는 프로세스를 찾아야 한다.

마케팅에서 IMC 개념이 일찌감치 탄생하였듯이 마케팅과 통섭의 만남 역시 필연적이라 생각된다. 상당히 추상적인 개념이므로 정확한 예측은 불가능하지만, 분명한 것은 현재의 복잡한 마케팅 상황에서 소비자를 이해하고 더 좋은 마케팅 전략을 성립하는 데 좋은 자양분이 될 것으로 기대된다는 점이다.

IMC 전략은 브랜드 관리 차원에서 시스템적인 개념을 뜻하며, 하나로 통합시킨다는 통섭과는 거리가 있다. 반면, 크리에이티브를 통섭한다는 개념은 미디어 간의 벽을 허물고 전체를 하나로 묶거나 두 개 이상의 미디어를 하나의 카테고리로 연결시키는 새로운 차원의 미디어 통솔을 뜻하는 것이며, 이러한 요구를 만족시킬 빅 아이디어를 뜻하는 것이다. 따라서 IMC 전략과 통섭은 '소통'이라는 공통분모를 가지고 있지만, 근본적인 개념에는 차이가 있는 것이다. 다시 말해, IMC 전략이 시스템적 미디어 통합 관리를 뜻한다면, 통섭은 통합적 관리는 물론 그 과정에서 새로운 차원의 크리에이티브를 발현해야 한다는 차원 높은 개념의 이론인 것이다.

6. IMC 캠페인 사례

1) 디비어스 뉴 밀레니엄 통합 마케팅 커뮤니케이션 캠페인

『애드버타이징 에이지(Advertising Age)』 잡지가 선정한 20세기 최고의 10대 광고 카피 중에 주얼리 회사인 디비어스(DE BEERS)가 선정되었다. 우리가 흔히 결혼을 할 때 다이아몬드를 선물하면 최고의 선물이라고 생각하는데, 그러한 발상이 바로 디비어스 광고에서 나타난 것이다. 제2차 세계대전을 겪고 난 이후 사회적으로 일찍 결혼하는 현상이 나타나 웨딩 관련 산업이 성장하게 되었다. 디비어스는 어떻게 하면 사랑을 더 잘 표현할 수 있고 남성과 여성들에게 다이어몬드 선물의 의미를 일깨워 줄 수 있을까를 고민한 끝에, 1947년 "다이아몬드는 영원하다(A Diamond is forever)"라는 슬로건을 사랑과 연관시켜 대표적인 결혼 예물로 인식시켰다. 전쟁의 아픔 속에서 이러한 젊은 부부들에게 '영원하다'라는 단어는 매우 설득력이 높은 카피가 아닐 수 없다. 디비어스는 다이아몬드 원석, 산업용 다이아몬드, 다이아몬드 주얼리 등을 생산하고 판매하는 영국의 다이아몬드 브랜드이다. 디비어스는 1888년 세실 로즈가 설립하였으나, 1929년 어네스트 오펜하이머가 회사를 인수하면서 글로벌 주얼리 회사로 성장했다.

이렇게 광고를 잘하는 디비어스는 2000년 뉴 밀레니엄 캠페인을 실시하여 성공을 거두었다. 디비어스는 밀레니엄을 맞이하여 전년도 대비 더 많은 수익을 창출하기 위해 광고만이 아닌 통합적 마케팅 커뮤니케이션을 실행하였다.

우선 마케팅 목표인 15% 이상의 매출을 성장시키기 위해 세 가지의 커뮤니케이션 목표를 설정하였다. 먼저 다이아몬드를 뉴 밀레니엄 최고의 선물로 인식시키고, 여성에게는 뉴 밀레니엄을 기념하여 다이아몬드를 소유하고 싶은 욕망을 느끼게 하며, 남성들에게는 뉴 밀레니엄을 기념하여 여성에게 다이아몬드를 선물할 수 있도록 인식시키는 것이다. 주요 타깃으로는 결혼을 하고 소득이 높은 기혼 여성과 여성의 남편들, 그리고 다이아몬드 판매상으로 정하였다. 브랜드 콘셉트로 "다이아몬드는 최고의 보석" "다이아몬드는 애정을 상징하는 것" "디비어스가 바로 최고의 다이아몬드 전문회사"임을 인식시키는 것이다.

캠페인을 실행하기 전에 소비자 조사를 실시한 결과, 다이아몬드를 선물하는 가장 적절한 시기가 바로 결혼기념일, 크리스마스, 신년 순으로 나타나 12월 크리스마스 이전에 분위기를 조성하고 연말과 신년에 집중적인 캠페인을 진행하기로 하였다.

우선 메인 타깃인 기혼 여성과 남성들에게 다이아몬드 이슈를 전파하기 위해 대대적인 언론 퍼블리시티를 실행하였다. 영국에서 국제적인 자선 행사를 개최하여 영국 황태자를 참관시키고, 패션쇼에서 다이아몬드 패션 의상을 입은 유명 모델을 등장시켜 퍼블리시티를 극대화하였다. 또한 국제 기자회견을 통해 세계에서 찾아보기 힘든 뉴 밀레니엄 다이아몬드를 언론에 공개함으로써 다이아몬드에 대한 관심을 고조시켰다. 그 이후 ATL 광고인 TV매체를 통해 기혼 여성층을 대상으로 뉴 밀레니엄의 소중한 순간을 다이아몬드와 함께하라는 메시지를 전달하고, 2차 시리즈 광고에서는 기혼 남성들에게 다이아몬드야말로 뉴 밀레니엄을 영원히 기억하게 해 주는 진정한 선물이라는 메시지를 전달하였다. 또한 웹사이트를 통해 다양한 다이아몬드 세트를 소비자의 기호에 맞게 주문할 수 있도록 하였고, 판매를 촉진하기 위해 다이아몬드를 구매한 이들에게 뉴 밀레니엄을 기념하여 세워지는 런던 돔 개막 행사 입장권을 경품으로 제공하여 사이트 방문 횟수를 5배로 늘리는 데 성공하였다.

한편, 또 다른 타깃인 다이아몬드 판매상들에게는 다양한 판매 촉진 활동을 실시하였다. 보석 전문지를 통해 디비어스 뉴 밀레니엄 캠페인의 취지를 알리고, 판매상들에게는 뉴 밀레니엄 캠페인에 대한 마케팅 교육을 실시하였다. 단순히 일방적인 정보를 제공하는 것이 아니라, 소매 광고 협찬, 디비어스 로고 제공, 뉴 밀레니엄 옥외 간판, 보석증서, 카드, 우편엽서 등 각종 구매 시점 판촉물을 판매사에게 제공하였고, 자발적으로 캠페인에 참여하도록 유도하였다. 그 밖에 뉴 밀레니엄을 기념하여 세계 최고의 보석박람회를 개최하였고, 세계적으로 권위 있는 패션쇼에 뉴 밀레니엄 기념 다이아몬드 홍보 행사를 연계시켰다. 특히 단순히 판매 촉진의 수단으로만 마케팅 커뮤니케이션을 진행하지 않고 공중과의 관계성을 증진시키기 위해 PR 활동을 실시하였다. 대표적으로 디비어스 다이아몬드 광산들이 아프리카 내전 지역에 있어 시민운동단체들의 비난을 완화시키고 공중과의 신뢰를 얻기 위해 세계보건기구, 하퍼 자선바자회 등 명망 있는 각종 사회단체의 후원과 넬슨 만델라와 같은 세계적인 지도자의 이해와 협력을 이끌어 내는 데 노력했다.

그 결과, 디비어스의 뉴 밀레니엄 캠페인은 기존 판매 목표를 2배 이상 끌어올렸다. 또한 커뮤니케이션 목표인 소비자들에게 크리스마스와 신년을 다이아몬드 구매의 기회로 인식시켰다는 점에서 의미가 있었다. 디비어스의 뉴 밀레니엄 캠페인은 하나의 마케팅 커뮤니케이션 수단만을 활용하여 성공한 사례가 아니라, 매우 과학적인 통합적 마케팅 커뮤니케이션을 실행하여 얻어 낸 결과물이다. 언론 퍼블리시티를 통해 소비자들에게 다이아몬드에 대한 관심을 이끌어 내고, 연말에 광고와 웹사이트를 통해 구매 욕구를 자극시켰다. 그 사이에 판매상에게는 뉴 밀레니엄 캠페인에 동참할 수 있도록 계기를 만들어 주고, 공중과의 신뢰를 얻기 위해 각종 사회단체들에게 이해와 협력을 이끌어 냈다. 이처럼 과거의 개별적인 마케팅 커뮤니케이션 수단들이 하나의 마케팅 목표와 커뮤니케이션 목표를 가지고 통합적으로 이루어져야 성공적인 캠페인을 진행할 수 있다는 점을 명심해야 한다.

2) 현대자동차그룹 참여형 브랜드 통합 커뮤니케이션 캠페인

현대자동차그룹은 과거 국내 자동차 전문 회사에 머물렀지만, 2000년대 들어서 판매 순위 세계 5위(2016년 기준, 현대 · 기아자동차 포함)의 글로벌 자동차 회사로 성장하였다. 이러한 대단한 성과에도 불구하고 현대자동차그룹은 글로벌 자동차 회사의 브랜드 이미지가 잡혀 있지 않다. 그래서 현대자동차는 2010년부터 공감을 바탕으로 소비자 참여를 유도하는 브랜드 통합 커뮤니케이션를 실시하고 있다.

우선 2010년에는 '기프트 카'로 전하는 희망 캠페인 사례를 실시하였다. 차가 아닌 희망을 선물하는 현대자동차그룹의 첫 번째 캠페인이었고, 캠페인의 목적은 소통을 통한 새로운 가치 창출이었다. 자동차를 만드는 회사에서 부드럽고 따뜻한 그룹의 이미지를 보여 주기 위해 캠페인 실행되었다. "달리는 당신을 사랑합니다" 캠페인은 꿈을 향해 달려가기 위해서 차가 필요한 주인공들에게 현대자동차그룹이 차를 선물해 주겠다는 내용을 담고 있다.

끝없는 도전과 열정의 차사순 할머니가 960번의 도전 끝에 운전면허증을 딴 사연과 컨테이너에서 역도의 꿈을 실현하는 진부중 · 고등학교 학생들, 희망을 노래하는 시각장애인 예은이가 감동적인 연주를 하는 등 꿈을 향해 달리는 여섯 그룹의 주인공이 나와 자동차가 필요한 이유를 설명하였다. 선정된 주인공들의 진솔한 이야기는 다큐멘터리 형식으로 TV광고에 표현되었고, 온라인 블로그 사이트에서 댓글을 통해 수용자를 참여시켰다. 블로그 댓글 참여를 통해 꿈을 향해 달리는 주인공들에게 자동차가 생겼다는 희망의 캠페인이 TV광고를 통해 다시 노출되었다.

[그림 13-2] 현대자동차 기프트 카 사례

2011년에는 소비자가 참여하는 방식과 공감을 그대로 유지하지만 차에 대한 새로운 해석을 하기 위해 '버스 콘서트'로 전하는 소통 캠페인을 진행하였다. 버스 안에는 헤아릴 수 없이 많은 희노애락과 우리만의 이야기가 담겨 있음을 밝히며, 현대자동차 그룹은 "어느 날 당신이 탄 버스에 콘서트가 열립니다"라는 캠페인 메시지로 소비자에게 다가갔다. 본 캠페인은 심야 버스에 탑승한 김범수의 열린 콘서트를 시작으로, 아이유(직장인 대상 통근 버스), UV(고등학생 대상 스쿨 버스), 이승철(새벽 버스), 설운도(할아버지, 할머니 대상 시골 버스) 등 5명의 스타 가수가 버스에 탑승하여 콘서트를 진행하는 내용이다. '버스 콘서트'는 2010년 '기프트 카' 후속 캠페인으로 차가 필요한 사람들에게 차를 제공하는 '차=선물'의 개념에서 진일보하여, 일반 시민들에게 희노애락이 담겨있는 버스에서 노래를 선물하는 '차=소통 공간'으로 의미를 확장시켰다. 기업이 단순히 제품을 알리고자 하는 마케팅을 넘어 CSR을 바탕으로 사회에 대한 따뜻한 문화 마케팅을 접목했다는 점에서 높은 평가를 받을 수 있다. 특히 이미지 중심의 TV광고 캠페인에서 벗어나서 온·오프라인 통합 캠페인으로 운영했고, 페이스북을 기반으로 유저들이 직접 참여하여 콘텐츠를 생산하는 것은 물론 버스 콘서트를 위한 음원 서비스를 제공하는 등 실질적인 참여와 소통을 이뤄 낸 쌍방향 커뮤니케이션

[그림 13-3] 현대자동차 brilliant memories 캠페인 사례

이라 할 수 있다.

2014년에 현대자동차는 소비자의 공감을 일으키는 'brilliant memories' 캠페인을 통해 대표적인 참여형 브랜드 통합 커뮤니케이션 사례를 만들었다. 무심하게 지나친 삶의 아주 작은 조각까지 돌아보며 소중한 추억이 있듯이, 우리는 자동차와 함께 오랜 시간을 함께하는 마음을 나누면서 둘도 없는 친구가 되었음을 강조했다. 어디든 떠날 수 있는 설렘, 언제든 출발할 수 있다는 자신감, 자동차는 추억이 되고 선물이 되고, 우리의 일상은 예술이 될 수 있다는 것을 brilliant memories 캠페인을 통해 표현하였다.

1단계로 바이럴을 통한 참여 유도를 통해 공감의 파동을 일으켰고, 2단계에는 캠페인 사이트를 통한 사람들의 참여 및 응모를 통해 아트웍을 제작하여 영감의 파동을 만들었으며, 마지막 3단계에서는 예술로 재탄생된 결과물을 더 많은 사람들에게 행복한 경험과 감동을 전달하기 위해 아트웍 전시회를 개최하여 행복의 파동을 일으켰다. '싼타페 그리고 프로포즈'에서는 한 아이를 둔 부부가 10년 동안 탄 싼타페를 폐차하면서 가졌던 사연을 통해 전문가들이 아트웍으로 제작하고, 연극 무대에서 남편이 아내에게 깜짝 프로포즈하는 형식으로 이루어졌다. 차는 아내와 연애했었던 추억, 아버지가 차 살 때 도와주셨던 추억, 아이와 함께 여행을 갔던 추억 등 감동적인 이야기를 전해 주고 있다.

이상과 같이 현대자동차그룹은 2010년 이후 온라인과 오프라인 매체를 활용하여 지속적인 통합 커뮤니케이션을 실시하였고, 소비자의 참여와 공유를 일으켜 자동차를 만드는 회사에서 부드럽고 따뜻한 그룹의 이미지를 보여 줄 수 있었다.

참고문헌

김형택(2016). 2016년 ICT 산업 메가 트렌드. 한국정보산업 연합회 보고서.

박상현(2009). 통섭 마케팅의 큰 맥을 잡다. 제일기획 사보 2009. 11.

인터브랜드, 드비서스(DE BVEERS), 온라인 세계 브랜드 백과.

조순호(2010). 광고회사의 커뮤니케이션 전략 트렌드 변화에 관한 연구-제일기획의 CMC 전략을 중심으로. 한국커뮤니케이션 디자인학회. 33권 122-131.

지원배(2008). 미디어, 믹스(Mix)를 넘어선 통섭(Consilience)의 시대, 제일기획 사보 2008. 9.

지원배(2014). PR학의 관점에서 본 브랜드 커뮤니케이션의 성공 · 실패 사례분석과 제언, 한국PR학회 춘계학술대회 기획세미나 발표.

한은경(2001). IMC광고론. 서울: 커뮤니케이션북스.

DMC Report(2017). 2017 디지털 마케팅 전략 가이드라인. DMC Report 연구보고서.

Janine, L. (2009). 21개의 감각을 자극하는 디지털 통섭을 디자인하다. 제일기획 사보.

Belch, G. E., & Belch, M. A. (1995). Introduction to Advertising & Promotion: *An Integrated Marketing Communication Perspective*(3rd ed.), Irwin, Inc..

Duncan, T., & Moriarty, S. E. (1998). "A Communication-Based Marketing Model for Managing Relationship," *Journal of Marketing, 62*(April), 1-13.

Lauterborn, B. (1990). "New Marketing Iitany," *Advertising Age, October 1*, 26.

Peltier, J. W., Schibrowsky, J. A., & Schultz, D. E. (2003). "Interactive Integrated Marketing Communication: Combining the Power of IMC, the New Media and Database Marketing," *International Journal of Advertising, 22*, 93-135.

Schultz, D. E. (1996). "The Inevitability of Integrated Communications," *Journal of Business Research, 37*, 139-146.

Schultz, S. I., Tannenbaum & Lauterborn, R. F. (1993). Integrated Marketing Communications, Lincolnwood: NTC Publishing Group.

Shimp, T. A. (1997). *Advertising, Promotion, and Supplemental Aspects of Integrated Marketing Communications*(4th ed.), The Dryden Press.

Stewart, D. W. (1996). "Market-back Approach to the Design of Integrated Communications Programs: A Change in Paradigm and a focus on Determinants of Success," *Journal of Business Research, 37*, 147-153.

다음 시대의 광고와 PR

1. 미디어의 진화가 PR과 광고에 던지는 의미

 디지털 미디어 환경의 폭발적인 발전으로 광고 PR 산업의 정체성과 위상이 달라져 가고 있다. 미디어 플랫폼과 콘텐츠의 생산, 유통 방식이 크게 변화함으로써 미디어를 기반으로 하는 대표적 산업인 광고 PR 산업에도 큰 변화가 일어난 것이다.

 특히 온라인과 오프라인이 결합되고 TV와 스마트폰으로 대별되는 방송과 통신이 융합되며 디지털 기술 접목이 가속화됨에 따라, 무엇보다 미디어의 쌍방향성과 편의 성이 획기적으로 증대된 데 원인이 존재한다. 이러한 쌍방형성의 중심에는 소셜 네트 워크 서비스(Social Network Service: SNS)와 유튜브가 자리한다. 이러한 매체 변화 가속 화에 따라 광고 PR 커뮤니케이션 방안 및 이를 운영하는 방식에서는 시시각각 변화가 발생하고 있다. 말 그대로 초 단위로 변화하는 미디어 환경에서 광고 PR은 심한 현기

＊ 김운한 선문대학교 미디어커뮤니케이션학과 교수, 김현정 서원대학교 광고홍보학과 교수

중을 경험하고 있다고 해도 과언이 아닐 정도다.

광고 PR과 브랜드, PR과 스포츠, 광고와 기술의 결합을 위시하여 상업적 콘텐츠와 비상업적 콘텐츠, 저널리즘과 브랜드의 결합, 온라인과 오프라인이 결합된 커머스 형태의 마케팅 활동이 전통적인 광고 PR 커뮤니케이션의 정체성을 바꾸고 있다. 다만 정체성이 가야 할 진로를 바꾸려 한 지는 오래되었어도, 최종적으로 그 진로를 어디에 두어야 할지는 여전히 진행형 질문이다.

이러한 변화의 핵심 동력은 디지털 테크놀로지, 데이터, 크리에이티브 콘텐츠다. 그중 디지털 테크놀로지는 디지털 미디어를 기반으로 한 새로운 디바이스 출현과 모바일을 중심으로 한 새로운 온라인 플랫폼, 그리고 소비 패턴의 변화와 프로그래매틱바잉 등 실시간 매체 거래 방식의 발전에 집중된다. 실제로 제일기획이 발표한 2017년 국내 광고비 집계에 의하면(연합뉴스, 2018. 2. 26.), 2017년 우리나라 총 광고비 11조 1,295억 원 중 인터넷 취급액은 4조 1,310억 원으로 35.6%를 차지했다. 인터넷 취급액 중 모바일 취급액은 2조 4,710억 원이며, 처음으로 2조를 넘어서는 높은 성장을 보였다.

무엇보다 지금 일어나고 있는 미디어의 폭발적인 진화 혹은 새로운 변화가 던지는 가장 큰 함의는 향후의 조직이나 기업 PR, 혹은 광고에서 더 이상 고정되고 정형화된 PR 혹은 광고 방법이란 존재하지 않을 것이라는 점이다. 끊임없는 변화에의 대응과 도전만이 기업 광고나 조직 PR에 펼쳐질 새로운 환경의 유일한 대안이 될 것으로 예측되고 있다. 이때 광고의 경우, 제작 방식이 아닌 소비자 중심의 배포와 유통 방식이 변화의 중심이 되고 있으며, PR의 경우 결국 PR을 수용하는 수용자 중심 방식과 수단의 변화가 중심이 되고 있다고 판단된다.

즉, 기업 광고나 조직 PR은 변화하는 디지털 세상 안에서 제품이나 서비스의 판매나 공중과의 관계 구축과 강화를 목표로 하는 것이 아니라, 공중을 구성하는 개개인들과 어떻게 접촉하고 관계를 맺어 관계를 강화할 것인가 하는 전혀 다른 관점의 마케팅 혹은 관계 구축 및 강화에 핵심을 두어야 한다. 즉, 광고 PR의 대상, 수행 방식이 무엇보다 다르게 변화하는 양상을 보이고 있다. 특히 광고 정보 탐색 및 언론, 또는 뉴스의 소비 양상 변화는 그 흐름을 견인하고 있다(안주아, 김현정, 김형석, 2014).

오늘날 조직이나 기업이 관계를 맺고 관리해야 하는 대상인 소비자나 공중은 보다 개인화된 형태로 존재하면서도 단체적 양상으로 존재한다. 즉, 소셜 미디어만 예로 들어도 소셜 미디어에서의 개인들은 분명히 개인화된 형태로 소셜 미디어를 통해 커뮤니케이션을 하고 있지만, 실제로 그들은 무수한 개인들과의 연결을 통해 하나의 집단으로서의 집단적 행동과 인식을 또 다른 다중적 커뮤니케이션으로 확산하는 양상을 보이고 있기 때문이다.

2016년 11월부터 시작된 광화문광장에서의 촛불집회의 예를 보아도 이러한 현상은 극명하게 나타난다. 촛불집회에 대한 개인들의 SNS가 공중의 집결을 완성하는 절대적인 역할을 했기 때문이다. 즉, 지극히 개인적인 매체인 개인의 SNS를 통해서 사회적 이슈가 확대되고, 공유나 리트윗은 물론 집회의 참여 같은 단체 행동의 양상이 개인매체에서 출발하여 다수로 확산, 강화되는 모습을 보였던 것이다.

결국 오늘날 개인 행동 이면에는 다수가 존재한다. 따라서 어떤 의견이나 이슈가 개인에게서 끝나는 것이 아니라, 개인에게서 시작해서 다수 공중의 동감으로 이어지고, 궁극에는 또 다른 집단적 견해나 행동까지 조직적으로 강화되는 양상이 SNS를 중심으로 펼쳐지고 있다. 이러한 상황 아래서 광고나 PR의 기존 방식이나 활동이 대폭 달라져야만 하는 것은 자명하다.

광고나 PR의 전통적 정의에 입각하되 그 시작이나 과정은 개인미디어에서 출발한 후 각기 흩어진 개별적 개인매체에서 점점이 하나의 양상으로 나타나다가, 점진적으로는 서로의 점과 점을 연결하며 하나의 그림으로 합쳐지는 과정을 거쳐야 하는 것이다. 그렇게 합쳐친 후에는 궁극적으로 다수 소비자나 공중의 동일한 행동으로 점화, 증폭하도록 이끌어 가야 한다. 따라서 관계 구축이나 관리를 위해 얼마나 개인에게 가까이 접근하고 접촉할 수 있는가는 새로운 미디어 시대, 광고 PR의 가장 기본적이며 필수적 요소가 될 수밖에 없다.

그렇다면 이러한 변화의 양상에서 앞으로의 PR이나 앞으로의 광고 지향점은 어디일까? 그 지향점은 아직까지는 정해지지 않은 채 현재 진행형으로 나아가고 있다고 판단된다.

다만 미래의 지향점을 찾고자 현재의 다양한 변화 양상을 살펴보는 일은 지금 매우 중요하다. 향후 더 가파르게 진화할 것으로 예상되는 미디어의 움직임을 주도하기 위해서는 광고 PR 전략에 힘을 더할 수 있는 방안을 지금 찾아야 하기 때문이다.

즉, 광고 PR을 둘러싼 새로운 패러다임의 변화에 따른 소비자 혹은 신 공중에 대한 이해, 미디어와 크리에이티브 콘텐츠의 새로운 양상, 광고 PR 효과의 변화 등 미시적 측면과 미디어의 변화 시대의 광고 및 PR 수행 시스템의 차별성, 인력 양성과 지원 등 거시적인 영역에서의 변화에 이르기까지, 그에 따른 선도적 수행 방안 및 대응 방안을 찾는 일이 지금 광고 PR업계의 당면과제인 것이다. 말하자면, 새로운 변화 환경을 정확히 읽고 우리가 가진(그리고 우리에게 요구되는) 자원을 다각적으로 모색하여 시시각각 변화하는 매체 환경에서의 조직 성장과 기업 비즈니스의 문제를 해결해 주는 '솔루션'으로서 광고 PR 커뮤니케이션 미래 방향을 고민하여야 하는 시점이 바로 지금인 것이다.

2. 광고 PR의 진행형 전략, '융합'

콘텐츠 측면에서 모바일 SNS 등 플랫폼을 이용한 동영상광고와 네이티브 광고 등의 성장, 미디어 측면에서 구매와 결제가 편리한 모바일 시장의 성장과 이에 따른 매체 거래 방식의 변화가 광고 변화의 중심을 이끌고 있다. 예컨대, 시장조사업체 이마케터에 따르면 세계 디지털 광고 시장 규모는 2016년 1,905억 달러(215조 원)이며, SNS 사용자의 폭발적인 증가에 맞추어 기업 광고가 눈에 띄게 증가하고 있는 것으로 나타났다(조선일보 위클리비즈, 2017. 5. 13.). 특히 모바일 기술의 발달과 더불어 이른바 핑거 콘텐츠(finger contents)가 확대되고, 바이럴 영상, 카드뉴스, 모션그래픽, 웹툰 등 새로운 디지털 플랫폼이 출현하면서 콘텐츠 산업의 새 지평을 열고 있는 것은 물론, 광고 PR 산업에게는 새로운 기회가 부상하고 있다. 특히 과거에 매체 융합은 주로 방송과 통신의 경계가 모호해짐에 따라 단순히 방송과 통신 양자의 상호 간 구분이 사라지는 양상만을 의미했다면, 최근에는 방송 및 통신 양자의 모든 특성을 반영한 더 발전된 서비스들이 더해지는 진정한 의미의 융합(유승호, 2009) 시대로 변모하고 있다. 융합 미디어란, 결국 시간과 공간의 제한을 벗어나게 하면서 상호작용성과 비동시성, 정보의 무한성을 극대화시킨다(이병혜, 2006). 광고 PR의 영역에서는 무엇보다 융합 미디어를 통한 융합적 전략으로 콘텐츠를 소비한다. 융합적 성격의 소비자이면서 프로듀서+컨슈머인 'Prosumer'로서 공중 혹은 수용자인 소비자의 콘텐츠 소비가 존재하는 것이다.

특히 미디어 플랫폼을 중심으로 광고 PR 산업 구조가 재편되는 과정에 의해서 업계는 이에 맞는 콘텐츠 생산에 많은 노력을 기울이고 있다. MCN(Multi-Channel Network) 등 다양한 플랫폼과 디바이스에 부합되는 콘텐츠가 활발히 생산되고 있으며, 브랜드 저널리즘 또는 네이티브 광고 등 상업적 콘텐츠와 비상업적 콘텐츠가 뒤섞이면서 미디어 간 콘텐츠를 변형시켜 이를 유통/확산시키는 노력이 가속화되고 있다.

이러한 맥락에서 업계는 물론이고, 광고 PR의 실무적 변화를 체계적으로 논의하고, 실행 방안의 효율성과 타당도를 높이기 위한 산학 연계 필요성도 증대되고 있다. 그중 이러한 거대 흐름을 이끄는 첨단 영역의 하나는 브랜디드 콘텐츠다.

1) 브랜디드 콘텐츠 및 브랜디드 엔터테인먼트: 즐거움을 소구하라

24시간 자유로운 검색 환경이 가능한 스마트 모바일 미디어가 중심이 되고 있는 스마트 미디어 환경에서 수용자의 선택은, 오직 콘텐츠를 따라 콘텐츠 중심으로 이루어진다. 이에 미디어 산업도 시청자들이 어떤 콘텐츠를 어떻게 이용하는가에 따라 재편되고 있다. 당연히 전통적인 미디어 중심의 광고 전략 수정이 불가피하다. 수백 개의 채널과 소셜 미디어를 앞에 두고, 광고회사는 소비자의 개인화된 커뮤니케이션 욕구를 어떻게 충족시킬지 고민하고 있다. 그러한 고민 속에서 브랜디드 콘텐츠(branded contents)는 하나의 해답으로 떠오르고 있다. 따라서 미디어를 중심으로 광고 산업 구조가 재편됨에 따라 업계에서는 이에 대응하는 디지털 콘텐츠 생산에 많은 노력을 기울이고 있다. 1인 방송 등 다양한 플랫폼과 디바이스에 맞춘 콘텐츠가 활발히 만들어지고 있으며, 브랜드 저널리즘 또는 네이티브 광고 등 상업적 콘텐츠와 비상업적 콘텐츠가 혼합된 활동을 비롯하여 미디어 간 콘텐츠를 변형하거나 이동시키는 노력이 가속화되고 있다. 세계 유수의 광고 대행사들이 영상 등 브랜디드 콘텐츠를 이용한 커뮤니케이션 활동에 주력하고 있다.

결국 브랜디드 콘텐츠는 기업이 특정 브랜드를 핵심적 구성 요소로 삼아 새롭게 제작한 콘텐츠로 이러한 흐름을 주도하는 분야가 되고 있다.

브랜디드 콘텐츠 중에서도 브랜디드 엔터테인먼트(branded entertainment)는 PPL의 한 유형으로서, 콘텐츠 제작사와의 코오퍼레이션(co-operation, 협력, 공동운영) 또는 코크리에이션(co-creation, 공동창조)을 통해 대상 브랜드를 해당 콘텐츠의 핵심적 구성 요소로 포함시키는 것을 의미한다. 브랜디드 콘텐츠에 오락적 기능을 강조함으로써 콘텐츠를 중심으로 형성되는 수용자들의 새로운 소비 구미를 만족시킨다. 미래의 브랜드는 결국 융합적 미디어에서의 융합적 전략을 통해 브랜디드 콘텐츠를 어떻게 배치하고 소비자들로 하여금 브랜디드 콘텐츠를 얼마나 즐겁게 소비하게 할 것인가를 가지고 광고의 판도를 변화시킬 것이다. 이러한 브랜디드 콘텐츠를 통한 수용자의 반응을 위해 PR 분야 역시 기업 브랜드를 기획하고, 그러한 브랜드 콘텐츠를 소비하는 수용자를 관리하기 위한 양상으로 방법론적 전환의 모색을 하게 될 것이다.

[그림 14-1] 코카콜라 '행복한 부스'

그 전략적 광고 PR 기획 방안의 하나는 콘텐츠 수용자를 중심으로 보다 유익하게, 보다 재미있게, 보다 상호작용적으로 더 많이 체험하고 경험하게 만들어 주는 것이다.

코카콜라가 칠레에 설치한 행복한 부스([그림 14-1] 참조)는 브랜디드 콘텐츠의 대표적 사례로 회자된다. 즉석 무료 사진관을 만들고 거기서 웃는 모습의 사진을 찍어 행복하게 웃는 신분증을 만들라고 하며, 그러한 신분증을 만든 이들에게는 콜라를 무료를 제공하고, 환하게 웃는 모습의 사진은 신문기사와 SNS를 통해 재전송되는 효과를 통해 엄청난 조회수를 기록하였다. 코카콜라는 '행복한 부스' 캠페인을 통해서 누구나 행복한 얼굴로 살아가자는 의미 있는 메시지를 전달한다. 이를 통해서 자연스럽게 기업의 브랜드를 행복에 연계시켜 노출하는 효과와 사회공헌적 기업 브랜드 이미지를 전달하고 있다. 사진을 찍는 과정의 즐거움과 경험이 가미되면서 기업 브랜드 이미지를 높이는 효과가 유발되는 것이다. 이러한 브랜디드 콘텐츠 형태의 엠비언트 광고를 '광고'라고만 규정할 것인가? '기업 PR'이라고 정의할 것인가? 광고의 전통적 정의에 입각할 때 '광고'라고 쉽게 단정 짓기는 쉽지 않다. 그렇다고 PR이라고만 부르기에도 석연치 않다. 옥외광고의 유형을 지녔으면서도 판매가 목적이 아니며, 늘 찌푸리고 있는 사회에 대한 기업의 책임 있는 태도로서 수용자들에게 이해된다.

융합 전략 시대에서 광고와 PR의 정확한 구분은 의미가 없다. 다만 콘텐츠를 어떻게 구성하고 그 콘텐츠를 어떻게 경험하고 즐기게 할 것인가만이 중요하다.

이러한 브랜디드 콘텐츠들의 콘텐츠 중심에는 즐거움과 체험 혹은 경험이 가장 중요한 요소로 자리하지만, 또 다른 화두의 하나는 기업의 사회적 책임이다. 브랜디드 콘텐츠가 엄밀한 광고의 정의에 규합하기 힘든 일면을 갖기에, 단순히 마케팅을 위한 수단으로서의 광고적 접근보다는 기업의 사회적 책임이라는 거시적 측면으로 수용자들에게 접근하는 경우가 많다. 코카콜라의 행복한 부스 외에도 많은 브랜디드 콘텐츠들이 사회적 책임이라는 명제를 가지고 수용자와 커뮤니케이션하는 즐거움에 편승하고 있다. 눈앞에서 무엇인가 직설적으로 우수성을 자랑하고 구매하라고 역설하기보다는, 간접적 형식으로 '콘텐츠'를 통해 접촉하는 즐거움과 행복을 주고 나서 사회적 책임이라는 윤리적 명제를 통해 보다 확실한 이미지를 심어 주고자 한다. 그럼으로써 브

HELLO HAPPINESS PHONE BOOTH

[그림 14-2] 행복한 전화 부스

▶ 국제전화비가 부담스러운 두바이 노동자
들을 위해, 최대 3분 무료 통화를 이용할
수 있도록 만든 폰 부스
▶ 곳곳에 설치된 통화 부스에 동전 대신 코
크 병뚜껑을 넣으면 무료 통화가 가능. 폰
부스 내부와 외부는 모두 코카콜라 브랜드
를 연상시킬 수 있는 이미지들로 둘러싸였
으며, 이를 통해 코카콜라가 전하고자 했
던 메시지인 '행복'을 직접 소비자가 경험
할 수 있도록 진행
▶ 설치 과정과 통화 장면 등을 담은 동영상
이 유튜브 조회 수 약 230만 기록

랜드에 대한 호의도를 높이는 방식이다. 결국 무엇보다 재미있고 유쾌하고 유익한 콘텐츠에 브랜드를 배치하는 방식, 이는 향후의 광고 PR에서는 필수적인 요소일 수밖에 없다. 그러므로 미래의 광고 PR은 오직 콘텐츠로 경쟁하고 승부하게 될 것이다.

코카콜라의 또 다른 부스인 행복한 전화 부스([그림 14-2] 참조)는 행복을 직접 경험하도록 구성한 설치물이다. 이 설치물은 오프라인 부스 설치 과정에 대한 통화 장면 등이 유튜브에 게시되면서 유튜브 조회수 약 230만을 기록했다.

2) 테크놀로지, 스마트 모바일이 만드는 융합: 이제 PC는 잊으라

디지털 기술 등 첨단 기술이 광고 산업에서의 성과로 이어지기 위해서는 먼저 기술에 담긴 콘텐츠의 창의성이 담보되어야 한다. 따라서 기술적 성장이 산업 발전의 한 축이라 할 때 창의적 콘텐츠 개발은 광고 PR 산업을 질적·양적으로 성장시키는 또 하나의 축이라 할 것이다. 예컨대, 새로운 광고 커뮤니케이션의 핵심 동력이라 할 브랜디드 콘텐츠를 중심으로 새로운 디지털 미디어 환경에 적용하고 활용하는 방안을 모색할 필요가 있다.

특히 기술에서 빼놓을 수 없는 것이 가상현실(VR)이나 증강현실(AR), 혹은 융합현실

(MR)을 사용한 마케팅의 가능성이다. 가상현실은 일부 게이머나 얼리어댑터의 전유물이라고 생각되던 시절도 있었다. 증강현실을 사용한 모바일이 비즈니스에 미치는 영향력은 다양하다. 예를 들어, 포켓몬GO에 적은 비용을 들여 많은 플레이어가 가게 주변에 모이도록 하는 장치를 설치할 수 있다면 그 광고의 기회비용은 막대할 것이다. 가상현실이나 증강현실이 화제가 되는 분야로 문화 전시 영역이 있다. 이 영역은 PR의 중요한 수단으로 이미 확실한 자리를 잡아 가고 있다. 사람이 많이 모이는 곳에서 구현되는 가상현실은 더 새로운 광고 PR과의 무한한 연결 통로가 된다. 스마트폰으로 찍은 역사적 조각품에서 구현되는 과거 제작 과정이나 유래까지 보여 주는 가상현실은 더 이상 새롭지 않은 전시 PR로 받아들여지고 있다.

　결국, 이러한 테크놀로지의 중심에는 스마트 모바일이 있다. 어떤 상황에서도 컴퓨터를 대신할 수 있는 존재로서의 스마트폰이 무한한 능력을 발휘 중이다(김운한, 김현정, 2012). 일부 미디어 전문가들은 이제 PC는 잊으라고 말한다. 모바일만이 새로운 대안이라는 주장이다. 그만큼 모바일의 영향력이 오늘날 기술의 중심에서 절대적 우위를 누리고 있음이다. 특히 네이티브 애드, 카드뉴스는 그중 대표적 사례다. 2016년 우리나라 역사의 한 획을 그은 촛불집회와 2017년 5월 대선에서 가장 영향력을 발휘한 것도 이러한 종류의 모바일 폰을 이용한 미디어의 영향력, 혹은 모바일을 활용한 SNS에서의 이슈의 확산이었다. 즉, 개인들의 동감과 공유 글이 이어지면서 하나의 새로운 흐름, 여론을 만드는 데 기여했던 것이다. 이러한 여론의 흐름에 기여하는 SNS의 활발한 활동을 보다 강화한 것이 이른바 '테크저널리즘'이다. 기술과 뉴스를 융합한 새로운 용어이다.

3) 테크저널리즘(기술 + 뉴스 융합): 뉴스 발전과 가속화에 대응하라

　뉴스는 사라지지 않는다. 다만 뉴스를 담는 그릇이 변했을 뿐이다.

　종이 신문이 영향력을 잃은 지는 이미 벌써 오래되었다. 앞으로는 신문광고라는 말이 고대어로 사라질지도 모른다. 그만큼 신문 산업은 위기 산업이다. 하지만 신문이

사라지는 것과 뉴스가 사라지는 것은 다르다. 뉴스는 오늘날에도 여전히 유효한 사람들의 화젯거리다. 뉴스를 보는 방식만이 달라졌을 뿐이다.

PR이 가장 주목하는 것은 여전히 뉴스다. 카드뉴스가 유행하는 것도 뉴스에 대한 수용자의 관심과 필요가 여전히 강력하게 존재함을 시사한다. 뉴스 소비는 인간의 삶을 구성하는 커뮤니케이션의 하나의 목적일 수도 있다. 즉, 뉴스 혹은 정보를 얻고자 하는 것이 커뮤니케이션의 목적일 수 있다는 말이다.

PR의 주요 활동 중 하나는 쟁점 관리와 위기 관리이다. 뉴스의 기술적 배포 양식이 발전하는 것일 뿐 뉴스가 사라지지 않듯이, 종이 신문이 사라지고 신문광고가 사라져도 PR은 남는다. 남아서 뉴스를 관리하고 쟁점 및 위기 관리에 사전적으로, 사후적으로 대응하는 일도 역시 미래의 PR에서는 빠질 수 없는 과업이 될 것이다. 공중들의 의견과 마음에 통하고자 여론을 생성하고 여론을 관리하기 위해서는 테크저널리즘에 주목해야 하며, 테크저널리즘을 활용한 세상 뉴스의 관리만이 아니라 이러한 형태를 활용한 다양한 홍보 기사를 생성하는 일도 미래의 PR에서는 또한 중요한 일이 될 것이다.

4) 경험(Brand experience) 창출 시대: 통합적 크리에이티브로 승부하라

광고 PR 커뮤니케이션에 대한 요구가 변화하면서 크리에이티브도 변화하고 있다. 대표적으로 브랜드 경험 디자인을 기반으로 한 통합적 크리에이티브(integrated creative) 영역의 변화를 예로 들 수 있다. 이미 오래전부터 커뮤니케이션의 통합성이 강조되어 온 바, 크리에이티브 측면에서도 시스템과 방식을 통합적으로 개편하는 '통합적 크리에이티브(integrated creative)' 전개로 이어지고 있다. 광고 PR의 여러 커뮤니케이션은 인접하는 예술 장르와 미디어, 방송 콘텐츠, 문화 산업 등의 트렌드를 적극적으로 수용하고 활용하지 않으면 후진성을 면할 수 없는 실정이다. 통합적 커뮤니케이션 시스템은 최근 인터렉티브 커뮤니케이션을 담당하는 광고회사 부서가 디자인 기능을 중시하는 현상과 관련이 있다. 예를 들면, 광고 대행사 이노션의 '커뮤니케이션 디자인 센터'나 SK텔레콤 브랜드 전략실의 'BX(브랜드 경험) 디자인팀' 등이 구성된 것도 같은 맥락이다. 종래의 메시지 중심의 커뮤니케이션에서 벗어나 경험을 창출하는 미디어 크리에이티브 등 커뮤니케이션 전반을 구조화하고 설계하는 관리적 측면이 강조된 것이다. 이와 관련하여 최근에는 어떤 경로에서든 제품 구입이 가능한 환경을 실현하는 '옴니 채널 전략'이 주목받고 있다(곽선영, 2015). 옴니 채널 전략 아래서는 매스 미디어나 인터넷은 물론, 카탈로그나 DM, 오프라인/온라인 점포 등 다양한 경로를 조합하는 것이 필요하다는 것이 옴니 채널 전략의 핵심이다. 역시 이러한 옴니 채널 전략에서 통합적 크리에이티브는 가장 우선적으로 고려해야 할 요소다. 또한 다양한 빅 데이터를 실시간으로 분석함으로써 사이트 이용자의 특성을 파악해 최적의 광고 집행을 실현하려는 시스템 역시 등장하고 있는데, 이러한 최적의 광고 집행 시스템은 옴니 채널 전략과 무관하지 않으며 통합적 크리에이티브는 이러한 경우에 우선적으로 고려해야 할 측면이다. 브랜드 경험이 광고 PR의 핵심으로 변하고 있는 가운데, 모든 고려할 만한 다중적 채널에서의 다양한 전략을 펼쳐야 하는 것이 지금의 광고 PR이다. 결국, 이러한 다중매체 전략을 통해 일관된 브랜드 이미지를 주기 위해서는 경험 브랜드에 대한 통합적 크리에이티브가 필수적 방안이 될 것이다.

5) IMC가 아닌 통합적 커뮤니케이션 솔루션(ICS): 미래의 전략으로 구사하라

통합적 크리에이티브는, 결국 하나의 단선적인 전략에 머무는 것이 아니다. 즉, 새로운 미디어 플랫폼을 이용한 다양한 크리에이티브 시스템을 하나의 큰 그림(big picture)으로 파악하고 이를 '통합적 커뮤니케이션 디자인'으로 개념화하여 전개하는 것이 필요하다는 뜻이다. 디지털 미디어를 기반으로 한 스마트 커뮤니케이션 환경에서는 커뮤니케이션 전략 수립 시 효과 변인들을 고려하여 통합적 시각으로 구성하려는 노력이 필요하다. 즉, 스마트 미디어 환경에서 효과적인 커뮤니케이션을 운용하고 관리하는 통합적 차원의 전략이 뒤따라야 할 것이다. 예컨대, 디지털 미디어 환경에서의 광고 효과 변인으로는 다음의 요인들이 고려될 수 있다.

효과 변인은 크게 매체 관련 변인, 광고 관련 변인, 소비자 관련 변인, 상황 관련 변인으로 구분된다. 첫째, 매체 관련 변인으로는 메시지와 미디어 관련성, 미디어 플랫폼의 특성 등이 있다. 둘째, 광고 관련 변인으로는 크기나 위치 등의 물리적 특성, 메시지 유형, 애니메이션 효과, 소구 유형 등 크리에이티브 요소를 들 수 있다. 셋째, 소비자 관련 변인으로는 관여도, 제품 지식, 몰입도, 수용자 특성 등이 있다. 넷째, 상황 관련 변인으로는 상황 적합성(Goldfarb & Tucker, 2011), 적시성(immediacy) 등이 고려되어야 한다. 이들 요인들을 고려하되, 최종적인 효과는 단기적·장기적으로 구분할 필요가 있다. 단기적 관점에서 광고 인지, 광고 태도, 클릭, 내비게이션, 기억 변인들이 고려되어야 하며, 장기적 관점에서는 브랜드 태도, 구매 관련 행동 등이 고려되고, 반영, 관리될 필요가 있다.

콘텐츠 큐레이션이라는 새로운 분야도 광고 PR의 통합적 솔루션으로서 새로운 대안으로 부각될 것으로 예상된다. 콘텐츠 큐레이션(contents curation)이란 1인에 집중한 콘텐츠 서비스를 말한다. 예를 들어, 검색창에 부산, 출장이라고 검색어를 치면 가는 방법, 호텔, 맛집, 회의 이후 들를 만한 관광지 등등을 하나로 모아서 제공해 주는 서비스 방식이다. 이런 경우, 1인에게 맞춤화된 콘텐츠 서비스를 통합하여 제공함으로써 관련된 정보들을 통한 다양한 광고 PR 효과를 고려할 수 있게 된다. 즉, 콘텐츠 큐레이션이라는 분야를 활용하면 브랜드 광고 PR의 새로운 기회가 될 수 있을 것이다.

특히 지역 관광지나 지역 특산물과 관련된 콘텐츠에 있어서 해당 지방자치단체들의 새로운 광고 PR의 통로가 될 수 있을 것이다. 인력 면이나 재원에서 취약할 수밖에 없는 작은 규모의 중소기업이나 공공조직에게는 이러한 방식의 1인 토털 서비스, 검색과 스마트 모바일을 활용하여 광고 혹은 PR의 기회로의 연계성이 제공되는 새로운 유형의 서비스가 매우 유효한 전략이 될 수 있다. 오늘날 스마트 모바일에서는 더 많은, 더 다양한 기회를 제공한다. 다만 어떻게 그것을 광고 변인, 상황 변인과 같은 유형을 통해 활용할 것인가를 고려하는 것이 필요할 뿐이다. 또한 모바일 콘텐츠 큐레이션이라는 서비스는 조만간 중요한 광고 PR의 방식이 될 것으로 전망된다.

6) 비디오 + 광고 또는 PR + SNS: 새로운 광고 PR 영역으로 만들라

이제는 입맛따라 드라마의 일부분을 조각조각 끊어서 시청하는 이들이 늘고 있다. 원하는 시간에, 원하는 장면만을 보고 다시 다른 화면으로 옮아가는 방식이다. 신세대의 TV 시청 트렌드는 가만히 앉아서 TV를 시청하지 않는 것이다. 언제나 손에 들린 모바일 폰을 통해 가능한 시간과 장소에서 언제든 보고 싶은 화면에 접속하여 짬짬이 시청하는 방식, 이것이 최근의 TV 시청 방식으로 변화하고 있다.

이러한 트렌드는 2016년부터 라이브 비디오 기능을 추가한 소셜 미디어가 급증하면서, 동영상 시청자의 증가로 더욱 가속화되었다. 아울러 동영상광고 시장이라는 새로운 시장이 블루오션으로 부상했다.

여기에서 알 수 있듯이 앞으로 라이브 비디오의 유저 수나 인게이지먼트율은 계속 커질 것으로 예측된다. 유저가 만드는 비디오 중 가장 많은 것은 스마트폰으로 스트리밍하는 콘텐츠로, 보급률이 급성장하고 있다. 마케터나 홍보 담당자들은 이러한 변화된 TV 시청 행태에서 새로운 기회를 발견한다. 따라서 광고, 홍보 담당자들이 고려하는 새로운 방법의 하나로 동영상광고 시장이 부상하고 있다. 따라서 예능이나 드라마와 같은 비디오를 시청하는 일 외에도 유튜브를 통한 영상 시청이 광고 PR 영역에 새로운 판도를 예상하게 한다.

7) 크로스 미디어와 동영상: 광고 PR 변화의 중심이 되게 하라

페이스북이 자사 서비스 내에서의 온라인 동영상 이용과 관련되어 공개한 자료에 따르면, 최근 1년 동안의 가입자 일인당 동영상 게시 건수는 전 세계적으로 75%, 미국 내 기준으로는 94% 증가한 것으로 나타났다. 이처럼 사람들이 페이스북을 통해 보다 많은 동영상을 제작(creating), 게시(posting), 통합(interacting)하면서 뉴스피드의 구성 요소도 변화하고 있다. 페이스북의 동영상광고의 경우 사용자들이 '좋아요'를 표시하면서 공유하기 때문에 광고 노출이 많고, 비슷한 연령대나 관심사, 직업 등을 바탕으로 맞춤형 광고가 가능해 효과가 크다는 장점을 가지고 있다.

온라인 동영상을 흔히 OTT(Over The Top)라 부른다. 그러나 정확히 공식적으로 정해진 명칭은 없는 상태다. 원래 OTT는 인터넷과 연결된 TV 셋톱박스를 통해 제공되는 다양한 부가서비스를 통칭하는 용어였으며, 셋톱박스를 통해 웹서핑을 하고, 유튜브를 감상하고, 문자메시지를 주고받는 것 등을 의미하였다. 그러나 지금은 셋톱박스의 의미는 사라지고 동영상에만 초점이 맞춰지면서 인터넷을 통한 온라인 동영상 서비스를 의미하는 말로 사용되고 있는 실정이다. 용어의 정의가 어찌 됐든 중요한 것은 OTT 확산으로 기존 방송 산업의 지형이 바뀌고 있고, 이는 새로운 광고 PR의 기회로 인식되고 있다. 그중 대표적 유형이 넷플릭스다. '넷플릭스'는 1997년 연체료를 아예 없애는 역발상의 아이디어로 비디오 대여 사업을 하면서 시작되었다. 넷플릭스는 당시 부동의 업계 강자 '블록버스터'를 파산시켰고, 이후 미국에서만 4,300만 명의 유료 가입자를 가진 세계 최대의 인터넷 동영상 서비스 업체로의 변신에 성공했다.

〈옥자〉라는 영화가 넷플릭스의 자본과 배급으로 국내에서도 새롭게 주목받은 것처럼 이미 글로벌 기업으로 태어나고 있는데, 이처럼 온라인 동영상 시장은 글로벌 광고 시장을 급성장시켰다. 글로벌 시장 조사 기관인 IHS와 온라인 동영상광고 플랫폼인 스팟엑스가 공개한 보고서에 따르면, 특히 유럽의 온라인 동영상광고 매출은 2012년 10억 2,000만 유로(약 1조 3,000억 원)에서 2015년 22억 2,000만 유로(약 2조 9,000억 원)으로 2배 이상 늘었다고 한다. 아울러 동영상광고를 노출하는 방식인 '프로그래매틱 바잉 동영상(programmatic buying video)' 광고 시장의 매출은 가히 폭발적으로 증가하고 있다.

이러한 온라인 동영상광고의 성장 추세는 국내에서도 마찬가지이다. 이미 업계에서는 포털과 이동통신 3사의 모바일 동영상 서비스가 향후 그들의 주요한 수익원이 될 것으로 예측하고 있다. 동영상광고 시장의 성장은 근본적으로 대중의 콘텐츠 소비 패턴의 변화에서 비롯된다(양지훈, 2016).

국내의 온라인 및 모바일매체들을 통하여 집행되는 동영상광고는 광고 길이, 스킵 옵션, 형식 등이 다르며 광고 시청을 스킵할 수 있는 스킵 기능이 제공된다는 특징이

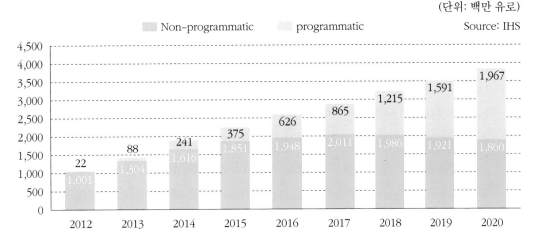

[그림 14-3] 노출 방식에 따른 유럽 온라인 동영상광고 시장 성장 추이 및 예측

있다. 이용자 입장에서는 자신이 시청하고자 하는 동영상 콘텐츠 앞에 강제 노출되는 광고가 아니라, 5초 후 광고 스킵이 가능하게 되어 원하는 경우 광고 시청을 건너뛰고 바로 콘텐츠를 선택할 수 있다(이경렬, 박명진 , 2016).

　현재 국내에서 집행되고 있는 대부분의 동영상광고는 TV광고 영상을 온라인 및 모바일에 그대로 활용하고 있는 추세다. 하지만 광고가 게재되는 웹사이트(혹은 모바일 앱)의 오리지널 콘텐츠와 외관적인 포맷이 유사한 네이티브(native) 형식의 광고도 늘고 있다. 네이티브 광고는 'Native + Advertising'의 합성어로 웹사이트나 광고 지면에서 자연스럽게 콘텐츠로 녹아드는 광고를 의미한다(이경렬, 박명진, 2016).

　네이티브 형식의 동영상광고는 디스플레이광고에 비해 광고 접촉률, 브랜드 상기도, 브랜드 태도, 제품 구매 의향, 정보 공유 의향에서 디스플레이광고보다 효과적인 것으로 알려져 있으며, 브랜드 저널리즘형 기사가 배너 광고와 혼합됐을 때 더 큰 광고 효과를 거둘 수 있다고도 한다(이경렬, 박명진, 2016).

　국내 동영상 공유 서비스 업체의 경우, 유튜브와 달리 트루뷰(Truview) 광고보다는 15초 이상의 광고를 강제로 시청하도록 하는 '인스트림(In-stream)' 광고의 비중이 높은 것으로 알려져 있다. 그러나 국내 사용자에게 인스트림 광고는 부정적으로 인식되고 있으며, 최근 네이버에서는 이를 의식하여 사용자 불편을 줄이기 위해 150초 이상의 동영상 클립에만 15초 광고를 적용하는 것으로 정책을 변경한다고 밝힌 바 있다.

15초 이상의 시청을 강제하는 광고 형태는 유튜브를 대상으로 한 연구에서 밝혀진 바와 같이 이탈률이 높은 것으로 알려져 있으나(Ipsos MediaCT, 2011), 국내 사용자에게 높은 콘텐츠 소구력을 앞세운 네이버 TV 캐스트 등의 국내 서비스의 인스트림 광고의 효과에 대해서는 알려진 바 없다.

이러한 디지털 동영상광고는 선형 광고(Linear Ad)와 비선형 광고(NonLinear Ad)로 구분된다. 선형 광고는 말 그대로 광고매체가 차례대로 배치되는 것을 말한다. 콘텐츠가 시작되기 전, 중간 및 끝난 다음에 재생되는 동영상광고이고, 배치되는 위치에 따라 프리롤, 미드롤, 포스트롤 광고로 나뉜다(최승우, 박보람 2015). 프리롤(Pre-roll) 광고는 이중 가장 보편적인 형태로, 동영상 공유 서비스 업체의 광고 수익의 대부분은 이러한 광고 형태에서 발생한다. 프리롤 광고의 경우, 사용자에게 본 영상 시작 전 광고 시청을 강제한다는 특성상 사용자가 영상 시청을 포기하고 웹페이지를 떠나는 경우가 많아 이탈률이 높고, 이에 대한 대책으로 영상광고의 초기 일부를 시청한 후 사용자가 이후 광고의 시청 여부를 선택하도록 하여, 사용자가 광고를 끝까지 시청한 경우에만 광고주에게 과금하도록 하는 '트루뷰인스트림(TruviewInstream, 이하 Truview)' 형태의 광고가 제안되기도 하였으며, 현재 유튜브 광고에서는 전체 프리롤(Pre-roll) 광고의 70% 이상이 트루뷰(Truview) 광고로 추정되고 있다(이병건, 지용구, 2017).

선형 광고는 동영상 재생을 방해하거나, 지연시키며 일반적으로 15~30초 정도 유지된다. 비선형 광고는 콘텐츠 동영상이 재생될 때 동영상과 중첩되어 동시에 재생되는 광고로, 일반적으로 콘텐츠 하단 3분의 1 위치에 나타나는 텍스트, 이미지 또는 리치 미디어 오버레이 형식의 광고이다. 동영상 인스트림 광고는 배너 광고 CPC(검색엔진 웹사이트 운영자들에게 광고란을 판매하여 이익을 얻는 형태의 광고)와 같이 광고에 노출함으로써 회사가 수익을 창출하는 것과는 다르게 콘텐츠 제공자에게 이익이 있다는 점에서 다르다(최승우, 박보람 2015). 유튜브는 다양한 광고 형식을 가지고 있는데, 그 중 인스트림 광고의 형식을 가진 광고로는 건너뛸 수 없는 동영상광고와 건너뛸 수 있

광고 형식	게재 위치
건너뛸 수 없는 동영상광고 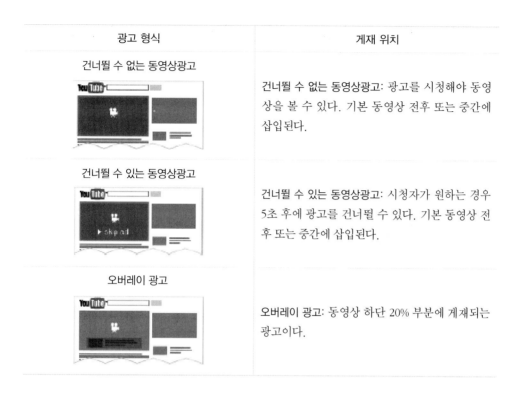	건너뛸 수 없는 동영상광고: 광고를 시청해야 동영상을 볼 수 있다. 기본 동영상 전후 또는 중간에 삽입된다.
건너뛸 수 있는 동영상광고	건너뛸 수 있는 동영상광고: 시청자가 원하는 경우 5초 후에 광고를 건너뛸 수 있다. 기본 동영상 전후 또는 중간에 삽입된다.
오버레이 광고	오버레이 광고: 동영상 하단 20% 부분에 게재되는 광고이다.

[그림 14-4] 유튜브의 인스트림 광고 형식

는 동영상광고, 오버레이 광고가 있다.

2016년 말 해외 주요국의 영상 콘텐츠 이용자 각 200여 명을 대상으로 실시한 설문조사 결과, 대부분 지상파 혹은 유료 방송으로 대표되는 전통적인 TV 방송과 OTT, 온라인으로 대표되는 신유형 영상 서비스를 복합적으로 이용하고 있었으며, OTT나 온라인 콘텐츠만을 시청하는 이용자는 10~15% 수준에 그친 것으로 나타났다(김호정, 2017). 해외 주요국의 OTT 서비스를 통한 영상 콘텐츠 시청 경험이 있는 시청자 중 OTT 사업자들이 제공하는 실시간 방송·영상 콘텐츠를 시청한 비율은 적게는 32.1%에서 많게는 41.8%였다. 중국의 경우 OTT 서비스를 통한 실시간 콘텐츠 시청 비율이 76.2%로 상당히 높은 편이며, 해외 주요국의 온라인 플랫폼을 통한 실시간 영상 콘텐츠 시청 경험이 있는 시청자 비율은 영국, 프랑스, 독일 등 유럽 국가 및 일본의 경우

1/3 내외였고, 미국과 중국의 경우는 과반 이상의 온라인 플랫폼 이용자가 실시간 콘텐츠를 시청한 경험이 있는 것으로 보고된다.

이와 같은 동영상 시청 증가에 따른 동영상광고 시장 규모의 증가에 대해 전통적인 방송광고 시장이 단순히 온라인으로 옮겨 간 것에 불과하다는 평가도 있다. 따라서 주류 콘텐츠와 경쟁할 수 있는 양질의 콘텐츠를 만들어 내는 일이야말로 가장 중요한 차세대 광고 PR의 과제가 될 수밖에 없을 것이다.

8) 조직, 운영, 관리의 중요성 및 인력 양성, 보상, 법과 제도

한편, 지금까지 발전해 온 커뮤니케이션 기술의 성장이 하드웨어적 측면에서 미디어 산업 발전의 한 축을 형성해 왔다면, 창의적 비즈니스 솔루션을 찾는 운영 노하우와 경영 등 소프트웨어적 측면에서의 솔루션이 중요시되고 있다. 예컨대, 통합적 관점에서 콘텐츠 운용이 요구된다 하겠다. 통합적 커뮤니케이션 전략은 방송과 통신, 매체와 비매체를 아우르는 다양한 커뮤니케이션 콘텐츠들을 하나의 전략하에 운용하여 효율성을 높이기 위한 것이다. 다양한 커뮤니케이션 콘텐츠의 조직, 개발과 운용 및 관리 측면이 중시되며, 통합 마케팅 커뮤니케이션을 겨냥한 다양한 브랜디드 콘텐츠의 구현에 초점을 둔다. 종래의 IMC가 ATL과 BTL을 단순 병행하여 집행하는 성격이 강하였다면, 통합적 크리에이티브는 크리에이티브의 도구를 광고 이상의 콘텐츠에 두고 주로 디지털 플랫폼에 중점을 두고 전개되는 속성을 갖는다.

첨단 기술 발전이 산업적 성과로 이어지기 위해서는 테크놀로지의 활용 못지않게 산업 진흥을 위한 제반 법제적 지원도 광고 PR 산업의 중요한 동력이라 할 만하다. 즉 진화하는 디지털 미디어 이용자들의 현실적 요구에 대응하는 한편, 다양한 디지털 디바이스와 플랫폼의 출현에 따른 콘텐츠들의 특성과 가치를 발전시켜 나가는 중·장기적인 대응 노력이 요구된다.

우선, 그동안 현실적 요구에 대응하기 급급한 채 새로운 디지털 패러다임에 대응하는 과학적인 커뮤니케이션 전략과 크리에이티브 콘텐츠 개발, 효과 측정 및 관련 활동에 대한 적정한 보상과 평가 체계 등에 관한 객관적인 논의가 매우 부족한 것이 사실이었다. 같은 맥락에서, 콘텐츠에 기반한 광고 PR 커뮤니케이션 활동이 증가함에 따라, 광고 콘텐츠의 저작권 및 사용/재사용에 관한 합리적이고 현실적인 보상 방안을 논의하고 관련한 법적 및 제도적 공백을 보완할 수 있는 실질적이고도 자율적인 보상 체계 시스템을 위한 학제적 근거도 마련되어야 할 것이다.

인력 양성 측면에서는 기술과 플랫폼, 콘텐츠에 대한 새로운 시각과 소양을 가진 인재를 양성하기 위한 교육 과정 및 방안을 제시함으로써 변화하는 시대를 선도하는 광고 홍보(PR) 인재 양성이 급선무라 할 수 있다. 이는 장기적으로 크리에이티브 전문인 양성이라는 광고 홍보학 전공 영역의 교육적 지향점을 달성하는 데에 기여할 것이다. 이 외에 미디어, 콘텐츠, 기술 등 다학문적이고 융합적인 업의 속성을 반영하여 새로운 광고 환경에서의 인재 양성을 위한 융합적인 교육 방향과 방안도 절실히 요구되고 있다. 실무적 활동을 체계화하고 타당도를 높이는 논의가 더 필요하다 할 것이다.

3. 광고 PR 학문의 변화

최근 일련의 미디어 환경 변화와 관련하여 광고 PR 커뮤니케이션학의 주요 연구 과제는 크게 두 가지로 요약될 수 있다. 첫째는, 미디어 환경의 변화와 관련된 주제이다. 이는 방송의 디지털 전환 및 방송 통신 융합 현상에 따라 스마트폰과 소셜 미디어는 어떻게 변화할 것이며, 광고와 PR은 어떠한 양상으로 이들 미디어에 접목될 것인가 등에 초점을 둔다. 둘째는, 콘텐츠 전략에 관한 주제이다. 소비자에 맞춘 쌍방향적 커뮤니케이션의 필요성과 이용자의 브랜드 경험을 높이기 위한 미디어 운용 전략, 광고 홍보비의 효율적 운용과 수익성 확보 방안에 관해 연구할 필요가 있다.

요약하면, 급변하는 매체 환경에 대응하는 기술과 플랫폼을 이해하고 선진 콘텐츠 발상과 제작, 운영 기법에 관한 지식을 공유함으로써, 광고 PR 산업의 디지털 경쟁력을 제고하는 방안을 창출할 필요가 있다. 특히 전통적인 지상파 TV매체처럼 우등재적인 광고매체의 힘이 약화되고 매체 집행이 미분화되고 있는 상황에서 미디어와 '규모'의 힘이 강해질수록, 역설적으로 소규모의 롱테일(long-tail) 광고 성장 시대를 위한 작지만 효율적인 커뮤니케이션 전략과 실행 방안이 더욱 절실하다 할 것이다. 그러기 위해서는 기업과 브랜드에게 작지만 강한 솔루션을 찾아내려는, 사람들의 창의적인 노력이 가장 중요하다. 매체가 제공하는 것이 콘텐츠를 통한 솔루션이라 할 때, 그 콘텐츠를 움직이는 것은 결국 사람, 그리고 사람들의 크리에이티비티일 것이기 때문이다.

참고문헌

곽선영(2015). 덴츠 '2014년 일본의 광고비' 분석과 매체 전망. 신문과 방송, 2015년 4월호, 110-113.

김운한, 김현정(2012). 스마트미디어 환경에서 모바일 광고와 인터넷광고제작산업의 활성화 방안 연구. 광고PR실학연구, 5(2), 144-170.

김호정(2017). 해외 주요국의 방송 및 온라인 영상 콘텐츠 이용자 동향. 정보통신방송정책, 29권 7호, 19-27.

안주아, 김현정, 김형석(2015). 소셜미디어 시대 PR. 서울: 커뮤니케이션북스.

양지훈(2016). 온라인 동영상광고시장 현재와 미래. 신문과 방송, 2016년 1월호, 12-16.

유승호(2009). 미디어 융합의 전개 과정과 사회문화적 파장. 정보통신정책연구원.

이병혜(2006). 모바일 미디어의 이용 태도와 콘텐츠 방향에 관한 연구. 언론과학연구, 제6권 3호, 415-447.

이경렬, 박명진(2016). 스크린 유형과 광고주 업종에 따른 온라인 및 모바일 동영상광고의 노출 효과 비교연구. 브랜드디자인학연구, 14(4), 245-256.

이병건, 지용구(2017). 인터넷 VOD 프리롤(Pre-roll) 광고의 몰입도 분석. 한국HCI학회 학술대회, 1040-1043

이현우, 한상필, 김운한(2011). 스마트미디어 환경에서의 통합적 크리에이티브의 특성과 실행 전략에 관한 연구-국내 광고회사 크리에이티브 디렉터의 인식 조사를 중심으로. 사회과학연구, 24(1), 155-188.

최승우, 박보람(2015). 인터넷 동영상 인스트림 광고유형에 따른 광고회피에 대한 연구. 한국디자인문화학회지, 21(3), 665-673.

한은경, 임수현(2012). 소셜 미디어의 신뢰도가 광고효과에 미치는 영향광고신뢰도의 매개효과를 중심으로. 광고연구, 92, 7-29.

황지현, 성지환(2006). 융합시대 사회문화 트렌드와 UCC 활용전망. 정보통신정책, 제18권 17호, 통권 401호, 26-55.

Goldfarb, A., & Tucker, C. (2011). Online display advertising: *Targeting and obtrusiveness*. *Marketing Science, 30*(3), 389-404.

Grigorovici, D. M., & Constantin, C. D. (2004). Experiencing interactive advertising beyond rich media: Impacts of ad type and presence on brand effectiveness in 3D gaming immersive virtual environments. *Journal of Interactive Advertising, 5*(1), 22-36.

Grunig, J., & Hunt, T. (1984). Managing Public Relations. Holt: Rinehart and Winston.

모바일경제연구소팀 & 앱매거진(2017), 소셜미디어 트렌드 5선.

찾아보기

인명

내용

필자 소개

제1장 광고의 개념과 역사

김병희 현재 서원대학교 광고홍보학과 교수이다. 광고학 박사. 한국PR학회 제15대 회장을 역임하고, 문화체육관광부 등 여러 정부기관의 광고 PR 정책을 자문하고 있다. 『광고로 보는 미디어 테크놀로지의 소비문화사』(2016)를 비롯한 여러 저서를 출간했고, "Level of Creativity and Attitudes towards an Advertisement"(2015)를 비롯한 다수의 논문을 발표하였다.
kimthomas@hanmail.net

서상열 현재 광고회사 S&D의 회장이다. 광고학 박사. 서진기획 대표이사를 역임했다. 지역광고 시장의 활성화를 위해 중앙 광고회사와 지역 광고회사의 윈-윈 전략을 모색해 왔다. "광고 보상제도에 관한 광고회사와 광고주의 상호 지향성 연구"(2006)를 비롯한 몇 편의 논문을 발표했다. 광고를 "따뜻하고 정직한 설득의 과정"이라고 생각하며 오늘도 광고 현장에 있다.
seo@adsnd.com

제2장 PR의 개념과 역사

김동성 현재 PR회사 프렌즈(PRIENDS)의 공동 대표이다. PR학 박사. 한양대학교, 청운대학교, 한라대학교 등 여러 대학에서 PR, 광고, 마케팅 커뮤니케이션, 설득, 뉴 미디어, 통계 방법론 등의 과목을 강의하고 있으며, 한국광고PR실학회의 홍보 이사 및 한국소통학회의 기획 이사로 활동하고 있다. PR, 뉴 미디어, 헬스 커뮤니케이션에 관련된 다수의 논문과 연구 보고서를 발표하였다.
kim@priends.net

김형석 현재 청운대학교 광고홍보학과 교수이자 융합교양교육원장이다. PR학 박사. 숙명여자대학교와 한양대학교 등에서 외래교수를, 한양대학교 광고홍보학과에서 조교수를 역임했다. 한국광고홍보학회와 한국PR학회에서 최우수 논문상을 수상했으며, 저서에 『소셜 미디어 시대의 PR』(2015, 공저) 등이 있다. 공중 관계성, 소셜 미디어 PR, CSR 등에 관한 여러 논문을 발표하였다.
kennyg@chungwoon.ac.kr

제3장 광고 이론

김민철 현재 글로리아교육재단에서 마케팅을 총괄하고 있다. 광고학 박사 수료. 서울대 TEPS관리위원회의 마케팅 팀장을 역임했고, 한국도시문화학회 이사와 서울예술대학교 외래교수로 활동 중이다. 논문에 "시간적 거리와 행동 정체성 수준에 따른 광고 메시지 유형별 효과에 관한 연구" (2015) 등이 있으며, 한국광고학회의 제일기획 학술상 논문 부문(2016)을 수상했다.
adbut@naver.com

김지윤 현재 청운대학교와 한라대학교 등에서 소비자행동론, 설득심리, 커뮤니케이션 관련 과목을 강의하고 있다. 광고학 박사 수료. 논문에 "기업의 사은품 제공이 소비자의 내재적 동기에 미치는 부정적 효과에 관한 연구"(2013) 등이 있으며, 2013년 한국언론학회 춘계학술대회 우수 논문상을 수상하였다. 소비자, 정보원의 공신력, 뉴 미디어 광고 연구에 관심이 많다.
media_cider@naver.com

제4장 PR 이론

신경아 현재 한양대학교와 청운대학교 등에서 홍보 및 커뮤니케이션 관련 과목을 강의하며, 차의과대학교 헬스커뮤니케이션연구원에서 전문연구원으로 활동하고 있다. PR학 박사. 브랜드앤컴퍼니를 거쳐 국립재난안전연구원에서 기관 홍보를 담당했다. 공공 캠페인 전략, 헬스 커뮤니케이션, 미디어 커뮤니케이션 등 사회심리학 기반의 공중 커뮤니케이션을 주로 연구하고 있다.
chloe563@gmail.com

제5장 광고 기획

허정무 현재 광고회사 스프링커뮤니케이션스의 부사장이다. 광고학 박사. 한국광고학회 이사 및 한양대학교 겸임교수와 숭실대학교 초빙교수를 역임하고, 200여 편 이상의 TV광고 및 다수의 온라인 캠페인과 BTL 캠페인의 기획 및 실행에 참여하였다. 『광고 실무자를 위한 경쟁 전략』(2015), 『DRA, 직접반응광고의 이해』(2015) 등의 저서와 다수의 논문을 발표하였다.
hurjm1@hanmail.net

최문석 현재 온라인 광고회사 이엠넷의 전무이사이다. 광고학 박사 수료. 제일기획, 금강기획, 하쿠호도제일 등 국내 유수의 광고회사에서 카피라이터와 크리에이티브 디렉터로 근무하였다. 숙명여자대학교와 서울예술대학교 등에 출강해 광고와 관련된 주요 과목을 가르치고 있다. 광고 크리에이티브를 비롯해 온라인 광고 등 광고의 최신 분야에 관심을 갖고 연구하고 있다.
cms777@emnet.co.kr

제6장 PR 기획

이진우 현재 남서울대학교 광고홍보학과 교수이자 학교기업단장이다. PR학 박사. 한국광고홍보학회 및 한국OOH학회 이사, 한국광고PR실학회 편집위원, 서울시 정책자문위원으로 활동 중이다. 저서 『MPR & CPR 사례분석』(2015)을 비롯해, "The Influence of Communication Stress on The Effect of Health Communication Campaign"(2017) 등 다수의 논문을 발표하였다.
bravopapa@naver.com

조재형 현재 PRONE의 대표이사이다. PR학 박사. LG화학 홍보실 입사를 필두로 PR회사 신화커뮤니케이션을 설립했고, 2006년부터 피알원을 창립해 운영 중이다. 32년간 PR업에 종사해 왔다. 국민대학교 겸임교수로서 PR 분야를 가르치고 있으며, 한양대학교 언론정보대학원에서 위험 커뮤니케이션 과목을 강의하고 있다. 저서에 『위기는 없다』(1995), 『위험사회』(2017)가 있다.
young@prone.co.kr

제7장 광고와 PR 조사 방법론

손영곤 현재 베인스데이터마케팅연구소의 소장이다. 광고학 박사. 한국갤럽과 LG생활건강 등에서 마케팅 및 기획 업무를 담당했다. 한국광고홍보학회 신진학자상과 우수 논문상, 한국PR학회 최우수 논문상, 한국헬스커뮤니케이션학회 최우수 논문상을 수상했다. "메타 분석에 의한 국내 유명인 모델의 광고 효과 연구 현황 및 개관"(2014) 외 다수의 논문을 발표하였다.
noesis4@naver.com

주대홍 현재 한화생명의 브랜드전략팀 파트장이다. 광고학 박사. 여러 광고회사에서 전략 수립 및 브랜드 컨설팅 업무를 담당했으며, 한양대학교와 홍익대학교 등에서 연구 방법론 등을 강의하였다. 논문에 "텔레비전 광고의 업종별 이월 효과 측정 모형 비교 연구"(2008), "불황기 전후의 TV 광고 표현 방법 차이에 따른 광고 효과 비교 연구"(2010) 등 다수가 있다.
dhong70@empal.com

제8장 광고 크리에이티브

오창일 현재 서울예술대학교 커뮤니케이션학부(광고 창작 전공) 교수이다. 광고학 박사. 칸국제광고제와 클리오국제광고제의 심사위원을 역임했다. 광고 크리에이티브 분석론, 카피라이팅 실습, 브랜드 스토리텔링론을 강의하고 있다. 저서에 『광고 창작실』(2006) 등 다수가 있으며, "광고 크리에이티브 디렉터의 발상 유형에 관한 연구"(2012) 외 다수의 논문을 발표하였다.
yessiroh@naver.com

석중건 현재 코리아하베스트 대표이다. 광고학 박사. 한국광고학회 2011 대표감독상, 대한민국광고대상, New York Pinacle Award를 수상했다. 2016 UNICA KOREA 국제영상제의 본상 심사위원을 역임했다. "영상 이미지와 대학 이미지에 미치는 영향에 관한 탐색적 연구"(2005), "실버시장의 광고 커뮤니케이션 수용 특성에 관한 연구"(2007) 등의 논문을 발표하였다.
boa228@hanmail.net

정해원 현재 덴츠코리아의 크리에이티브 디렉터이다. 광고학 박사. 제일기획 카피라이터 및 대홍기획과 이노션의 크리에이티브 디렉터로 일했다. ADFEST 동상, Spikes Asia 동상, 부산국제광고제 은상, 대한민국광고대상 대상 3회를 비롯해 다수의 수상 경력이 있다. 대표 논문에 "광고 소구, 관여도, 설득 지식에 따른 동영상 네이티브 광고의 효과"(2017)가 있다.
lamerun@naver.com

제9장 광고 제작

유인하 현재 한라대학교 광고영상미디어학과 교수이다. 광고학 박사. 코래드 차장, 상암커뮤니케이션즈 국장, 큐커뮤니케이션즈 대표로 일했다. 한국광고PR실학회, 한국OOH학회, 한국커뮤니케이션디자인협회, 한국시각디자이너협회 이사로 활동하고 있다. "광고 아트 디렉터의 업무 환경이 개인 창의성과 조직 창의성에 미치는 영향 연구"(2011) 등의 논문을 발표하였다.
ihyoo@halla.ac.kr

박인성 현재 평택대학교 커뮤니케이션디자인학과 교수이다. 광고학 박사 수료. 경기 디자인 나눔프로젝트 활성화 경기도지사상(2016), 한중현대디자인교류전 우수작품상(2014), 국제디자인트렌드 교류전 초대작가상(2014), VIDAK PRIDE 대상(2011)을 수상하였다. "SNS 서비스 디자인의 평가 방안 및 활성화에 관한 연구"(2014)를 비롯한 다수의 논문을 발표하였다.
ispark@ptu.ac.kr

제10장 광고 캠페인

김유나 현재 대홍기획 빅데이터센터(디빅스센터)의 센터장이다. 광고학 박사 수료. TNS, 하쿠호도제일, 대홍기획 등에서 소비자 조사, 브랜드 컨설팅, 광고 캠페인 전략, 빅 데이터 분석에 관한 전문적인 경험을 쌓았다. 최근에는 소셜 미디어 환경에서의 소비자 의사 결정 과정과 브랜드 성과 진단에 대한 관심을 가지고 이론과 실제의 조화로운 접목을 시도하고 있다.
kkuna76@naver.com

변혜민 현재 선문대학교를 비롯한 여러 대학에 출강하고 있으며 한국광고홍보학회의 학술지『광고연구』편집간사이다. 광고학 박사 수료. 한국OOH광고학회 총무간사로 일했으며, OOH 광고와 디지털 미디어 연구에 관심이 많다. "소셜 네이티브 광고 태도 및 효과에 관한 연구: 페이스북 스폰서 광고를 중심으로"(2016)를 비롯한 여러 편의 논문을 발표하였다.

hyemin.hmb@gmail.com

제11장 공공 커뮤니케이션 캠페인

고재영 현재 질병관리본부의 위기소통담당관실 전문사무관이다. PR학 박사. 헬스 커뮤니케이션 분야의 국내 제1호 정책 PR 연구원으로 업무를 시작해서, 지금은 질병관리본부의 국민 소통을 총괄하고 있다. 신종 인플루엔자 대응, 국정과제 홍보, 메르스 후속 위기 소통 체계 마련 등 공공 캠페인과 위기 커뮤니케이션 분야에서 다양한 국민 소통 활동을 전개하고 있다.

ko416@hanmail.net

이윤재 현재 질병관리본부의 위기소통담당관실 책임연구원이다. PR학 박사. 2004년부터 질병관리본부에서 에이즈, 결핵예방 캠페인 등 헬스 캠페인 실무의 1세대로 활동했다. 현재는 손 씻기, 기침 예절, 결핵 등 질병 예방 캠페인을 총괄하고 있다. 2010년에는 환경부에서 기후 변화에 관한 정책 홍보를 담당하였다. 주요 관심 분야는 공공 캠페인과 헬스 커뮤니케이션 등이다.

sahala007@hanmail.net

제12장 광고매체와 매체 기획

김상준 현재 사단법인 한국광고연구소 소장이자 한국광고홍보협동조합 이사장이다. 광고학 박사. 한국광고총연합회의 사무총장으로 일했으며, 현재는 스몰비즈니스 광고 마케팅 분야에서 광고 시니어들과 조합을 결성해 활동하고 있다. 서울산업진흥원과 "생활형 디지털 사이니지 전문가 양성 과정"(2017)을 운영했으며, 저서에『스몰비지니스 헤드 스타트』(2018, 공저)가 있다.

sjkim@ad.re.kr

정차숙 현재 서울여자대학교 언론영상학부 초빙교수이다. 광고학 박사. 한국방송광고진흥공사 광고연구소에서 통계연구원으로 일했고, 연세대학교와 한양대학교에서 외래교수로 근무했다. 저서에『광고 크리에이티브』(2016, 공저)가 있으며, "스토리텔링 광고의 메시지 구성 요인인 관련성, 진실성, 명확성과 제품 관여도가 광고 효과에 미치는 영향에 대한 연구"(2013) 등의 논문을 발표하였다.

joody007@hanmail.net

제13장 통합 마케팅 커뮤니케이션

지원배 현재 한신대학교 미디어영상광고홍보학부 교수이다. 광고학 박사. 락앤드컴 브랜드전략연구소 소장과 한라대학교 교수로 근무했으며, 한국광고학회와 한국광고PR실학회의 총무이사를 역임하였다. 대표 저서에 『광고에겐 뭔가 특별한 것이 있다』(2013)와 『창업과 창직』(2013)이 있으며, "네티즌의 광고 비평에 관한 연구"(2012)를 비롯한 다수의 논문을 발표하였다.
7321@hanmail.net

유현중 현재 가톨릭관동대학교 광고홍보학과 교수이다. 광고학 박사. 한국광고PR실학회의 총무이사를 역임하였고, 한국광고홍보학회와 한국OOH학회 이사로 활동하고 있다. "비상업적 콘텐츠가 혼재된 광고 규제에 대한 전문가 인식 조사 연구"(2018)를 비롯한 다수의 논문을 발표하였다. 온라인 광고 제도와 광고 규제 문제에 깊은 관심을 가지고 다양한 연구를 진행하고 있다.
yhj1075@paran.com

제14장 다음 시대의 광고와 PR

김운한 현재 선문대학교 미디어커뮤니케이션학과 교수다. 문학 박사. 광고회사 웰커뮤니케이션즈 등에서 카피라이터와 크리에이티브 디렉터로 일했다. 한국광고홍보학회의 『광고연구』 편집위원장을 역임하였다. 저서에 『브랜디드콘텐츠』(2016) 등이 있으며, "제품유형과 매체 맥락에 따른 허구적 브랜드 스토리의 설득 효과"(2017) 등 다수의 논문을 발표하였다.
hanisugi@empal.com

김현정 현재 서원대학교 광고홍보학과 교수이다. PR학 박사. 한국무역보험공사 홍보 차장, 국립재난안전연구원 책임연구원, 국립정신건강센터 홍보전문가 등을 역임했다. "CMC 상황의 여론화 과정에 관한 탐색적 연구"(2011), "지역 특화 산업 발전의 관점에서 뉴스 콘텐츠 생산과 배포 공간으로서의 지역 언론의 역할에 대한 연구"(2016) 등 다수의 논문을 발표하였다.
illda@naver.com

디지털 융합시대
광고와 PR의 이론과 실제

2018년 6월 1일 1판 1쇄 인쇄
2018년 6월 5일 1판 1쇄 발행

지은이 • 김병희 · 서상열 · 김동성 · 김형석 · 김민철 · 김지윤 · 신경아
허정무 · 최문석 · 이진우 · 조재형 · 손영곤 · 주대홍 · 오창일
석중건 · 정해원 · 유인하 · 박인성 · 김유나 · 변혜민 · 고재영
이윤재 · 김상준 · 정차숙 · 지원배 · 유현중 · 김운한 · 김현정
펴낸이 • 김진환
펴낸곳 • ㈜ 학 지사

04031 서울특별시 마포구 양화로 15길 20 마인드월드빌딩
대표전화 • 02-330-5114   팩스 • 02-324-2345
등록번호 • 제313-2006-000265호

홈페이지 • http://www.hakjisa.co.kr
페이스북 • https://www.facebook.com/hakjisabook

ISBN 978-89-997-1560-0 93180

정가 23,000원

이 도서의 국립중앙도서관 출판시도서목록(CIP)은 서지정보유통지
원시스템 홈페이지(http://seoji.nl.go.kr)와 국가자료공동목록시스템
(http://www.nl.go.kr/kolisnet)에서 이용하실 수 있습니다.
(CIP 제어번호: CIP2018014513)

교육문화출판미디어그룹 학 지사
심리검사연구소 인싸이트 www.inpsyt.co.kr
원격교육연수원 카운피아 www.counpia.com
학술논문서비스 뉴논문 www.newnonmun.com
간호보건의학출판 정담미디어 www.jdmpub.com